本书荣获第八届（2008年）全国高校出版社优秀畅销书一等奖

法学概论
FAXUE GAILUN
（第三版）

卢修敏　主编

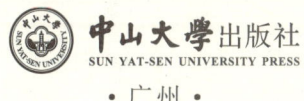

·广州·

版权所有　翻印必究

图书在版编目（CIP）数据

法学概论/卢修敏主编. —3 版. —广州：中山大学出版社，2017.8
ISBN 978-7-306-06119-5

Ⅰ.①法…　Ⅱ.①卢…　Ⅲ.①法学—概论　Ⅳ.①D90

中国版本图书馆 CIP 数据核字（2017）第 178380 号

出 版 人：	徐　劲
策划编辑：	嵇春霞
责任编辑：	嵇春霞
封面设计：	曾　斌
责任校对：	李艳清
责任技编：	何雅涛
出版发行：	中山大学出版社
电　　话：	编辑部 020-84110771，84113349，84111997，84110779
	发行部 020-84111998，84111981，84111160
地　　址：	广州市新港西路 135 号
邮　　编：	510275　　传　　真：020-84036565
网　　址：	http://www.zsup.com.cn　E-mail：zdcbs@mail.sysu.edu.cn
印 刷 者：	湛江日报社印刷厂
规　　格：	787mm×1092mm　1/16　20.25 印张　468 千字
版次印次：	2007 年 8 月第 1 版　2010 年 2 月第 2 版　2017 年 8 月第 3 版
	2019 年 8 月第 28 次印刷
印　　数：	193501～198500 册
定　　价：	42.00 元

如发现本书因印装质量影响阅读，请与出版社发行部联系调换

《法学概论》第三版修订说明

  法律作为上层建筑，总是随着经济社会的不断发展而发生变化，《法学概论》第二版于 2009 年 12 月修订出版后，近十年来，我国许多重要法律进行了修改，如《中华人民共和国民法总则》出台以及民事诉讼法、刑事诉讼法、刑法、商标法、著作权法、公司法、劳动法等均做了修订，本次修订是为了适应上述法律修改的现实而进行的。

  需要说明的是，由于时隔过久，参与第一版编写的大多数老师没有参与本次修订，本教材主编在征得原著作权人同意的情况下，重新安排了老师进行修订。具体修订情况如下：

  第一章、第八章、第十四章，卢修敏（广东开放大学教授）；第三章，朱小喆（上海财经大学教授、博士研究生导师）；第四章，王家田（广东开放大学副教授）；第五章第三节、第四节，康佑发（广东理工职业学院讲师）；第七章第二节、第四节，张华（广东开放大学讲师）；第七章第六节，梁文莉（广东开放大学讲师）；第十章、第十三章第三节，王春穗（广东理工职业学院讲师）；第十一章，章礼明（广州大学教授）；第十二章，张芳芳（华南师范大学教授）。

  由于修订涉及面较大，不足和错漏难免，敬请读者批评指教。

主编

2017 年 4 月 20 日

《法学概论》第二版说明

　　《法学概论》第一版于 2007 年 8 月由中山大学出版社出版。该教材体例新颖，内容翔实，所涉法域广泛，实用性强；投入使用后，社会反映良好，两年内多次重印，总量达 4.8 万多册，2008 年获第八届全国高校出版社优秀畅销书一等奖。但由于我国经济社会发展迅速，两年来该教材涉及的一部分重要法律被立法机关修改通过；为了及时跟踪新法内容以及满足教学需要，本教材编者对合同法、知识产权法、经济法、劳动法、刑法、民事诉讼法等内容进行了适应法律内容的修改，其他部分也做了相应的文字调整。修改后的《法学概论》内容将更加翔实全面，也更能满足教学需要。

主编
2009 年 12 月

前　言

依法治国，建设社会主义法治国家是我国的基本治国方略。21世纪以来，尤其是我国加入世界贸易组织以后，市场经济的不断深入发展以及我国经济与世界经济的不断融合与接轨，我国的法制建设在不断健全和完善。近年来，我国许多重要法律如宪法、合伙企业法、公司法、证券法、税法、物权法、劳动法、合同法等都进行了相应的修改。法律的修改必然对法学教材的修改与重建提出要求，为了适应教学需要，广东广播电视大学文法系法律教研室的几位老师查阅了大量资料，经过艰苦努力，编写了这本《法学概论》教材。

为了适应开放教育自主化学习的要求和达到应用性人才培养目标，本教材以最新颁布的法律法规为依据，全面系统地介绍了各部门法的基本理论和基本知识，反映了最新司法解释的精神和司法实践的经验。本教材共十四章，内容包括法学总论、宪法、民法、合同法、知识产权法、婚姻法与继承法、经济法、劳动法及社会保障法律制度、行政法、刑法、民事诉讼法、刑事诉讼法、行政救济法和国际法与国际私法。本教材内容全面翔实，体例新颖规范，理论性、科学性与实践性相结合，适合高等院校非法学专业本科生、专科生使用。

本教材的编写人员均毕业于国内名牌大学，接受过良好的专业训练，同时有着丰富的教学经验，治学态度严谨，本教材的编写反映了他们在各专业领域中的最新研究成果。当然，由于法学理论发展的持续性和多样化，本教材的观点和水平还有待社会检验。作者深切地感受到，在浩瀚的知识海洋中，限于自己的知识面，教材中的缺点、错误在所难免，我们渴求同行与读者批评指正。

编者

2007年8月18日

目 录

第一章　法学总论 ………………………………………………………… 1
　　第一节　法的基本概念 ………………………………………………… 1
　　第二节　法的运行 …………………………………………………… 11
　　第三节　法与社会 …………………………………………………… 13

第二章　宪法 …………………………………………………………… 16
　　第一节　宪法概述 …………………………………………………… 16
　　第二节　我国公民的基本权利和义务 ………………………………… 18
　　第三节　我国的基本制度 …………………………………………… 20
　　第四节　我国的国家机构 …………………………………………… 23

第三章　民法 …………………………………………………………… 26
　　第一节　民法概述 …………………………………………………… 26
　　第二节　民事主体制度 ……………………………………………… 33
　　第三节　法律行为与代理制度 ……………………………………… 43
　　第四节　人身权 ……………………………………………………… 51
　　第五节　物权 ………………………………………………………… 54
　　第六节　债权 ………………………………………………………… 64

第四章　合同法 ………………………………………………………… 72
　　第一节　合同法概述 ………………………………………………… 72
　　第二节　合同的订立 ………………………………………………… 74
　　第三节　合同的效力 ………………………………………………… 78
　　第四节　合同的履行 ………………………………………………… 80
　　第五节　合同变更和合同转让 ……………………………………… 83
　　第六节　合同的权利义务终止 ……………………………………… 84
　　第七节　违约责任 …………………………………………………… 86

第五章　知识产权法 …………………………………………………… 90
　　第一节　知识产权法概述 …………………………………………… 90
　　第二节　专利法 ……………………………………………………… 91
　　第三节　著作权法 …………………………………………………… 96
　　第四节　商标法 ……………………………………………………… 102

第六章　婚姻法与继承法 ... 107
第一节　婚姻法 ... 107
第二节　继承法 ... 115

第七章　经济法 ... 122
第一节　经济法概述 ... 122
第二节　反垄断法 ... 124
第三节　反不正当竞争法 ... 129
第四节　公司法律制度 ... 138
第五节　产品质量法律制度 ... 148
第六节　消费者权益保护法 ... 154

第八章　劳动法及社会保障法律制度 ... 163
第一节　劳动法概述 ... 163
第二节　劳动法律关系 ... 165
第三节　劳动合同 ... 165
第四节　劳动基准法 ... 170
第五节　劳动争议处理制度 ... 173
第六节　劳动社会保障法律制度 ... 177

第九章　行政法 ... 184
第一节　行政法概述 ... 184
第二节　行政法律关系 ... 187
第三节　行政行为 ... 189

第十章　刑法 ... 197
第一节　刑法概述 ... 197
第二节　犯罪及犯罪构成 ... 200
第三节　刑罚 ... 210
第四节　《刑法》分则概述 ... 219
第五节　分则各罪 ... 221

第十一章　民事诉讼法 ... 238
第一节　民事诉讼法概述 ... 238
第二节　民事诉讼的基本制度 ... 240
第三节　民事诉讼的管辖 ... 242
第四节　当事人与诉讼代理人 ... 245
第五节　民事诉讼程序 ... 248

第十二章　刑事诉讼法 ... 259
第一节　总论 ... 259
第二节　立案、侦查和提起公诉 ... 266

第三节　审判程序……………………………………………………270
　　第四节　执行程序……………………………………………………275

第十三章　行政救济法………………………………………………………278
　　第一节　行政救济概述………………………………………………278
　　第二节　行政复议法…………………………………………………278
　　第三节　行政诉讼法…………………………………………………280
　　第四节　行政赔偿……………………………………………………285

第十四章　国际法与国际私法………………………………………………291
　　第一节　国际法………………………………………………………291
　　第二节　国际私法……………………………………………………301

参考文献………………………………………………………………………310
后记……………………………………………………………………………312

第一章 法学总论

第一节 法的基本概念

一、法的概念与特征

(一) 法的概念

法是指由国家专门机关制定或认可的以权利和义务为核心内容、具有普遍效力并由国家强制力保证实施的社会规范体系。

(二) 法的特征

1. 法是由国家专门机关创制的行为规范，体现了国家意志性。法是由国家专门机关创制的，我们称之为立法。不同的国家，拥有立法权的机关并不完全相同，但一般拥有立法权的机关包括国家权力机关、行政机关，有的国家司法机关也具有立法权。例如，我国的最高人民法院所做的司法解释就属于广义上的法律。国家创制法的方式有两种，即制定和认可。前者是指享有立法权的国家机关依法定职权和程序制定、修改和废止法律的行为，后者是指国家立法机关通过对社会中已有的社会规范（如习惯、道德、宗教教义等）赋予法律效力从而将其上升为法律的行为。道德规范、风俗礼仪和宗教教规等虽然都是社会规范，具有一定的规范性，但并非由国家专门的机关依照法定程序产生；这些社会规范或者产生于某一社会组织，或者产生于某一宗教团体，又或者产生于某一社会单位。

2. 法是以权利和义务为核心内容的社会规范。法是通过设定以权利和义务为内容的行为模式的方式，达到指引人们行为方向的目的。法律以权利和义务为内容，为人们设定了三种行为模式：①可为模式，即告诉人们可以怎样行为。例如，《中华人民共和国婚姻法》（简称《婚姻法》）第十九条规定："夫妻可以约定婚姻关系存续期间所得的财产以及婚前财产归各自所有、共同所有或部分各自所有、部分共同所有。"②应为模式，即告诉人们应当怎样行为。例如，《中华人民共和国劳动合同法》（简称《劳动合同法》）第三条规定："订立劳动合同，应当遵循合法、公平、平等自愿、协商一致、诚实信用的原则。"③勿为模式，即告诉人们不得怎样行为。例如，《中华人民共和国商标法》（简称《商标法》）第三十二条规定："申请商标注册不得损害他人现有的在先权利，也不得以不正当手段抢先注册他人已经使用并有一定影响的商标。"

3. 法是具有普遍性的行为规范。法作为行为规范在国家权力所涉及的范围内具有普遍适用的效力，同等情况，同等对待，法律面前，人人平等。而其他社会规范的效力具有一定的局限性。例如，某一宗教团体的教义只适用于该团体的成员，对其他人和组织不具有约束力。

4. 法是由国家强制力保证实施的行为规范。任何行为规范都具有保证其实现的手段。例如，道德规范主要依靠社会舆论和自觉遵守来保证其实施，宗教规范主要依据其教义中的相应机制来保证其实施。不同的社会规范都有保证其实施的强制措施，只是强制的方式、范围、程度和性质有所差别；而法以军队、警察、法官和监狱等国家机器为后盾，依靠国家强制力保证实施，主要体现为对违法行为的宣告无效或法律制裁。

二、法与法律

在法学研究、司法实践以及我们的日常生活中，"法"与"法律"频繁出现，有时加以区分，有时相互通用。法的古体是"灋"，依许慎的《说文解字》："灋，刑也，平之如水，从水；廌，所以触不直者，去之，从廌去。""灋"字中的"氵"代表公平；而"廌"指古代的一种神兽，是神明裁判的主角，它具有无上的权威，认为谁有罪，就用角去碰触之，谁就倒霉透顶，被拉出去用刑。《说文解字》中称："律，均布也。"《唐律疏义》更明确指出："法亦律也，故谓之为律。"在秦汉时期，"法"和"律"二字已同义。后来，"法"与"刑""律"曾通用。"法"与"律"复合，"法律"作为独立合成词，在古代文献中偶尔出现过，但主要是近现代的用法。清末以来，"法"与"法律"是并用的。

在我国，法律有广义与狭义之分。广义上的法律是指法律的整体，即我国享有立法权的各机关所制定的规范性法律文件的总称；狭义上的法律是指国家最高权力机关全国人民代表大会（简称"全国人大"）及其常务委员会制定的规范性法律文件。一般情况下，"法"与广义上的"法律"是通用的。

三、法的要素

要深入了解法这种社会现象，不仅要理解法的定义与特征，而且要明确法的内部结构，即法到底是由哪些要素组成的。一般认为，法是由法律规范、法律原则和法律概念组成的。

（一）法律规范

一部法律内容的构成成分是多方面的，诸如法律的名称，法律的制定机关及制定日期，法律的公布机关及公布日期，法律的立法依据、立法目的，法律条文中某些用语含义的说明，等等；而法律的核心内容是法律规范。

1. 法律规范的概念及构成要素。

（1）法律规范的概念。法律规范是指采取一定的结构形式具体规定人们的法律权利、法律义务以及相应的法律后果的行为规范。法律规范是法律的基本细胞。

（2）法律规范的构成要素。法律规范的重要职能是为社会提供各种行为模式，即我们前面所提到的可为模式、应为模式和勿为模式，告诉我们哪些能做、哪些不能做和哪些必须做。同其他社会行为规范相比较，法律规范具有严密的逻辑结构。按照通说，法律规范的结构包括适用条件、行为模式、法律后果三要素：①适用条件，是指法律法规中规定适用该法律规范的条件或者情况，具体包括法律规范适用的主体、时间、空间、对象以及方式等事实状态;②行为模式,是指法律规范中规定人们如何具体行为的方式的部分,即作为或不作为的具体行为模式;③法律后果,是指法律规范中设定人们遵循或违反行为模式所给予的肯定或否定评价的部分。

2. 法律规范与法律条文。法律规范不同于法律条文。法律条文是表示法律规则的形式,一个法律规范的完整内容,往往必须通过一个或多个法律条文加以表达。某些法律条文中可能完整地规定了法律规范的要素,有的则出于立法上的简练会省略其中的某些要素。以《中华人民共和国刑法》(简称《刑法》)第二百三十二条的规定为例:"故意杀人的,处死刑、无期徒刑或者十年以上有期徒刑;情节较轻的,处三年以上十年以下有期徒刑。"整个条文只规定了该规范的法律后果部分,而适用条件和行为模式都省略了。适用条件中的主体应当是"达到我国刑法规定的刑事责任年龄和具备刑事责任能力的自然人",由于有关刑事责任年龄和刑事责任能力的标准对所有的犯罪都是同一的,并在我国《刑法》的总则中已做出了规定,无须在分则中的每一个法律规范中反复出现;而行为模式应当是"禁止故意杀人",按照常识,这是能推断出来的,无须重复。

3. 法律规范的分类。按照法律规范的内容不同,可将其分为授权性规范和义务性规范。

(1) 授权性规范。授权性规范是指规定人们有权做一定行为或不做一定行为的规则。如《中华人民共和国专利法》(简称《专利法》)第十条规定:"专利申请权和专利权可以转让。"

(2) 义务性规范。义务性规范是指规定人们应当做出或不做出某种行为的规范。根据内容的不同,义务性规范又可以分为命令性规范和禁止性规范。命令性规范是指规定人们的积极义务,即人们必须或应当做出某种行为的规则。例如,《中华人民共和国消费者权益保护法》(简称《消费者权益保护法》)第十七条规定:"经营者应当听取消费者对其提供的商品或者服务的意见,接受消费者的监督。"禁止性规范是指规定人们的消极义务,即禁止人们做出一定行为的规则。例如,《中华人民共和国证券法》(简称《证券法》)第五条规定:"证券的发行、交易活动,必须遵守法律、行政法规;禁止欺诈、内幕交易和操纵证券市场的行为。"

4. 权利与义务。

(1) 概述。权利与义务是法的基本要素。法是以权利和义务为机制调整社会关系的;权利与义务同时也是法理学研究中一对基本的范畴,它像一根主线贯串于法律运行的整个领域。法学就是从权利和义务这一对基本范畴出发,推演出各个层次的法学概念和原则,并逐步形成法学范畴的逻辑体系。法律上的权利与义务实质上就是法律规范中的行为模式部分。

(2) 权利。法律上的权利是指法律关系的主体所享有的并经法律确认和保障的为或者不为某一行为的自由。一般认为,法律权利具体包括以下要素:①自由权,即权利主体可以自主决定做出一定行为;②请求权,即权利主体可以要求他人做出或不做出一定行为;③诉权,即权利主体在其权利受到侵犯时可以请求国家机关予以保护。

(3) 义务。法律上的义务是指法律关系的主体依法对他人所承担的作为或不作为的要求或限制。根据义务内容的不同，可将其分为：①积极义务（作为义务），即做出某种行为的义务，如纳税人的纳税义务、上市公司的信息披露义务；②消极义务（不作为义务），即不得做出某一行为的义务，如接触国家秘密人员的保密义务、供役地权利人对地役权利人的容忍义务。

（4）权利与义务的关系。权利与义务相互对应并相互制约。在任何一个法律关系中，权利与义务不能孤立地存在和发展：一方享有法律权利，必须由另一方负有法律义务；一方承担法律义务，必须由另一方享有法律权利。从一个社会来看，法律上的权利与义务在总量上是等同的；同时，权利和义务在功能上是互补的，权利的享有有助于引导人们义务的履行，而义务的履行能够保证更多权利得以实现。

（二）法律原则

1. 法律原则的概念。法律原则是指作为立法、守法、执法以及司法的基础或本源的原理和准则。

2. 法律原则的特征。同法律规范相比较，法律原则不预先设定任何确定而具体的事实状态，也没有规定具体的权利、义务和法律责任。它呈现出高度抽象性、弹缩性的特征。

3. 法律原则的作用。

（1）在立法方面，法律原则决定了法律制度的基本性质和价值取向。立法者在进行立法时，一旦法律原则得以确立，则该法律中的法律规范必须紧紧围绕着法律原则而不能背离其基本精神，各法律规范之间应保持协调统一。

（2）在守法方面，法律原则给行为人确立了一个行为的基本方向。尽管法律在许多方面为我们设定了行为模式，但法律规范所使用的语义并非清晰易懂、毫无争议的；当行为人遇到法律规范指示不明确的情况时，可借助于法律原则的指示来做出正确的行为选择。

（3）在执法方面，法律原则能够为执法行为的合理性指明方向，限制行政自由裁量权的滥用。

（4）在司法方面，法律原则能够帮助法官做出正确的法律解释、法律推理。当遇到法律无明确规定的情况时，法官可借助于法律原则正确理解法律，形成合理的内心确信，适当运用司法裁判权，做出正确的司法裁判。

4. 法律原则的分类。根据法律原则所适用的范围大小，可将法律原则分为法律基本原则、部门法原则和具体原则。

（1）基本原则。法律基本原则是指体现法律的基本价值而作为整个法律体系的基本原则，如法律面前人人平等原则、公平原则等。

（2）部门法原则。部门法原则是指作为某个具体法律部门的法律原则，如刑法中的罪刑法定原则、适用刑法人人平等原则、罪责刑相适应原则以及民法中的诚实信用原则、平等原则等。

（3）具体原则。具体原则是指在法律基本原则和部门法原则指导下适用于某一特定的社会关系领域的法律原则，如自愿原则适用于合同领域而不适用于侵权行为领域。因此，当我们提到法律原则时，一定要注意所涉及的范围是整个法律体系、部门法还是足以驳斥这种观点。"法律万能论"者认为法律是万能的,凭借法律可以实现对社会生活方方面面的规范。其实,法律的调整领域不是无限的,许多社会关系只能通过道德、宗教、政策等社会规范来调整。

六、法律体系

(一)法律体系的概念

法律体系是指一国全部的现行法律规范,按照一定的标准和原则划分为不同的法律部门而形成的内部和谐一致、有机联系的整体。

(二)法律体系的法律部门

法律体系是由一国各个不同的法律部门构成的。法律部门是指根据一定标准和原则而划定的调整同一类社会关系的法律规范的总称。它是法律体系中相对独立又有内在联系的组成部分。法律部门中又包含不同层次的法律、法规等规范性文件,同类规范性法律文件是构成该法律部门的基本单位。由此看出,由同类规范性法律文件构成相应的法律部门,又由各法律部门构成一国法律的整体,这便是法律体系形成的基本框架。

(三)法律部门划分的标准

法律部门划分的标准有两个,即法律规范所调整的社会关系和调整方法。法律规范所调整的社会关系包括政治关系、行政管理关系、财产关系和家庭关系等,其调整方法有刑事制裁、民事补偿等。根据上述标准,我国的法律部门主要包括:①宪法;②行政法;③民法;④刑法;⑤商法;⑥劳动法和社会保障法;⑦自然资源与环境保护法;⑧诉讼法;⑨军事法;等等。

七、法律关系

(一)法律关系的概念

法律关系是指法律在调整社会关系的过程中所形成的人们之间的权利与义务的关系。法律的调整对象是社会关系,但并非所有的社会关系都是法律的调整对象。凡是经过法律调整的社会关系就成了法律关系,从而在当事人之间产生了具体的权利与义务。

(二)法律关系的构成

法律关系由主体、客体和内容三大要素构成。

1. 法律关系的主体。法律关系的主体是法律关系的参加者,即在法律关系中权利的享有者和义务的承担者。享有权利的主体称为权利人,承担义务的主体称为义务人。

(1)主体的类别。在我国,依法能够参与法律关系的主体包括三类。

1)公民(自然人)。这里的公民既指中国公民,也指居住在中国境内或在境内活动的外国公民和无国籍人。

2)法人及其他组织。法人指具有民事权利能力和民事行为能力、依法享有民事权利、承担民事义务的组织,主要包括机关法人、事业单位法人、企业法人和社会团体法人;其他组织是指合法成立、拥有一定的组织机构和财产,但又不具备法人资格的组织。

3)国家。在特殊情况下,国家可以作为一个整体成为法律关系主体。例如,国家生效的时间。有的法律自公布之日起即生效，有的法律在公布后的某一时间生效。②法的失效时间，指法被明示废止或默示废止的时间。法律失效的形式有多种，如新法公布后旧法自动失效，立法机关专门宣布某一法律失效，等等。③法的溯及力，指法律对其生效之前发生的某事件和行为是否适用的问题。一般情况下，各国法律坚持"法无溯及力"的原则，如美国宪法规定"不得通过公民权利剥夺法案或追溯既往的法律"；但在执行刑事法律时，各国通行的做法是采用"从旧兼从轻"的原则，即新法原则上不溯及既往，但新法不认为是犯罪或者处罚较轻的，适用新法。

五、法的作用

法的作用指法对人们的行为和社会生活所产生的各种影响。根据法所作用的对象，可将法的作用分为法的规范作用和法的社会作用。

（一）法的规范作用

法的规范作用是指法作为一种行为规范对人们的行为所产生的各种影响。

1. 指引作用。指引作用是指法对行为人的行为具有引导作用，主要是通过法律规范中的行为模式来完成的。

2. 评价作用。评价作用是指法作为一种行为规范具有判断、衡量行为人的行为合法与否的作用，主要是通过法律规范中的法律后果来完成的。

3. 预测作用。预测作用是指法通过其规定能给行为人提供一个预测他人行为的作用。法律规范通过适用条件、行为模式和法律后果为社会关系中的行为人预设了一种行为模式，任何一个行为人都可以凭此预期其他行为人的行为将如何进行。

4. 强制作用。强制作用是指法可以通过制裁违法犯罪行为来强制人们遵守法律，主要通过法律责任和法律制裁来实现法的强制作用。

5. 教育作用。教育作用是指通过法的实施，从而对人们的行为所产生的各种影响，主要表现为示范作用和警诫作用。

（二）法的社会作用

法主要是以权利义务机制为人们的行为设定行为模式来调整人们的行为，通过对行为的调整，从而达到对社会生活的规范。法的社会作用是指法通过对人们行为的调整从而对社会生活所带来的影响。

1. 维护阶级统治。在阶级对立社会，法是维护统治阶级根本利益的工具，主要表现为通过法律确认统治阶级的统治地位，确认和维护符合统治阶级利益的经济制度，调整统治阶级内部及统治阶级与被统治阶级之间的关系。

2. 执行社会公共事务。法是维护统治阶级利益的工具，同时也通过执行各种公共事务表现出来，主要包括维持正常的社会秩序、组织和管理经济建设以及促进教育、科技和文化事业的发展等方面。值得注意的是，尽管法在社会生活中发挥了非常重要的作用，缺乏法的存在，我们的社会将陷入一个混乱无序的状态，但我们必须正确对待法的作用。错误对待法的作用的观点主要表现为"法律无用论"和"法律万能论"。"法律无用论"者认为法律是对人类行为的限制，会给人们带来各种限制，所发挥的作用是消极的，人们通过自己的自治行为即可实现社会的有序。从人治观念到法治观念的转变

(3) 行政法规。行政法规是指国务院依法制定的规范性法律文件，其效力低于宪法和法律。

(4) 地方性法规。地方性法规是指省、自治区、直辖市和设区的市的各级地方人民代表大会及其常务委员会依法制定的规范性法律文件。根据《中华人民共和国宪法》（简称《宪法》）及《中华人民共和国立法法》（简称《立法法》）的规定，省、直辖市以及设区的市人民代表大会及其常务委员会有权制定地方性法规。地方性法规不得同宪法、法律和行政法规及上位法相抵触。民族自治地方的人民代表大会依照当地民族的政治、经济和文化的特点制定自治条例和单行条例。

(5) 规章。规章包括两类：①部门规章，是指国务院各部、委员会、中国人民银行、审计署和具有行政管理职能的直属机构根据法律和国务院的行政法规、决定、命令在本部门的权限内制定的规范性法律文件；②地方政府规章，是指省、自治区、直辖市和设区的市、自治州的人民政府根据法律、行政法规和本省、自治区、直辖市的地方性法规制定的规范性法律文件。

(6) 特别行政区的法律。特别行政区的法律是指根据宪法和特别行政区基本法制定的并在特别行政区内施行的法律。以香港特别行政区为例，香港特别行政区的法律包括1997年7月1日以后香港特别行政区立法会制定的法律，以及除同香港特别行政区基本法相抵触或经香港特别行政区的立法机关做出修改者外予以保留的香港原有法律，即普通法。

(7) 国际条约和国际惯例。国际条约是指我国作为国际法主体同外国缔结的双边、多边协议和其他具有条约、协定性质的文件；国际惯例是指国际法院等各种国际裁决机构的判例所体现或确认的国际法规则和国际交往中形成的共同遵守的不成文的习惯。

（二）法的效力

法的效力是指法所具有的约束力和强制力。法的效力具有一定的范围，包括法的对象效力、空间效力和时间效力。

1. 法的对象效力。法的对象效力是指法能适用于哪些人。例如，我国宪法所规定的公民的基本权利与义务就只能适用于中国公民而不能适用于外国公民。各个国家的法律在确立其效力范围时有不同的做法：①属人主义，即凡是本国人，无论是在国内还是在国外，都受本国法律的约束，但对外国人（无论其是在国内还是在国外）不适用；②属地主义，指本国法律对凡是在其管辖领域内的本国人和外国人都有约束力；③保护主义，指不论任何人的国籍或所在地域如何，只要其行为损害了本国的利益，都要受到本国法律的约束；④综合性原则，指因为以上各做法均有其不足之处，所以近代以来各国在确定本国法律的对象效力时，采取以属地主义为主，与属人主义、保护主义相结合的方式，我国也采用这一原则。

2. 法的空间效力。法的空间效力是指法在哪些空间范围内发生效力。就我国具体情况而言，除有明确规定外，中央立法机关制定的法律（广义的法律）一般在中华人民共和国境内均发生效力，地方立法机关制定的法律只在其所管辖的区域内发生效力。

3. 法的时间效力。法的时间效力是指法何时生效、何时失效以及是否具有溯及力的问题，具体包括法的生效时间、失效时间和法的溯及力。①法的生效时间，指法开始某一具体领域。

（三）法律概念

概念是人类进行抽象思维的基本工具。立法者在立法时，可能在法律条文中使用了一些专业性用语，这些专业性用语的含义非常精确，如近亲属、要约邀请、共同犯罪等。法律概念是指对各种法律事实进行概括，抽象出它们的共同特征而形成的权威范畴，是对各种有关法律的事物、状态、行为进行概括而形成的法律术语。在不同的法律部门中，都不同程度地、大量地使用了法律概念。

法律概念本身并不是法律规范，它不能将一定的事实状态和法律后果联系起来，但它是法律适用的前提。由于法律概念本身的概括性、抽象性，从事法律职业的主体一般能够准确地认识到这些用语的内涵和外延，但普通人却未必能做到。因此，有必要对这些用语做法律上的解释。有时，某一法律概念的内涵和外延在立法中已做了界定，如《刑法》第九十三条和第九十四条对国家工作人员和司法工作人员做了定义。有的法律概念在立法中未做明确规定，需要立法机关或司法机关做事后的补充解释。

四、法的渊源与法的效力

（一）法的渊源

1. 法的渊源概述。渊源是指事物的来源或发源。法作为一种特殊的社会现象，也有其来源，法的渊源是指法的来源或发源。可以从不同的角度对法的渊源进行理解，例如：①法的历史渊源，即法的产生发展历史；②法的效力渊源，即法律具有权威性和约束力的根源；③法的形式渊源，即法存在的形式或者说法以何种形式表现出来；等等。但一般认为，法的渊源是指法的形式渊源，即法是由国家立法机关依照法定职权和程序制定或认可的，从而具有法律效力的存在形式。法的渊源包括以下几种：①成文法，指由国家立法机关按照法定职权和程序制定的各种规范性法律文件，根据制定机关及法律效力的不同，具体包括宪法、法律、行政法规和部门规章、地方性法规和地方政府规章、国际条约等。②不成文法，指经国家立法机关认可和保障的调整社会关系的行为规范准则，具体包括判例法、习惯法、法理等。判例法是指上级法院通过判决所创制的对下级法院处理类似案件具有法律上的约束力的判例，主要出现在英美法系国家；习惯法是指在社会历史发展过程中长期形成的并被人们普遍遵守的习惯，经国家立法机关认可，从而成为具有法律约束力的法的表现形式，如某一时期内，我国司法解释对事实婚姻的认可；法理是指法学家对法所做出的各种解释与说明。

以上各种形式的渊源在不同的历史阶段和不同的国家都曾出现过，绝大多数的渊源到现在依然存在；但有的渊源已经消失，如法理在古希腊、古罗马时代曾经是一种重要的法律渊源，但现代社会一般不将其作为法律渊源。

2. 我国的法的渊源。我国的法的形式渊源是制定法，下面将以法的制定机关及效力为标准介绍我国的法的渊源。

（1）宪法。宪法是国家的根本大法，是我国最重要的法律渊源。

（2）法律。法律是指全国人民代表大会及其常务委员会制定的规范性法律文件，其效力仅次于宪法。

作为主权者，是国际公法关系的主体，可以成为外贸关系中的债权人或债务人。在国内法上，国家作为法律关系主体的地位比较特殊，既不同于一般公民，也不同于法人。国家可以直接以自己的名义参与国内的法律关系（如发行国库券），但在多数情况下则由国家机关或授权的组织作为代表参加法律关系。

（2）权利能力与行为能力。作为法律关系的主体必须具备相应的权利能力和行为能力。

1）权利能力。权利能力，又称"权利义务能力"，是指能够参与一定的法律关系，依法享有一定权利和承担一定义务的法律资格。它是法律关系主体实际取得权利、承担义务的前提条件。自然人的权利能力可以从不同角度进行分类。首先，根据享有权利能力的主体范围不同，可以分为一般权利能力和特殊权利能力。前者又称"基本的权利能力"，是一国所有公民均具有的权利能力，它是任何人取得公民法律资格的基本条件，不能被任意剥夺或者解除。例如，《宪法》第三十三条规定："任何公民享有宪法和法律规定的权利，同时必须履行宪法和法律规定的义务。"后者是公民在特定条件下具有的法律资格，这种资格并不是每个公民都可以享有的，而只授予某些特定的法律主体。如国家机关工作人员行使职权的资格，就是特殊的权利能力。其次，按照法律部门的不同，可以分为民事权利能力、政治权利能力、行政权利能力、劳动权利能力和诉讼权利能力等。其中，既有一般权利能力（如民事权利能力），也有特殊权利能力（政治权利能力和劳动权利能力）。法人的权利能力没有上述的区别，所以与公民权利能力不同。一般而言，法人的权利能力自法人成立时产生，至法人解体时消灭。

2）行为能力。行为能力是指法律关系主体能够通过自己的行为实际取得权利和履行义务的能力。自然人的行为能力是公民的权利能力在法律上的反映。确定自然人有无行为能力，其标准有二：一是公民的智力状况，即能否认识自己行为的性质、意义和后果，这主要通过年龄来划分，如《宪法》规定，满18周岁的公民都具有选举权和被选举权；二是自然人的精神状态，即能否控制自己的行为并对自己的行为负责，如婴幼儿、精神病患者，因为他们不可能预见自己行为的后果，所以在法律上不能赋予其行为能力。行为能力根据其内容的不同分为权利行为能力、义务行为能力和责任行为能力。权利行为能力是指通过自己的行为实际行使权利的能力；义务行为能力是指能够实际履行法定义务的能力；责任行为能力，简称"责任能力"，是指行为人对自己的违法行为后果承担法律责任的能力，是行为能力的一种特殊形式。

2. 法律关系的客体。法律关系的客体是指法律关系主体的权利和义务所指向的对象。法律关系的客体大体上可分为三类：①物，可以是有体物，也可以是无体物，但必须是客观存在的，能够为法律关系的主体在法律上和事实上予以控制和支配；②精神产品，包括各种智力成果（如商标设计、著作、发明、技术成果等），以及与人身相联系的各种非物质财富（如姓名、名称、肖像、名誉等）；③行为（包括作为和不作为）。

3. 法律关系的内容。从本质上讲，法律关系就是权利和义务关系。因此，法律关系的内容是指法律关系主体之间的权利和义务。必须区分法律规范的权利和义务与法律关系的权利和义务。法律规范的权利和义务是指立法者在法律规范中所确立的权利和义务，属于"应然范畴"，所适用的对象是不确定的；而法律关系的权利和义务是指某些特定的当事人之间的权利和义务，属于"实然范畴"，其对象是确定的。前者是后者的前提，没有前者，就不会产生具体的法律关系；而后者是法律规范在社会关系中实现的一种状态，是前者在社会生活中的具体表现。

八、法律责任

（一）法律责任的概念

法律责任是指行为主体因违反了法定义务或契约义务而必须承担的否定性法律后果。它作为法律规范的一个重要成分——行为后果，是行为模式得以遵守的重要保证。承担法律责任的前提是行为人违反了法律规范中所设定的义务，即行为模式中的"勿为模式"和"应为模式"。缺少了法律责任，法律规范中的"勿为模式"和"应为模式"将无法得以实现。

（二）法律责任与法律义务的关系

法律责任不同于法律义务。法律义务是指依照法律或契约规定的应该作为或不作为的限制和约束。法律义务是指法律规范中的行为模式部分。法律义务与法律责任具有一种前后相继的关系。只有行为主体违反了法律义务，才会产生法律责任的承担问题；而法律责任是法律义务实现的保障。

（三）法律责任的类别

依据法律责任内容的不同，我们通常将法律责任分为违宪责任、刑事责任、行政责任与民事责任。违宪责任是指因违反宪法而应当承担的法定的不利后果，违宪行为通常包括立法违宪、行政决定或者命令违宪、司法裁判违宪；刑事责任是指因违反刑事法律义务而应当承担的法定的不利后果；行政责任是指因违反行政法律义务而应当承担的法定的不利后果；民事责任是指因违反民事法律义务而应当承担的法定的不利后果。

（四）法律责任的归责

法律责任的归责是指损害事实发生后，由国家机关或特定社会组织依法进行判断，确认责任归属和责任范围的活动。归责是责任判断和责任归结的过程，是由具有法定归责权的国家机关（如司法机关与行政机关）和特定的社会组织（如仲裁机构）所依法进行的。进行法律归责是实施法律制裁的重要前提。只有明晰了法律责任的性质和承担者，才能具体实施法律制裁。进行法律归责的方法是从主观和客观两个方面来进行的。主观方面主要是判断行为主体是谁以及是否符合承担法律责任的要求，如年龄、精神状态等；客观方面主要是判断是否存在违反法律义务的行为、是否造成了损害事实以及两者之间是否存在因果关系。客观方面的判定比较容易进行，而主观方面的判定比较复杂。行为主体在行为过程中的主观表现一般包括故意、过失和无过错（既无故意也无过失）。在不同的部门法中，进行法律归责时对主观方面的判定要求是不同的。例如，在刑事责任的归责过程中，一般情况下，有过错才承担刑事责任，但在民事责任的归责过程中，无过错但在法律有明确规定的情况下也必须承担法律责任。必须注意的是，刑法与民法中的故意、过失概念是有区别的。

（五）法律制裁

法律责任具有强行性，由国家强制力保证法律责任的认定和追究。在法律关系中，

第二章 宪 法

第一节 宪法概述

一、宪法的概念和特征

（一）宪法的概念

我们在中国古代典籍中可以看到与"宪法"相关的字眼。《尚书》中有"监于先王成宪"，《国语》中有"赏善罚奸，国之宪法"，《汉书》中有"作宪垂法，为无穷之宪"，《史记》中有"怀王使屈平造为宪令"，等等。这些书中所提及的"宪""宪法""宪令"，都是指典章制度和普通法律等行为规范，与我们现在所用的"宪法"一词含义不同。

现代"宪法"是指规定国家根本制度，保障公民的基本权利，集中体现统治阶级的意志和利益，具有最高法律效力的国家根本大法。

（二）宪法的特征

1. 宪法是国家的根本法。宪法虽是法律的一种，但由于它调整的对象不同，在法律体系中的地位不同，因此宪法不同于普通法律。作为国家根本法的宪法，就其法律属性来说，和普通法律有如下区别。

（1）在规定的内容上与普通法律不同。宪法作为国家根本法，其内容在于规定国家的根本制度。所谓根本制度，是指一个国家的性质（国体）、政权的组织形式（政体）、国家的结构形式、社会的经济制度、公民的基本权利和义务、国家机关及其组织原则、国家象征以及国家的其他基本国策等。这些内容都涉及国家的根本性问题。普通法律也规定国家制度和社会制度以及公民的权利与义务等内容，但它们只规定某一方面的问题。

（2）在法律效力上与普通法律不同。宪法是国家根本法，具有最高法律效力。首先，宪法是制定普通法律的依据和基础。普通法律必须以宪法为依据，把宪法的有关规定具体化；普通法律的制定必须以宪法为依据，既要符合宪法规定的立法权限，又要符合宪法的内容和精神。其次，普通法律不得与宪法相抵触。普通法律必须符合宪法的基本原则、基本精神以及基本内容，否则会因违宪而无效。最后，宪法是一切国家机关、社会团体和公民的最高行为准则。《宪法》序言规定："全国各族人民、一切国家机关和武装力量、各政党和各社会团体、各企业事业组织，都必须以宪法为根本的活动准则，并且负有维护宪法尊严、保证宪法实施的职责。"一切违反宪法的行为必须予以追究。

社会就已经产生了道德；法律的产生则以利益多元化和利益冲突普遍化为必要条件，是随着原始氏族制度的解体和私有制与阶级的出现而形成的。从时间上看，法律的产生明显晚于道德；从产生的条件上看，法律的产生同道德的产生相比，需要有特殊的条件。

2. 两者的制定机关和制定程序不同。法律是由国家立法机关通过法定程序制定和认可的；而道德是在社会生活中自发形成的，并没有特别的制定机关和制定程序。

3. 两者的内容与调整方式有着较大的差异。法的内容注重权利与义务的一致性，而道德则过分强调行为人的义务；法通过法律规范调整行为人的行为从而达到调整社会关系的目的，而道德则不仅调整行为人的外在行为，还调整行为人的内心动机。

4. 两者调整的范围不尽相同。尽管法与道德在内容上具有一定程度的重合性，但也具有一定的差异性。一般而言，道德调整的领域要广于法律调整的领域，如道德对人们之间的友谊、爱情等进行调整，而法律则不对其进行调整。

5. 两者的制裁方式不同。法律对违反法律义务的行为规定了相应的法律责任，并有国家强制力来保障其实现；而道德对违反义务的行为并没有规定相应的责任方式与制裁手段，只能依靠行为人的自觉遵守与社会舆论的谴责。

（一）法与政策的联系

1. 在思想内容上，政策与法是一种指导与被指导的关系。在建设社会主义法治国家的进程中，国家法的制定必须坚持以党和国家的政策为指导，法所体现的内容必须符合党和国家的基本政策。在法的实施过程中，也必须以党和国家的基本政策为指导来理解和解释法所包含的思想内容，提高执法和司法的水平，以正确、合理地适用法律。

2. 法律是政策制定和实施的重要保障。一方面，国家和政党在制定政策时必须遵守宪法与法律的现有规定，不能违背现有法律的基本精神，政策对法的指导作用必须按法定程序来实现，不能直接通过制定政策的途径来改变法律。另一方面，各项政策的实施必须通过法律来贯彻。同法律相比，政策缺乏国家强制力的保障，如果没有法律的保驾护航，国家和政党的各项政策将无法实施。一般的做法是，先由国家或政党制定相关的政策，再通过立法机关，将政策上升为法律。

（二）法与政策的区别

1. 两者的制定机关与制定程序不同。法的制定机关是享有立法权的国家立法机关，国家对法律的制定有着严格的权限和程序规定；而政策的制定机关则相对庞杂，以国家政策的制定为例，从中央到地方各级人民政府都有权在辖区内制定相关的政策，制定权限和程序没有统一的规定。

2. 两者的规范形式不同。法律具有严格的规范性，通常以法典或制定法形式出现，且内容相对明确具体，原则性规定相对较少；而政策则缺乏规范性，表现形式多样，如宣言、决定、声明等，其内容主要由原则性规定构成，很少有操作性强的具体规定。

我国现阶段正处于依法治国、建设社会主义法治国家的重要时期，正确处理好法与政策的关系是社会主义法制建设进程中必须解决的一个重要问题。依法治国并非完全否定或排斥政策的作用，无论是过去、现在还是未来，政策在我国社会主义建设过程中都起着重要的作用。但必须注意的是，不能片面夸大政策的作用，在社会主义法制建设中，必须坚持法治的作用，树立法律权威，在能够制定法律以调整社会关系的情况下应尽量将政策上升为法律，坚决反对以政策代替法律，甚至盲目排斥法律的做法。

四、法与道德的关系

法与道德是人类社会中两种重要的行为规范，同属于社会上层建筑。两者之间有着密切的联系与区别。

（一）法与道德的联系

1. 法与道德同属于社会的上层建筑，都是调整社会关系的行为规范，具有规范性。

2. 法与道德在内容上都具有一定的重合性。任何社会的法律必然或多或少地反映了该社会占主导地位的道德观念，许多法律义务是由道德义务演变而来的。

3. 两者在功能上具有互补性，法律调整与道德调整互有优势，互相推进。社会道德水平的整体提高将有助于法律秩序的形成，使法的运行更加顺畅；而法的实施反过来有助于传播道德，加强人们的道德观念。

（二）法与道德的区别

1. 两者的产生时间和产生条件不同。道德的产生与人类社会的形成同步，在原始

第三节 法与社会

马克思认为,特定的经济基础与上层建筑统一构成特定的社会形态,两者的相互作用构成社会形态内部的矛盾运动,推动着社会不断前进。法作为上层建筑的一部分,必然会与经济基础以及上层建筑中的其他部分相互联系、相互作用。学习法律,不能将法律看成一种孤立的存在,不能仅仅从法律本身来理解法律,必须深刻理解法与社会中其他因素的关系。下面将重点介绍法与经济基础以及法与上层建筑中的国家、政策、道德的关系。

一、法与经济基础的关系

经济基础决定上层建筑。法作为上层建筑的组成部分,归根到底由经济基础所决定,就法与经济基础两者的关系来说,经济基础是第一性的,法是第二性的。

1. 法是由经济基础决定的。经济基础对法的决定作用表现在三个方面:①经济基础决定了法的产生;②经济基础决定了法的性质;③经济基础决定了法的内容及其发展变化。

2. 法对经济基础具有反作用。法与经济基础之间不是一种被动的决定与被决定的关系,法对于经济基础具有能动的反作用。这种反作用主要表现在四个方面:①法确认一定的经济关系;②法维护一定的经济秩序;③法规范各种经济行为;④法服务于各项经济活动。

二、法与国家的关系

法与国家是阶级社会上层建筑中的两种社会现象,两者有着共同的产生和发展规律。无论是在历史上还是在逻辑上,国家与法之间的联系都要比其他社会现象与法的联系更为紧密,更为直接而具体。[①] 两者相互依存、相互作用。

1. 国家的存在决定了法的产生与实现。没有国家,就不会有法律的产生,更谈不上法律的进步和发展。之所以这样认为,是因为:①法律是由国家依照法定程序制定和认可的;②国家的性质决定了法律的性质;③法律的实施必须依靠国家强制力的保障。

2. 法对国家产生重要的作用。一方面,法确认和规定国家的根本制度,为国家的存在与发展提供了法律上的依据;另一方面,国家的运行需要法律,国家的各项职能需要法律来落实和保障。离开了法律,国家机构的各项活动就必然会带有极大的主观随意性和盲目性,社会将进入一个混乱不堪的状态。

三、法与政策的关系

根据政策的制定机关不同,可将政策分为政党政策与国家政策。政策同法一样,在国家政治生活中发挥着重要的作用,两者相互联系、相互区别。

---

① 参见张文显主编《法理学》,法律出版社1997年版,第420页。

谈起。

法的遵守包含两层含义：其一，是指国家机关、社会组织和公民个人必须依法享有并行使的权力或权利；其二，是指国家机关、社会组织和公民个人必须依法承担并履行的职责或义务。《宪法》第五条明确规定："一切国家机关和武装力量、各政党和各社会团体、各企业事业组织都必须遵守宪法和法律。一切违反宪法和法律的行为，必须予以追究。"

在此必须谈谈违法。所谓违法，有广义和狭义之分。广义的违法，是指所有违反法律的行为，包括犯罪行为和狭义的违法行为。狭义的违法，是指违反法律但未构成犯罪的行为，主要包括民事违法行为和行政违法行为。通常我们所称的违法是指狭义的违法行为。某个人的行为构成违法行为，应当具备以下条件：①有某种行为的存在；②该行为违反了法律的规定；③该行为在不同程度上侵犯了法律所保护的社会关系；④从事该行为的主体主观上有过错（故意或者过失）；⑤违法者必须有法定责任能力。

三、法的执行

法的执行，又称"执法"，是指国家行政机关及其公职人员依照法定职权和程序，贯彻和实施法律的活动。法的执行有广义与狭义之分。广义的法的执行是指一切执行法律的活动，既包括国家行政机关及其公职人员的行政执法活动，也包括国家司法机关及其公职人员的司法活动。狭义上的法的执行则专指国家行政机关及其公职人员的行政执法活动，而将国家司法机关及其公职人员的司法活动称为法的适用。法的执行是法的适用的重要组成部分，是国家行政机关履行行政职责、实现国家管理的重要途径。执法的主体是国家行政机关及其公职人员，在某些情况下可通过立法授权社会组织行使行政职权，或者国家行政机关委托其他行政机关或社会组织行使行政职权。在我国，享有行政执法职权的主体有三类：①各级人民政府，包括国务院和地方各级人民政府；②各级人民政府所属的职能部门，如国务院下属的各部、各委等；③法律法规授权行使一定行政职权的社会组织。

四、法的适用

法的适用，又称"司法"，是指国家司法机关依照法定职权和程序适用法律处理各种案件的专门活动。法的适用是法的运行中的一个重要环节。在不同的国家和不同的法律体制下，行使司法权的主体有所不同。在实现三权分立的西方国家，行使司法权的主体是法院。在我国，适用法律、行使司法权的主体是人民法院和人民检察院，其中人民法院是国家的审判机关，人民检察院是国家的法律监督机关。在我国法的适用过程中，应当遵守以下原则：①司法公平原则；②以事实为依据和以法律为准绳原则；③司法权独立行使原则；④效率原则。

有的主体主动承担法律责任，有的主体不会自觉承担法律责任（如承担民事赔偿责任）或无法自觉承担法律责任（如刑事责任），必须通过特定的国家机关和特定的判定程序来完成，我们将此过程称为法律制裁。法律制裁是指由特定的国家机关对违法者（或违约者）依其所应承担的法律责任而实施的强制性惩罚措施。法律制裁与法律责任具有紧密联系。法律责任只是法律规范所规定的行为主体违反法律义务的一种法律上的"应然状态"，而法律制裁是具体将这种"应然状态"转变为"实然状态"，使法律责任落到实处。根据行为主体所要承担法律责任的不同，法律制裁包括：①违宪制裁，指依据宪法的规定对违宪主体因其违宪行为而施加不利后果的活动，其方式主要是撤销违宪的法律、决定或命令；②刑事制裁，主要指依法对犯罪主体处以刑罚的活动，包括立案、侦查、起诉、审判和执行等活动；③行政制裁，指行政主体对违反行政法律所设定义务的主体施加行政责任的活动，主要包括行政处罚和行政处分；④民事制裁，指依法对违反民事法律义务的主体施加不利后果的活动，如支付违约金与责令排除危险等。

第二节 法的运行

在现实社会中，法不是一个静止的规范体系，而是一个时刻处于运动状态的规范体系，它总是在一定时空被创制，在一定时空被实施，而又在一定时空被实现。因此，法的运行是一个从创制、实施到实现的动态过程，包括法的创制、法的遵守、法的执行和法的适用等环节。

一、法的创制

法的创制，俗称"立法"，是指国家立法机关制定、认可、修改与废止法律的活动。法的创制是法律运行的起点和关键性环节。根据《宪法》以及《立法法》的规定，全国人民代表大会及其常务委员会行使国家立法权。国务院有权根据宪法和法律制定行政法规。国务院各部门可以根据宪法、法律和行政法规制定部门规章。省、自治区、直辖市、设区的市的人民代表大会及其常务委员会有权根据宪法、法律和行政法规制定地方性法规。省、自治区、直辖市、设区的市的人民政府可以制定地方政府规章。自治区、自治州、自治县的人民代表大会可以根据当地民族的具体情况制定自治条例和单行条例。特别行政区立法机关有权根据特别行政区基本法自主地制定本行政区的法律。

享有立法权的立法机关必须依照法定的立法程序制定法律。根据《立法法》的规定，全国人民代表大会及其常务委员会的立法程序包括四个步骤：①法律议案的提出；②法律议案的审议；③法律的表决和通过；④法律的公布。

二、法的遵守

法的遵守，又称为"守法"，是指国家机关、社会组织和公民个人依照法律规定从事各种事务和行为的活动。法的遵守、法的执行和法的适用构成了法的实施的重要内容，只有通过法的遵守，才能使法的执行转化为社会主体的行为。法的遵守是实现依法治国的重要保障，如果制定的法律不能被社会主体所遵守，则法治秩序的构建将无从

（3）宪法的制定和修改程序不同于普通法律。宪法内容的根本性和效力的最高性要求对宪法的制定和修改有更加严格的程序。宪法只能由我国最高权力机关即全国人民代表大会制定，其他任何机关都没有制定宪法的权力。《宪法》第六十四条规定："宪法的修改，由全国人民代表大会常务委员会或者五分之一以上的全国人民代表大会代表提议，并由全国人民代表大会以全体代表的三分之二以上的多数通过。"而普通法律的制定和修改没有这么严格的程序限制。

2. 宪法是民主制度的法律化，是公民权利的保障书。近代意义上的宪法是资产阶级革命的产物，资产阶级在反封建的斗争中取得了胜利并掌握国家政权后，把斗争胜利的果实和有利于自己的政治体制、国家制度用国家根本法的形式确认下来，以巩固其在政治上、经济上的统治地位，并使这种地位合法化，而这种地位主要是民主制度。所以，宪法是民主制度的法律化。社会主义国家宪法就是要对社会主义民主制度加以确认和保障，并加以法律化。同时，宪法还是公民权利的保障书。《宪法》规定的"中华人民共和国的一切权力属于人民""国家尊重和保障人权"和"公民合法的私有财产不受侵犯"等就是例证。《宪法》还广泛地规定了多种多样的公民基本权利。

3. 宪法是各种政治力量对比关系的集中体现。从本质上看，宪法是统治阶级意志和利益的集中体现，宪法客观地反映着各种政治力量的对比关系。首先，宪法是在政治斗争中取得了胜利的那个阶级的意志和利益的集中表现；其次，各种力量的实际对比关系决定并影响着宪法的具体内容。同属社会主义类型的宪法，在不同的国家，在同一国家不同的历史时期，由于政治力量对比关系的不同，它们的具体内容也不尽相同。

二、宪法的作用

第一，宪法对于组织和规范国家权力的作用。一是要确认国家权力的归属，确认社会各种政治力量在国家中的地位。《宪法》第二条第一款明确规定："中华人民共和国的一切权力属于人民。"二是要确立行使国家权力的主要形式和运行机制。我国不采用西方的"三权分立"制度，而是采用适合我国国情的以民主集中制为基础的人民代表大会制度。《宪法》第二条第二款明确规定："人民行使国家权力的机关是全国人民代表大会和地方各级人民代表大会。"

第二，宪法对于保障公民基本权利的作用。宪法是人民制定并用来保障自己权利的法律文件，是人民权利的保障书。我国宪法从人民民主专政的国家性质出发，对公民的基本权利和义务做出了切实的、实事求是的明确规定；同时，我国公民宪法权利的保障主要是借助于普通法律来实现的。

第三，宪法对于实行法治的作用。宪法为法制的统一和完备奠定了基础。宪法保障国家的立法权按照宪法的要求运行，宪法是制定普通法律的依据。宪法在保障国家法律体系的和谐一致和法制统一方面具有重要意义。

第四，宪法对于维护国家统一的作用。宪法确认我国是单一制的国家结构形式，同时规定了以"一国两制"的方针来解决历史上遗留的香港、澳门回归祖国的问题以及台湾的统一问题。

第五，宪法对于经济的作用。宪法通过确认国家现存的经济制度，为经济发展规定方向，确定经济体制改革等措施，促进国家经济的发展。宪法除了上述作用外，在对内、对外方面还具有极其广泛的作用。由于篇幅所限，在此就不一一列举。

第二节　我国公民的基本权利和义务

一、公民及公民权利的概念

1. 公民。公民通常是指具有一国国籍的人。《宪法》第三十三条第一款明确规定："凡具有中华人民共和国国籍的人都是中华人民共和国公民。"在我国，具有中华人民共和国国籍的人即中国公民。

2. 公民权利。公民权利是指公民依照宪法和法律的规定，可以从事一定行为和要求他人为一定行为或不为一定行为的自由。所谓公民义务，就是公民应该履行的对国家、社会和他人应尽的某种责任。公民的权利和义务是多方面的。按照权利和义务的重要性分类，可将公民权利义务分为基本权利义务和其他权利义务。作为国家根本大法的宪法不可能规定所有的公民权利和义务，只是规定公民权利和义务中最基本、最重要的权利和义务。

二、我国公民的基本权利

根据《宪法》，我国公民享有以下几类基本权利。

1. 平等权。《宪法》第三十三条第二款明确规定："中华人民共和国公民在法律面前一律平等。"我国公民不分民族、种族、性别、职业、家庭出身、宗教信仰、教育程度、财产状况、居住期限，都一律平等地享有宪法和法律规定的权利，也都平等地履行宪法和法律规定的义务；任何人的合法权益都一律平等地受到保护，对违法行为一律依法追究，绝不允许任何违法犯罪分子逍遥法外；在法律面前，不允许任何公民享有法律以外的特权，任何人不得强制任何公民承担法律以外的义务，不得使公民受到法律以外的处罚。此外，我国公民的平等权还包括民族平等、男女平等、宗教平等等等。

2. 政治权利和自由。根据《宪法》规定，公民的政治权利和自由主要有两种。①选举权和被选举权。《宪法》第三十四条规定："中华人民共和国年满十八周岁的公民，不分民族、种族、性别、职业、家庭出身、宗教信仰、教育程度、财产状况、居住期限，都有选举权和被选举权；但是依照法律被剥夺政治权利的人除外。"②政治自由。《宪法》第三十五条规定："中华人民共和国公民有言论、出版、集会、结社、游行、示威的自由。"这六项政治自由是公民表达意愿、参与社会活动和政治活动的经常性的政治权利，在国家政治生活中占有极其重要的地位。1989年，我国制定了《中华人民共和国集会游行示威法》，具体规定了行使这一自由的程序、保障等内容，从法律上确保了公民政治权利和自由。

3. 宗教信仰自由权。《宪法》第三十六条规定了公民有宗教信仰自由。所谓宗教信仰自由，是指公民有信仰宗教或不信仰宗教的自由；有信仰这种宗教或信仰那种宗教的自由；在同一种宗教里面，有信仰这个教派或那个教派的自由；有过去不信教而现在信教的自由，也有过去信教而现在不信教的自由。我国宪法在保障公民宗教信仰自由的同时，也规定了宗教活动应在宪法和法律允许的范围内进行；我国宗教团体和宗教事务不受外国势力支配。

4. 人身自由。公民的人身自由是公民最基本的自由，是公民参加社会活动和享受其他权利的前提条件。《宪法》规定，我国公民的人身自由主要有：①公民人身自由不受侵犯；②公民人格尊严不受侵犯；③公民住宅不受侵犯；④公民通信自由和通信秘密受法律保护。

5. 批评、建议、申诉、控告、检举和取得赔偿权。《宪法》规定，这类权利的主要内容有：①公民对于任何国家机关和国家工作人员有提出批评和建议的权利；②对于任何国家机关和工作人员的违法失职行为有向有关国家机关提出申诉、控告或者检举的权利；③由于国家机关和国家工作人员侵犯公民权利而受到损失的人有依照法律规定取得赔偿的权利。

6. 经济社会权。经济社会权是指宪法规定的关于公民享有物质利益方面的权利。根据《宪法》规定，我国公民享有的经济社会权主要有四项。①公民劳动的权利和义务。《宪法》第四十二条第一款规定："中华人民共和国公民有劳动的权利和义务。"劳动既是公民的权利，又是公民应尽的义务。②劳动者的休息权。休息权是指劳动者休息和休养的权利，它是劳动者获得生存权的必要条件。《宪法》第四十三条规定："中华人民共和国劳动者有休息的权利。国家发展劳动者休息和休养的设施，规定职工的工作时间和休假制度。"③退休人员的生活保障权。退休人员的生活保障权是国家对劳动者的殷切关怀，是劳动者劳动权的延伸。《宪法》第四十四条规定："国家依照法律规定实行企业事业组织的职工和国家机关工作人员的退休制度。退休人员的生活受到国家和社会的保障。"④获得物质帮助权。《宪法》第四十五条规定："中华人民共和国公民在年老、疾病或者丧失劳动能力的情况下，有从国家和社会获得物质帮助的权利。"

7. 文化教育权利和自由。公民的文化教育权利和自由包括两个方面。①受教育权。受教育权是我国宪法赋予公民的一项最基本的文化教育权利，同时也是公民的一项基本义务。《宪法》第四十六条规定："中华人民共和国公民有受教育的权利和义务。"②进行科学研究、文艺创作和其他文化活动的自由。

8. 其他特定主体的权利保护。其主要有：①妇女享有同男子平等的权利；②妇女、老人、儿童受国家保护。

9. 国家保护华侨、归侨和侨眷的权利和利益。《宪法》第五十条规定："中华人民共和国保护华侨的正当权利和利益，保护归侨和侨眷的合法权利和利益。"

三、我国公民的基本义务

宪法在规定公民的基本权利和自由的同时，也规定了公民必须履行的基本义务。根据《宪法》规定，我国公民的基本义务主要有六项。①维护国家统一和各民族的团结。②遵守宪法和法律，保守国家秘密，爱护公共财产，遵守劳动纪律，遵守公共秩序，遵守社会公德。③维护国家安全、荣誉和利益。④保卫祖国，依法服兵役和参加民兵组织。⑤依法纳税。⑥其他。劳动和受教育的义务；夫妻双方有实行计划生育的义务；父母有抚养教育未成年子女的义务，成年子女有赡养扶助父母的义务。

第三节　我国的基本制度

一、我国的国家性质（国体）：人民民主专政制度

国家性质，即国体，指的是国家的阶级本质，即社会各阶级在国家政治生活中的地位，明确谁是统治阶级，谁是被统治阶级。国家性质的核心问题是国家权力的归属。人民民主专政制度是我国的国家性质。我国1982年制定的《宪法》第一条明确规定："中华人民共和国是工人阶级领导的、以工农联盟为基础的人民民主专政的社会主义国家。"人民民主专政制度准确地表明了我国的国家性质，实事求是地反映了我国的国情。我国的人民民主专政是在人民内部实行民主和对敌人实行专政两方面的结合。

我国当前的人民民主主要表现在三个方面。①我国的国家权力属于以工人阶级为代表、以工农联盟为基础的广大人民。②人民通过直接或间接选出的全国人民代表大会和地方各级人民代表大会代表（简称"人大代表"）来行使管理国家的民主权利，我国广大人民享有选举权和被选举权。③我国人民在国家的政治、经济和文化生活中享有广泛的各种权利和自由；人民依照法律的规定，通过各种途径和形式，管理国家事务、管理经济文化事务、管理社会事务。人民民主专政除了在人民内部实行民主以外，还有广大人民对敌人实行专政的一面。"在我国，剥削阶级作为阶级已经消灭，但是阶级斗争还将在一定范围内长期存在。中国人民对敌视和破坏我国社会主义制度的国内外敌对势力和敌对分子，必须进行斗争。"我们必须清楚地认识到：人民民主专政是对人民实行民主和对敌人实行专政的结合，民主和专政是不可分割和不可偏废的。

在国家性质上，我国还存在着一个广泛的爱国统一战线，它表明我国人民民主专政的阶级基础十分广泛。我国新时期的爱国统一战线是在中国共产党领导下，由各民主党派和各人民团体包括全体社会主义劳动者、社会主义事业的建设者、拥护社会主义的爱国者和拥护祖国统一的爱国者组成的政治联盟，是我国人民民主专政的重要内容之一。中国人民政治协商会议是中国人民爱国统一战线的组织，是中国共产党领导的，实现各民主党派及其他爱国民主人士进行政治协商的重要机构。中国人民政治协商会议的主要职能是政治协商、民主监督和参政议政。人民政协的组织活动方式主要是通过参加会议、组织视察、调查和提出议案等形式发挥政治协商、民主监督和参政议政的职能。

中国共产党领导的多党合作和政治协商制度是我国的基本政治制度。实践证明，各民主党派是同中国共产党长期风雨同舟、患难与共的亲密友党，是我国爱国统一战线的一支重要力量。中国共产党对各民主党派的领导是政治领导，即政治原则、政治方向和重大方针政策的领导。"长期共存、互相监督、肝胆相照、荣辱与共"是中国共产党同各民主党派合作的基本方针。坚持和完善中国共产党领导的多党合作和政治协商制度是当前政治体制改革的一项重要内容，它对于巩固和扩大爱国统一战线，发扬社会主义民主，促进全国各族人民的大团结，实现党和国家的各项发展战略目标具有重要意义。

二、我国的政权组织形式（政体）：人民代表大会制度

政权组织形式，即政体，是指特定的国家采用何种原则和方式去组织反对敌人、保护自己、治理社会和维护社会秩序的政权机关。作为政权组织形式的国家形式，是与国家性质即国体直接相对应的概念，间接地体现了国家统治集团的意志和利益要求。

我国的政权组织形式是人民代表大会制度。我国的人民代表大会制度是指我国的一切权力属于人民；人民通过直接或间接选举选派代表，按照民主集中制的原则，组成全国人民代表大会和地方各级人民代表大会，集中统一行使国家权力；其他国家机关由人民代表大会和地方各级人民代表大会产生，受人民代表大会监督，人民代表大会对人民负责，并最终实现人民当家做主的一项根本政治制度。

具体而言，我国的人民代表大会制度包含以下内容：①国家的一切权力属于人民，人民在民主选举的基础上选派代表组成全国人民代表大会和地方各级人民代表大会作为人民行使国家权力的机关；②人民代表大会是国家权力机关，根据宪法，享有立法权、重大事务决定权、监督权和组织其他国家机关的权力等，这些权力由人民代表大会集体行使；③人民代表大会在整个国家机关体系中处于核心地位，其他国家机关分别由同级人民代表大会产生，并对其负责，受其监督；④人民代表大会对人民负责，受人民监督。

人民代表大会制度是我国的根本政治制度，是依据民主集中制原则建立起来的根本政治制度，是把民主制和集中制有机结合起来的制度。

三、我国的国家结构形式：单一制

国家结构形式是指国家的整体与部分之间、中央与地方之间的相互关系。国家结构形式着重于表现国家政权体系的纵的方面。现代国家的国家结构形式主要分两类：单一制和复合制。复合制国家主要分为联邦制和邦联制两种形式。单一制国家是指由若干个不具有独立性的行政单位或自治单位组成的单一主权国家的结构形式，是由中央统一行使国家主权的国家。

《宪法》序言规定："中华人民共和国是全国各族人民共同缔造的统一的多民族国家。"《宪法》第四条规定："各少数民族聚居的地方实行区域自治，设立自治机关，行使自治权。各民族自治地方都是中华人民共和国不可分离的部分。"《宪法》第三十一条规定："国家在必要时得设立特别行政区。在特别行政区内实行的制度按照具体情况由全国人民代表大会以法律规定。"《宪法》第三条规定："中央和地方的国家机构职权的划分，遵循在中央的统一领导下，充分发挥地方的主动性、积极性的原则。"这些规定表明，我国采用的是单一制国家结构形式。我国之所以采用单一制国家结构形式，一方面是由我国的历史传统决定的，另一方面也是由我国的政治、经济、文化以及民族发展的现实状况决定的。

单一制国家的基本构成是地方行政区域，后者又是通过行政区域划分来完成的。按照我国《宪法》规定，我国行政区划分为三类，即一般行政区划单位、民族自治地方、特别行政区。我国一般行政区划基本上是"三级制"，即省（自治区、直辖市）、县

（自治县、市）、乡（民族乡、镇）。民族区域自治制度是指在国家统一领导下，按照宪法和法律的规定，在各少数民族聚居的地方实行区域自治，设立自治机关，行使自治权，自主地管理本民族自治区域内事务的政治制度。按照《民族区域自治法》的规定，民族自治地方分为三级，即自治区、自治州（盟）、自治县（旗）。民族乡不属于民族自治地方。特别行政区是指在我国行政区域内，根据我国宪法和法律的规定，专门设立具有特殊法律地位，实行特殊的社会、政治和经济制度的行政区域。特别行政区是中华人民共和国不可分离的部分，但又具有特殊的法律地位。

四、我国的基本经济制度

经济制度是指通过宪法所确认的，以生产资料所有制形式为核心的各种经济关系的各种法律规范的总和。经济制度是国家制度的一个重要的组成部分。《宪法》第六条规定："中华人民共和国的社会主义经济制度的基础是生产资料的社会主义公有制，即全民所有制和劳动群众集体所有制。"《宪法》的这一规定鲜明地表明了我国经济基础的性质，即社会主义公有制。《宪法》第七条明确规定："国有经济，即社会主义全民所有制经济，是国民经济中的主导力量。国家保障国有经济的巩固和发展。"《宪法》第十一条还规定："国家保护个体经济、私营经济等非公有制经济的合法权利和利益。国家鼓励、支持和引导非公有制经济的发展，并对非公有制经济依法实行监督和管理。"当前，我国社会主义非公有制经济形式主要有个体经济、私有经济和外资企业等几种形式。

总之，我国的基本经济制度正如《宪法》所规定的，"国家在社会主义初级阶段，坚持公有制为主体、多种所有制经济共同发展的基本经济制度，坚持按劳分配为主体、多种分配方式并存的分配制度""社会主义的公共财产神圣不可侵犯""公民的合法的私有财产不受侵犯""国家依照法律规定保护公民的私有财产权和继承权""国家为了公共利益的需要，可以依照法律规定对公民的私有财产实行征收或者征用并给予补偿""国家建立健全同经济发展水平相适应的社会保障制度"。

五、我国的国家象征和标志：国旗、国歌、国徽和首都

国旗、国歌、国徽和首都是一个国家的象征和标志，世界上的任何国家都有自己国家的国旗、国歌、国徽和首都。

（一）中华人民共和国国旗是中华人民共和国的象征和标志

《宪法》第一百三十六条第一款规定："中华人民共和国国旗是五星红旗。"五星红旗象征着全国人民大团结。五星红旗是革命胜利的旗帜，标志着伟大祖国神圣不可侵犯的尊严。尊敬国旗、爱护国旗是中华人民共和国公民的神圣义务。

（二）国歌是代表一个国家的歌曲，是一个国家的音乐象征

《宪法》第一百三十六条第二款规定："中华人民共和国国歌是《义勇军进行曲》。"《义勇军进行曲》创作于1935年，曾是进步影片《风云儿女》的主题曲，由田汉作词，聂耳作曲。热爱国歌、尊敬国歌、爱护国歌是中华人民共和国公民的神圣义务。

（三）国徽是一个国家特有的象征

《宪法》第一百三十七条规定："中华人民共和国国徽，中间是五星照耀下的天安门，周围是谷穗和齿轮。"中华人民共和国国徽是中华人民共和国的象征和标志。中华人民共和国每一个公民都应当尊重国徽，爱护国徽，维护国徽的尊严。

（四）中华人民共和国的首都是北京

《宪法》第一百三十八条规定："中华人民共和国首都是北京。"北京是我国中央机关的所在地，是我国的政治、经济和文化的中心。

第四节　我国的国家机构

国家机构是统治阶级为行使国家权力、实现国家职能、进行国家管理的国家机关的总称。它包括立法机关、行政机关、审判机关、检察机关和军事机关等。我国国家机构的组织与活动原则为民主集中制。

一、最高国家权力机关

中华人民共和国全国人民代表大会是我国最高国家权力机关。它的常设机关是全国人民代表大会常务委员会。全国人民代表大会和全国人民代表大会常务委员会行使国家立法权。全国人民代表大会由省、自治区、直辖市、特别行政区和军队选出的代表组成。各少数民族都应当有适当名额的代表。全国人民代表大会代表每届任期为5年。

全国人民代表大会行使下列几个方面的职权。

（一）立法权

1. 修改《宪法》。
2. 制定和修改基本法律。

（二）人事任免权

1. 选举中华人民共和国主席、副主席。
2. 根据中华人民共和国主席的提名，决定国务院总理的人选；根据国务院总理的提名，决定国务院副总理、国务委员、各部部长、各委员会主任、审计长、秘书长的人选。
3. 选举中央军事委员会主席；根据中央军事委员会主席的提名，决定中央军事委员会其他组成人员的人选。
4. 选举最高人民法院院长。
5. 选举最高人民检察院检察长。

（三）国家重大问题的决定权

1. 审查和批准国民经济、社会发展计划和计划执行情况的报告。
2. 审查和批准国家的预算和预算执行情况的报告。
3. 改变或者撤销全国人民代表大会常务委员会不适当的决定。
4. 批准省、自治区和直辖市的建置。
5. 决定特别行政区的设立及其制度。

6. 决定战争与和平的问题。
（四）监督权
1. 监督《宪法》的实施。
2. 监督其他国家机关的工作。
（五）罢免权
全国人民代表大会有权对其他国家机关的领导人进行罢免。
（六）应当由最高国家权力机关行使的其他职权

全国人民代表大会常务委员会是全国人民代表大会的常设机关，是在全国人民代表大会闭会期间经常行使国家权力的机关，是国家立法机关，与国家主席结合起来行使国家元首职能。全国人民代表大会常务委员会由委员长、副委员长若干人、秘书长、委员若干人组成。每届任期同全国人民代表大会任期相同。

全国人民代表大会代表是全国人民代表大会行使国家权力的使者。为保障人大代表行使国家权力，《宪法》和《中华人民共和国全国人民代表大会和地方各级人民代表大会代表法》赋予了人大代表的权利有：提出议案的权利，言论免责的权利，人身受特别保护的权利，等等。

二、中华人民共和国主席

中华人民共和国主席是中华人民共和国国家机构的重要组成部分，属于最高国家权力机关的范畴。中华人民共和国主席是一个独立的国家机关，对内、对外代表国家。中华人民共和国主席同全国人民代表大会常务委员会结合起来行使国家元首的职权。根据《宪法》规定，中华人民共和国主席、副主席由全国人民代表大会选举。有选举权和被选举权的年满45周岁的中华人民共和国公民可以被选为中华人民共和国主席、副主席。中华人民共和国主席、副主席每届任期同全国人民代表大会每届任期相同，连续任职不得超过两届。

中华人民共和国主席的职权主要有两个方面：①根据全国人民代表大会的决定和全国人民代表大会常务委员会的决定，颁布法律，任免国务院总理、副总理、国务委员、各部部长、各委员会主任、审计长、秘书长，授予国家的勋章和荣誉称号，发布特赦令，宣布进入紧急状态，宣布战争状态，发布动员令；②中华人民共和国主席代表中华人民共和国进行国事活动，接见外国使节；根据全国人民代表大会常务委员会的决定，派遣和召回驻外全权代表，批准和废除与外国缔结的条约和重要协定。

三、国务院

中华人民共和国国务院，即中央人民政府，是最高国家权力机关的执行机关，是最高国家行政机关。国务院由下列人员组成：总理，副总理若干人，国务委员若干人，各部部长，各委员会主任，审计长，秘书长。国务院实行总理负责制。各部、各委员会实行部长、主任负责制。国务院每届任期同全国人民代表大会每届任期相同。总理、副总理、国务委员连续任职不得超过两届。总理领导国务院的工作。副总理、国务委员协助总理工作。总理、副总理、国务委员、秘书长组成国务院常务会议。总理召集和主持国务院常务会议和国务院全体会议。

国务院行使六种职权：①行政法规、行政措施的制定权和发布权，国务院根据宪法和法律，规定行政措施，制定行政法规，发布决定和命令；②提出议案权，国务院有权向全国人民代表大会或者全国人民代表大会常务委员会提出议案；③对所属部、委和地方各级行政机关的领导权和监督权；④对国防、民政、文教、经济等各项工作的领导和管理权及对外事务的管理权；⑤行政人员的任免权、奖惩权；⑥最高国家权力机关授予的其他职权。

四、中央军事委员会

军队是国家机器的重要组成部分。中国人民解放军是中国共产党领导和缔造的人民军队。《宪法》第九十三条规定："中华人民共和国中央军事委员会领导全国武装力量。"这一规定表明，中央军事委员会是我国的最高军事领导机关。中央军事委员会由下列人员组成：主席，副主席若干人，委员若干人。中央军事委员会实行主席负责制。中央军事委员会每届任期同全国人民代表大会每届任期相同。中央军事委员会主席对全国人民代表大会和全国人民代表大会常务委员会负责。

中央军事委员会的职权就是统一指挥和领导全国武装力量。

五、人民法院和人民检察院

审判权和检察权是国家权力的重要组成部分。根据我国《宪法》规定，中华人民共和国人民法院是国家的审判机关，依法行使国家审判权；中华人民共和国人民检察院是国家的法律监督机关，依法行使国家检察权。最高人民法院院长和最高人民检察院检察长每届任期同全国人民代表大会每届任期相同，连续任职不得超过两届。

人民法院审理案件，除法律规定的特别情况外，一律公开进行。被告人有权获得辩护。

人民法院依照法律规定独立行使审判权，不受行政机关、社会团体和个人的干涉。最高人民法院是最高审判机关。最高人民法院监督地方各级人民法院和专门人民法院的审判工作，上级人民法院监督下级人民法院的审判工作。最高人民法院对全国人民代表大会和全国人民代表大会常务委员会负责。地方各级人民法院对产生它的国家权力机关负责。

人民检察院依照法律规定独立行使检察权，不受行政机关、社会团体和个人的干涉。最高人民检察院是最高检察机关。最高人民检察院领导地方各级人民检察院和专门人民检察院的工作，上级人民检察院领导下级人民检察院的工作。最高人民检察院对全国人民代表大会和全国人民代表大会常务委员会负责。地方各级人民检察院对产生它的国家权力机关和上级人民检察院负责。

人民法院、人民检察院和公安机关办理刑事案件，应当分工负责、互相配合、互相制约，以保证准确有效地执行法律。

第三章 民　　法

第一节　民法概述

一、民法的性质、调整对象及其历史发展

（一）民法的性质

民法是最重要的法律部门之一。民法属于私法范畴，是社会经济生活的法律表现，是市场经济的基本法。民法对社会关系的调整是通过调整人的行为进行的。因此，民法必须以一定的人性观点为出发点，强调以人为本，主要以市民生活为调整对象，所以民法又称为"市民法"。民法的重要内容在于规定和保障民事主体的合法民事权利，民法的规范多为授权性规范，因此，民法是权利之法。民法以权利为本位，是实现人权的手段；完善民法，严格实施民法，就是提高我国对人权的保护水平。民法有实质民法与形式民法、广义民法与狭义民法之分。我国目前调整民事活动的基本法为《中华人民共和国民法通则》（简称《民法通则》）和《中华人民共和国民法总则》（简称《民法总则》），民事单行法为《中华人民共和国合同法》（简称《合同法》）、《中华人民共和国物权法》（简称《物权法》）、《中华人民共和国侵权责任法》（简称《侵权责任法》）、《婚姻法》《中华人民共和国继承法》（简称《继承法》）等。因此，我们所学的民法主要是指广义民法和实质民法。

法律以社会关系为调整对象。社会关系是社会中人与人之间的相互关系，按人与人是否平等，社会关系可以分为平等社会关系和不平等社会关系。民法不是调整所有的社会关系，只是调整平等主体之间的人身关系和财产关系。《民法总则》第二条规定："民法调整平等主体的自然人、法人和非法人组织之间的人身关系和财产关系。"由此，我国民法的概念可以表述为：民法是调整平等主体的自然人、法人和非法人组织之间的人身关系和财产关系的法律关系的总和。

（二）民法的调整对象

民法的调整对象为：平等主体之间的人身关系和平等主体之间的财产关系。

1.人身关系。人身关系是指民事主体就人格和身份发生的社会关系。人身关系与人身密不可分而不直接体现财产内容，可分为人格关系和身份关系两大类。

（1）人格关系。人格关系是指因民事主体的人格利益所发生的社会关系。人格是指生物意义上的人被承认为法律上的人的状态，在法律上表现为民事权利能力。人格有具体人格和一般人格之分。具体人格主要是指生命、健康、身体、姓名、肖像、名誉、隐私、贞操等。不能具体列举的人格状态就称为一般人格。民法是权利之法，民法调整人格关系，就是赋予民事主体人格权。自然人的人格权受法律保护。

（2）身份关系。身份关系是指基于一定身份（利益）而产生的社会关系。民法上的身份关系主要是指由于血缘、婚姻或其他法律行为所产生的关系，主要表现为配偶、父母子女、监护等社会关系。民法调整一定范围内的身份关系，赋予民事主体身份权。概而言之，民法调整的人身关系的特点在于：①主体地位平等；②与人身不可分离；③不直接体现财产利益。

2. 财产关系。财产关系是指人们在生产、分配、交换、消费过程中形成的具有财产内容的社会关系。民法主要调整的是平等主体之间的财产关系，其可以分为静态的财产归属关系和动态的财产流转关系。前者主要由民法中的物权法调整，后者主要由民法中的债权法调整。民法所调整的财产关系主要特点在于：①民事主体地位平等；②当事人意思自治；③在财产交易时，主要遵循经济规律，实行等价交换。

（三）民法的历史发展

民法起源于罗马法，罗马帝国时期的《查士丁尼民法大全》集罗马法精华之大成，对后世的民法发展影响巨大。1804年的《法国民法典》是世界上最早的一部资产阶级国家民法典，是近代民法的标志。1896年颁布、1900年施行的《德国民法典》是帝国主义时代资本主义世界第一部法典，也是最重要的法典。与《法国民法典》相比，《德国民法典》在体例和内容上都有很大创新，对20世纪以后的许多国家民事立法有重大影响。我国历史上最早的专门民事立法是1911年清政府的《大清民律草案》，但其尚未公布，清朝就覆灭了。南京国民政府于1928年颁布的《中华民国民法典》是我国历史上正式公布的第一部民法典，至今仍施行于我国台湾地区。中华人民共和国成立后，我国民事立法进入了一个新的阶段，特别是改革开放以后，我国于1986年颁布《民法通则》，之后陆续颁布了一系列重要的民商事基本法和民事单行法，形成了以《民法通则》为龙头的民商事法律体系。我国于2017年3月15日通过了《中华人民共和国民法总则》。相信在不久的将来，在整合各个单行民事法的基础上，我国将制定民法典，而我国民商事法律繁荣兴旺的时代就会到来。

二、民法的基本原则

民法的基本原则是指其效力贯彻民法始终的民法根本规则，是民事立法、司法和民事行为所遵循的根本准则。根据民法理论，民法基本原则主要有五条。

（一）平等原则

《民法总则》第四条规定："民事主体在民事活动中的法律地位一律平等。"民法中的平等原则最集中地反映了民法所调整的社会关系的本质特征。民法中的平等强调的是起跑线的平等、机会的平等和程序的平等，而不是指实体平等和结果平等。

具体而言，民法平等原则的内涵有：①民事主体资格平等；②在具体的民事法律关系中，民事主体的地位平等；③民事主体的合法权益平等地受法律保护。

（二）意思自治原则

《民法总则》第五条规定："民事主体从事民事活动，应当遵循自愿原则，按照自己的意思设立、变更、终止民事法律关系。"这就是意思自治原则的法律表现形式。意思自治原则是民法平等原则的必然延伸,体现了对人的意志自由的尊重。

意思自治原则的内涵有:①民法规范民事主体的行为方面,多表现为授权性规范,体现当事人意志自由;②民事主体根据自己的意愿设立、变更或终止民事法律关系,他人不得非法干预;③双方和多方的民事行为由当事人自愿协商。

意思自治原则在民法具体制度中的表现主要有:①物权法中的财产自由原则;②亲属法中的婚姻自由原则;③合同法中的契约自由原则;④继承法中的遗嘱自由原则。

(三) 诚实信用原则

《民法总则》第七条规定:"民事主体从事民事活动,应当遵循诚信原则,秉持诚实,恪守承诺。"诚实信用原则(简称"诚信原则")是道德观念的法律化。诚实信用原则是一个高度抽象的概念,其内涵和外延具有很大的伸缩性。

诚实信用原则主要体现为四个方面。①民事主体行使民事权利,与他人之间设立、变更或消灭民事法律关系,均应诚实,不做假,不欺诈,不损害他人利益和社会利益。②民事主体应恪守信用,履行义务;不履行义务使他人造成损害时,应自觉承担责任。③法官及仲裁员处理民事案件时贯彻诚实信用原则,主要体现在以事实为依据,保护各方当事人的权利,平衡当事人的利益。④在立法上,不仅需要在民事基本法上确立诚实信用为基本原则,还应根据需要制定若干体现诚实信用原则的具体条款。

由于诚实信用原则具有超乎法律条文规范的抽象性,贯彻公平正义或分配合理的精神与随时间、空间而变化的不确定性以及补充法律漏洞的法律功能,故有"帝王条款"之美称。

(四) 公序良俗原则

公序良俗原则是指民事主体的行为应当遵守公共秩序,符合善良风俗,不得违反国家的公共秩序和社会的一般道德。公序良俗是"公共秩序与善良风俗"的简称。《民法总则》第八条规定:"民事主体从事民事活动,不得违反法律,不得违背公序良俗。"

(五) 权利不得滥用原则

《民法总则》第一百三十二条规定:"民事主体不得滥用民事权利损害国家利益、社会公共利益或者他人合法权益。"对此做扩大解释,其内涵包括禁止权利滥用。

构成权利滥用必须具备三个条件:一是当事人有权利存在,二是权利人有行使权利的行为(包括不行为),三是当事人的行为有滥用权利的违法性。权利滥用的法律后果:①因滥用权利而使权利人达不到所希望的法律后果;②剥夺权利滥用者的权利;③限制其权利。

三、民事法律关系

(一) 民事法律关系的概念、要素和特征

1. 民事法律关系的概念。民事法律关系是基于民事法律事实并由民事法律规范调整而形成的民事权利与义务的关系,是民法所调整的平等主体之间的人身关系和财产关系在法律上的表现。简言之,民事法律关系是指由民法调整的具有民事权利、义务内容的社会关系。

2. 民事法律关系的要素。民事法律关系的要素为:民事法律关系的主体、民事法

律关系的客体、民事法律关系的内容。

(1) 民事法律关系的主体。民事法律关系的主体，简称"民事主体"，是指参加民事法律关系、享有民事权利和承担民事义务的人。在我国民法上，当事人主要指自然人和法人，还包括非法人组织。另外，在一定的范围内，国家机关法人也是民事主体。民事法律关系的主体要素主要有：自然人、合伙、法人、非法人组织。

(2) 民事法律关系的客体。民事法律关系的客体是指民事法律关系的主体享有的民事权利和负有的民事义务所共同指向的事物。民事法律关系的客体要素主要有：物、行为、智力成果、人身利益等。

(3) 民事法律关系的内容。民事法律关系的内容是指民事法律关系的主体所享有的民事权利和负有的民事义务。民事法律关系的内容要素是民事权利与民事义务。

3. 民事法律关系的特征。

(1) 民事法律关系是主体地位平等。

(2) 民事法律关系主要根据当事人的意志发生，并由国家强制力保障其实现的社会关系。

(3) 民事法律关系具有平等和等价有偿的特点。

(二) 民事权利

1. 民事权利的概念。民事权利是指民事主体为实现某种利益而依法做出的某种行为或不为某种行为的可能性。民事权利的内涵有：①权利人直接享有某种利益，或者实施一定行为的可能性；②权利人可以请求义务人为一定行为或者不为一定行为；③权利人的权利受法律保障，在权利受到侵犯时，有权请求有关国家机关予以保护。

2. 民事权利的分类。

(1) 依民事权利内容的性质不同，可分为财产权和人身权。财产权是以财产利益为内容的权利，如物权、债权等。人身权是以人身利益为内容、与权利主体不可分离的权利，如生命权、健康权、名誉权、配偶权和亲权等。

(2) 依民事权利的效力范围不同，可分为绝对权和相对权。绝对权是指权利主体是特定的，义务主体是除权利主体以外的其他不特定人，绝对权人无须通过义务人实施一定的行为即可实现，并可以对抗不特定人的权利。绝对权又称"对世权"。物权、人身权、知识产权属于绝对权。相对权是指权利主体和义务主体都是特定的，相对权人的权利必须通过义务人实施一定的行为才能实现。相对权属于只能对抗特定的人的权利，又称"对人权"。债权属于相对权。

(3) 依民事权利作用的不同，可分为支配权、请求权、形成权和抗辩权。支配权是对于作为权利客体的事物直接支配、享受其利益并排除他人干涉的权利。物权、人身权、知识产权等为支配权。请求权是特定人（请求权人）对于特定他人（义务人）能够请求为或不为一定行为的权利。债权为请求权。形成权是依照权利人的单方意思表示就能使法律关系发生、变更或者消灭的权利。撤销权、抵销权、追认权等为形成权。抗辩权是权利人所享有的对抗对方当事人请求权的权利。如合同中的不安抗辩权与同时履行抗辩权、担保法中的保证人的检索抗辩权。

(4) 依民事权利的相互关系，可分为主权利和从权利。主权利是相互关联的两个以上的民事权利中能够独立存在的权利。例如，被担保的债权为主权利。从权利是不能独立存在而从属于主权利的权利。例如，担保权为从权利。

（5）以权利是否已实际取得为标准，可将民事权利分为既得权与期待权。既得权是指权利人已经取得而可以实现的权利。期待权是指将来有取得与实现的可能性的权利。附条件和附期限的法律行为所产生的权利就是典型的期待权。

（6）依权利的服务与被服务的关系，可分为原权利与救济权。原权利是民事法律关系中存在的基础权利。通常的民事权利皆为原权利。救济权是原权利受到侵害或有受到侵害的现实危险时为保护原权利而发生的权利。救济权主要有诉权、自力救济权和公力救济权。

民事权利的行使应该遵循民法基本原则的精神，特别是诚实信用原则、公序良俗原则和权利不得滥用原则。权利人在行使权利追求自身利益的同时，要兼顾他人利益和社会利益，使三方利益获得平衡。当权利人的权利受到他人不法侵害时，权利人可以行使诉权，诉请法院保护自己的权利，有的权利也可以诉请主管行政机关以获得保护，此乃公力救济。权利人在来不及采取公力救济措施时，也可以自己采取一定的措施来保护自己的民事权利，此乃自力救济。在现代法治社会，自力救济必须在合法范围内行使。

（三）民事义务

民事义务是指依法律规定或当事人依法约定，义务人为或不为一定的行为，以满足权利人利益的法律手段。以民事义务发生的根据为标准，可分为法定义务与约定义务。法定义务是指民事法律规范规定的民事主体应负的义务；约定义务是指由当事人协商确定的义务，约定的义务不违法即受法律保护。

四、民事法律事实

民事法律事实是指符合民事法律规范，能够引起民事法律关系产生、变更和消灭的事实或客观现象。

（一）民事法律事实的种类

1. 民事法律事件。民事法律事件是指与当事人的意志无关、能够引起民事法律关系的产生、变更或消灭的客观现象。例如人的出生、死亡或天然孳息的分离等等。

2. 民事法律行为。民事法律行为是指与当事人的意志有关的、能够引起民事法律关系的产生、变更或消灭的客观现象。依行为人的意思状态，可将民事法律行为分为表意行为与非表意行为。表意行为即法律行为，根据《民法总则》第一百三十三条规定："民事法律行为是民事主体通过意思表示设立、变更、终止民事法律关系的行为。"大部分的民事法律关系均由法律行为而产生。非表意行为即事实行为，是指行为人没有产生一定民事法律后果的意思，但根据法律规定发生一定民事法律后果的行为。例如发现埋藏物、拾得遗失物均为非表意行为。

（二）民事法律事实的构成

民事法律事实的构成是指能引起民事法律关系发生、变更或消灭的几个法律事实的总和。有些民事法律关系发生、变更或消灭，有一个法律事实就足矣；但有些民事法律关系发生、变更或消灭必须有多个民事法律事实作为原因才可以构成。

五、民事责任

(一) 民事责任的概念和特征

1. 民事责任的概念。民事责任是民事主体违反民事合同义务或民事法定义务时所应承受的法律后果。

2. 民事责任的特征。

(1) 民事责任以民事主体违反民事义务、侵害他人的民事权益为前提。

(2) 民事责任主要表现为财产责任,以补偿性为主要目的。

(3) 民事责任具有任意性,可以由当事人在法律允许的范围内协商。

(4) 民事责任具有强制性,是由国家强制力保证其实现的。

(二) 民事责任的分类

1. 合同责任、侵权责任与其他责任。这是依责任发生根据的不同而进行的分类。合同责任是指因违反合同约定的义务或违反合同法规定的义务而产生的责任。侵权责任是指因侵犯他人的财产权益与人身权益产生的责任。这种分类的意义主要在于:法律保护的权利性质、各种责任的发生前提、构成要件、责任方式等都不相同。

2. 财产责任与非财产责任。这是根据民事责任是否具有财产内容而进行的分类。财产责任以一定的财产为内容,非财产责任则不具有直接的财产内容。区分财产责任与非财产责任的主要法律依据在于:财产责任的实现会受到责任人实际财产状况的限制,非财产责任的实现则不会受当事人财产状况的限制。

3. 无限责任与有限责任。这是根据承担民事责任的财产范围所进行的分类。无限责任是指责任人应以自己的全部财产承担的责任。有限责任是指债务人以一定范围内或限额的财产承担民事责任。区分无限责任和有限责任的意义主要在于:在民事活动中,无限责任为原则,有限责任是例外,一般说来,有限责任适用于法律有专门规定的场合。

4. 单独责任与共同责任。单独责任是指由一个民事主体独立承担的民事责任。共同责任是指两个以上的人共同实施违法行为并且都有过错,从而应共同对损害的发生承担责任。共同责任属于单方的多数人责任。

5. 按份责任、连带责任和补充责任。这是根据各责任人之间的共同关系所进行的分类。按份责任是指多数当事人按照法律的规定或者合同的约定各自承担一定份额的民事责任,各责任人之间没有连带关系。连带责任是指因违反连带债务或者共同实施侵权行为而产生的责任,各个责任人之间具有连带关系。所谓连带关系是指各个责任人对外都不分份额、不分先后次序地根据权利人的请求承担责任。补充责任是指在责任人的财产不足以承担其应负的民事责任时,由有关的人对不足部分依法予以补充的责任。

6. 过错责任、无过错责任和公平责任。这是根据责任的构成是否以当事人的过错为要件进行的分类。过错责任是指行为人主观上有过错而给他人造成了损害而应承担的责任。无过错责任是指行为人只要给他人造成损失,不问其主观上是否有过错,都应当承担的责任。公平责任是指在当事人对造成的损害都无过错,不能适用无过错责任要求加害人承担赔偿责任,但如果不赔偿受害人遭受的损失又显失公平的情况下,由人民法院根据实际情况,依公平原则判由双方或多方分担损失的一种责任方式。

（三）民事责任的构成要件

民事责任分为侵权民事责任和违约民事责任。侵权民事责任又可以分为一般侵权民事责任和特殊侵权民事责任。它们之间的构成要件是不同的。

1. 一般侵权民事责任的构成要件。

（1）要有违法行为存在。违法行为的存在是产生民事责任的前提。例如侵犯他人人身权、财产权之行为。

（2）要有损害事实的存在。损害事实作为民事责任的必要条件，主要存在于侵权民事责任中。有实际损失才承担侵权损害赔偿责任，没有实际损失不承担损害赔偿，但可能要承担其他民事责任，如停止侵权、赔礼道歉等非财产民事责任。在违约民事责任中，并不以损害事实为要件，只要存在违约行为，即使是没有实质损失，违约人也应该承担违约责任。

（3）行为人主观上要有过错。行为人主观上存在故意或过失才承担侵权民事责任，没有过错，不承担侵权责任。

（4）违法行为与损害事实之间存在因果关系。行为人只对自己行为所产生的损害后果承担赔偿责任。

2. 特殊侵权民事责任的构成要件。与一般侵权民事责任的构成要件相比较而言，特殊侵权民事责任的构成要件无须行为人主观上有过错，其余要件与一般侵权民事责任的构成要件相同。但必须强调的是，特殊侵权民事责任的承担必须是在法律有特别规定时才适用。

3. 违约民事责任的构成要件。这一构成要件只有一项，即行为人存在违约行为。只要行为人存在违约行为，不问行为人主观上是否存在过错，不问实际损失存在与否，违约人均须承担违约民事责任，法律另有规定的除外。

（四）民事责任的归责原则

民事责任的归责原则是指追究行为人承担民事责任的根据或标准。根据我国民事法律规定，民事责任归责原则主要有过错责任原则、无过错责任原则和公平责任原则。

1. 过错责任原则。根据法律规定，行为人主观上存在过错是行为人承担民事责任的必要构成要件。行为人有过错才承担民事责任，没有过错不承担民事责任。过错责任原则主要是一般侵权行为承担民事责任的构成要件。

2. 无过错责任原则。无过错责任原则又称"严格责任原则"，是指行为人承担民事责任不以其存在过错与否为要件。即行为人造成他人损害或违反民事义务，即使其主观上没有过错，也应该承担民事责任。无过错责任原则主要是特殊侵权行为和违约行为中的民事责任归责原则。无过错责任原则在适用于特殊侵权行为时，以法律有明文规定的为限；无过错责任原则是追究违约行为民事责任的一般原则，但法律有特殊规定适用过错责任的除外。

3. 公平责任原则。公平责任原则是指在当事人对造成损害或违反民事义务均没有过错，而且又不属于适用无过错责任的范畴，受害人的重大损失得不到赔偿又显失公平的情况下，由法院根据实际情况，确定当事人双方或多方合理分担受害人损失的民事责任归责原则。

（五）民事责任的承担方式

民事责任的承担方式是指依法应负民事责任的行为人承担民事责任的具体形式。根据《民法总则》规定，行为人承担民事责任的方式主要有十一种：①停止侵害；②排除妨碍；③消除危险；④返还财产；⑤恢复原状；⑥修理、重作、更换；⑦继续履行；⑧赔偿损失；⑨支付违约金；⑩消除影响、恢复名誉；⑪赔礼道歉。并且，法律规定有惩罚性赔偿的依照其规定。

（六）民事责任的例外

在某些特定的场合或条件下，行为人尽管有违约或侵权的事实，但法律规定可以不承担责任的，即民事责任的例外，可以不承担责任。民事责任的例外主要有三种情况。

1. 正当防卫。正当防卫是指公民为了使公共利益、本人或者他人的人身和其他权利免受正在进行的不法侵害，而对实施侵害的人所采取的必要的防卫行为。根据《民法总则》第一百八十一条，如果因正当防卫造成损害的，不承担民事责任。正当防卫若超过必要限度，造成不应有的损害时，行为人对不应有的损害部分应该承担民事责任。

2. 紧急避险。紧急避险是指公民为了公共利益、本人或者他人的人身、财产和其他权利免受正在发生的危险，不得已采取的紧急避险行为，造成损害他人较小利益的行为。根据《民法总则》第一百八十二条，由引起险情发生的人承担民事责任，而紧急避险人不承担民事责任。

3. 不可抗力。不可抗力是指公民因不可抗力而不能履行合同或者造成他人损害的不承担民事责任，法律另有规定的除外。

第二节 民事主体制度

一、自然人

（一）自然人的概念

自然人是指因出生而取得民事主体资格的人。公民是指具有一国国籍的自然人。自然人包括本国公民、外国人和无国籍人。自然人与公民是有区别的。自然人在一个国家法律上的地位主要表现为公民的民事权利能力和民事行为能力。我国《民法总则》使用的是自然人的概念。

（二）自然人的民事权利能力和民事行为能力

1. 自然人的民事权利能力。

（1）定义。自然人的民事权利能力即人格，是法律赋予自然人享有民事权利和承担民事义务的资格。一个自然人只有具备了权利能力，才具有法律上的人格，才能成为民事主体，才能参与民事活动。

（2）特征。自然人的民事权利能力有如下特征：①平等性；②内容的完全性和广泛性；③权利能力的统一性；④权利能力的不可剥夺性、不可抛弃性和不可转让性。公民的民事权利能力始于出生、终于死亡。《民法总则》第十三条规定："自然人从出生时起到死亡时止，具有民事权利能力，依法享有民事权利，承担民事义务。"我国采用"活着出生"的权利能力开始的时间标准，实际上采用的是"独立呼吸说"。自然人的死亡是指自然人的自然死亡，即自然人的生命结束。自然人的死亡标准在医学上有"心跳停止说""呼吸停止说"和"脑死亡说"等。医学上的死亡标准实际上就是法律上的死亡标准。

2. 自然人的民事行为能力。

（1）定义。自然人的民事行为能力是指自然人以自己的行为亲自参加民事活动、享有权利和承担义务的资格。

（2）特征。自然人的民事行为能力有如下特征：①由国家法律确认；②与自然人的年龄和智力状态相联系；③非依法定条件的程序，他人不得限制和取消。《民法总则》第十七条规定："十八周岁以上的自然人为成年人。不满十八周岁的自然人为未成年人。"《民法总则》第十八条规定："成年人为完全民事行为能力人，可以独立实施民事法律行为。十六周岁以上的未成年人，以自己的劳动收入为主要生活来源的，视为完全民事行为能力人。"《民法总则》第十九条规定："八周岁以上的未成年人为限制民事行为能力人，实施民事法律行为由其法定代理人代理或者经其法定代理人同意、追认，但是可以独立实施纯获利益的民事法律行为或者与其年龄、智力相适应的民事法律行为。"《民法总则》第二十条规定："不满八周岁的未成年人为无民事行为能力人，由其法定代理人代理实施民事法律行为。"根据上述法律规定，确定自然人是否具有民事行为能力的依据，表面上是年龄，其实质是自然人的智力发育程度。依自然人的年龄和智力状况，可将自然人的行为能力分为三类：①完全民事行为能力，年满18周岁；②相对民事行为能力，年满8周岁，不满18周岁；③完全无民事行为能力，不满8周岁。在年龄标准之外，法律根据自然人智力状况，规定了准治产人和禁治产人制度。①准治产人。准治产人即未达到法律规定的成年年龄，但具备了这一年龄所代表的智力，法律因而使其提前具有行为能力的人。《民法总则》第十八条第二款规定："十六周岁以上的未成年人，以自己的劳动收入为主要生活来源的，视为完全民事行为能力人。"此规定即为准治产人制度。②禁治产人。禁治产人，即虽已达到法律规定的成年年龄，但不具备这一年龄所代表的智力和意志力，法律因而不使其具有完全的行为能力的人，如不能辨认自己行为的成年人。《民法总则》第二十一条规定："不能辨认自己行为的成年人为无民事行为能力人，由其法定代理人代理实施民事法律行为。八周岁以上的未成年人不能辨认自己行为的，适用前款规定。"《民法总则》第二十二条规定："不能完全辨认自己行为的成年人为限制民事行为能力人，实施民事法律行为由其法定代理人代理或者经其法定代理人同意、追认，但是可以独立实施纯获利益的民事法律行为或者与其智力、精神健康状况相适应的民事法律行为。"此乃禁治产人制度。

（三）监护

1. 监护的概念和职责。

（1）监护的概念。监护是指由监护人对未成年人和无民事行为能力或者限制民事行为能力的成年人的人身、财产和其他合法权益进行监督和保护的制度。监护之目的是保护未成年人和无民事行为能力或者限制民事行为能力的成年人的合法权益，维护社会的正常秩序。承担监护职责的为监护人,受监护人监督和保护之未成年人或无民事行为能力或者限制民事行为能力的成年人为被监护人。监护人是被监护人之法定代理人。

（2）监护的职责。监护人的职责主要有：①代理被监护人实施民事法律行为；②保护被监护人的人身权利、财产权利以及其他合法权益,除为维护被监护人的利益外,不得处分被监护人的财产；③承担被监护人给他人造成损害之民事责任。《民法总则》第三十五条规定："未成年人的监护人履行监护职责,在做出与被监护人利益有关的决定时,应当根据被监护人的年龄和智力状况,尊重被监护人的真实意愿。成年人的监护人履行监护职责,应当最大程度地尊重被监护人的真实意愿,保障并协助被监护人实施与其智力、精神健康状况相适应的民事法律行为。对被监护人有能力独立处理的事务,监护人不得干涉。"

2. 未成年人监护人的设立。《民法总则》第二十七条规定："父母是未成年子女的监护人。未成年人的父母已经死亡或者没有监护能力的,由下列有监护能力的人按顺序担任监护人：（一）祖父母、外祖父母；（二）兄、姐；（三）其他愿意担任监护人的个人或者组织,但是须经未成年人住所地的居民委员会、村民委员会或者民政部门同意。"在没有法定监护人的情况下,其他愿意担任监护人的个人或组织可担任监护人。他们担任监护人,除应具有监护能力外,还须经未成年人住所地的居民委员会、村民委员会或者民政部门同意。当存在多个具有监护资格的人时,《民法总则》第三十条规定,依法具有监护资格的人之间可以协议确定监护人,协议确定监护人应当尊重被监护人的真实意愿。当监护发生冲突时,就需要指定未成年人的监护人。指定未成年人的监护人是指定未成年人父母之外的近亲属担任监护人。指定未成年人的监护人在两种情况下发生：一是争当未成年人的监护人,二是都不愿担任监护人。为未成年人指定监护人有两种：一种是有关组织指定,另一种是人民法院指定。《民法总则》第三十一条规定："对监护人的确定有争议的,由被监护人住所地的居民委员会、村民委员会或者民政部门指定监护人,有关当事人对指定不服的,可以向人民法院申请指定监护人；有关当事人也可以直接向人民法院申请指定监护人。居民委员会、村民委员会、民政部门或者人民法院应当尊重被监护人的真实意愿,按照最有利于被监护人的原则在依法具有监护资格的人中指定监护人。依照本条第一款规定指定监护人前,被监护人的人身权利、财产权利以及其他合法权益处于无人保护状态的,由被监护人住所地的居民委员会、村民委员会、法律规定的有关组织或者民政部门担任临时监护人。监护人被指定后,不得擅自变更；擅自变更的,不免除被指定的监护人的责任。"《民法总则》第三十二条规定："没有依法具有监护资格的人的,监护人由民政部门担任,也可以由具备履行监护职责条件的被监护人住所地的居民委员会、村民委员会担任。"

3. 为无民事行为能力或者限制民事行为能力的成年人设立监护人。《民法总则》第二十八条规定,"无民事行为能力或者限制民事行为能力的成年人,由下列有监护能力的人按顺序担任监护人：（一）配偶；（二）父母、子女；（三）其他近亲属；（四）其他愿意担任监护人的个人或者组织,但是须经被监护人住所地的居民委员会、村民委员会或者民政部门同意"。为无民事行为能力和限制民事行为能力的成年人设立监护人,其第一顺序人为配偶,其他制度都与未成年人设立监护人一样。具有完全民事行为能力的成年人还可以事先协商确定其丧失或者部分丧失民事行为能力时的监护人。《民法总则》第三十三条规定:"具有完全民事行为能力的成年人,可以与其近亲属、其他愿意担任监护人的个人或者组织事先协商,以书面形式确定自己的监护人。协商确定的监护人在该成年人丧失或者部分丧失民事行为能力时,履行监护职责。"

4. 监护的终止。有下列情况出现时,监护关系终止:①被监护人取得或恢复完全民事行为能力;②监护人丧失监护能力;③被监护人或者监护人死亡;④人民法院认定监护关系终止的其他情形。监护关系终止后,被监护人仍然需要监护的,应当依法另行确定监护人。监护人被撤销监护资格也会导致监护关系的终止。《民法总则》第三十六条规定,"监护人有下列情形之一的,人民法院根据有关个人或者组织的申请,撤销其监护人资格,安排必要的临时监护措施,并按照最有利于被监护人的原则依法指定监护人:(一)实施严重损害被监护人身心健康行为的;(二)怠于履行监护职责,或者无法履行监护职责并且拒绝将监护职责部分或者全部委托给他人,导致被监护人处于危困状态的;(三)实施严重侵害被监护人合法权益的其他行为的。本条规定的有关个人和组织包括:其他依法具有监护资格的人、居民委员会、村民委员会、学校、医疗机构、妇女联合会、残疾人联合会、未成年人保护组织、依法设立的老年人组织、民政部门等。前款规定的个人和民政部门以外的组织未及时向人民法院申请撤销监护人资格的,民政部门应当向人民法院申请"。

(四)宣告失踪与宣告死亡

1. 宣告失踪。

(1)宣告失踪是指自然人离开自己的处所或居所,下落不明达到法定年限,经利害关系人申请,通过一定的法律要件和程序,人民法院对公民失踪的事实加以确认和宣告的制度。《民法总则》第四十条规定:"自然人下落不明满二年的,利害关系人可以向人民法院申请宣告该自然人为失踪人。"《民法总则》第四十一条规定:"自然人下落不明的时间从其失去音讯之日起计算。战争期间下落不明的,下落不明的时间自战争结束之日或者有关机关确定的下落不明之日起计算。"

(2)人民法院宣告失踪的条件有三个。

1)自然人下落不明满2年。

2)经利害关系人申请。利害关系人是指下落不明人的近亲属或对该人负有监护责任的人以及该人的债权人和债务人。利害关系人应具有完全的民事行为能力,近亲属包括配偶、父母、子女、兄弟姐妹、祖父母、外祖父母、孙子女、外孙子女。有权申请自然人为失踪的利害关系人没有先后顺序。

3)由人民法院宣告失踪。利害关系人应到失踪人住所地或最后居住地的基层人民法院提出失踪宣告申请。人民法院依法受理宣告自然人失踪申请案后,首先应发出寻找失踪人的公告。公告期为3个月。公告期满,受理人民法院应当根据宣告失踪的事实是否得到确认,做出宣告失踪的判决或驳回申请的判决。

(3)人民法院宣告失踪的法律后果:财产由其配偶、成年子女、父母或者其他愿意担任财产代管人的人代管。代管有争议的,没有以上规定的人或者以上规定的人无代管能力的,由人民法院指定的人代管。财产代管人应当妥善管理失踪人的财产,维护其财产权益。失踪人所欠税款、债务和应付的其他费用，由财产代管人从失踪人的财产中支付。财产代管人因故意或者重大过失造成失踪人财产损失的，应当承担赔偿责任。财产代管人不履行代管职责、侵害失踪人财产权益或者丧失代管能力的，失踪人的利害关系人可以向人民法院申请变更财产代管人。财产代管人有正当理由的，可以向人民法院申请变更财产代管人。人民法院变更财产代管人的，变更后的财产代管人有权要求原财产代管人及时移交有关财产并报告财产代管情况。失踪人重新出现，经本人或者利害关系人申请，人民法院应当撤销失踪宣告。失踪人重新出现，有权要求财产代管人及时移交有关财产并报告财产代管情况。

2. 宣告死亡。

（1）宣告死亡是指自然人离开自己的住所或居所没有任何消息达到一定期限的，经利害关系人申请，由人民法院依法定程序宣告失踪人死亡的一种法律制度。《民法总则》第四十六条规定："自然人有下列情形之一的，利害关系人可以向人民法院申请宣告该自然人死亡：（一）下落不明满四年；（二）因意外事件，下落不明满二年。因意外事件下落不明，经有关机关证明该自然人不可能生存的，申请宣告死亡不受二年时间的限制。"

（2）人民法院宣告死亡的条件有三点。

1）普通期限：自然人生死不明满4年。特别期限：自然人因意外事件下落不明满2年；因意外事件下落不明，经有关机关证明该自然人不可能生存的，申请宣告死亡不受两年时间的限制。

2）经利害关系人申请。利害关系人范围和上述宣告失踪利害关系人相同，但有先后顺序要求。申请宣告死亡的利害关系人的顺序是：①配偶；②父母、子女；③兄弟姐妹、祖父母、外祖父母、孙子女、外孙子女；④其他有民事权利义务关系的人。但是，申请撤销死亡宣告不受上列顺序限制。对同一自然人，有的利害关系人申请宣告死亡，有的利害关系人申请宣告失踪，符合本法规定的宣告死亡条件的人民法院应当宣告死亡。同一顺序的利害关系人，有的申请宣告死亡，有的不同意宣告死亡，则应当宣告死亡。

3）由人民法院宣告死亡。人民法院受理利害关系人的书面申请后，应立即发出寻找失踪人的公告，普通失踪的公告期为1年，因意外事故失踪的公告期为3个月，公告期满仍不能确定下落不明的人是否生存的，即做出宣告死亡的判决。《民法总则》第四十八条规定："被宣告死亡的人，人民法院宣告死亡的判决做出之日视为其死亡的日期；因意外事件下落不明宣告死亡的，意外事件发生之日视为其死亡的日期。"

（3）宣告死亡的法律后果：①民事权利能力消灭；②财产继承开始；③婚姻关系消灭；④债权债务关系清算了结。

（4）由于宣告死亡只是一种推定，可由反证推翻。当被宣告死亡人并没有死亡而重新出现时，经被宣告死亡人自己或其他利害关系人申请，人民法院应当撤销死亡宣告。死亡宣告被撤销后产生的法律后果有四种。①被宣告死亡人的配偶未再婚的，夫妻关系从撤销死亡宣告之日起自行恢复；但是，如果配偶已再婚或者向婚姻登记机关声明不愿意恢复的除外，如果配偶再婚后又离婚或者再婚后配偶他方死亡的，也不能自行恢复婚姻关系。②被宣告死亡人在被宣告死亡期间，其子女被他人依法收养的，撤销死亡宣告后，不得以未经本人同意为由主张收养关系无效。③撤销死亡宣告后，本人可请求返还财产，无法返还的，应当给予适当补偿。④利害关系人隐瞒真实情况致使他人被宣告死亡而取得财产的，除应当返还财产外，还应当对由此造成的损失承担赔偿责任。

二、合伙

（一）合伙的概念、特征与分类

1. 合伙的概念。合伙是指由两个以上自然人或法人，根据共同协议而组成的营利性非法人组织。合伙由合伙合同和合伙组织两个不可分割的部分构成。

2. 合伙的特征。

（1）合伙主要是人的集合，具有团体性。

（2）合伙协议是合伙形成的基础条件。

（3）合伙是非法人组织，合伙人共同出资、共同经营、共享收益、共担风险，并对合伙组织承担连带无限责任。法律另有规定的除外，如有限合伙人。

3. 合伙的分类。根据我国2006年8月27日修订通过的《中华人民共和国合伙企业法》（简称《合伙企业法》）的规定，合伙分为普通合伙和有限合伙。

（1）普通合伙企业由普通合伙人组成，合伙人对合伙企业债务承担无限连带责任。

（2）有限合伙企业由普通合伙人和有限合伙人组成，普通合伙人对合伙企业债务承担无限连带责任，有限合伙人以其认缴的出资额为限对合伙企业债务承担责任。有限合伙企业，法律有特殊规定的，从其规定；法律没有特殊规定的，适用普通合伙企业的有关规定。

（二）普通合伙

1. 合伙的成立条件。

（1）有两个以上合伙人。合伙人为自然人的，应当具有完全民事行为能力。

（2）有书面合伙协议。

（3）有合伙人认缴或者实际缴付的出资。

（4）有合伙企业的名称和生产经营场所。

（5）法律、行政法规规定的其他条件。

合伙企业名称中应当标明"普通合伙"字样。

2. 合伙财产。合伙财产指合伙人的出资、以合伙企业名义取得的收益和依法取得的其他财产，它由各合伙人按合伙协议向合伙投入的财产、合伙经营过程中积累起来的财产以及合伙期间的债权和债务三部分构成，即合伙人投入的财产、合伙经营积累的财产和合伙期间的债权与债务。合伙财产相对独立于合伙人财产。因此，在合伙企业清算前，除非有法律规定的事由，合伙人不得请求分割合伙财产；在合伙存续期间，合伙人向第三人转让合伙财产份额时，必须经全体合伙人同意；其他合伙人在同等条件下有优先购买权；合伙人未经其他合伙人一致同意，不得将其合伙财产份额出资，未经同意的出资，出资无效。

3. 合伙事务的执行（合伙的经营）。除合同另有约定外，每个合伙人均有执行合伙事务的权利和义务。合伙事务的执行方式表现为三种：一是由全体合伙人共同执行，二是从合伙人中推荐一人或数人具体负责执行，三是聘请合伙人以外的第三人执行。由全体合伙人推举产生的对外代表全体合伙人利益、对内组织经营管理的合伙人为合伙的负责人。合伙负责人在法律上视为合伙的代表人，具体执行合伙事务，其执行职务行为而产生的法律后果均应由全体合伙人共同承担。不执行合伙事务的合伙人，享有监督权、账目检查权和撤销委托权。合伙事务执行人应勤勉执行合伙事务，有义务向其他合伙人报告事务执行情况。不执行合伙事务的其他合伙人对合伙的重大事务享有决定权。

4. 合伙的债务承担。合伙债务指合伙关系存续期间，从事合伙经营活动所产生的债务。对合伙的债务，应先由合伙财产清偿，不足清偿的部分债务，合伙人应按照其出资比例或合伙协议的约定，以其个人财产承担清偿责任。在对外关系上，全体合伙人对于合伙债务承担无限连带清偿责任，法律另有规定的除外。合伙债务的连带责任的法律特点有：①合伙人的连带责任随合伙债务的产生而产生，随其消灭而消灭；②合伙人的连带责任是一种对外责任，合伙人之所以承担连带责任，是基于合伙财产的共有性质以及全体合伙人的共同行为承担连带责任；③除法律另有规定外，合伙人承担连带责任并不以当事人之间有无约定或有无相反约定为转移；④外部责任承担完毕，合伙人可按照内部比例，向其他合伙人追偿。

5. 入伙、退伙与合伙的解散。

（1）入伙。所谓入伙，指的是合伙成立之后、解散之前，第三人加入合伙取得合伙人身份的法律行为。

1）入伙的基本条件：①入伙人必须以接受原合伙人合伙协议的基本内容为其入伙的前提；②入伙须经全体合伙人的一致同意。

2）入伙法律后果：①对内成为合伙人；②新合伙人对入伙前合伙企业的债务承担无限连带责任。

（2）退伙。退伙是合伙人与其他合伙人脱离合伙关系，丧失合伙人身份。退伙分为声明退伙、法定退伙与强制退伙。

1）声明退伙。声明退伙为合伙人自愿地退出合伙。声明退伙分为两种：有合伙协议规定了合伙的经营期限和未规定经营期限，即合伙合同存在退伙的期限限制和合伙合同不存在退伙的期限限制两种。前者出现以下情况，合伙人可声明退伙：①合伙合同约定退伙事由出现；②经全体合伙人协议；③发生难以参加合伙的事由；④其他合伙人严重违反合伙合同。后一种情况退伙时，必须符合下列条件：①不会对合伙造成不利的前提下；②提前30日通知；③擅自退伙，损害赔偿。

2）法定退伙。法定退伙是指由于法律规定的事由，合伙人退出合伙。合伙人发生下列情况之一的，发生法定退伙：①死亡或宣告死亡；②被宣告为无民事行为能力人；③个人破产，丧失偿债能力；④合伙中全部份额被人民法院强制执行。

3）强制退伙。强制退伙是指合伙组织将某一些合伙人除名。合伙人发生下列情况之一的，强制退伙：①未履行出资义务；②故意、重大过失造成合伙损失；③执行合伙事务时有不当行为；④合伙合同约定的其他事由。

不论是声明退伙、法定退伙，还是强制退伙，退伙均发生以下法律后果：①退伙人丧失合伙人资格；②合伙财产进行结算；③继承人是否加入合伙，按照合伙合同或入伙规则确定；④合伙人不足两人的，合伙终止；⑤退伙人对退伙前存在的债务承担无限连带责任。

（3）合伙的解散。合伙的解散是指合伙人自愿或者因法律规定的原因消灭合伙，即合伙的法律人格消灭。

1）合伙解散事由主要产生于以下情况：①合伙合同期限届满，合伙人不愿继续经营；②合伙合同约定的解散事由出现；③全体决议解散；④不足法定人数；⑤合伙协议约定的目的已经实现或者无法实现；⑥合伙被撤销；⑦其他法定事由。

2）合伙解散的法律后果有：①合伙财产的清算；②注销登记；③连带责任不能免除，即在合伙企业因破产解散后，原合伙人对合伙企业存续期间的债务仍承担连带责任。

6. 特殊的普通合伙企业。《合伙企业法》第五十五条规定了特殊的普通合伙企业制度，即以专业知识和专门技能为客户提供有偿服务的专业服务机构，可以设立为特殊的普通合伙企业。例如，律师事务所、会计师事务所等合伙组织。特殊的普通合伙企业名称中应当标明"特殊普通合伙"字样。在特殊的普通合伙企业中，具有三条法律规定。

（1）在特殊的普通合伙企业中，一个合伙人或者数个合伙人在执业活动中因故意或者重大过失造成合伙企业债务的，应当承担无限责任或者无限连带责任，其他合伙人以其在合伙企业中的财产份额为限承担责任。

（2）合伙人在执业活动中非因故意或者重大过失造成的合伙企业债务以及合伙企业的其他债务，由全体合伙人承担无限连带责任。合伙人执业活动中因故意或者重大过失造成的合伙企业债务，以合伙企业财产对外承担责任后，该合伙人应当按照合伙协议的约定对其给合伙企业造成的损失承担赔偿责任。

（3）特殊的普通合伙企业应当建立执业风险基金与办理职业保险。

（三）有限合伙

有限合伙企业由普通合伙人和有限合伙人组成，普通合伙人对合伙企业债务承担无限连带责任，有限合伙人以其认缴的出资额为限对合伙企业债务承担责任。

1. 设立有限合伙企业的条件。

（1）有限合伙企业由两个以上50个以下合伙人设立，法律另有规定的除外。

（2）有限合伙企业至少应当有1个普通合伙人。

（3）有限合伙企业名称中应当标明"有限合伙"字样。

2. 有限合伙协议应当载明的事项。

（1）普通合伙人和有限合伙人的姓名或者企业名称、住所。

（2）执行事务合伙人应具备的条件和选择程序。

（3）执行事务合伙人的权限与违约处理。

（4）执行事务合伙人的除名条件和更换程序。

（5）有限合伙人入伙、退伙的条件、程序以及相关责任。

（6）有限合伙人和普通合伙人的相互转变程序。

3. 有限合伙企业的特点。

（1）有限合伙人不得以劳务出资。

（2）有限合伙人可以自营或者同他人合作经营与本有限合伙企业相竞争的业务，合伙协议另有约定的除外。

（3）有限合伙人可以将其在有限合伙企业中的财产份额出质，合伙协议另有约定的除外。

（4）有限合伙人可以按照合伙协议的约定向合伙人以外的人转让其在有限合伙企业中的财产份额，应当提前30日通知其他合伙人。

（5）第三人有理由相信有限合伙人为普通合伙人并与其交易的，该有限合伙人对该笔交易承担与普通合伙人同样的责任。

（6）有限合伙人未经授权以有限合伙企业名义与他人进行交易，给有限合伙企业或者其他合伙人造成损失的，该有限合伙人应当承担赔偿责任。

（7）作为有限合伙人的自然人在有限合伙企业存续期间丧失民事行为能力的，其他合伙人不得因此要求其退伙。

（8）作为有限合伙人的自然人死亡、被依法宣告死亡或者作为有限合伙人的法人及其他组织终止时，其继承人或者权利承受人可以依法取得该有限合伙人在有限合伙企业中的资格。

除合伙协议另有约定外，普通合伙人转变为有限合伙人，或者有限合伙人转变为普通合伙人，应当经全体合伙人一致同意。有限合伙人转变为普通合伙人的，对其作为有限合伙人期间有限合伙企业发生的债务承担无限连带责任。普通合伙人转变为有限合伙人的，对其作为普通合伙人期间合伙企业发生的债务承担无限连带责任。有限合伙人退伙后，对基于其退伙前的原因发生的有限合伙企业债务，以其退伙时从有限合伙企业中取回的财产承担责任。

三、法人

（一）法人的概念、本质、特征和成立条件

1. 法人的概念。法人是指具有民事权利能力和民事行为能力，依法独立享有民事权利和承担民事义务的组织。

2. 法人的本质。法人的本质在理论上有法人拟制说、法人实在说、法人否认说。通说认为，法人是法律拟制的产物，是实在的民事主体，有自己的意思机关，能够自己承担民事责任。法人与自然人、合伙组织是三大民事主体，占据民事主体的绝大部分。

3. 法人的特征。

（1）法人是集合性的社会组织，是人的集合体与财产的集合体的有机统一。

（2）法人是具有民事权利能力和民事行为能力的社会组织，即法人具有民事主体资格。

（3）法人是依法独立享有民事权利和承担民事义务的组织。法人之责任独立于其创立人和其成员的责任。

4. 法人的成立条件。

（1）法人的成立条件是指取得法人资格所必须具备的基本条件。根据《民法总则》第五十八条规定，法人应当具备三个条件。①依法成立。依法成立是指依照法律规定而

成立。第一，法人组织的设立合法；第二，法人的成立程序符合法律、法规的规定。②有必要的财产或者经费。法人是一种人与财产的集合体，财产是其人格基础与物质基础，是其享受权利和承担义务的物质保障。③有自己的名称、组织机构和住所。法人必须要有自己的名称、意思机关、执行机关、监督机关，要有住所。

（2）在法人成立问题上，有三种主义。①特许主义。法人的成立必须经过国家的特别许可。②准则主义。法律预先规定法人成立的条件，只要符合这些条件，即可成立法人，获得国家承认。③核准主义。法律预先规定法人成立的条件，符合法律规定的条件后，还须经过主管行政机关审核批准方可成立法人。这三种主义中，准则主义最为自由，特许主义最不自由，核准主义折中。在法人成立上，我国主要采用核准主义。在少数关系到国计民生的法人成立上，采用特许主义，如商业银行、保险公司等的设立。

（二）法人的民事权利能力与法人的民事行为能力

1. 法人的民事权利能力。

（1）法人的民事权利能力是指法人依法享有民事权利和承担民事义务的资格。

（2）法人的民事权利能力从法人成立时产生。依法设立的营利法人由登记机关发给营利法人营业执照。营业执照签发日期为营利法人的成立日期。事业单位经依法登记成立，取得事业单位法人资格；依法不需要办理法人登记的，从成立之日起，具有事业单位法人资格。社会团体经依法登记成立，取得社会团体法人资格；依法不需要办理法人登记的，从成立之日起，具有社会团体法人资格。法人的民事权利能力到法人终止时消灭。清算期间，法人存续，但是不得从事与清算无关的活动。清算结束并完成法人注销登记时，法人终止；依法不需要办理法人登记的，清算结束时，法人终止。法人被宣告破产的，依法进行破产清算并完成法人注销登记时，法人终止。

（3）法人的民事权利能力不同于公民的民事权利能力，其区别表现在四个方面。

1）两者享有民事权利能力的范围不同。法人不得享有与公民的人身密不可分的权利。同时，专属于法人的特殊权利能力，公民也不得享有。

2）两者取得民事权利能力的时间不同。法人的民事权利能力从法人成立时产生，到法人终止时消灭。公民的民事权利能力始于出生、终于死亡。

3）两者的民事权利能力的受限情况的差异性。法人的民事权利能力要受法人的目的与范围的限制，依法受法律和行政命令的限制，因此，法人的民事权利能力具有差异性，不同的法人可能有不同的民事权利能力。公民的民事权利能力是平等的、完全的、广泛的和统一的。

4）法人的民事权利能力与民事行为能力的取得和消灭是同步的，而公民民事权利能力的取得和消灭与民事行为能力的取得和消灭并不同步。

2. 法人的民事行为能力。

（1）法人的民事行为能力是指法人能以自己的行为取得民事权利和承担民事义务的资格。法人有自己的意思机关，可以以自己的名义从事民事活动。

（2）法人民事行为能力的特点。①法人的民事行为能力享有的时间与其民事权利能力享有的时间一致。②法人的民事行为能力范围与民事权利能力的范围一致。③法人的民事行为能力由法人机关或代表人实现。

(3) 法人民事行为能力与自然人民事行为能力的不同。①法人的行为能力是与权利能力同时产生和同时消灭的，即法人的行为能力与权利能力的产生和消灭具有同步性；而公民虽然从出生时起便具有民事权利能力，民事行为能力则是随着自然人的年龄和智力的发展不断完善的，即公民的行为能力与权利能力的产生和消灭不具有同步性。②法人是人的集合体，其行为能力一般是通过法人机关（法定代表人）来实现的；而公民的行为能力一般是通过公民个人自身的活动来实现的。③两者的范围不同。法人受其经营范围的限制，不同经营范围的法人，其行为能力不同；公民的行为能力是统一的、没有差别的。

（三）法人的变更、终止和清算

1. 法人的变更。法人的变更是指法人在存续期间，法人的性质、组织机构、经营范围、财产状况以及名称、住所等重大事项发生变化。法人的变更必须依法向登记机关申请变更登记。

2. 法人的终止。法人的终止是指法人丧失民事主体资格，其民事权利能力和民事行为能力终止。法人终止的原因主要有：①法人解散；②法人被宣告破产；③法律规定的其他原因。法人终止，法律、行政法规规定须经有关机关批准的，依照其规定。

3. 法人的清算。法人的清算是指法人解散时，由依法成立的清算组织依据其职权清理并消灭法人的全部财产关系。清算完毕，清算组织应到工商行政管理机关办理法人注销登记，正式使法人消灭。

第三节 法律行为与代理制度

一、法律行为制度

（一）法律行为的概念和特征

1. 法律行为的概念。法律行为是民事主体通过意思表示，旨在设立、变更或终止民事法律关系的行为。《民法总则》第一百三十三条规定："民事法律行为是民事主体通过意思表示设立、变更、终止民事法律关系的行为。"法律行为作为法律事实中的行为的一种，能够引起民事法律关系的设立、变更和终止，是民事法律关系得以发生的最大量的法律事实。法律行为除包括因具备合法性而有效的部分以外，还包括因不同程度地欠缺合法性而可撤销或无效的部分。

2. 法律行为的特征。

（1）法律行为是人为的法律事实。民事法律关系发生的原因包括事件和行为，前者与人的意志无关，后者与人的意志有关。法律行为属于与人的意志有关的行为，是人为的法律事实。

（2）法律行为是表意行为，以行为人的意思表示为必要要素。意思表示是构成法律行为的核心要素。所谓意思表示，就是行为人把内在的目的意思，通过表示行为表现于外部，对他人产生效果意思。

（3）法律行为以发生一定法律后果为目的。法律行为的目的要明确，该目的必须是旨在设立、变更或者消灭某一民事法律关系。不产生法律效果的意思表示不属于法律行为。

（4）法律行为大部分是合法行为。法律行为从本质上讲应该是一种合法行为。所以，大部分法律行为都是合法行为。对于欠缺法律生效要件的法律行为，或者为效力待定、可撤销，或者为无效，其内容将在后文详细论述。

（二）法律行为的分类

1. 单方法律行为、双方法律行为与多方法律行为。根据《民法总则》第一百三十四条，以法律行为人数的多少为标准，可以将法律行为分为单方法律行为、双方法律行为和多方法律行为。单方法律行为是仅由一方行为人的意思表示就能成立的法律行为，其特点是无须他人的同意就能发生法律效力。双方法律行为是由行为人双方相对应的意思表示达成一致而成立的法律行为，如买卖合同和赠与合同等。多方法律行为是由多个行为人的意思表示达成一致而成立的法律行为，如成立合伙的行为、公司股东会的决议。此种分类的法律意义在于正确认定法律行为的成立及其效力。

2. 有偿法律行为与无偿法律行为。以法律行为有无对价为标准，可以将法律行为划分为有偿法律行为和无偿法律行为。有偿法律行为是指行为人双方须为对价的法律行为。所谓对价，是指一方为换取对方提供的利益而付出代价。无偿法律行为是指没有对价的法律行为。其区分的意义在于确定权利与义务的范围及其责任后果的承担的不同。无偿法律行为的责任后果通常要低于有偿法律行为。

3. 诺成性法律行为与实践性法律行为。以法律行为于意思表示之外是否还必须交付实物为标准，可以将法律行为划分为诺成性法律行为和实践性法律行为。诺成性法律行为是指仅以意思表示为成立要件的法律行为，又称"不要物法律行为"。实践性法律行为是指除意思表示外，还须以物的交付作为成立要件的法律行为，又称"要物法律行为"。例如，借用合同都是实践性法律行为。其区分的意义在于正确认定法律行为是否成立、成立时间、标的物所有权以及风险转移的时间。

4. 要式法律行为与不要式法律行为。以法律行为的成立是否必须依照某种特定的形式为标准，可以将法律行为分为要式法律行为和不要式法律行为。要式法律行为是指依法律规定或依约定，必须采取一定形式或履行一定程序才能成立的法律行为。不要式法律行为是指法律不要求特定形式，行为人自由选择一种形式即能成立的法律行为。除法律特别规定或当事人特别约定外，法律行为均为不要式法律行为。其区分的意义在于判定法律行为的成立。

5. 有因法律行为与无因法律行为。根据法律行为与原因的关系，法律行为可分为有因法律行为与无因法律行为。有因法律行为是指与原因不可分离的法律行为。所说的原因就是法律行为的目的起因。无因法律行为是指法律行为与原因可以分离，不以原因为要素的法律行为。无因法律行为并非没有原因，而是指原因无效并不影响法律行为的效力。其区分的意义在于原因的有效或无效对法律行为效力的影响。

（三）法律行为的形式

法律行为的形式实际上就是意思表示的形式。在我国，法律行为的形式主要有三种。

1. 口头形式。口头形式是指用谈话的方式进行意思表示,包括当面交谈、电话交谈等。其优点是简便、迅速,缺点是缺乏书面记载,一旦发生纠纷,不易确定行为人之间的权利和义务。口头形式大多适用于即时清结、标的数额小的法律行为。

2. 书面形式。书面形式是指以书面文字的方式进行意思表示。其优点是证明力强,可以使行为人的权利与义务的关系明确。书面形式可以分为一般书面形式和特殊书面形式。一般书面形式是指用文字来进行意思表示。特殊书面形式有以下两种:①公证形式,是指行为人将其书面形式的法律行为交给国家公证机关认证,使法律行为的真实性和合法性得到确认;②鉴证形式,主要适用于合同,是指行为人将其书面的合同提交给国家工商行政管理部门或有关机关,使之对该合同的真实性和合法性进行审查后给予证明。

3. 默示形式。默示形式是指行为人并不直接表示其内在意思,只是根据他的某种行为(作为或不作为)按照逻辑推理的方法,或者按照生活习惯推断出行为人内在意思的形式。默示形式可分为推定形式和沉默形式。

(1) 推定形式是指行为人并不直接用口头形式或书面形式进行意思表示,而是通过实施某种行为来进行意思表示。

(2) 沉默形式是指行为人既不用语言表示,也不用积极行为表示,而是以消极的不作为方式进行意思表示,即根据行为人的沉默来认定其具有某种意思。《民法总则》第一百四十条规定,沉默只有在有法律规定、当事人约定或者符合当事人之间的交易习惯时,才可以视为意思表示。

(四) 法律行为的成立与生效

法律行为的成立与生效不同。法律行为的成立属于事实判断问题,法律行为的生效属于价值判断问题。两者判断标准不同。法律行为的成立是法律行为生效的逻辑前提。

1. 法律行为的成立。法律行为的成立是指符合法律行为的构成要素的客观情况。法律行为成立要件分为一般成立要件和特别成立要件。

(1) 法律行为的一般成立要件为行为人做出意思表示。其内涵包括:①该意思表示须包含设立、变更或终止民事法律关系的意图;②该意思表示须完整地表达将要设立、变更或终止的民事法律关系的必要内容;③行为人必须以一定的方式将自己的内心意思表示于外部,可以由他人客观地识别。

(2) 法律行为的特别成立要件。①合同行为,当事人双方须意思表示一致;②实践行为,须交付标的物;③要式行为,须采用特别表意形式或履行特定程序。

2. 法律行为的生效。法律行为的生效是指已经成立的法律行为因符合法定有效要件而取得法律认可的效力。根据《民法总则》第一百四十三条规定,民事法律行为应当具备三个生效要件。

(1) 行为人具有相应的民事行为能力,即民事主体必须合格。就自然人而言,必须具有完全民事行为能力;限制民事行为能力人只能实施纯获利益的民事法律行为或者与其年龄或智力、精神状况相适应的民事活动,其他民事活动必须由其法定代理人实施。就法人而言,必须在依法核准的经营范围内实施民事活动。超越法律的规定或章程规定的经营范围所为的法律行为原则上属于无效,法律另有规定的除外。

（2）意思表示真实。意思表示是指行为人把进行某一法律行为的内心效果意思以一定的方式表达于外部的行为。意思表示的要素有目的意思、效果意思和表示行为。目的意思是指法律行为具体内容的意思要素；效果意思是指意思表示人使其表示内容引起法律上效果的意思要素，即具有设立、变更和终止民事法律关系的意图，又称"法效意思"；表示行为是指行为人将内心意思以一定方式表现于外部，并足以为外界客观理解的行为要素。当事人的意思表示真实就是行为人的目的意思通过表示行为而与效果意思相符合。

（3）不违反法律、行政法规的强制性规定，不违背公序良俗。

（五）欠缺法律生效要件的法律行为

法律行为符合生效要件为有效法律行为；但是，法律行为欠缺某一生效要件，并不必然就是无效法律行为。基于民法的私法属性与意思自治基本原则的精神，对于欠缺生效要件的法律行为，法律并不使其必然无效，而是赋予行为人一定的选择自由，赋予行为人补正手段，使得法律行为可能为有效。

欠缺生效要件的法律行为可以分为三类：效力待定法律行为、可撤销法律行为和无效法律行为。

1. 效力待定法律行为。

（1）效力待定法律行为是指其成立时有效或无效处于不确定状态，尚待享有形成权的第三人同意（追认）或拒绝的意思表示来确定其是否有效的法律行为。效力待定法律行为主要是行为人主体资格存在瑕疵。

（2）效力待定法律行为类型。①民事行为能力欠缺，即限制民事行为能力人实施的依法不能实施的法律行为。②无处分权限的欠缺，即无权处分人对他人财产处分之法律行为。③代理权的欠缺，即无权代理人之代理行为。④债权人同意的欠缺，即未经债权人同意而债务人擅自转让债务之法律行为。在此四类行为中，民事主体行为能力或权限存在瑕疵，但法律行为并不必然无效。其是否有效，法律赋予权利人追认权。权利人追认之，该法律行为有效；反之，则无效。在权利人做出追认行为之前，该法律行为效力处于不确定状态。故称此类法律行为为效力待定法律行为。

（3）追认权人的认定。民事行为能力欠缺时，追认权人为限制民事行为人之法定代理人；处分权欠缺时，追认权人为有权处分人；代理权欠缺时，追认权人为被代理人；债权人同意欠缺时，追认权人为债权人。追认的方式应采用明示的方式，沉默和推定均不为追认的方式。追认权人的追认或拒绝追认的意思表示应向效力待定的相对人为之。追认权人的追认行为必须在有效期限内做出。法律规定，追认权行使有效期为1个月。

（4）追认权人追认行为的性质。①追认权人之追认行为属于形成权的法律行为。②追认权人之追认行为属于有相对人的单方民事法律行为。追认权人的追认或拒绝追认的意思表示自到达相对人时发生法律效力。③追认行为属于辅助性法律行为，其作用在于补足相关行为所欠缺的有效要件。

（5）相对人。法律在赋予权利人追认权时，为了平衡双方当事人的利益，法律同时赋予相对人催告权和撤销权。①相对人的催告权。相对人的催告权是指效力待定法律行为的相对人在得知其与对方实施的法律行为有效力待定的事由后,将效力待定的事由告知追认权人,并催告追认权人于法定期限或合理期限内予以确认的权利。②相对人的撤销权。相对人的撤销权是指效力待定法律行为的相对人撤销其意思表示的权利。相对人撤销权行使的条件为:一是采用通知的方式;二是于追认权人未予追认之前行使,追认权人追认后,相对人不得撤销;三是相对人须为善意,才享有撤销权。

2. 可撤销法律行为。

(1) 可撤销法律行为是指法律行为欠缺合法性,根据法律享有撤销权的法律行为当事人可以依其自主意思,使法律行为之效力归于消灭的法律行为。

(2) 可撤销法律行为,其合法性欠缺是指行为人的意思与表示不一致或意思表示不自由,导致非真实意思表示。但法律并不使之绝对无效,而是权衡当事人的利害关系,赋予表意人根据自主意愿决定是否撤销之,故称之为可撤销法律行为。在撤销权人没有行使撤销权时,可撤销法律行为处于有效状态;但在撤销权人行使了撤销权后,可撤销法律行为就开始无效。可撤销法律行为的合法性欠缺主要在于行为人意思表示不真实。

(3) 根据意思表示不真实状态,可撤销法律行为可以分为四大类。

1) 受欺诈而实施的法律行为。欺诈,是指当事人一方故意编造虚假情况或隐瞒真实情况,使对方陷入错误认识而为违背自己真实意思表示的行为。受欺诈而为的法律行为,被欺诈人很可能遭受损失,法律行为效果与其本意相悖,有失公允。《民法总则》第一百四十八条规定:"一方以欺诈手段,使对方在违背真实意思的情况下实施的民事法律行为,受欺诈方有权请求人民法院或者仲裁机构予以撤销。"《民法总则》第一百四十九条规定:"第三人实施欺诈行为,使一方在违背真实意思的情况下实施的民事法律行为,对方知道或者应当知道该欺诈行为的,受欺诈方有权请求人民法院或者仲裁机构予以撤销。"

2) 受胁迫而实施的法律行为。胁迫,包括威胁和强迫,是指对表意人的自由意思加以威胁和强迫,使表意人陷入恐惧状态或无法反抗的境地而为意思表示。《民法总则》第一百五十条规定:"一方或者第三人以胁迫手段,使对方在违背真实意思的情况下实施的民事法律行为,受胁迫方有权请求人民法院或者仲裁机构予以撤销。"

3) 重大误解的法律行为。行为人因对行为的性质、对方当事人以及标的物的品种、质量、规格和数量等的错误认识,使行为的后果与自己的意思相悖,并造成较大损失的,可以认定为重大误解。行为人对重大事项产生认识上错误,并基于此错误认识而做出的法律行为,法律行为的后果很可能与行为人的最初意思相悖,造成较大损失。法律为了公平起见,赋予存在重大误解行为人撤销权。

4) 显失公平的法律行为。《民法总则》第一百五十一条规定:"一方利用对方处于危困状态、缺乏判断能力等情形,致使民事法律行为成立时显失公平的,受损害方有权请求人民法院或者仲裁机构予以撤销。"受欺诈、受胁迫、重大误解之法律行为,很可能都会造成显失公平之法律后果,而且是在行为之初就可表现为显失公平,法律对这些可能造成显失公平结果之原因分别单独规定为可撤销法律行为。但是,造成显失公平结果的原因可能很多,无法一一列举。法律基于公平正义原则,规定无论是何种原因,只要结果显失公平,均属可撤销法律行为。

撤销权是权利人以其单方的意思表示变更或撤销已经成立的民事行为的权利。撤销权在性质上属于形成权。对可撤销的法律行为,撤销权人可选择撤销,也可以选择不撤销,但撤销权人必须在法定时间内通过法院或仲裁机构行使撤销权。《民法总则》第一百五十二条规定,"有下列情形之一的,撤销权消灭:(一)当事人自知道或者应当知道撤销事由之日起一年内、重大误解的当事人自知道或者应当知道撤销事由之日起三个月内没有行使撤销权;(二)当事人受胁迫,自胁迫行为终止之日起一年内没有行使撤销权;(三)当事人知道撤销事由后明确表示或者以自己的行为表明放弃撤销权。当事人自民事法律行为发生之日起五年内没有行使撤销权的,撤销权消灭"。

3. 无效法律行为。

(1) 无效法律行为是指已经成立,但不具备法律行为的有效要件从而不能产生当事人预期的法律效力的法律行为。

(2) 根据《民法总则》和《合同法》的有关规定,无效法律行为包括三大类。

1) 主体不合格。无民事行为能力人实施的法律行为。

2) 意思表示不真实。①行为人与相对人以虚假的意思表示实施的民事法律行为;②行为人与相对人恶意串通,损害他人合法权益的民事法律行为。

3) 行为内容违法。①以合法形式掩盖非法目的的法律行为;②损害社会公共利益的法律行为;③违反法律、行政法规的强制性规定的民事法律行为,但该强制性规定不导致该民事法律行为无效的除外;④违背公序良俗的民事法律行为。

法律行为被确认无效或被撤销的法律后果如下:

法律行为旨在引起一定民事法律关系的产生、变更或消灭。符合生效要件的法律行为能够产生行为人预期的法律效果;但无效或被撤销的法律行为不能产生行为人预期的法律效果。根据《民法总则》第一百五十七条规定,无效或被撤销的法律行为产生三种法律后果。

(1) 返还财产。因该行为取得的财产应当予以返还。只有一方交付财产的,做单方返还;双方皆交付财产的,做双方返还。不能返还或者没有必要返还的,应当折价补偿。除返还原物外,还应退还由原物所生的孳息。总之,原则上应使财产关系恢复到法律行为成立之前的状态。

(2) 赔偿损失。法律行为被确认无效或被撤销是由一方或双方的过错造成的,皆发生赔偿损失的问题,由有过错的一方向无过错的一方赔偿因法律行为被确认无效或撤销所发生的损失。在双方皆有过错的情况下,各自承担相应的责任。

(3) 其他法律后果。在当事人双方恶意串通,实施的法律行为损害国家、集体或者第三人利益时,追缴双方所取得的财产,收归国家、集体所有或返还给第三人。

二、代理制度

(一) 代理的概念和特征

1. 代理的概念。代理是指代理人在代理权限内,以被代理人名义实施法律行为,由此产生的法律后果由被代理人承担的法律制度。代理分为广义的代理与狭义的代理。

广义的代理包括直接代理和间接代理。间接代理，又称"隐名代理"，是指代理人以自己的名义进行法律行为，而使其后果间接地归属被代理人，如行纪行为。狭义的代理指直接代理，又称"显名代理"，即以被代理人的名义进行的法律行为，后果直接归属被代理人。《民法总则》采取的是严格的狭义代理的概念。本书所讲的代理，除特别指明外，是指《民法总则》规定的狭义代理。

2. 代理的特征。

（1）代理人以为意思表示为使命，代理行为是具有法律意义的活动。

（2）代理人必须以被代理人的名义进行活动。

（3）代理人在代理权限范围内实施代理行为。

（4）代理人在代理权限范围内独立为意思表示。

（5）代理行为的法律后果直接归属被代理人。

（二）代理的类型和产生根据

代理根据其产生依据，可分为两类。

1. 委托代理。委托代理是指基于被代理人的委托授权而产生的代理，是最常见、最广泛适用的一种代理形式。委托代理权的产生通常要经过两道程序：委托合同和委托授权行为。委托合同是指被代理人与代理人针对代理事务就双方当事人权利与义务而达成一致的协议。委托合同是委托代理的基础，对被代理人与代理人双方具有法律约束力。委托授权行为是指被代理人以为委托的意思表示将代理权授予代理人的行为，是委托代理产生的直接根据。委托授权行为只需被代理人单方面意思表示即可生效，可对第三人产生法律效力。

2. 法定代理。法定代理是指基于法律的直接规定而产生的代理，主要适用于被代理人为无民事行为能力人或限制民事行为能力人的情况。

（三）代理权的行使

1. 代理人的义务。

（1）为被代理人的利益实施代理行为的义务。代理人的活动应从被代理人的利益出发，为实现被代理人的利益勤勉地履行代理职责。

（2）亲自代理的义务。被代理人之所以委托代理人为代理行为，是基于对代理人的知识、技能、信用的信赖。除非经由被代理人同意或有不得已的事由发生，代理人必须亲自实施代理行为。

（3）报告义务。代理人应及时将处理代理事务的一切重要情况向被代理人忠实地报告，以使被代理人知道事务的进展情况。

（4）保密义务。代理人在执行代理事务过程中知晓的被代理人的个人秘密和商业秘密，必须严格保守，不得向外界泄露，不得利用其同被代理人进行不正当竞争。

2. 代理权的限制。代理制度在于通过代理人之代理行为实现被代理人利益的法律制度。为实现此目的，为防止代理人滥用代理权损害被代理人利益，有必要对代理人行使代理权加以必要的限制。

（1）自己代理之禁止。自己代理是指代理人在代理权限内直接代理自己与自己为法律行为。

（2）双方代理之禁止。双方代理是指一个代理人同时代理双方当事人为法律行为。

（3）代理人懈怠或诈害行为之禁止。懈怠行为是指代理人不履行勤勉义务，疏于处理或未处理代理事务，使被代理人利益受损的行为。诈害行为是指代理人与第三人恶意串通，损害被代理人利益的行为。

以上三种行为均会引发代理人道德风险，使代理人不能够以被代理人利益为目的从事代理行为，使被代理人设定代理目的落空，有悖代理制度法律之宗旨，因此为法律所禁止。

3. 代理关系中的连带责任。

（1）因委托书授权不明发生的连带责任。在书面授权不明的情况下，《民法通则》第六十五条规定："委托书授权不明的，被代理人向第三人承担民事责任，代理人负连带责任。"

（2）因滥用代理权发生的连带责任。《民法通则》第六十六条第三款规定："代理人和第三人串通，损害被代理人的利益的，由代理人和第三人负连带责任。"

（3）因无权代理发生的连带责任。《民法通则》第六十六条第四款规定："第三人知道行为人没有代理权、超越代理权或者代理权已终止还与行为人实施民事行为给他人造成损害的，由第三人和行为人负连带责任。"

（4）因代理事项违法发生的连带责任。《民法总则》第一百六十七条规定："代理人知道或者应当知道代理事项违法仍然实施代理行为，或者被代理人知道或者应当知道代理人的代理行为违法未做反对表示的，被代理人和代理人应当承担连带责任。"

（四）无权代理

1. 无权代理的概念和特征。

（1）无权代理的概念。无权代理是代理人不具备代理权所实施的代理行为。学理上，一般将无权代理区分为狭义的无权代理和广义的无权代理（即表见代理）。狭义的无权代理是指行为人既没有代理权，也没有令第三人相信其有代理权的事实或理由，而以本人的名义所为的代理。本书除特别指明外，无权代理皆为狭义的无权代理。

（2）无权代理的特征。

1）行为人所实施的法律行为符合代理行为的表面特征，即代理人以为意思表示为使命、代理人以被代理人的名义进行活动。

2）行为人就所实施的代理行为不具有代理权。其主要有如下三种情形：①没有代理权的代理行为；②超越代理权的代理行为；③代理权终止后的代理行为。

2. 无权代理的法律效果。

（1）被代理人的追认使得无权代理生效。首先，通过被代理人的追认，可使无权代理行为中欠缺的代理权得到补足，转化成有权代理，发生法律效力。被代理人的追认可以是被代理人直接做出追认的意思表示。被代理人之追认行为属于形成权，可单方面使无权代理转化为有权代理。其次，法律规定的拟制追认。即被代理人对于无权代理行为于第三人已行使催告权后仍不做出是否追认的意思表示，法律把被代理人的沉默视为对无权代理行为的追认。无权代理行为经被代理人追认后，开始具有与有权代理行为同样的效力，其法律效果直接归属被代理人。

（2）被代理人拒绝追认使得无权代理无效。无权代理行为，如不被被代理人追认，则不产生法律效力。其无效性溯及代理行为成立之时。基于无权代理发生的法律行为，被代理人不承担代理行为之法律效果，一切法律后果由无权代理人自己承担。

（五）表见代理

1. 表见代理的概念和构成要件。

（1）表见代理的概念。表见代理是指第三人有足够的理由认为无权代理人有代理权，基于此项信赖而与之为法律行为，由此造成的法律效果，法律直接规定由被代理人（本人）承担。表见代理，本属于无权代理，但因本人与无权代理人之间的关系，具有外表授权的特征，致使第三人有理由相信行为人有代理权而与其进行法律行为。法律为了维护交易安全，保护善意第三人之利益，使表见代理发生与有权代理相同的法律效果。

（2）表见代理的构成要件。①须行为人无代理权。②须有使第三人相信行为人具有代理权的事实或理由。例如，被代理人将有证明代理权之存在意义的文件交给他人，第三人信赖此文件而与该他人为交易，而事实上被代理人并未对该他人授权。③须相对人为诚信且无过失，即善意。④须行为人与第三人之间的法律行为具备法律行为成立的有效要件。⑤须行为人除了没有代理权之外，具备代理的其他全部表面要件。

2. 表见代理与狭义无权代理的区别。

（1）表见代理行为人虽未被实际授权，但在表面上有足够的理由使人相信其有代理权；而狭义的无权代理行为人不仅实质上没有代理权，而且表面上也没有令人相信其有代理权的理由。

（2）法律后果不同。表见代理发生有权代理的后果，其法律效力是确定的；狭义的无权代理发生效力未定的效果。

3. 表见代理的法律后果。根据《民法总则》第一百七十二条，表见代理对被代理人（本人）产生有权代理效力，即在第三人与被代理人（本人）之间产生民事法律关系，被代理人（本人）应受表见代理人与第三人之间实施的法律行为的约束。即代理行为之法律效果直接归属被代理人（本人）。但是，本人的损失可以向无权代理人请求赔偿。表见代理本属于无权代理之范畴，表见代理制度在于维护交易安全，保护善意第三人之利益。第三人也可以基于自身利益考虑，可自由选择主张表见代理或狭义的无权代理，即可抛弃享受表见代理之地位。若第三人主张狭义无权代理，则适用于前述无权代理之法律规定。

第四节 人 身 权

一、人身权的概念与特征

（一）人身权的概念

人身权是指民事主体所依法享有的以其人身不可分离的利益即人格利益和身份利益为内容的民事权利。人身权与财产权相对称，共同构架民事权利体系。

(二) 人身权的特征

1. 人身权的发生以权利主体的人格和身份为前提，与人身有不可分离性。人身权所保障的人格利益和身份利益是以自然人的人身或其他民事主体的组织体为依附的。通常情况下，人身权不可剥夺，也不得转让，法律有特别规定的除外。

2. 人身权没有直接的财产内容。人格利益和身份利益属于精神利益范畴，本身毫无经济内容，具有非财产性。人身权虽没有直接财产内容，但它与财产权有着密切的联系，往往成为为民事主体带来财产利益的依据或前提。

3. 人身权具有绝对性和支配性。人身权属于绝对权范畴，其权利主体是特定的权利人；义务主体是权利主体以外的任何人。人身权权利人可以对自身的人格利益和身份利益进行直接支配，权利的实现无须他人协助，他人负有不得侵犯、不得妨碍的义务。

二、人身权的种类与内容

人身权以其人身利益的不同可以分为人格权和身份权。人格权是指民事主体固有的，由法律确认的，以人格利益为客体，为维护民事主体具有法律上的独立人格、人格尊严、人格自由所必需的基本权利。身份权是指民事主体基于某种特定的身份而依法享有的以身份利益为客体的一种民事权利。

（一）一般人格权与具体人格权

人格权以人格利益为客体。人格利益分为一般人格与具体人格。

1. 一般人格权。一般人格不针对特定人格利益，没有具体体现为具体名称的人格，主要是指人格独立、人格自由、人格尊严等。因此，一般人格权是指民事主体基于人格独立、人格自由、人格尊严全部内容的一般人格利益而享有的基本权利。

2. 具体人格权。具体人格主要是指由法律直接加以规定，具有具体的、特定的内涵，有特定的名称的人格。根据《民法总则》第一百一十条和《侵权责任法》第二条，具体人格主要有生命、健康、身体、肖像、姓名与名称、名誉、隐私、贞操等，以这些具体人格利益为标的的人格权就称为"具体人格权"。

（1）生命权是指以自然人生命安全的利益为内容的一种人格权。

（2）健康权是指自然人以其身体外部组织的完整和身体内部生理机能的健全，使肌体生理机能正常动作和功能完善发挥，从而维持人体生命活动为内容的人格权。

（3）身体权是指公民维护其身体完全并支配其肢体、器官和其他组织的人格权。

（4）姓名权是指自然人决定、使用和依照规定改变自己姓名的权利。

（5）名称权是指自然人以外的其他民事主体依法享有的决定、使用、改变、转让自己的名称并排除他人非法干涉的一种人格权。

（6）肖像权是指以一定的物质形式再现出来的自然人的形象。肖像权就是自然人所享有的对自己的肖像上所体现的人格利益为内容的一种人格权。

（7）名誉权是指民事主体就自身属性和价值所获得的社会评价和自我评价所享有的保有和维护之人格权。

（8）隐私权是指自然人享有的对自己的个人秘密和个人私生活进行支配并排除他人干涉的一种人格权。

（9）婚姻自主权是指自然人对于自己的婚姻配偶选择的自由，以及结婚或不结婚的自主权利。

（10）荣誉权是指自然人、法人或其他团体获得、保持、利用荣誉并享有其所生利益的权利。

（二）身份权

1. 身份权概述。身份是指民事主体在亲属关系以及其他非亲属的社会关系中所处的稳定地位，以及由该种地位所产生的与其自身不可分离并受法律保护的利益。身份权是民事主体基于某种特定的身份而依法享有的以身份利益为客体的一种民事权利。身份权与人格权一起共同构成了人身权法律体系。这两种人身权有相同之处，也有明显区别。身份权与人格权的相同之处在于：它们都为专属权、支配权，并且都不具有直接的财产性。身份权与人格权的不同之处体现在两个方面。首先，人格权是民事主体所固有的、不可转让与不可剥夺的权利；而身份权因其权利内容不同而有所不同，有些身份权不是民事主体所绝对固有的，而是通过一定的行为或事实取得或消灭。其次，有些身份权也不是民事主体的必备权利，没有这些身份权，民事主体依然可以生存，可以从事各种民事活动；有些身份权是可以被剥夺、被抛弃的。例如，荣誉权即是可以被剥夺、被抛弃的。最后，身份权的客体是身份利益，而人格权的客体是人格利益。

2. 身份权的种类。

（1）亲权。亲权是指父母对未成年子女的人身和财产的管教、保护权利。亲权的法律特征有五个方面。①亲权是基于父母身份而取得的一种身份权。②亲权的权利、义务具有统一性。对子女进行监督、管理不仅是父母的一项权利，也是父母的一项不可推卸的义务。③亲权具有专属性。亲权是父母对未成年子女所具有的权利，具有严格的人身性，不得转让、继承，亦不得抛弃。④亲权是为了保护未成年子女利益而设定的权利。⑤亲权具有绝对性和支配性。亲权的绝对性是指任何人不得随意侵害亲权人行使亲权。亲权人对子女的人身和财产具有支配权利，可以对子女财产进行处分，必要情况下也可以对子女进行惩戒。

（2）配偶权。配偶权是指夫与妻互为配偶所享有的共同生活、同居、扶养、扶助、忠实等权利。

（3）亲属权。亲属权是指除配偶关系、父母子女关系以外基于其他亲属之间的身份利益而产生的权利。其为亲属之间的权利。

三、人身权的法律保护

人身权是民事主体的存在和成为社会成员的必要条件，在现代社会中，人身权为民事主体不可或缺的权利。对人身权的保护是各个法律部门共同的任务。民法是权利之法，对人格权的保护最为广泛和根本。民法规定了各种人身权的内涵、行使方式以及侵犯人身权的民事责任。

《侵权责任法》第二条规定："侵害民事权益，应当依照本法承担侵权责任。本法所称民事权益，包括生命权、健康权、姓名权、名誉权、荣誉权、肖像权、隐私权、婚姻自主权、监护权、所有权、用益物权、担保物权、著作权、专利权、商标专用权、发现权、股权、继承权等人身、财产权益。"

侵犯人身权既要承担民事责任,也有可能承担行政责任或刑事责任。就人身权保护而言,其保护形式是多方面的。

第五节 物 权

一、物权总论

(一) 物权的概念和特征

1. 物权的概念。物权是与债权相对应的一种民事权利,属于民事权利中的基本财产权利。按民法调整社会财产关系的不同,民法体系内调整财产关系的法律分为物权法和债权法。物权法是调整静态的财产归属关系,属于财产归属法,以保护财产的归属秩序为目的;债权法是调整动态的财产交易关系,属于财产流转法,以保护财产的流转秩序为目的。物权法与债权法是现代市场经济的两大法律基础,也是市场经济法律体系的两大基干。物权是指权利人依法对特定的物享有直接支配和排除他人干涉的权利,包括所有权、用益物权和担保物权。

2. 物权的特征。

(1) 物权是绝对权。物权,又称"对世权"。物权的权利主体是特定的,其义务主体是不特定的。

(2) 物权是支配权。物权是以直接支配物并享受物的利益为内容的财产权。

(3) 物权的客体为物。作为物权的客体物,是指人身之外,为人力所支配,具有稀缺性和一定使用价值的物质资料。

(4) 物权为排他性的财产权。物权具有排他性:一方面,物权具有排除他人侵害、干涉、妨碍的性质;另一方面,内容相同的物权之间具有相互排斥的性质。

(二) 物权法的基本原则

物权法是调整平等主体之间物质资料占有、支配和归属关系,规定各种物权的法律规范的总和。物权法具有三条基本原则。

1. 物权法定原则。物权法定原则即物权的类型、各类物权的内容及创设方式均由法律直接规定,禁止任何人创设法律没有规定的物权和不按法律有关物权内容及创设方式的规定创设法律已做规定的物权。物权反映的是社会的所有制关系,如果允许人们自由任意创设,就会危及社会的经济基础。物权是绝对权,为保护交易安全,节约交易调查成本,促进交易迅捷,也须物权法定,不允许行为人自由创设物权。

2. 一物一权原则。一物一权原则是指在同一物上只能创设成立一个所有权,不能同时成立两个所有权的立法原则。一物一权原则的存在理由在于:首先为了确定物权支配客体的范围,使其支配的外部范围明确化;其次是由于一物一权易于公示,有利于确保交易的安全。

3. 公示公信原则。公示原则要求物权的产生、变更、消灭必须以一定的可以从外部察知的方式表现出来,以登记和变更登记为不动产物权变动的公示方法,以占有与交付作为动产物权变动的公示方式。公信原则是指物权的变动以登记和交付为公示方法，当事人如果信赖这种公示而为一定的法律行为（如买卖、赠与），即使登记或交付所表现的物权状态与真实的物权状态不相符合，也不能影响物权变动的效力。

（三）物权的种类

1. 自物权与他物权。根据物权的权利主体是否为所有人，可将物权分为自物权与他物权。自物权是指可得支配自己之物的物权，即所有权；他物权是指可得支配他人所有之物的物权。所有权之外的物权皆为他物权。

2. 用益物权与担保物权。根据对物的不同使用，可将物权分为用益物权与担保物权。用益物权是指以物的使用收益为目的而设立的物权，担保物权是指以保证债务的履行、债权的实现为目的而设立的物权。

3. 完全物权与定限物权。根据物权的权能是否受到限制，可将物权分为完全物权与定限物权。完全物权是指可得就物进行全面支配的物权，即所有权；定限物权是指仅可就物的部分方面进行支配的物权，即他物权。

4. 动产物权与不动产物权。根据物权标的物是动产或不动产，可将物权分动产物权与不动产物权。动产物权是指以动产为可得支配的客体的物权，不动产物权是指以不动产为可得支配的客体的物权。

5. 意定物权与法定物权。根据物权成立的不同，可将物权分为意定物权与法定物权。意定物权是指基于当事人之间的合意而成立的物权，法定物权是指基于法律的直接规定而成立的物权。

6. 有期限物权与无期限物权。根据物权存续期限的不同，可将物权分为有期限物权与无期限物权。有期限物权是指会因期限之届满而消灭的物权，无期限物权是指不会因期限的届满而消灭的物权。

7. 主物权与从物权。根据物权能否独立存在为标准，可将物权分为主物权与从物权。主物权是指能够独立存在、不以其他权利的存在为条件的物权，从物权是指以其他权利的存在为其存在的条件的物权。

8. 普通物权与准物权。根据物权产生的法律根据不同，可以将物权分为普通物权与准物权。普通物权是指规定于民法当中的物权，准物权是指规定于民法之外的其他法律当中的物权。

（四）物权效力

物权效力是指法律为保障物权的实现而赋予物权的强制性力量。

1. 物权的优先效力。优先效力的基本含义是在同一标的物上有数个利益相互矛盾、冲突的权利并存时，具有较强效力的权利排斥具有较弱效力的权利的实现。物权的优先效力可分为两个方面。

（1）物权相互间的优先效力。物权相互间的优先效力是指以物权成立时间的先后确定物权效力的差异。如果物权在性质上并非不能并存，先发生的物权优先于后发生的物权。法律另有规定的除外。

（2）物权对于债权的优先效力。物权与债权在同一标的物上并存时，物权有优先于债权的效力，这主要表现在三个方面。①物权破除债权。当在同一标的物上，既有物权,又有债权时,则物权有优先于债权的效力。②优先受偿权。在债权人依破产程序或强制执行程序行使其债权而作为债务人财产的物上存在他人的物权时,该物权优于一般债权人的债权。③优先购买权。在财产所有人出卖其财产时,就该项财产与财产所有人存在物权关系的人在同等条件下可优先于其他人购买。

2. 物权追及效力。物权追及效力是指物权的标的物无论辗转落入何人之手,除法律另有规定外,物权人均可追及至物之所在行使物权的法律效力。

(1) 法律追及效力的表现:①当标的物由无权转让人转让给第三人时,除法律另有规定外,物权人有权向第三人请求返还原物;②当抵押人擅自转让抵押物给第三人时,抵押权人可追及至抵押物之所在行使抵押权。

(2) 物权追及效力的限制:①善意第三人对标的物的占有受即时取得制度保护;②物权未按法定方式公示者,不具有对抗善意第三人的法律效力;③物权登记错误时,与登记名义人进行交易的善意第三人受登记公信力的法律保护,真实权利人对善意第三人无追及力。

3. 物上请求权。物权的权利人在其权利的实现上遇有某种妨害时,物权人有权对于造成妨害其权利事由发生的人请求排除此等妨害,称为物上请求权。物上请求权是以物权为基础的一种独立的请求权。物上请求权的类型主要有:返还原物请求权(返还原物)、妨害除去请求权(排除妨害)、妨害预防请求权(消除危险)。物上请求权的行使可以依诉讼的方式进行;也可以依意思表示的方式为之,即物权人在其物权受到妨害后,可以直接请求侵害人为一定的行为或不为一定的行为。

(五) 物权变动

1. 物权变动的概念。物权变动是指物权的产生、变更和终止。物权的产生是指民事主体依法设立新的物权;物权的变更是指物权的客体、内容的部分改变;物权的终止又称"物权的消灭",对权利人来说即丧失了某一物权,它可分为绝对的消灭和相对的消灭。引起物权变动的法律事实主要有:事件和行为。行为又可分为事实行为,法律行为和司法、行政行为。法律行为是最主要的引起物权变动的法律事实。

2. 物权变动的立法模式。物权行为是指民事主体以物权的设立、变更、终止为目的的法律行为。物权行为是物权变动的主要原因。针对物权行为不同的态度,世界范围内物权变动的立法模式主要有四种。

(1) 债权意思主义。以《法国民法典》为其代表。把物权变动作为债权行为的当然结果来加以认识,不承认物权行为。以买卖契约为例,当事人就标的物及其价金相互同意时,即使标的物尚未交付,价金尚未支付,买卖也告成立,标的物的所有权也于此时在法律上由出卖人转移给买受人。所有权的转移以买卖合同为根据,既不需要另有物权行为,也不需要以交付或登记作为所有权转移的生效要件,该学说被称为"债权意思主义"。

(2) 物权形式主义。以《德国民法典》为其代表。按照这种主义,买卖标的物的所有权的转移,除需要买卖契约、登记或交付外,还需要当事人就标的物的所有权的转移达成一个独立于买卖契约之外的合意。此合意纯以物权变动为其内容,故称"物权合意"。这种物权的合意与登记或交付作为引起物权变动的法律事实的立法,称为"物权变动的物权形式主义"。

（3）债权形式主义。以《奥地利民法典》为代表。债权形式主义也称"意思主义与登记或交付的结合"。按照此主义，物权因法律行为而发生变动时，除需要当事人之间有债权合意（如买卖合同）外，还需要践行登记或交付的形式，才发生物权变动的效力。

（4）折中主义。以《瑞士民法典》为例，采取介于物权形式主义和债权意思主义之间的折中主义，即不动产所有权的转移以原因行为（如买卖合同）、登记承诺（登记同意）和登记的结合作为根据。《瑞士民法典》没有把不动产物权的变动单纯系于物权行为，而是把不动产物权变动的根据看成由一个原因行为、登记承诺（兼有物权行为）和登记的结合构成。

《物权法》对于物权变动，非采用物权形式主义，也不采用债权意思主义，而是采用债权形式主义。

二、所有权

（一）所有权的概念和特征

1. 所有权的概念。所有权是指所有人依法对自己的财产享有占有、使用、收益和处分的权利。

2. 所有权的特征。所有权除具有物权的共性外，还具有区别于其他物权的特殊性：①所有权是自物权；②所有权是完全物权；③所有权具有弹性力和回归力；④所有权是其他财产权产生的基础。

（二）所有权的权能

权能意味着行使权利的各种可能性。所有权的权能是指所有权的内容或职能，是所有人为实现其所有权而对其所有物可以实施的行为。

1. 占有。占有是指民事主体对财产实际上的占领和控制。占有是所有权最基本的一项权能，它总是表现为一种持续的客观的静止状态。在一般情况下，所有人是物的事实占有人，同时，占有可以同所有人分离而属于非所有人。占有分为自主占有与他人占有、合法占有与非法占有、善意占有与恶意占有、有权占有与无权占有。

2. 使用。使用是指直接依照财产的性能和用途加以利用。所有人对于自己的财产有使用权，并可根据法律规定或合同的约定，将使用权转移给非所有人行使。

3. 收益。收益是指从财产上获得的经济利益。

4. 处分。处分是指依法对物进行处置，从而决定物在法律上的命运。处分权能是拥有所有权的根本标志。没有处分权能，所有人无从实现生产资料和劳动力的结合，从而无法进行实际的生产活动。处分包括事实处分和法律处分。

（三）所有权的取得和消灭

1. 所有权的取得。所有权的取得是指民事主体根据一定法律事实获得某物的所有权，从而在该特定主体与其他人之间发生以物为客体的所有权法律关系。所有权的取得有原始取得和继受取得之分。

（1）原始取得。原始取得是指非基于他人权利与意志而取得物权。原始取得主要有如下方式：①生产；②天然孳息的收益；③税收、征收、征用、没收；④国家依法对特定财产的取得；⑤集体组织依法对特定财产的取得；⑥对无主物的先占取得；⑦添附取得；⑧时效取得；⑨善意取得（即时取得）。

（2）继受取得。继受取得是指基于他人权利与意志而取得物权。继受取得主要分以下两种：①依法律行为取得；②非依法律行为取得。

2. 所有权的消灭。所有权的消灭是指因一定的法律事实而使所有人丧失其所有权，或者使所有权与所有人分离。所有权的消灭有绝对消灭和相对消灭之分。当所有权的客体消灭，即物不存在时，称为"所有权的绝对消灭"；当所有权标的主体变更，即所有权标的物由新的所有人取得，称为"所有权的相对消灭"。

（四）国家所有权、集体所有权和私人所有权

1. 国家所有权。

（1）国家所有权是全民所有制在法律上的表现，它是国家对全民所有财产的占有、使用、收益、处分的权利。《民法通则》第七十三条规定："国家财产属于全民所有。国家财产神圣不可侵犯，禁止任何组织或者个人侵占、哄抢、私分、截留、破坏。"《物权法》第四十五条第一款规定："法律规定属于国家所有的财产，属于国家所有即全民所有。"

（2）国家所有权的法律特征有三条。

1）国家所有权权利主体的唯一性——国家。代表国家行使国家财产所有权的机构是人民政府。《物权法》第四十五条第二款规定："国有财产由国务院代表国家行使所有权；法律另有规定的，依照其规定。"

2）国家所有权的客体具有统一性和广泛性。国家所有的财产是一个统一整体。国家所有权的客体具有无限广泛性，即客体范围没有限制。根据《物权法》规定，国家所有权的客体主要有：矿藏、水流、海域；城市的土地、法律规定属于国家所有的农村和城市郊区的土地；森林、山岭、草原、荒地、滩涂等自然资源，属于国家所有，但法律规定属于集体所有的除外；法律规定属于国家所有的野生动植物资源；无线电频谱资源；法律规定属于国家所有的文物；国防资产；铁路、公路、电力设施、电信设施和油气管道等基础设施，依照法律规定为国家所有的。

3）国家所有权的内容是指国家对国家所有的财产的占有、使用、收益、处分的权能。在一般情况下，国家并不直接行使占有、使用、收益、处分的权能，而是根据"统一领导、分级管理"的原则，按财产的性质、用途，把财产分别交给相应的机关、企业和事业单位，这些单位在国家授权范围内行使所有权的权能，但财产的所有权始终属于国家。《物权法》规定：国家机关对其直接支配的不动产和动产享有占有、使用以及依照法律和国务院有关规定处分的权利；国家举办的事业单位对其直接支配的不动产和动产享有占有、使用以及依照法律和国务院的有关规定收益、处分的权利；国家出资的企业，由国务院、地方人民政府依照法律、行政法规规定分别代表国家履行出资人职责，享有出资人权益；履行国有财产管理、监督职责的机构及其工作人员应当依法加强对国有财产的管理、监督，促进国有财产保值增值，防止国有财产损失；滥用职权，玩忽职守，造成国有财产损失的，应当依法承担法律责任。

2. 集体所有权。

（1）集体所有权是集体组织对其财产享有的占有、使用、收益、处分的权利。《民法通则》第七十四条第一款规定："劳动群众集体组织的财产属于劳动群众集体所有，包括：（一）法律规定为集体所有的土地和森林、山岭、草原、荒地、滩涂等；（二）集体经济组织的财产；（三）集体所有的建筑物、水库、农田水利设施和教育、科学、文化、卫生、体育等设施；（四）集体所有的其他财产。"《民法通则》第七十四条第三款规定："集体所有的财产受法律保护，禁止任何组织或者个人侵占、哄抢、私分、破坏或者非法查封、扣押、冻结、没收。"

（2）集体所有权在法律上具有自己的特点：①集体所有权的主体是各个集体组织；②集体所有权属于集体组织，只有集体组织才能作为该组织全体成员的代表对集体财产行使所有权，它的成员个人不是集体组织财产的所有人，无权处分集体组织的财产；③集体组织所有的财产，除了法律规定的国家专有财产外，可以是其他任何财产。

3. 私人所有权。私人所有权是自然人个人对私有财产享有占有、使用、收益、处分的权利。《民法总则》第一百一十四条规定："民事主体依法享有物权。物权是权利人依法对特定的物享有直接支配和排他的权利，包括所有权、用益物权和担保物权。"《民法通则》第七十五条规定："公民的个人财产，包括公民的合法收入、房屋、储蓄、生活用品、文物、图书资料、林木、牲畜和法律允许公民所有的生产资料以及其他合法财产。公民的合法财产受法律保护，禁止任何组织或者个人侵占、哄抢、破坏或者非法查封、扣押、冻结、没收。"《物权法》第六十四条规定："私人对其合法的收入、房屋、生活用品、生产工具、原材料等不动产和动产享有所有权。"《物权法》第六十五条规定："私人合法的储蓄、投资及其收益受法律保护。国家依照法律规定保护私人的继承权及其他合法权益。"《物权法》第六十六条规定："私人的合法财产受法律保护，禁止任何单位和个人侵占、哄抢、破坏。"自然人个人可以拥有的财产范围是相当广泛的，凡是法律允许自然人所有的财物，都可以是私人所有权的客体，自然人都可以依法律规定的方法取得私人所有权。

（五）业主的建筑物区分所有权

《物权法》第七十条至第七十二条规定："业主对建筑物内的住宅、经营性用房等专有部分享有所有权，对专有部分以外的共有部分享有共有和共同管理的权利。""业主对其建筑物专有部分享有占有、使用、收益和处分的权利。业主行使权利不得危及建筑物的安全，不得损害其他业主的合法权益。""业主对建筑物专有部分以外的共有部分享有权利，承担义务，不得以放弃权利为由不履行义务。业主转让建筑物内的住宅、经营性用房，其对共有部分享有的共有和共同管理的权利一并转让。"

《物权法》第七十四条还对小区车位归属做出了规定，即"建筑区划内，规划用于停放汽车的车位、车库应当首先满足业主的需要。建筑区划内，规划用于停放汽车的车位、车库的归属，由当事人通过出售、附赠或者出租等方式约定。占用业主共有的道路或者其他场地用于停放汽车的车位，属于业主共有"。

（六）共有的类型及共有财产的分割

1. 共有的类型。共有是指多个权利主体对一物共同享有所有权。根据我国《物权法》规定，不动产或者动产可以由两个以上单位、个人共有。共有包括按份共有和共同共有。按份共有人按照各自的份额，对共有财产分享权利，分担义务。共同共有人对共有财产享有权利，承担义务。按份共有财产的每个共有人有权要求将自己的份额分出或者转让。但在出售时，其他共有人在同等条件下，有优先购买的权利。由此可见，按份共有指两个或两个以上的所有人对于全部共有财产，按照各自的份额分享权利和分担义务的一种共有关系。共同共有指两个或两个以上的所有人对于全部共有财产都享有平等的所有权，承担共同义务的共有关系。

2. 共有财产的分割。因共有关系终止而分割共有财产，各共有人的意见不一致时，对按份共有，按照拥有财产份额一半以上共有人的意见做出决定，但不得因此损害其他共有人的利益；对共同共有，共有人有协议的，按协议办理；没有协议的，应当根据等份原则处理，并且考虑共有人对共有财产的贡献大小，适当照顾共有人生产、生活的实际需要等情况。但分割夫妻共有财产，应当根据婚姻法的有关规定处理。对共有财产的分割，在不损害财产经济价值的前提下，根据具体情况可以采取实物分割、变价分割和作价补偿三种方法。共同共有财产分割后，一个或数个原共有人出卖自己分得的财产时，如果出卖的财产与其他原共有人分得的财产属于一个整体或配套使用，其他原共有人主张优先购买权的，应当予以支持。

三、用益物权与担保物权

根据对物的使用不同，他物权可分为用益物权和担保物权。

（一）用益物权

1. 用益物权的概念与特征。

（1）用益物权的概念。用益物权是指以物的使用收益为目的而设立的物权。

（2）用益物权的特征。①用益物权以对标的物的使用、收益为其主要内容，并以对物的占有为前提。②用益物权是他物权、限制物权和有期限物权。③用益物权客体具有限定性——传统民法以不动产为限，我国民法以不动产、集合性财产为限。④用益物权主要是以民法为依据，但也有以特别法为依据的，即准物权。用益物权充分发展，具有重要意义，即用益物权有利于缓和物质资料所有与需求之间的矛盾，有利于发挥物之最大化效益。

2. 用益物权的种类。以《民法总则》《民法通则》《物权法》及其他相关法律为依据，我国用益物权有五类。

（1）建设用地使用权。建设用地使用权是指建设用地使用权人依法对国家所有的土地享有占有、使用和收益的权利，有权利用该土地建造建筑物、构筑物及其附属设施。建设用地使用权的取得有两种方式，即划拨取得与出让取得。划拨取得具有行政性、无偿性和无期限性。我国国家机关用地、军事用地、城市设施用地、公益事业用地、国家重点扶持的能源、交通、水利等项目用地通常是以划拨取得方式获得建设用地使用权。其他社会组织通常是以出让取得方式获得建设用地使用权。出让取得方式获得建设用地使用权，其特征有三个。①依据法律行为（出让合同）取得。②有偿性。要支付出让金。③有期限性。我国规定其使用权期限为：住宅建设用地70年，工业用地

50年，商业、旅游、娱乐用地40年，综合或者其他用地50年。《物权法》第一百四十九条规定："住宅建设用地使用权期间届满的，自动续期。非住宅建设用地使用权期间届满后的续期，依照法律规定办理。该土地上的房屋及其他不动产的归属，有约定的，按照约定；没有约定或者约定不明确的，依照法律、行政法规的规定办理。"

（2）土地承包经营权。土地承包经营权是指农村集体组织、农户或个人对于集体所有或国家所有，由集体使用的耕地、林地、草地以及其他用于农业的土地，依据承包合同所享有的占有、使用、收益的权利，土地承包经营权人有权从事种植业、林业、畜牧业等农业生产。其特征有：①依承包合同取得；②取得原因具有身份性——必须是集体成员；③客体为农业用途的不动产生产资料，即耕地、林地、草地以及其他用于农业的土地。《物权法》第一百二十六条规定："耕地的承包期为三十年。草地的承包期为三十年至五十年。林地的承包期为三十年至七十年；特殊林木的林地承包期，经国务院林业行政主管部门批准可以延长。"土地承包经营权人依照农村土地承包法的规定，有权将土地承包经营权采取转包、互换、转让等方式流转。流转的期限不得超过承包期的剩余期限。未经依法批准，不得将承包地用于非农建设。通过招标、拍卖、公开协商等方式承包荒地等农村土地，依照农村土地承包法等法律和国务院的有关规定，其土地承包经营权可以转让、入股、抵押或者以其他方式流转。

（3）宅基地使用权。宅基地使用权是指宅基地使用权人依法对集体所有的土地享有占有和使用的权利，有权依法利用该土地建造住宅及其附属设施。宅基地使用权实行无偿使用制，按批准程序取得。公民享有长期使用宅基地的权利，公民享有规划自己宅基地的权利，宅基地使用权可以转让。但是，根据我国法律规定，宅基地使用权只能随房屋产权的转让而转让。宅基地使用权不得单独转让，禁止宅基地使用人采用出租、出卖、抵押或土地入股搞联营等方式转让空闲宅基地。已经登记的宅基地使用权转让或者消灭的，应当及时办理变更登记或者注销登记。《中华人民共和国土地管理法》（简称《土地管理法》）第六十二条第一款规定："农村村民一户只能拥有一处宅基地，其宅基地的面积不得超过省、自治区、直辖市规定的标准。"《土地管理法》第六十二条第四款规定："农村村民出卖、出租住房后，再申请宅基地的，不予批准。"

（4）其他国有资源使用权和采矿权。

1）国有资源使用权。国有资源使用权是指特定的法人依法对国有自然资源进行占有、用益的权利。其特征有：①主体是全民所有制或者集体所有制法人；②客体是国有的森林、山岭、草地、荒地、滩涂和水面等；③权利取得具有行政性质，通常是以特别法为依据。根据客体的不同，国有资源使用权可以分为国有耕地使用权、国有林地使用权、国有草地使用权、水资源使用权等。

2）采矿权。采矿权是指特定的法人或自然人依法开采国有矿藏资源的权利。采矿权属于国有自然资源使用权的一个独立类型。

（5）地役权。地役权是指地役权人有权按照合同约定，利用他人不动产，以提高自己不动产的效益。前款所称他人不动产为供役地，自己不动产为需役地。根据《物权法》的有关规定，设立地役权，当事人应当采取书面形式订立地役权合同。地役权自地役权合同生效时设立。当事人要求登记的，可以向登记机构申请地役权登记；未经登记，不得对抗善意第三人。供役地权利人应当按照合同约定，允许地役权人利用其土地，不得妨害地役权人行使权利。地役权人应当按照合同约定的利用目的和方法利用供役地，尽量减少对供役地权利人物权的限制。地役权的期限由当事人约定，但不得超过土地承包经营权、建设用地使用权等用益物权的剩余期限。地役权不得单独转让、抵押。土地承包经营权、建设用地使用权等转让、抵押的，地役权一并转让、抵押，但合同另有约定的除外。地役权人有下列情形之一的，供役地权利人有权解除地役权合同，地役权消灭：①违反法律规定或者合同约定，滥用地役权；②有偿利用供役地，约定的付款期间届满后在合理期限内经两次催告未支付费用。已经登记的地役权变更、转让或者消灭的，应当及时办理变更登记或者注销登记。

（二）担保物权

1. 担保物权的概念。担保物权是指以保证债务的履行、债权的实现为目的而设立的物权。

2. 担保物权的种类。担保物权主要有抵押权、质权和留置权三种。

（1）抵押权。

1）抵押权的概念。抵押权是指债权人对于债务人或第三人不移转占有而供债务履行担保之物，于债务不履行时，有权以该物折价或者以拍卖、变卖该物的价款优先受偿的担保物权。《物权法》第一百七十九条对抵押权做出了相应的规定。

2）抵押权的特征。①抵押权是担保物权；②抵押权具有附属性，是从权利；③抵押权具有物上代位性；④抵押权的客体主要是不动产，也包括动产。

3）根据《物权法》规定，法律、行政法规未禁止抵押的财产都可以设定抵押。抵押权的设定必须签订抵押合同。不动产抵押必须办理抵押登记，否则，抵押权不成立；动产抵押可以不办理登记，但没有登记的动产抵押不具有对抗第三人的效力。

4）抵押权的效力。①限制所有权的效力。根据《物权法》第一百九十一条第二款规定，抵押期间，抵押人未经抵押权人同意，不得转让抵押财产，但受让人代为清偿债务消灭抵押权的除外。②抵押权的保全效力与物上代位效力。抵押权为价值权，当抵押物价值减少时，抵押权人享有采取必要措施以保全抵押物价值的权利。当抵押物灭失而使抵押人获得赔偿金时，抵押权人的担保物权可就此赔偿金而继续存在。③办理登记的抵押权具有追及效力，具有对抗第三人的效力。④抵押权的实行效力。债务履行期限届满而抵押权人未受清偿的，抵押权人可以就抵押物变价处分和优先受偿。

（2）质权。

1）质权的概念。质权是指债权人对于债务人或第三人为担保债权而移交其占有之物，于债务不履行时，有权以该物折价或者以拍卖、变卖该物的价款优先受偿的担保物权。质权可分为动产质权和权利质权。本书仅介绍动产质权。

2）质权的特征。①质权是担保物权。②质权的标的是动产或权利。③质权须移转质物的占有；质权的成立，除了当事人签订质押合同以外，还须出质人依质押合同的约定将质物交质权人占有。④在债务履行期限届满质权人未受清偿的，质权人有就质物优先受偿的权利。

（3）留置权。

1）留置权的概念。留置权是债权人按照合同约定占有债务人的动产，于债务人逾期不履行债务时,有留置该动产并以该动产折价或者以拍卖、变卖该动产的价款优先受偿的权利。留置担保只适用于因合同而发生的债权,主要在保管合同、运输合同、加工承揽合同及法律规定可以留置的其他合同中。但当事人可以在合同中约定不得留置的物。因侵权行为、不当得利、无因管理而发生的债权,权利人不得留置标的物。

2) 留置权的特征。①留置权是担保物权;②留置权是从权利;③留置权是动产物权;④留置权是法定担保物权。

3) 留置权人的权利。在债务人履行债务之前,留置权人有留置标的物的权利;有权收取留置物的孳息以抵偿债权;有权请求债务人偿还因留置物的保管或维持所支出的必要费用;有权依照法律规定变卖留置物,从价款中优先受偿。

4) 留置权人的义务。妥善保管留置物的义务,催告债务人履行债务义务,在留置权消灭后返还留置物的义务。

四、占有

(一) 占有与占有权

占有是指人对物进行管领的事实。占有权即占有的法律效力,是指物之占有人根据占有之事实状态而依法享有的权利。

(二) 占有的法律效力

1. 权利推定。即占有人于占有物上行使权利,可推定其适法享有此权利,但真权利人可以通过反证将其推翻。

2. 即时取得。即时取得,又称"善意取得",是指无处分权人将不动产或者动产转让给受让人的,所有权人有权追回;但如果受让人在取得该动产时出于善意,就可以依法取得受让财产的所有权。受让人在取得受让财产所有权以后,原所有人不得要求受让人返还财产,而只能请求转让人赔偿损失。《物权法》第一百零六条规定:"无处分权人将不动产或者动产转让给受让人的,所有权人有权追回;除法律另有规定外,符合下列情形的,受让人取得该不动产或者动产的所有权:(一)受让人受让该不动产或者动产时是善意的;(二)以合理的价格转让;(三)转让的不动产或者动产依照法律规定应当登记的已经登记,不需要登记的已经交付给受让人。"

3. 占有物的使用收益。根据《物权法》规定,占有人因使用占有的不动产或者动产致使该不动产或者动产受到损害的,恶意占有人应当承担赔偿责任。不动产或者动产被占有人占有的,权利人可以请求返还原物及其孳息,但应当支付善意占有人因维护该不动产或者动产支出的必要费用。占有的不动产或者动产毁损、灭失,该不动产或者动产的权利人请求赔偿的,占有人应当将因毁损、灭失取得的保险金、赔偿金或者补偿金等返还给权利人;权利人的损害未得到足够弥补的,恶意占有人还应当赔偿损失。

4. 占有人物上请求权。《物权法》第二百四十五条规定:"占有的不动产或者动产被侵占的,占有人有权请求返还原物;对妨害占有的行为,占有人有权请求排除妨害或者消除危险;因侵占或者妨害造成损害的,占有人有权请求损害赔偿。占有人返还原物的请求权,自侵占发生之日起一年内未行使的,该请求权消灭。"

第六节 债 权

一、债的概念和特征

（一）债的概念

债是按照合同的约定或者依照法律的规定，在当事人之间产生的特定的权利和义务关系。《民法通则》第八十四条第一款规定："债是按照合同的约定或者依照法律的规定，在当事人之间产生的特定的权利和义务关系，享有权利的人是债权人，负有义务的人是债务人。债权人有权要求债务人按照合同的约定或者依照法律的规定履行义务。"《民法总则》第一百一十八条规定："民事主体依法享有债权。债权是因合同、侵权行为、无因管理、不当得利以及法律的其他规定，权利人请求特定义务人为或者不为一定行为的权利。"

（二）债的特征

1. 债权为相对权，物权为绝对权。在债的关系中，债的权利主体是特定的，义务主体也是特定的，特定的债权人只能向特定的债务人主张其权利。债权是一种相对权，债的效力只及于特定的当事人。

2. 债权为请求权，物权为支配权。在物权中，物权人可以直接支配标的物，无须他人为一定行为；而债权则不同，债权人只能请求特定的债务人为一定行为或不为一定行为，债权人不可以直接支配债的标的物。

3. 债权与物权的客体不同。物权的客体只能为物，物权的客体是单一的；而债的客体具有多样性，债的客体可能是物，也可能是行为或智力成果。

4. 债权与物权的设定不同。物权实行物权法定主义，不允许当事人自由创设物权；物权的产生只能是合法行为或其他法律事实；债权可以由当事人自由创设，债权的产生既可能是合法行为如合同，也可能是非法行为如侵权行为。

二、债的发生根据

债的发生根据是指产生债的法律事实。能够产生债的法律事实有五种。

（一）合同

合同是当事人之间设立、变更和终止民事法律关系的协议。依法成立的合同受法律保护。合同是产生债的最常见、最主要的法律事实。《民法总则》第一百一十九条规定："依法成立的合同，对当事人具有法律约束力。"

（二）侵权行为

侵权行为是指侵害他人财产或人身权利的不法行为。在侵权行为发生后，受害人为债权人，有权要求侵害人承担损害赔偿责任。《民法总则》第一百二十条规定："民事权益受到侵害的，被侵权人有权请求侵权人承担侵权责任。"

（三）不当得利

不当得利是指没有法律或合同上的根据取得利益而致他人受损害。受损害人为债权人，不当得利人为债务人。《民法总则》第一百二十一条规定："没有法定的或者约定的义务，为避免他人利益受损失而进行管理的人，有权请求受益人偿还由此支出的必要费用。"

（四）无因管理

无因管理是指没有法定或约定的义务，为避免他人利益受损失进行管理或者服务的行为。管理人为债权人，受益人为债务人。《民法总则》第一百二十二条："因他人没有法律根据，取得不当利益，受损失的人有权请求其返还不当利益。"

（五）其他

除上述四种主要债的发生根据外，遗赠、拾遗、发现埋藏物等也是债的发生根据。

三、债的履行原则

债的履行，又叫"给付"，是指债务人按照合同的约定或者依照法律的规定全面履行自己所承担的义务。债的履行原则是当事人在履行债的整个过程中所必须遵循的基本规则。《民法通则》第八十四条第二款规定："债权人有权要求债务人按照合同的约定或者依照法律的规定履行义务。"债的履行原则是指债的主体在履行债时必须遵守的准则。在我国，债的履行原则主要有四种。

（一）实际履行原则

实际履行原则，又称"实物履行原则"，即要求按照债的标的来履行，而不能任意用其他标的来代替。

（二）全面履行原则

全面履行原则，即除经债权人同意外，债务人必须在债的标的物及其数量、质量、规格以及债的履行期限、履行地点、方法等各方面严格按照债的内容，全面履行自己的义务。《合同法》第六十条第一款规定："当事人应当按照约定全面履行自己的义务。"

（三）协作履行原则

协作履行原则，即双方当事人在债的履行中应当相互协作。

（四）诚实信用原则

诚实信用原则，即在债的履行中要求当事人按约定的标的来履行，严格按合同的约定全面履行债，还要求债的双方当事人承担给付义务以外的一些附随义务，如安全、保密和通知等。《合同法》第六十条第二款规定："当事人应当遵循诚实信用原则，根据合同的性质、目的和交易习惯履行通知、协助、保密等义务。"

四、债的不履行及其民事责任

债的不履行是指债务人未依债务的内容给付以满足债权人之债权的状态。债的不履行状态可以分为四种情况。

（一）拒绝履行

拒绝履行是指债务人有履行能力却做出不履行债务的意思表示。对于履行期已届满的债务拒绝履行，债权人有权选择债务人负强制履行或承担损害赔偿之民事责任。对于履行期未届满的债务，债务人明确表示，或有事实表明，债务人将来显然不会履行债务，债权人有权解除合同，要求债务人承担违约损害赔偿。《合同法》第一百零八条规定："当事人一方明确表示或者以自己的行为表明不履行合同义务的，对方可以在履行期限届满之前要求其承担违约责任。"

（二）履行不能

履行不能是指不能履行债务从而不能实现债权。因不可归责于债务人事由的履行不能，发生免除给付义务和代偿请求权；因可归责于债务人事由的履行不能，对于全部不能，债务人无须履行原定的给付，但须负损害赔偿之责。对于部分不能，债务人对不能履行的部分负损害赔偿之责，对其他部分仍应按原定的给付履行。《合同法》第一百一十条规定，"当事人一方不履行非金钱债务或者履行非金钱债务不符合约定的，对方可以要求履行，但有下列情形之一的除外：（一）法律上或者事实上不能履行；（二）债务的标的不适于强制履行或者履行费用过高；（三）债权人在合理期限内未要求履行"。

（三）不适当履行

不适当履行是指债务人没有完全按照债务的内容所为的给付，包括瑕疵履行和加害履行。《合同法》第一百零七条规定："当事人一方不履行合同义务或者履行合同义务不符合约定的，应当承担继续履行、采取补救措施或者赔偿损失等违约责任。"对于加害给付，债务人除负补正责任外，还要负损害赔偿责任。对不能补正的不适当履行，债务人应负损害赔偿责任。《合同法》第一百一十三条规定："当事人一方不履行合同义务或者履行合同义务不符合约定，给对方造成损失的，损失赔偿额应当相当于因违约所造成的损失，包括合同履行后可以获得的利益，但不得超过违反合同一方订立合同时预见到或者应当预见到的因违反合同可能造成的损失。"

（四）履行迟延

履行迟延是指已届履行期而能给付的债务，因可归责于债务人的事由而未为给付所发生的迟延。对一般债务的履行迟延，债务人负损害赔偿和强制履行的责任；对金钱债务的履行迟延，债务人负担迟延利息和其他损害的损偿。

五、债的保全

债的保全是保障债权得以实现的一种制度。对于债权，债权人只能向债务人请求履行，原则上是不及于第三人的。但当债务与第三人的行为危及债权人的利益时，法律就允许债权人对债务人与第三人的行为行使一定的权利，以排除对其侵权的危害，此种制度就称为债的保全。债的保全方法有二：代位权和撤销权（代位权和撤销权将在本书第四章合同法中介绍）。

六、债的担保

债的担保是促进债务人履行其债务、保障债权人的债权得以实现的法律制度。《中华人民共和国担保法》（简称《担保法》）中规定的债的担保方式有保证、抵押、质押、留置和定金五种，其中，抵押、质押、留置在本章第五节物权中的抵押权、质权、留置权中已论及。本节仅介绍保证和定金。

（一）保证

1. 保证的概念。保证是指保证人和债权人约定，当债务人不履行债务时，保证人按照约定履行债务或者承担责任的行为。根据《担保法》的规定，下列人不能充当保证人：① 国家机关；②学校、幼儿园、医院等以公益为目的的事业单位、社会团体；③企业法人的分支机构与职能部门。

2. 保证合同的内容。保证的设立须经保证人与债权人的合意，故保证的设立多以保证合同的方式实现。根据《担保法》的规定，保证合同采用书面形式，并包括以下内容：①被保证的主债务种类、数额；②债务人履行债务的期限；③保证的方式；④保证担保的范围；⑤保证的期限；⑥双方认为需要约定的其他事项。

3. 保证的方式。保证的方式有一般保证和连带责任保证两种。所谓一般保证，是指当事人在保证合同中约定，债务人不能履行债务时，由保证人承担保证责任的保证；所谓连带责任保证，是指当事人在保证合同中约定保证人与债务人对债务承担连带责任的保证。这两种保证最大的区别在于保证人是否享有先诉抗辩权。在一般保证情况下，保证人享有先诉抗辩权，即《担保法》第十七条规定的"一般保证的保证人在主合同纠纷未经审判或者仲裁，并就债务人财产依法强制执行仍不能履行债务前，对债权人可以拒绝承担保证责任"。而在连带责任保证的情况下，保证人不享有先诉抗辩权，即《担保法》第十八条规定的"连带责任保证的债务人在主合同规定的债务履行期届满没有履行债务的，债权人可以要求债务人履行债务，也可以要求保证人在其保证范围内承担保证责任"。当事人可以在保证合同中约定保证期限，债权人在约定保证期限内未要求保证人承担保证责任的，视为债权人抛弃其债权的担保权，保证人即免除保证责任；合同没有约定保证期限的，法律直接规定保证期限为6个月。

4. 保证担保的范围。保证担保的范围包括主债务及其利息、违约金、损害赔偿金和实现债权的费用。保证合同另有约定的除外。当事人对保证担保的范围没有约定或者约定不明确的，保证人应当对全部债务承担责任。

（二）定金

1. 定金的概念。定金是指合同当事人为了确保合同的履行，依据法律规定或者当事人双方的约定，由当事人一方在合同订立时，或订立后、履行前，预先给付对方当事人的金钱。定金合同必须是实践性的，定金的有效以主合同的有效成立为前提。定金的成立必须有书面定金合同。定金合同不仅需要当事人双方的意思表示一致，还需要现实交付定金。定金合同从实际交付定金之日起生效。定金的数额由当事人约定，但不得超过主合同标的额的20%。

2. 定金的效力。

（1）证明主合同成立。给付定金后，如无相反证明，主合同视为成立。定金发生证明主合同成立的效力。

（2）充抵价款和返还。定金是为担保主债履行的从债。主债履行后，从债也随之消灭。定金的债务由此转化成定金返还请求权。给付定金的一方可请求接受定金方返还定金，或以定金充抵价款。

（3）不履行债的当事人承受定金罚则，定金罚则是定金的主要效力，给付定金的一方不履行约定的债务，丧失定金；接受定金的一方不履行约定的债务，应双倍返还定金。

七、债的转移和消灭

（一）债的转移

1. 债的转移的概念。债的转移是指债的主体发生变更，即由新的债权人、债务人代替原债权人、债务人而债的内容保持同一性的一种法律制度。

2. 债的转移的种类。债的转移包括债权让与、债务承担和债的概括承受。

（1）债权让与。债权让与是指不改变债的关系的内容，债权人将其债权移转于第三人享有的现象。债权人转让权利的，应当通知债务人；未经通知，该转让对债务人不发生效力。

（2）债务承担。债务承担是指在不改变债的内容的前提下，债权人和债务人通过与第三人订立转让债务的协议，将债务全部或部分地转移给第三人承担的现象。债务承担，第三人须与债权人或者债务人就债务的转移达成合意。债务承担须经债权人同意。

（3）债的概括承受。债的概括承受是指债的一方主体将其债权债务一并移转于第三人。债的概括承受的种类主要有合同承受和企业合并。合同承受是指合同当事人一方与第三人订立合同，将其合同权利、义务全部或者部分地转移给该第三人，经对方当事人同意后，由该第三人承受合同地位，全部或部分地享受合同权利，承担合同义务。企业合并是指两个以上的企业合并为一个企业。企业合并后，原企业债权债务的移转属于法定移转，因而无须征得相对人的同意，依通知或公告而发生效力。通知的方式可以是单独通知，也可以是公告通知。

（二）债的消灭

债的消灭是指债的关系在客观上不复存在。债的消灭主要有七种方式。

1. 清偿。清偿是指当事人实现债权目的的行为。清偿与履行的意义相同，只不过履行是从债的效力、债的动态方面讲的，而清偿则是从债的消灭的角度讲的。

2. 代为清偿。在法律有规定或合同有约定时，清偿可由第三人进行。代为清偿也并非在一切情况下都适用，其适用必须符合一定条件：①依债的性质，可以由第三人代为清偿；②债权人与债务人之间无不得由第三人代为清偿的约定，但该约定必须在代为清偿前为之，否则无效；③债权人没有拒绝代为清偿的特别理由；④代为清偿的第三人必须有为债务人清偿的意思。

3. 抵销。抵销是指同类已届履行期限的对等债务，因当事人相互抵充其债务而同时消灭。抵销为单独法律行为，应适用法律关于法律行为及意思表示的规定。抵销应由抵销权人以意思表示向相对人为之，自相对人了解或通知到达相对人处时发生效力。抵销的意思表示不得附有条件或期限。

4. 提存。提存是指由于债权人的原因而无法向其交付债的标的物时，债务人将该标的物交给提存部门而消灭债权的制度。提存的原因主要有：①债权人延迟受领；②债权人下落不明；③债权人死亡或者丧失行为能力，又未确定继承人或者监护人；④法律规定的其他情形。

5. 免除。免除是指债权人抛弃债权，从而全部或部分终止合同关系的单方行为。免除应由债权人向债务人以意思表示为之。免除发生债务绝对消灭的效力。免除不得损害第三人的合法权益。保证债务的免除不影响被担保债务的存在，被担保债务的免除则保证债务消灭。

6. 混同。混同是指债权和债务同归一人，致使合同关系消灭的事实。混同是指不能并立的两种法律关系同归于一人而使其权利与义务归于消灭的现象。它包括以下几种情形：①所有权与他物权同归一人；②债权与债务同归一人；③主债务与保证债务同归一人。这里仅讲第二种类型。概括承受是发生混同的主要原因。

7. 合同更新。合同更新是指为成立新债务而使旧债务消灭的合同。构成要件有：①须存在应消灭的债务；②须有新债务的发生；③新债务须与旧债务的性质不同；④当事人须有更新的意思。

八、侵权行为

侵权行为是指行为人由于过错侵害他人的财产权和人身权，依法应当承担民事责任的不法行为，以及依法律特别规定应当承担民事责任的其他侵害行为。《侵权责任法》第二条规定："侵害民事权益，应当依照本法承担侵权责任。本法所称民事权益，包括生命权、健康权、姓名权、名誉权、荣誉权、肖像权、隐私权、婚姻自主权、监护权、所有权、用益物权、担保物权、著作权、专利权、商标专用权、发现权、股权、继承权等人身、财产权益。"

（一）侵权行为的分类

根据侵权行为构成要件、归责原则等综合因素，将侵权行为分为：一般侵权行为与特殊侵权行为。

1. 一般侵权行为。一般侵权行为是指行为人基于过错而造成他人的财产或人身损失，并应由行为人自己承担责任的民事违法行为。

2. 特殊侵权行为。特殊侵权行为是相对于一般侵权行为而言的，指由法律直接规定的，无须具备一般侵权行为的成立要件而必须就他人人身、财产损害负民事责任的民事违法行为。

（二）侵权行为的归责原则

侵权行为归责原则就是指归责的一般规则，是据以确定行为人承担民事责任的根据和标准，也是贯串于侵权行为法之中并对各个侵权行为规则起着统帅作用的立法指导方针。侵权行为归责原则主要有以下三种：①过错责任原则；②无过错责任原则；③公平责任原则。

对于一般侵权行为之归责，适用过错责任原则，即行为人主观上有过错才承担侵权责任，没有过错则不承担民事责任。《侵权责任法》第六条规定："行为人因过错侵害他人民事权益，应当承担侵权责任。根据法律规定推定行为人有过错，行为人不能证明自己没有过错的，应当承担侵权责任。"对于特殊侵权行为之归责，适用无过错责任原则，即不管行为人主观上有没有过错，根据法律规定，行为人都必须承担侵权责任。《侵权责任法》第七条："行为人损害他人民事权益，不论行为人有无过错，法律规定应当承担侵权责任的,依照其规定。"公平责任原则之适用就要具体案件具体分析,在当事人主观上没有过错,而又不属于适用无过错责任的法定情形,法官根据公平、正义之理念在当事人之间合理分担受害人损失。《侵权责任法》第二十四条规定:"受害人和行为人对损害的发生都没有过错的,可以根据实际情况,由双方分担损失。"

（三）一般侵权行为构成要件

一般侵权行为的构成要件是指各种侵权行为在通常情况下共同具有的因素,只有具备这些因素,才构成侵权行为。

一般侵权行为构成要件有:①行为的违法性;②损害事实的存在;③违法行为与损害后果之间的因果关系;④行为人主观上具有过错。

（四）特殊侵权行为

特殊侵权行为是指不以行为人主观过错为要件,对他人人身、财产造成损害,就应当承担民事责任的违法行为。根据《侵权责任法》《民法总则》和《民法通则》的规定,特殊侵权行为主要有八种。

1. 产品缺陷致人损害的侵权行为。这是指产品的制造者和销售者制造、销售的产品造成他人的人身或财产损害应承担民事责任的行为,由《侵权责任法》第五章专章规定。

2. 机动车交通事故的侵权行为。这是指机动车发生交通事故造成损害,应当承担民事责任的行为,由《侵权责任法》第六章专章规定。

3. 医疗损害的侵权行为。这是指患者在诊疗活动中受到损害,医疗机构应当承担民事责任的行为,由《侵权责任法》第七章专章规定。

4. 污染环境侵权行为。污染环境是指由于人为的原因而使人类赖以生存和发展的空间与资源发生化学、物理、生物特征上的不良变化,以致影响人类健康生产活动或生物生存的现象。污染环境侵权行为由《侵权责任法》第八章专章规定。

5. 从事高度危险作业造成的侵权行为。高度危险作业是指利用现代化科学技术设施,从事高空、高速、高压、易燃、易爆、剧毒及放射性等对于周围的人身或财产安全具有高度危险性的业务操作活动。高度危险责任由《侵权责任法》第九章专章规定。

6. 饲养动物致人损害的侵权行为。这是指因饲养的动物造成他人人身或财产损害而依法由动物饲养人或管理人承担损害赔偿责任的行为。饲养动物致人损害的侵权行为由《侵权责任法》第十章专章规定。

7. 物件致人损害的侵权行为。这是指在土地上以人工建造的房屋和其他设施,因设置或保管有欠缺,以致发生倒塌、脱落而造成他人损害,由其所有人或管理人承担的赔偿责任的行为。物件致人损害的侵权行为由《侵权责任法》第十一章专章规定。

8. 无民事行为能力人和限制民事行为能力人致人损害行为。《侵权责任法》第三十二条规定:"无民事行为能力人、限制民事行为能力人造成他人损害的,由监护人承担侵权责任。监护人尽到监护责任的,可以减轻其侵权责任。有财产的无民事行为能力人、限制民事行为能力人造成他人损害的,从本人财产中支付赔偿费用。不足部分,由监护人赔偿。"

九、不当得利与无因管理的构成要件和效力

(一) 不当得利

1. 不当得利的概念。所谓不当得利，是指没有合法根据取得得益而使他人受损失的事实。《民法总则》第一百二十二条规定："因他人没有法律根据，取得不当利益，受损失的人有权请求其返还不当利益。"

2. 不当得利的构成要件。

(1) 一方获得利益。指因一定事实而增加其财产总额，既包括财产的积极增加，也包括财产的消极增加。

(2) 他方受有损失。指因一定事实而使其财产总额减少，既可以是财产的积极减少，也可以是财产的消极减少。

(3) 取得利益和受有损失间有因果关系。

(4) 没有合法根据。指此类得利没有法律上的原因。

不当得利的事实一旦成立，在受益人与受损人之间便形成特定的权利与义务的关系。

(二) 无因管理

1. 无因管理的概念。无因管理作为债的一种发生根据，是指没有法定的或者约定的义务，为避免他人利益受损失而进行管理或者服务的法律事实。进行管理或者服务的当事人称为管理人，受事务管理或者服务的一方称为本人。因本人一般从管理人的管理或者服务中受益，所以又称为"受益人"。《民法总则》第一百二十一条规定："没有法定的或者约定的义务，为避免他人利益受损失而进行管理的人，有权请求受益人偿还由此支出的必要费用。"

2. 无因管理的构成要件。无因管理是指没有法定或约定的义务，为避免他人的利益受损失，进行管理或服务的行为。无因管理的构成要件有三个：①须是管理他人的事务；②须是为避免他人利益受损失而进行管理；③须是无法定的或约定的义务。

3. 管理人与本人的义务。无因管理一旦成立，管理人与本人之间即产生债的关系。管理人和本人互为债权人和债务人。

(1) 管理人的义务。①管理人应为适当的管理，管理人管理事务应不违背本人的真实利益；管理人应依有利于本人的方法进行管理。②管理人于管理开始后，应将管理事实通知本人。③管理人应向本人报告情况并结算。

(2) 本人的义务。①本人应偿付管理人因管理行为所支出的必要费用。②本人清偿管理人在管理事物中产生的必要的债务。③赔偿管理人的损失。

第四章 合同法

第一节 合同法概述

一、合同与合同法

(一) 合同的概念

《合同法》第二条规定:"本法所称合同是平等主体之间的自然人、法人、其他组织之间设立、变更、终止民事权利义务关系的协议。婚姻、收养、监护等有关身份关系的协议,适用其他法律的规定。"可见,《合同法》所调整的是民事合同关系。

合同的概念在不同场合使用时,其具体含义也不同。当将合同作为债的发生根据之一时,其含义是指引起民事法律关系产生、变更和终止的法律事实;当人们说,依法成立的合同受法律保护时,其含义是指明确当事人之间的权利与义务的关系;当将合同作为处理纠纷的依据时,其含义是指明确当事人之间权利与义务的关系所采取的书面形式。实践中,也有使用"契约""协议"概念。从传统民法上看,上述概念有些微差别。在我国现行法律中,"合同"与"契约""协议"属同义语,可以互相通用。

(二) 合同的特征

1. 合同是一种民事法律行为。民事法律行为是民事主体通过意思表示设立、变更、终止民事法律关系的行为。有关合同的订立、履行、变更、解除、转让和终止等都对当事人产生法律约束力。

2. 合同是双方或多方当事人之间的民事法律行为。签订合同的人称为当事人,是合同的主体。合同当事人通常为双方,有些情况下合同当事人为三方以上,如在货物运输合同、有担保人参加的借款合同中。

3. 合同是当事人就其民事权利义务关系意思表示一致的民事法律行为。意思表示是指行为人将要求产生某种民事法律后果的愿望以一定的方式表示出来的行为。合同当事人不论有几方,均应互为意思表示,而且这种表示不能是互不相干或不一致的,否则就不是合同。

4. 合同是当事人在自愿、平等的基础上设立、变更和终止民事权利义务关系,意思表示达到一致的法律行为。当事人通过意思表示,协商民事权利义务关系,而协商的基础就是当事人之间自愿、平等。

(三) 合同法

广义的合同法是指调整合同关系的法律规范的总称。1999年3月15日第九届全国人民代表大会第二次会议通过了《中华人民共和国合同法》,自1999年10月1日起施行。同时，废止了《中华人民共和国经济合同法》《中华人民共和国涉外经济合同法》《中华人民共和国技术合同法》及与之配套的合同条例、细则和司法解释等，从而结束了合同立法"三足鼎立"的状态。《合同法》的颁布实施标志着我国社会主义市场经济法律体系的建设进入了一个新阶段。

二、合同法的基本原则

（一）平等原则

《合同法》第三条规定："合同当事人的法律地位平等，一方不得将自己的意志强加给另一方。"这就是指当事人不论具有怎样的身份，在合同关系中相互之间的法律地位是平等的、独立的。法律地位平等是合同自愿原则的前提条件，如果当事人地位不平等，就无法做到协商一致，也谈不上合同自愿。

（二）合同自愿原则

《合同法》第四条规定："当事人依法享有自愿订立合同的权利，任何单位和个人不得非法干预。"合同自愿原则，即合同自由原则，其基本含义是合同当事人通过协商，自愿决定和调整相互之间的权利义务关系。合同自愿原则贯串于合同订立、履行的全过程。只要不违反法律、行政法规的强制性规定，当事人有权约定任何事项，他人不得干涉。若无正当理由，国家也不得干预（在对诸如消费者、劳动者等弱者进行保护时，国家可以对合同自愿加以限制，立法有意偏向保护弱者）。

（三）公平原则

《合同法》第五条规定："当事人应当遵循公平原则确定各方的权利和义务。"公平是法律最基本的价值取向，法律所追求的理想目标状态是平衡，即兼顾经济效益和社会公平与正义。公平原则可以弥补法律规范的不足，也可以弥补合同的不足。在法无规定或合同没有约定时，可运用本原则确定当事人的权利和义务。

（四）诚实信用原则

《合同法》第六条规定："当事人行使权利、履行义务应当遵循诚实信用原则。"诚实信用原则是民法的基本原则，运用在合同法中，就是要求当事人在合同活动中讲诚实、守信用，以善意的方式履行自己的义务，不得逃避法律和合同义务。本原则贯串于合同的订立、履行、终止、解释等全过程，并因此而形成先契约义务、后契约义务、附随义务等。与公平原则一样，诚实信用原则也可以用来弥补法律和合同的漏洞。

（五）遵守法律和维护道德原则

《合同法》第七条规定："当事人订立合同、履行合同，应当遵守法律、行政法规，尊重社会公德，不得扰乱社会经济秩序，损害社会公共利益。"本原则也可称为"公序良俗原则"。它是对合同自愿原则的限制和补充。因为合同主要涉及当事人双方利益，国家一般可不予干涉，但是当事人在社会中产生的权利与义务的关系可能会对其他社会成员产生影响，损及经济秩序、社会公共利益，因此合同自愿原则就不是绝对的。当然，国家的干预也要依法进行。

第二节　合同的订立

一、合同的主体资格

《合同法》第九条规定:"当事人订立合同,应当具有相应的民事权利能力和民事行为能力。当事人依法可以委托代理人订立合同。"

(一) 当事人的民事权利能力

民事权利能力是指民事主体依法享有民事权利和承担民事义务的资格。《民法总则》第十三条规定:"自然人从出生时起到死亡时止,具有民事权利能力,依法享有民事权利,承担民事义务。"《民法总则》第五十九条规定:"法人的民事权利能力和民事行为能力,从法人成立时产生,到法人终止时消灭。"

(二) 当事人的民事行为能力

民事行为能力是指民事主体以自己的行为参加民事法律关系,取得民事权利,设定民事义务的资格。

自然人的民事行为能力与民事权利能力并不一致,有民事权利能力,不一定有民事行为能力。《民法总则》将自然人的民事行为能力分为完全民事行为能力、限制民事行为能力和无民事行为能力三种。

法人的民事行为能力与其民事权利能力相一致,它是通过法人的内部机构来实现的,法人的民事权利能力范围就是核准登记的经营范围。

(三) 代订合同

代订合同,即委托代理人订立合同。它是指当事人委托他人以自己的名义与第三人签订合同,并承担由此产生的法律后果的行为。

二、合同的形式

合同的形式是指表现当事人之间订立合同内容的方式,即当事人采取何种形式来表现所订立合同的内容。《合同法》第十条第一款规定:"当事人订立合同,有书面形式、口头形式和其他形式。"

(一) 书面形式

《合同法》第十一条规定:"书面形式是指合同书、信件和数据电文(包括电报、电传、传真、电子数据交换和电子邮件)等可以有形地表现所载内容的形式。"《合同法》第十条第二款规定:"法律、行政法规规定采用书面形式的,应当采用书面形式。当事人约定采用书面形式的,应当采用书面形式。"采用书面形式订立合同的最大特点是便于保存,有据可查,发生纠纷时方便举证,有利于当事人主张权利,也便于法院或仲裁机关审判或裁决。一般地,对于关系复杂、标的价格或酬金数额较大的合同,应采用书面形式。

(二) 口头形式

口头形式就是当事人用谈话的方式所订立的合同。如当面谈话、电话交谈等。以口头方式订立合同的优点在于简单方便与直接迅速；缺点是在发生争议时难以举证，不利于分清当事人之间的责任。

（三）其他形式

当事人未以书面形式或者口头形式订立合同，但从双方从事的民事行为能够推定双方有订立合同意愿的，人民法院可以认定是以《合同法》第十条第一款中的"其他形式"订立的合同，但法律另有规定的除外。其他形式是指采取除书面形式、口头形式以外的用来表现合同内容的形式。一般包括推定形式和默示形式。推定形式是指当事人并不直接用书面或口头方式进行意思表示或通过实施某种行为来进行意思表示，默示方式是指当事人采取沉默的方式来进行意思表示。沉默只有在有法律规定、当事人约定或者符合当事人之间的交易习惯时才可以视为意思表示。

三、合同的内容

（一）合同的一般条款

合同的内容通常表现为合同条款，按照当事人意思自治的原则，合同内容由当事人自主协商确定，法律一般不予干预。为了引导当事人，《合同法》第十二条对合同的一般条款做出了规定："合同的内容由当事人约定，一般包括以下条款：（一）当事人的名称或者姓名和住所；（二）标的；（三）数量；（四）质量；（五）价款或者报酬；（六）履行期限、地点和方式；（七）违约责任；（八）解决争议的方法。当事人可以参照各类合同的示范文本订立合同。"

当事人对合同是否成立存在争议，人民法院能够确定当事人名称或者姓名、标的和数量的，一般应当认定合同成立，但法律另有规定或者当事人另有约定的除外。

（二）合同的示范文本

当事人可以参照各类合同的示范文本订立合同。示范文本是指由合同当事人、有关业务主管部门和专家学者等就某种或某一类合同所制定的具有各种必要条款的合同文本样式。它是根据长期实践反复优化的，具有指导性和完备性的特点。

当执行国家指令性任务或国家订货任务时，合同内容应当体现这种要求并将其转化为合同条款，严格履行合同的约定。

四、要约

（一）要约的概念和条件

1. 要约的概念。要约是希望和他人订立合同的意思表示。

2. 要约的条件。根据《合同法》第十四条的规定，要约应当具备两个条件。①内容具体确定。要约的内容必须是明确的，而且内容必须具有足以使合同成立的基本条件，即合同的基本条款。②表明经受要约人承诺，要约人即受该意思表示约束。要约与要约邀请不同，要约邀请是指希望他人向自己发出要约的意思表示。要约邀请对要约邀请人及相对人都没有约束力。要约邀请一般包括寄送的价目表、拍卖公告、招标公告、招股说明书和商业广告等。但是，如果商业广告的内容符合要约规定的，视为要约。

（二）要约的生效

要约发出后，受要约人具有做出或不做出承诺的权利。为了保证受要约人承诺的权利，确定要约人从何时开始受要约的约束具有重要意义。如何确定要约生效时间，各国法律规定不一致，大体有三种情况：①发信主义；②到达主义；③了解主义。我国合同法采用到达主义，即要约自到达受要约人时生效。要约的到达时间，在口头对话的情况下，应当以相对人了解要约内容为标准；在非对话的情况下，只要要约已经送达受要约人所控制的地方，就应当认为要约已经到达。采用数据电文形式订立合同，收件人指定特定系统接收数据电文的，以该数据电文进入该特定系统的时间为到达时间；未指定特定系统的，该数据电文进入收件人的任何系统的时间，视为到达时间。《合同法》第二十条还规定了要约失效的情形："有下列情形之一的，要约失效：（一）拒绝要约的通知到达要约人；（二）要约人依法撤销要约；（三）承诺期限届满，受要约人未做出承诺；（四）受要约人对要约的内容做出实质性变更。"

（三）要约的撤回和撤销

1. 要约的撤回。要约的撤回是指要约人发出要约后，在要约到达受要约人之前或与要约同时到达时撤回自己所发出的要约。其条件是撤回要约的通知应当在要约到达前或与要约同时到达时到达受要约人。

2. 要约的撤销。要约的撤销是指要约人在发出的要约到达受要约人之后、受要约人做出承诺之前撤销自己所发出的要约。如果要约人确定了承诺期限或以其他形式明确要约不可撤销，或受要约人有理由认为要约是不可撤销的，并且已经为履行合同做了准备工作，要约人不得撤销要约。

五、承诺

（一）承诺的概念和条件

1. 承诺的概念。承诺就是受要约人同意要约的意思表示。

2. 承诺的条件。有效的承诺必须符合法定的条件。①承诺必须由受要约人向要约人发出。②承诺必须是对要约明确表示同意的意思表示。③承诺必须在要约的有效期限内做出。④承诺的内容应与要约的内容相一致，但对非实质性内容做出更改，可不影响合同的成立。

（二）承诺的方式和期限

承诺应当以通知的方式做出，但是根据交易习惯或者要约表明可以通过行为做出承诺的除外。承诺应当在要约确定的期限内到达要约人。要约没有确定承诺期限的，承诺应当按照以下规定到达：要约以对话的形式做出时，应当即时做出承诺；要约以非对话的形式做出的，如要约人以书面形式将要约发给受要约人，受要约人应在合理的期限内做出承诺并送达要约人；要约以信件或电报做出的，承诺期限自信件载明的日期或电报交发之日起计算，信件未载明日期的，自投寄该信件的日戳开始计算；要约以电话、传真等快速通信方式做出的，承诺的期限自要约到达受要约人时开始计算。受要约人超过承诺期限做出的承诺是逾期承诺，除要约人及时通知受要约人该承诺有效外，应视为新要约。受要约人在承诺期限内发出，但在超过承诺期限的情况下到达要约人，是迟到的承诺。除要约人及时通知受要约人因承诺超过承诺期限不接受该承诺外,该承诺有效。

(三) 承诺的生效

受要约人做出同意要约的意思表示,承诺即生效,标志着当事人之间的合意成立,也就是合同成立。所以,承诺何时生效具有重要的法律意义。根据《合同法》第二十六条的规定,承诺通知到达要约人时生效。承诺不需要通知的,根据交易习惯或要约的要求做出承诺的行为时生效。可见,我国合同法采用的是到达主义。当事人如果采用合同书形式订立合同,自双方当事人签字或者盖章时起,合同成立。当事人采用信件、数据电文等形式订立合同的,可以在合同成立前要求签订确认书,签订确认书时,合同成立。承诺生效的地点为合同成立的地点。采取数据电文形式订立合同的,收件人的主营业地为合同成立地点,没有主营业地的,其经常居住地为合同成立地点。当事人另有约定的,按照其约定。以合同书形式订立合同的,双方当事人签字或盖章的地点为合同成立地点。

(四) 承诺的撤回

承诺可以撤回。撤回承诺的通知应当在承诺通知到达受要约人之前或与承诺同时到达要约人。承诺只可以撤回,不能撤销,且只能发生在承诺采用书面形式的情况下。

六、格式条款

(一) 格式条款的概念

格式条款是指当事人为了重复使用而预先拟订,并在订立合同时不与对方协商的条款,也称"标准合同""定式合同"等。

(二) 格式条款的规制

用格式条款签订合同时,双方当事人的地位往往是不平等的,一方只有订与不订合同的自由而没有选择合同条款的自由。为了更好地保护对方当事人特别是消费者的合法利益,《合同法》对提供格式条款的一方做出了规制。

1. 遵循公平原则确定当事人之间的权利和义务。

2. 提示对方注意的义务。对于免除提供商品或服务一方责任的条款,或者是限制对方当事人权利的条款,提供该条款的一方必须采取合理的方式提示对方注意这些条款,如在合同文本中用色彩、字体或黑线等做出醒目的标记。

3. 说明的义务。如果对方当事人给予了注意,但还不能明了该条款的含义时,有权要求提供格式条款的一方予以说明。如果未履行上述提示和说明义务,则该条款对当事人双方不发生效力。提供格式条款的一方对已尽合理提示及说明义务承担举证责任。

4. 格式条款无效。《合同法》第四十条规定了格式条款无效的四种情况。

(1) 具有《合同法》第五十二条规定的无效合同情形的。《合同法》第五十二条规定的合同无效的情形有:"(一)一方以欺诈、胁迫的手段订立合同,损害国家利益;(二)恶意串通,损害国家、集体或者第三人利益;(三)以合法形式掩盖非法目的;(四)损害社会公共利益;(五)违反法律、行政法规的强制性规定。"

(2) 具有《合同法》第五十三条规定的无效免责条款情形的。《合同法》第五十三条规定:"合同中的下列免责条款无效:(一)造成对方人身伤害的;(二)因故意或者重大过失造成对方财产损失的。"

（3）免除提供格式条款一方责任，加重对方责任的。

（4）排除对方当事人主要权利的。

5. 合同当事人双方对格式条款理解发生争议时，应做出不利于提供格式条款一方的解释。

6. 格式条款与非格式条款内容不一致时，应当采用非格式条款。

七、缔约过失责任

（一）缔约过失责任的概念

缔约过失责任是指在合同订立过程中，因为过错给对方当事人造成损失时应承担的责任。缔约过失责任是以民法的诚实信用原则为基础的民事责任，它所保护的是一种信赖利益。

（二）缔约过失责任的构成

缔约过失行为发生在合同的谈判、磋商过程中。①假借订立合同，恶意进行磋商。②故意隐瞒与订立合同有关的重要事实或者提供虚假情况。③泄漏商业秘密。④违背诚实信用原则的其他行为。

第三节　合同的效力

一、合同生效

合同成立与合同生效是不同的概念。合同成立是指双方当事人对合同条款协商一致，即达成合意。当事人对合同是否成立存在争议，人民法院能够确定当事人名称或者姓名、标的和数量的，一般应当认定合同成立，但法律另有规定或者当事人另有约定的除外。当事人之间没有书面合同，一方以送货单、收货单、结算单、发票等主张存在买卖合同关系的，人民法院应当结合当事人之间的交易方式、交易习惯以及其他相关证据，对买卖合同是否成立做出认定。合同生效是指依法成立的合同在当事人之间产生的法律约束力。合同生效意味着当事人合同目的的实现得到了国家法律的保护。《合同法》规定，依法成立的合同，自成立时生效；法律、行政法规规定应当办理批准、登记等生效手续的，自批准、登记时生效。法律、行政法规规定合同应当办理批准手续，或者办理批准、登记等手续才生效，在一审法庭辩论终结前，当事人仍未办理批准手续的，或者仍未办理批准、登记等手续的，人民法院应当认定该合同未生效；法律、行政法规规定合同应当办理登记手续，但未规定登记后生效的，当事人未办理登记手续不影响合同的效力，合同标的物所有权及其他物权不能转移。双方当事人在合同中约定合同生效时间的，以约定为准。《合同法》还规定了几种特殊生效的合同。

二、无效合同

无效合同是指当事人之间已经成立的合同由于违反法定事由而导致法律不予认可其

效力的情形。合同法鼓励交易，尊重当事人的意思自治，保护交易安全。在无效合同的范围上，相对于原三个合同法及民法通则，已大为缩小。

根据《民法总则》的规定，无民事行为能力人实施的民事法律行为无效；行为人与相对人以虚假的意思表示实施的民事法律行为无效，以虚假的意思表示隐藏的民事法律行为的效力，依照有关法律规定处理；违反法律、行政法规的强制性规定的民事法律行为无效，但是该强制性规定不导致该民事法律行为无效的除外；违背公序良俗的民事法律行为无效；行为人与相对人恶意串通，损害他人合法权益的民事法律行为无效。

《合同法》第五十二条规定："有下列情形之一的，合同无效：（一）一方以欺诈、胁迫的手段订立合同，损害国家利益；（二）恶意串通，损害国家、集体或者第三人利益；（三）以合法的形式掩盖非法的目的；（四）损害社会公共利益；（五）违反法律、行政法规的强制性规定。"

人民法院确认合同无效应当以全国人民代表大会常务委员会制定的法律和国务院制定的行政法规为依据，不得以地方性法规、行政规章为依据。

当事人超越经营范围订立合同，人民法院不因此认定合同无效。但违反国家限制经营、特许经营以及法律、行政法规禁止经营规定的除外。

《合同法》第五十三条还规定了免责条款无效的情形，一种情形是造成对方人身伤害，另一种情形是因故意或重大过失造成对方财产损失。

三、可撤销的合同

可撤销的合同是指合同成立后，由于存在法定事由，由人民法院或仲裁机构根据一方当事人的申请，在审理后根据具体情况撤销有关内容的合同。

根据《民法总则》的规定，基于重大误解实施的民事法律行为，行为人有权请求人民法院或者仲裁机构予以撤销；一方以欺诈手段使对方在违背真实意思的情况下实施的民事法律行为，受欺诈方有权请求人民法院或者仲裁机构予以撤销；第三人实施欺诈行为，使一方在违背真实意思的情况下实施的民事法律行为，对方知道或者应当知道该欺诈行为的，受欺诈方有权请求人民法院或者仲裁机构予以撤销；一方或者第三人以胁迫手段使对方在违背真实意思的情况下实施的民事法律行为，受胁迫方有权请求人民法院或者仲裁机构予以撤销；一方利用对方处于危困状态、缺乏判断能力等情形，致使民事法律行为成立时显失公平的，受损害方有权请求人民法院或者仲裁机构予以撤销。

《合同法》第五十四条规定，因重大误解订立的合同，订立合同时显失公平，一方以欺诈、胁迫的手段或者乘人之危使对方在违背其真实意思的情况下订立的合同，受损害方有权请求人民法院或者仲裁机构变更或者撤销。当事人请求变更的，人民法院或者仲裁机构不得撤销。

四、无效合同及被撤销合同的法律后果

无效合同及被撤销的合同自始没有法律效力。合同部分无效，不影响其他部分效力的，其他部分仍然有效。合同无效、被撤销或者终止的，不影响合同中独立存在的有关解决争议方法的条款的效力。合同无效、被撤销后，因该合同而取得的财产应当予以返

还；不能返还或者没有必要返还的，应当折价补偿。有过错的一方，应当赔偿对方因此所受的损失；双方都有过错的，应当各自承担相应的责任。当事人恶意串通，损害国家、集体或者第三人利益，因此取得的财产或收归国家所有，或返还集体，或返还第三人。

当事人自知道或者应当知道撤销事由之日起1年内、重大误解的当事人自知道或者应当知道撤销事由之日起3个月内没有行使撤销权；当事人受胁迫，自胁迫行为终止之日起1年内没有行使撤销权；当事人知道撤销事由后明确表示或者以自己的行为表明放弃撤销权；当事人自民事法律行为发生之日起5年内没有行使撤销权的，撤销权消灭。

第四节　合同的履行

一、合同履行的原则

（一）全面履行原则

全面履行原则是指当事人应当按照合同约定的主体、标的、数量、质量、价款等，在适当的履行期限和地点，以适当的方式，全面完成合同义务的履行原则。

（二）诚实信用原则

诚实信用原则是指当事人必须以善意的心理状态履行合同。除了应履行法律和合同规定的义务外，还应履行依此原则而产生的附随义务，即当事人根据合同的性质、目的和交易习惯履行通知、协助、保密等义务。

二、合同履行的规则

（一）合同条款存在缺陷时的履行规则

合同的标的、数量是合同的必要条款。当事人没有约定或约定不明确，则合同内容无法确定，合同不成立。质量、价款与履行期限、地点和方式以及违约责任、解决争议的方法等是合同的实质性条款，虽不影响合同的生效，但是直接关系到合同的履行。《合同法》规定，合同生效后，当事人就质量、价款以及履行期限、地点和方式等内容没有约定或约定不明确的可以协议补充，不能达成协议的，则按照合同有关条款或者交易习惯确定。仍不能确定的，适用以下规定：①质量要求不明确的按照国家标准、行业标准履行，没有上述标准的按照通常标准或者符合合同目的的特定标准履行；②价款或者报酬不明确的按照订立合同时履行地的市场价履行，依法应当执行政府定价或者政府指导价的按照规定执行；③履行地点不明确的给付货币的在接受货币一方所在地履行，交付不动产的在不动产所在地履行，其他标的在履行义务一方所在地履行；④履行期限不明确的，债务人可以随时履行，债权人也可以随时要求履行，但应给对方必要的准备时间；⑤履行方式不明确，按照有利于实现合同目的的方式履行；⑥履行费用的负担不明确的，由履行义务一方负担。

（二）合同履行过程中价格发生变动时的履行规则

执行政府定价或者政府指导价的，政府在合同约定的交付期限内进行价格调整的，按交付时的价格计算。逾期交付标的物的,遇价格上涨时,按原价格执行;价格下降时,按新价格执行。逾期提取标的物或逾期付款的,遇价格上涨时,按新价格执行;价格下降时,按原价格执行。

(三) 债务人向第三人履行债务以及第三人向债权人履行债务时的履行规则

当事人约定由债务人向第三人履行债务的,当债务人未向第三人履行或履行不符合约定的,应当向债权人承担违约责任。当事人约定由第三人向债权人履行债务的,如第三人不履行或履行不符合约定的,债务人应当向债权人承担违约责任。

三、同时履行抗辩权

在双务合同中,当事人对履行顺序没有约定或者根据交易习惯无法确定先后顺序时,当事人应当同时履行自己的债务。一方在对方履行之前有权拒绝其履行的要求;一方在对方履行债务不符合约定时,有权拒绝其相应的履行要求。这体现了当事人权利、义务的对等性,可以避免一方在已给付的情况下因对方不履行而造成的风险。

四、不安履行抗辩权

不安履行抗辩权是指在双务合同中,应当先行履行债务的当事人在有确切证据证明对方当事人在缔约后出现了足以影响其对待给付的情形下,可以中止履行合同并有条件地可解除合同的权利。不安履行抗辩权的适用条件是对方有下列情形之一:①经营状况严重恶化;②转移财产、抽逃资金,以逃避债务;③丧失商业信誉;④有丧失或可能丧失履行债务能力的其他情况。先履行义务的一方行使不安履行抗辩权时,负有举证责任。没有确切证据中止履行的,应当承担违约责任。此外,还应履行及时通知的义务。在对方提供适当担保后应当恢复履行。对方在合理的期限内未恢复履行能力并且未提供适当担保的,中止履行的一方可以提出解除合同。

五、代位权

(一) 代位权的概念

代位权是指当债务人怠于行使对第三人的到期债权,对债权人造成损害的,债权人为了保全自己的债权,可以自己的名义代位行使债务人对第三人的债权的权利。

"债务人怠于行使其到期债权,对债权人造成损害的"是指债务人不履行其对债权人的到期债务,又不以诉讼方式或者仲裁方式向其债务人主张其享有的具有金钱给付内容的到期债权,致使债权人的到期债权未能实现。

次债务人(即债务人的债务人)不认为债务人有怠于行使其到期债权情况的,次债务人应当承担举证责任。

(二) 代位权成立的条件

1. 债务人对第三人享有债权,而且债务人的债权不是专属于债务人自身的权利。专属于债务人自身的债权是指基于扶养关系、抚养关系、赡养关系、继承关系产生的给付请求权和劳动报酬、退休金、养老金、抚恤金、安置费、人寿保险、人身伤害赔偿请求权等权利。

2. 债务人怠于行使其债权,即债务人应当收取且能够收取而不收取。
3. 债务人怠于行使自己的债权,已对债权人的债权造成损害。
4. 债务人已陷入迟延履行。

(三)代位权的行使

代位权扩展了债权人债权行使的范围,其行使方法与一般债权不同,表现在四个方面。

1. 代位权的行使应以债权人的名义进行。
2. 代位权的行使应以债权人的债权为限。
3. 债权人行使代位权必须通过人民法院诉讼进行。
4. 债权人行使代位权的必要费用由债务人承担。

六、撤销权

(一)撤销权的概念

撤销权是指债权人对于债务人所为的危害债权人债权的行为,请求人民法院予以撤销的权利。

(二)撤销权成立的条件

1. 债务人享有到期债权或具有财产。
2. 具有诈害债权的行为。

(1) 包括债务人放弃其到期债权或者无偿转让财产;债务人以明显不合理的低价转让财产,对债权人造成损害,并且受让人知道该情形的。

(2) 债务人放弃其未到期的债权或者放弃债权担保,或者恶意延长到期债权的履行期,对债权人造成损害,债权人依照《合同法》第七十四条的规定提起撤销权诉讼的,人民法院应当支持。债权人行使撤销权所支付的律师代理费、差旅费等必要费用,由债务人负担;第三人有过错的,应当适当分担。

(3) 对于《合同法》第七十四条规定的"明显不合理的低价",人民法院应当以交易当地一般经营者的判断,并参考交易当时交易地的物价部门指导价或者市场交易价,结合其他相关因素综合考虑,予以确认。

(4) 转让价格达不到交易时交易地的指导价或者市场交易价70%的,一般可以视为明显不合理的低价;对转让价格高于当地指导价或者市场交易价30%的,一般可以视为明显不合理的高价。

(5) 债务人以明显不合理的高价收购他人财产,人民法院可以根据债权人的申请,参照《合同法》第七十四条的规定予以撤销。

3. 撤销权行使的主体是债权人,行使的范围以债权人的利益得到保障为限度。债权人行使撤销权的必要费用由债务人承担。

4. 撤销权自债权人知道或者应当知道撤销事由之日起1年内行使。自债务人的行为发生之日起5年内债权人没有行使的,该撤销权消灭。

第五节 合同变更和合同转让

一、合同变更

合同变更是指在合同成立后,尚未履行或者没有完全履行之前,对合同内容进行修改或补充。合同变更有法定变更和协议变更两种情况。法定变更是指法院或者仲裁机构对合同条款的变更。如重大误解或显失公平的合同,经当事人请求,法院或仲裁机构可以变更或撤销。协议变更是指经当事人协商一致,自行对合同的内容进行修改或者补充。《合同法》第七十七条规定:"当事人协商一致,可以变更合同。法律、行政法规规定变更合同应当办理批准、登记等手续的,依其规定。"

当事人对合同变更的内容要明确,若合同变更的内容约定不明确,推定为未变更。

二、合同转让

合同转让是指合同当事人依法将合同的权利与义务转让给他人的行为。根据转让的对象不同,可以分为合同权利的转让、合同义务的转让和合同权利与义务一并转让。根据转让程度的不同,可以分为全部转让和部分转让。

(一) 合同权利的转让

合同权利的转让是指合同中的债权人依法将其债权全部或部分转让给第三人的行为。

1. 对合同权利转让的限制。合同权利的转让并不是任意进行的,有下列情形之一的,不得转让:①根据合同性质不得转让的;②按照当事人约定不得转让的;③依照法律规定不得转让的。

2. 债权人转让权利时应履行的义务。①通知义务。债权人转让权利,应当通知债务人,未经通知,该转让对债务人不发生效力。债权人转让权利的通知不得撤销,但经受让人同意的除外。②转让主债权时,从债权同时转让,但该权利专属于债权人自身的除外。③债权人转让权利需要办理批准、登记手续的,应当办理相应的手续。

3. 合同权利转让时债务人的权利。

(1) 抗辩权。债务人接到债权转让的通知时,债务人对让与人的抗辩可以向受让人主张。

(2) 抵销权。债务人接到债权转让通知时,债务人对让与人享有到期债权,并且债务人的债权先于转让的债权到期或者同时到期的,债务人可以向受让人主张抵销。抵销权属于合同当事人之间消灭互负债务的一种权利,抵销权不能离开债权而存在,属于债权的从权利。

(二) 合同义务的转让

合同义务的转让是指合同中的债务人将其应履行的义务转让给第三人的行为。债务人转让义务应当遵守四条规定。

1. 债务人转移义务的,应当经债权人同意。

2. 债务人转移义务的，新债务人应当承担与主债务有关的从债务，但该从债务专属于原债务人的除外。

3. 债务人转移义务的，应依法办理批准、登记手续的，依其规定。

4. 债务人转移义务的，新债务人可以主张原债务人对债权人的抗辩。

（三）合同权利义务一并转让

在实践中，合同的权利与义务同时转让的情况是大量发生的。合同的权利与义务一并转让也叫"概括承受"，是指一方当事人在合同订立后，依照其与第三人的约定并经对方当事人同意，由第三人取代自己在合同中的地位，承受合同中规定的权利和义务。

当事人订立合同后合并的，由合并后的法人或者其他组织行使合同权利，履行合同义务。当事人订立合同后分立的，除债权人和债务人另有约定的外，由分立的法人或者其他组织对合同的权利和义务享有连带债权，承担连带义务。

第六节　合同的权利义务终止

一、合同的终止

合同的权利与义务的终止也就是合同的终止，是指当事人双方终止合同关系，合同确立的当事人之间的权利与义务的关系消灭。

合同终止的原因有很多，根据《合同法》第九十一条的规定："有下列情形之一的，合同的权利义务终止：（一）债务已经按照约定履行；（二）合同解除；（三）债务相互抵销；（四）债务人依法将标的物提存；（五）债权人免除债务；（六）债权债务同归于一人；（七）法律规定或者当事人约定终止的其他情形。"

一般来讲，合同终止导致当事人之间的合同的权利与义务的关系消灭。但在某些情况下，如解除合同并不影响合同中某些条款（如结算条款、清理条款等）的效力，也不影响当事人请求赔偿损失的权利。

合同终止消灭的是合同的权利与义务的关系。在合同的权利与义务的关系终止后，当事人还应当遵循诚实守信的原则，根据交易习惯履行通知、协助、保密等义务。

二、合同的解除

合同的解除是指合同成立后没有履行或没有完全履行前，因当事人一方的意思表示或者双方协议而使其终止的行为。合同解除的方式有两种：协议解除和法定解除。

（一）协议解除

协议解除是指当事人通过协商一致解除合同。协议解除是一种双方或多方的法律行为。《合同法》第九十三条规定："当事人协商一致，可以解除合同。当事人可以约定解除合同的条件，条件成立时，解除权人可以解除合同。"

（二）法定解除

法定解除是指合同成立后未履行或未完全履行时，当事人一方行使法定解除权而终止合同。法定解除是一种单方的法律行为，即在法律规定的解除条件出现时，有解除权的一方可以直接行使解除权,使合同终止,而不必经过对方同意。《合同法》第九十四条规定,"有下列情形之一的,当事人可以解除合同:(一)因不可抗力致使不能实现合同目的;(二)在履行期限届满之前,当事人一方明确表示或者以自己的行为表明不履行主要债务;(三)当事人一方迟延履行主要债务,经催告后在合理的期限内仍未履行;(四)当事人一方迟延履行债务或者有其他违约行为致使不能实现合同目的;(五)法律规定的其他情形"。

(三) 行使解除权的期限、程序和后果

法律规定或当事人约定解除权行使期限,期限届满而当事人不行使权利的,该权利消灭。没有规定或约定解除权行使期限,经对方催告后在合理的期限内不行使的,该权利消灭。当事人行使解除权时,应当通知对方,合同自通知到达对方处时解除。对方有异议的,可以请求法院或仲裁机构确认解除合同的效力。法律、行政法规规定解除合同应当办理批准、登记手续的,依其规定。

合同解除后,尚未履行的,终止履行;已经履行的,根据履行情况和合同性质,当事人可以要求恢复原状、采取其他补救措施,并有权要求赔偿损失。

合同成立以后,客观情况发生了当事人在订立合同时无法预见的、非不可抗力造成的不属于商业风险的重大变化,继续履行合同对于一方当事人明显不公平或者不能实现合同目的,当事人请求人民法院变更或者解除合同的,人民法院应当根据公平原则,并结合案件的实际情况确定是否变更或者解除。

三、债务抵销

抵销是指合同当事人双方相互负有到期债务,按照法律的规定或者当事人的约定而进行互相冲抵。抵销是终止合同的一种方式。

根据《合同法》的规定,当事人互负债务,该债务的标的物种类、品质相同的,任何一方可以将自己的债务与对方的债务抵销,但依照法律规定或合同性质不得抵销的除外。当事人主张抵销的,应当通知对方,通知到达对方处时生效。抵销不得附条件或附期限。当事人互负债务,标的物种类、品质不相同的,经双方协商一致,也可以抵销。

四、标的物提存

提存是指因债权人的原因而使债务人难以履行债务时,债务人将合同标的物提交提存机关而终止合同的一种法律制度。债务的履行需要债权人的帮助,如果债权人无正当理由而拒绝受领或不能受领,虽然债权人应承担受领的责任,但债务人的债务并未消灭,在这种情况下,债务人仍应随时准备履行,为债务提供的担保也不能消灭,这显然有失公平。为了解决这一问题,法律上创设了提存制度。

(一) 提存的条件

《合同法》第一百零一条规定:"有下列情形之一,难以履行债务的,债务人可以将标的物提存:(一)债权人无正当理由拒绝受领;(二)债权人下落不明;(三)债权人死亡未确定继承人或者丧失民事行为能力未确定监护人;(四)法律规定的其他情

形。标的物不适于提存或者提存费用过高的,债务人依法可以拍卖或者变卖标的物,提存所得的价款。"

(二) 提存的规则

标的物提存后,除债权人下落不明的以外,债务人应当及时通知债权人或其继承人、监护人。

标的物提存后,毁损、灭失的风险由债权人承担。提存期间,标的物的孳息归债权人所有,提存费用由债权人承担。

债权人可以随时领取提存物,但债权人对债务人负有到期债务的,在债权人未履行债务或者提供担保之前,提存部门根据债务人的要求,应当拒绝其领取提存物。债权人领取提存物的权利自提存之日起 5 年内不行使而消灭,提存物在扣除提存费用后归国家所有。

五、债务免除

债务免除是指债权人免除债务人部分或者全部债务的单方法律行为。根据《合同法》规定,债权人免除债务人部分或者全部债务的,合同的权利与义务部分或全部终止。

六、债权债务同归于一人

债权债务同归于一人,称为"混同",即合同的权利与义务全部归一人承受。发生混同时,合同终止。根据《合同法》规定,债权债务同归于一人的,合同的权利与义务终止,但涉及第三人利益的除外。即终止的合同关系只能是债权人与债务人之间的合同关系,涉及第三人利益的并不终止。

第七节 违约责任

一、违约责任的概念

违约责任是指合同当事人违反合同的约定而应承担的责任。

依法成立的合同对当事人具有法律约束力,当事人必须按照合同约定的条件全面履行自己的义务。如果不履行或者履行不符合约定条件的,要承担违约责任。违约责任制度是保证当事人履行义务的重要措施,能够使当事人双方自觉全面地履行合同义务,起到避免或减少违约行为发生的预防性作用;在发生违约行为的情况下,对违约方采取一定的责任方式,能起到一定的惩罚作用,对另一方的损失进行及时的补偿,起到补偿的作用。

二、违约责任的构成要件

一般来讲,构成法律责任的要件包括两个方面,即主观要件和客观要件。主观要件是指当事人有无过错,客观要件是指当事人有无违法行为、是否造成违法后果。承担违约责任要有违约行为，违约行为有两种表现：一是不履行，即合同当事人在履行期限内没有履行自己的合同义务；二是不适当履行，即合同当事人履行合同义务不符合约定。当事人有违约行为，是否承担违约责任取决于违约责任的归责原则。违约责任的归责原则主要有两种：一是过错责任原则，即当事人因过错造成违约的才承担违约责任；二是严格责任，即无论当事人有无过错，只要违反了合同约定，就应当承担违约责任。《合同法》采取的是严格责任，无论当事人有无过错，只要有违约行为，除不可抗力可以免责外，都要承担违约责任。

三、承担违约责任的方式

根据《合同法》的规定，承担违约责任的方式主要有继续履行、采取补救措施、赔偿损失、支付违约金和定金制裁。

（一）继续履行

继续履行是指当事人一方不履行合同义务或者履行合同义务不符合约定时，另一方当事人可要求其继续完成原合同义务的行为。继续履行与一般履行有所不同，它是法律对违约行为人的一种强制措施，不论违约人是否愿意，只要具备实际履行的条件，经守约方请求就应当继续履行。

1. 金钱债务的履行。当事人一方未支付价款或者报酬的，对方可以要求其支付价款或者报酬。以货币作为标的物而没有履行的，没有其他履行方式可以替代，只能要求支付货币。

2. 非金钱债务的继续履行。非金钱债务是指除货币支付以外的债务，如交付货物、提供劳务、完成工作等。非金钱债务不同于金钱债务，其债务标的往往更具有特定性和不可替代性。所以，非金钱债务的履行更加强调实际履行的原则。

3. 非金钱债务具有相当的广泛性，在合同履行过程中，由于主客观条件的变化，有些是可以实际履行的，有些则不能或不必实际履行。具体来说，下列非金钱债务可以不实际履行：①法律上或事实上不能履行；②债务的标的不适于强制履行或者履行费用过高；③债权人在合理的期限内未要求履行。

（二）采取补救措施

补救措施主要是指在当事人违反合同的事实发生后，为防止损失的发生或扩大，由违约方采取修理、更换、重做、退货、减少价款或者报酬等措施，以弥补或挽回权利人的损失。采取补救措施主要适用于质量不符合约定的情况。

（三）赔偿损失

因当事人的违约行为给对方造成财产损失的，应赔偿损失。在确定损失赔偿数额时，应注意六个问题。

1. 当事人在订立合同时，可以确定因违约产生的损失赔偿额的计算方法，这样一来，发生纠纷后，有利于及时解决问题。

2. 当事人没有约定违约金或者赔偿损失的计算方法的，赔偿损失额应当相当于因违约所造成的损失金额，包括合同履行后可以获得的利益，但是不得超过违反合同一方订立合同时预见或应当预见到的因违反合同可能造成的损失。

3. 在当事人一方违约后，对方应当采取适当的措施防止损失扩大，没有采取措施致使损失扩大的，不得就扩大的损失请求赔偿。当事人因防止损失扩大支出的合理费用，由违约方承担，可以计入赔偿范围。

4. 经营者对消费者提供商品或者服务有欺诈行为的，依照《消费者权益保护法》的规定承担损害赔偿责任，即除了赔偿消费者实际损失外，还要按照消费者的要求增加赔偿，增加的金额为消费者购买商品或接受服务费用的1倍。

5. 在实践中，对于金钱债务迟延履行的赔偿责任，以法定利息为准。

6. 赔偿损失的责任方式可以与其他责任方式一并使用。当事人一方不履行或履行合同义务不符合约定的，在继续履行或采取补救措施后，对方还有其他损失的，应当赔偿损失。

（四）支付违约金

违约金是指当事人在合同中约定的或者法律规定的，一方违约时应向对方支付一定数额的货币。确定违约金责任时应注意四个问题。

1. 当事人可以约定一方违约时，应向对方支付一定数额的违约金。只要有违约行为，即使没有给对方造成损失，也要按约定支付违约金。

2. 在当事人约定了违约金的情况下，一方违约并给对方造成了损失，如果约定的违约金低于实际损失，当事人可以请求法院或仲裁机构予以增加；约定违约金过分高于实际损失的，当事人可以请求法院或仲裁机构予以适当减少。当事人主张约定的违约金过高请求予以适当减少的，人民法院应当以实际损失为基础，兼顾合同的履行情况、当事人的过错程度以及预期利益等综合因素，根据公平原则和诚实信用原则予以衡量，并做出裁决。当事人约定的违约金超过造成损失的30%的，一般可以认定为《合同法》第一百一十四条第二款规定的"过分高于造成的损失"。

3. 当事人依照《合同法》第一百一十四条的规定，请求人民法院增加违约金的，增加后的违约金数额以不超过实际损失额为限。增加违约金以后，当事人又请求对方赔偿损失的，人民法院不予支持。

4. 当事人迟延履行约定违约金的，违约方在支付违约金后，还应当履行债务。

（五）定金制裁

定金是指合同一方当事人根据合同约定预先支付给另一方当事人一定数额的货币，以证明合同的成立或担保合同的履行。

定金是合同的一种担保方式。根据《合同法》规定，当事人可以依照《担保法》约定一方向对方给付定金作为债权的担保。债务人履行债务后，定金约定抵作价款或者收回。给付定金的一方不履行约定的债务的，无权要求返还定金；收受定金的一方不履行约定的债务的，约定双倍返还定金。

在当事人既约定了违约金，又约定了定金的情况下，一方违约时，对方可以选择适用违约金或者定金条款，并且只能择一适用。

四、预期违约责任制度

预期违约是指在合同订立后履行期限届满前，当事人一方明确表示或者以自己的行为表明不履行合同义务的行为。当事人一方预期违约的，对方可以在履行期限届满之前要求其承担违约责任。

预期违约与一般违约相比较，具有明显特征：一是预期违约发生的时间是在合同成立后、履行期限届满前，即违约的发生具有预期性；而一般违约发生的时间只能是在合同履行期限届满之后。因此，预期违约责任为事先救济，而一般违约责任为事后救济。二是当事人一方明确向对方表示其不履行合同或以自己的行为表明其不履行合同，即预期违约可分为明示违约和默示违约。

五、违约责任的免除

《合同法》规定，因不可抗力导致合同不能履行的，可以根据不可抗力的影响，部分或全部免除责任。所谓不可抗力，是指不能预见、不能避免、不能克服的客观情况，如台风、地震、水灾、火灾、战争、动乱等。但是，当事人迟延履行后发生不可抗力的，不能免除责任。当事人一方因不可抗力不能履行合同的，应当及时通知对方，以减轻可能给对方造成的损失，并应在合理的期限内提供证明。

六、违约责任与侵权责任的竞合处理

《合同法》第一百二十二条规定："因当事人一方的违约行为，侵害对方人身、财产权益的，受损害方有权选择依照本法要求其承担违约责任或者依照其他法律要求其承担侵权责任。"债权人依照《合同法》第一百二十二条的规定向人民法院起诉时做出选择后，在一审开庭以前又变更诉讼请求的，人民法院应当准许。对方当事人提出管辖权异议，经审查，异议成立的，人民法院应当驳回起诉。

第五章 知识产权法

第一节 知识产权法概述

一、知识产权的概念

知识产权是指民事主体对其创造性的智力成果依法所享有的专有权利。知识产权法是调整在创造、使用和转让智力成果过程中发生的社会关系的法律规范的总称。知识产权有狭义和广义之分。狭义的知识产权是指传统意义上的知识产权,一般包括专利权、商标权和著作权。广义的知识产权的范围则比较广泛,内容也在不断增加。根据1967年《世界知识产权组织公约》第三条所界定的范围,知识产权包括著作权、邻接权、专利权、科学发现权、工业品外观设计权、商标权、制止不正当竞争权等。根据1995年1月1日成立的世界贸易组织(World Trade Organization,简称"WTO")的《与贸易有关的知识产权协议》界定的范围,知识产权包括版权与邻接权、商标权、地理标志权、工业品外观设计权、专利权、集成电路布图设计(拓扑图)权、未公开的信息专有权(商业秘密)等。近年来,知识产权的范围在不断增加,如域名权、商品化权、数据库特别权利等,也被纳入了知识产权范畴。本章重点介绍传统意义上的知识产权,即专利权、商标权和著作权。

二、知识产权的特征

由于知识产权属于一种无形财产权,与其他民事权利相比较而言,具有以下几个方面的特征。

(一)知识产权具有无形性

物权的客体是物,债权的客体是行为,知识产权的客体则是智力成果。智力成果属于知识形态的产品,系非物质财富,即无形财产。

(二)知识产权具有法定性

知识产权的产生和取得方式不同于有形财产权。知识产权必须经专门法律直接确认才能产生,而其他民事权利的产生和取得没有此限制。

(三)知识产权具有专有性

知识产权所有人对其知识产权具有独占权。除经知识产权权利人同意或法律强制规定外,他人不得享有或使用该项权利。知识产权的独占权不是绝对的,而是相对的。基于公共利益和经济发展、社会进步的需要,在知识产权法律制度中,规定了对智力成果的合理使用、法定许可、强制许可等制度,以及对知识产权权利人行使权利的限制。

（四）知识产权具有地域性

知识产权只在授予其权利的国家或者确认其权利的国家产生，并且只能在该国范围内发生法律效力，受法律保护，而其他国家对其没有必须给予法律保护的义务。

（五）知识产权具有时间性

知识产权属于无形财产，各国法律对知识产权的保护都有严格的时间限制。有效期限届满，其智力成果就进入公共领域，属于社会共有财富，任何人都可加以使用而不构成侵权。

第二节 专 利 法

一、专利与专利法的概述

（一）专利

1. 专利的概念。"专利"一词通常有三种含义：①指专利权，即国家专利机关依法授予发明人或其权利受让人对其发明创造在一定期限内享有独占或专有的权利；②指专利技术，即专利权法律关系的客体，包括发明、实用新型和外观设计；③指专利文献，即记载发明创造的内容，公开并提供公众查阅的文献资料。通常在法律意义上使用的"专利"是指专利权。

2. 专利权的特征。

（1）独占性。即同一内容的发明创造或者外观设计只能授予一项专利，即使有两个发明人或者设计人分别独立完成内容相同的发明权利或设计，专利权也仅能授予申请在先者。申请人依法获得专利权后，其他任何人未经专利权人或者其合法受让人许可，都不得以营利为目的实施该专利，否则就是侵权。

（2）地域性。专利权是依据国内法而产生的。依照一国的专利法所取得的专利只能在该国地域范围内有效，超出该国地域范围则不发生法律效力，但有共同参加的国际公约或国际条约的除外。

（3）时间性。依照《专利法》的规定，发明专利有效期为20年，实用新型和外观设计有效期为10年，从申请日起算。专利权人只能在有效期内对其发明创造享有独占权，该期限届满，专利权即失去效力，该技术就成为人类社会的共有财富，任何人都可以不受限制地无偿使用。

（二）专利法

专利法是调整因发明创造的所有权和发明创造的利用而产生的各种社会关系的法律规范的总称，是解决发明创造的权利归属和利用的法律。我国于1984年3月12日颁布了《专利法》，并于1992年9月4日第一次修订《专利法》，于2000年8月25日第二次修订《专利法》，于2008年12月27日第三次修改《专利法》。经过三次修改，我国专利制度已基本达到了国际先进水平。

《专利法》的保护对象是依照专利法可以授予专利的发明创造。《专利法》规定的发明创造包括发明、实用新型和外观设计。

发明是指对产品、方法或其改进所提出的新的技术方案。

实用新型是指对产品的形状、构造或其结合所提出的适于实用的新的技术方案。

外观设计是指对产品的形状、图案或者其结合以及色彩与形状、图案的结合所做出的富有美感并适于工业应用的新设计。

上述三种发明创造依法获得专利权后,就分别称为"发明专利""实用新型专利"和"外观设计专利"。

我国《专利法》第五条规定:"对违反法律、社会公德或者妨害公共利益的发明创造,不授予专利权。对违反法律、行政法规的规定获取或者利用遗传资源,并依赖该遗传资源完成的发明创造,不授予专利权。"

二、专利权的主体、客体和内容

(一)专利权的主体与客体

1. 专利权的主体。专利权的主体是指依法享有专利权利的公民、法人或其他组织。其具体包括:发明人或设计人,职务发明创造人所在的单位,共同发明人、合法受让人、外国人、外国企业或者外国其他组织。

2. 专利权的客体。专利权的客体包括发明、实用新型和外观设计。

(二)专利权的内容

专利权的内容包括专利权人的权利和义务。

1. 专利权人的权利。专利权人的权利包括人身权利和财产权利两个方面。具体而言,可分为五种。

(1)独占实施权。独占实施权是指专利权人依法对其获得专利的发明创造享有独占制造、使用、销售、许诺销售、进口等权利,即专利权人对其发明创造享有制造权、使用权、许诺销售权、销售权、进口权。对于方法发明专利权人而言,权利人有使用专利方法的权利,有使用、许诺销售、销售、进口用专利方法直接获得的产品的权利。

(2)转让权。转让权是指专利权人有权以出售或赠与的方式转让其专利的权利。

(3)许可权。许可权是指专利权人有权许可他人实施其专利、由他人支付专利使用费的权利。

(4)标记权。标记权是指专利权人有权在其专利产品或其包装上标明专利标记和专利号的权利。

(5)放弃权。放弃权是指专利权人在其专利有效期限届满前,有权以书面形式声明放弃其权利。

2. 专利权人的义务。

(1)缴纳专利年费的义务。专利权人按照《专利法》的规定,自被授予专利权的当年开始,在专利期限内逐年向专利局缴纳费用。

(2)保证充分公开专利内容。该项义务要求专利权人在专利权利要求书中对专利要求书请求保护的发明创造的内容按照《专利法》的规定做出清楚、完整的说明,以使所属技术领域的普通技术人员能够理解和实施。

(3)正确依法行使专利权。专利权人在行使专利权时必须符合法律规定,不得滥用权利。专利权人应当实施或者许可他人实施其专利。

(三) 专利权的限制

《专利法》第六十九条规定,"有下列情形之一的,不视为侵犯专利权:(一)专利产品或者依照专利方法直接获得的产品,由专利权人或者经其许可的单位、个人售出后,使用、许诺销售、销售、进口该产品的;(二)在专利申请日前已经制造相同产品、使用相同方法或者已经做好制造、使用的必要准备,并且仅在原有范围内继续制造、使用的;(三)临时通过中国领陆、领水、领空的外国运输工具,依照其所属国同中国签订的协议或者共同参加的国际条约,或者依照互惠原则,为运输工具自身需要而在其装置和设备中使用有关专利的;(四)专为科学研究和实验而使用有关专利的;(五)为提供行政审批所需要的信息,制造、使用、进口专利药品或者专利医疗器械的,以及专门为其制造、进口专利药品或者专利医疗器械的"。

以生产经营为目的使用或者销售不知道是未经专利权人许可而制造并售出的专利产品或者依照专利方法直接获得的产品,能证明其产品合法来源的,不承担赔偿责任。

根据我国《专利法》规定,获得发明专利或者实用新型专利的强制许可的,虽未经权利人许可而实行专利的,不视为侵犯专利权。

三、专利权的取得

(一) 取得专利的条件

根据《专利法》第二十二条规定,授予专利权的发明和实用新型应当具备新颖性、创造性和实用性。

1. 新颖性。新颖性是指该发明或者实用新型不属于现有技术,也没有任何单位或者个人就同样的发明或者实用新型在申请日以前向国务院专利行政部门提出过申请,并记载在申请日以后公布的专利申请文件或者公告的专利文件中。现有技术是指申请日以前在国内外为公众所知的技术。2008年第三次修订《专利法》,将专利审查之"新颖性"标准,由"相对新颖性"改为"绝对新颖性",目的在于提高我国专利质量。所谓"相对新颖性"标准,是指书面公开以全世界为标准,使用公开以国内为标准。根据这一原则,新颖性是指在申请日以前没有同样的发明或者实用新型在国内外出版物上公开发表过、在国内公开使用过或者以其他方式为公众所知。我国《专利法》在2008年修改之前,就是采用此标准认定"新颖性"。所谓"绝对新颖性"标准,是指书面公开和使用公开均以全世界为标准。我国2008年《专利法》做出此种修改,目的是避免在国外早已公开使用的技术在我国却可以获得专利保护。

2. 创造性。创造性是指与现有技术相比,该发明具有突出的实质性特点和显著的进步,该实用新型具有实质性特点和进步。

3. 实用性。实用性是指该发明或者实用新型能够制造或者使用,并且能够产生积极效果。

申请专利的发明创造在申请日以前6个月内,有下列情形之一的,不丧失新颖性:①在中国政府主办或者承认的国际展览会上首次展出的;②在规定的学术会议或者技术会议上首次发表的;③他人未经申请人同意而泄露其内容的。

《专利法》第二十三条规定,"授予专利权的外观设计,应当不属于现有设计;也没有任何单位或者个人就同样的外观设计在申请日以前向国务院专利行政部门提出过申请,并记载在申请日以后公告的专利文件中。授予专利权的外观设计与现有设计或者现有设计特征的组合相比,应当具有明显区别。授予专利权的外观设计不得与他人在申请日以前已经取得的合法权利相冲突。本法所称现有设计,是指申请日以前在国内外为公众所知的设计"。我国外观设计专利的新颖性标准亦是采用绝对新颖性标准。

(二) 不授予专利的发明创造

根据《专利法》的规定,不授予专利的发明创造有以下几个方面:①科学发现;②智力活动的规则和方法;③疾病的诊断和治疗方法;④动物和植物品种;⑤用原子核变换方法获得的物质;⑥对平面印刷品的图案、色彩或者二者的结合做出的主要起标识作用的设计。对动物和植物品种的生产方法,可以依照《专利法》的规定授予专利权。

(三) 专利权申请原则

1. 单一性原则。即一件发明或者实用新型专利申请应当限于一项发明或者实用新型。属于一个总的发明构思的两项以上的发明或者实用新型可以作为一件申请提出。一件外观设计专利申请应当限于一种产品所使用的一项外观设计。同一产品两项以上的相似外观设计或者用于同一类别并且成套出售或者使用的产品的两项以上的外观设计可以作为一件申请提出。

2. 先申请原则。即两个以上的申请人分别就同样的发明创造申请专利的,专利权授予最先申请的人。我国《专利法》第九条规定:"同样的发明创造只能授予一项专利权。但是,同一申请人同日对同样的发明创造既申请实用新型专利又申请发明专利,先获得的实用新型专利权尚未终止,且申请人声明放弃该实用新型专利权的,可以授予发明专利权。两个以上的申请人分别就同样的发明创造申请专利的,专利权授予最先申请的人。"

3. 优先权原则。即申请人自发明或者实用新型在外国第一次提出专利申请之日起 12 个月内,或者自外观设计在外国第一次提出专利申请之日起 6 个月内,又在中国就相同主题提出专利申请的,依照该外国同中国签订的协议或者共同参加的国际条约,或者依照相互承认优先权的原则,可以享有优先权,即以第一次在国外提出的申请日作为在中国的申请日。申请人自发明或者实用新型在中国第一次提出专利申请之日起 12 个月内又向国务院专利行政部门就相同主题提出专利申请的,可以享有优先权。

(四) 专利申请的审查与批准

1. 专利申请。申请发明或者实用新型专利的,应当提交请求书、说明书及其摘要和权利要求书等文件。请求书应当写明发明或者实用新型的名称,发明人的姓名,申请人姓名或者名称、地址,以及其他事项。说明书应当对发明或者实用新型做出清楚、完整的说明,以所属技术领域的技术人员能够实现为准;必要的时候,应当有附图。摘要应当简要说明发明或者实用新型的技术要点。权利要求书应当以说明书为依据,清楚、简要地限定要求专利保护的范围。依赖遗传资源完成的发明创造,申请人应当在专利申请文件中说明该遗传资源的直接来源和原始来源;申请人无法说明原始来源的,应当陈述理由。申请外观设计专利的,应当提交请求书、该外观设计的图片或者照片以及对该外观设计的简要说明等文件。申请人提交的有关图片或者照片应当清楚地显示要求专利保护的产品的外观设计。国务院专利行政部门收到专利申请文件之日为申请日。如果申请文件是邮寄的,以寄出的邮戳日为申请日。

2. 专利申请的审查。根据《专利法》的规定,国务院专利行政部门收到发明专利申请后,经初步审查,认为符合本法要求的,自申请日起满18个月,即行公布。国务院专利行政部门可以根据申请人的请求,早日公布其申请。发明专利申请自申请日起3年内,国务院专利行政部门可以根据申请人随时提出的请求,对其申请进行实质审查;申请人无正当理由逾期不请求实质审查的,该申请即被视为撤回。国务院专利行政部门认为有必要的时候,可以自行对发明专利申请进行实质审查。

3. 专利申请的批准。国务院专利行政部门对发明专利申请进行实质审查后,认为不符合《专利法》规定的,应当通知申请人,要求其在指定的期限内陈述意见,或者对其申请进行修改;无正当理由逾期不答复的,该申请即被视为撤回。发明专利申请经实质审查没有发现驳回理由的,由国务院专利行政部门做出授予发明专利权的决定,发给发明专利证书,同时予以登记和公告。发明专利权自公告之日起生效。

国务院专利行政部门设立专利复审委员会。专利申请人对国务院专利行政部门驳回申请的决定不服的,可以自收到通知之日起3个月内,向专利复审委员会请求复审。专利复审委员会复审后,做出决定,并通知专利申请人。专利申请人对专利复审委员会的复审决定不服的,可以自收到通知之日起3个月内向人民法院起诉。

四、专利权的法律保护

(一) 专利权的保护范围

发明或者实用新型专利权的保护范围以其权利要求的内容为准,说明书及附图可以用于解释权利要求的内容。

外观设计专利权的保护范围以表示在图片或者照片中的该产品的外观设计为准,简要说明可以用于解释图片或者照片所表示的该产品的外观设计。

(二) 侵害专利权的行为

1. 未经专利权人许可而实施其专利的侵权行为。即未经许可制造、使用、销售或许诺销售、进口专利产品的行为以及未经许可进口依照专利方法直接获得产品的行为。

2. 假冒和冒充专利的行为。即非专利权人在自己的非专利产品或者包装上标明专利权人的专利标记或者专利号,使消费者误认为是专利产品的行为。

3. 其他侵权行为。即擅自向国外申请专利、泄露国家重要机密的行为,侵夺发明人或者设计人的非职务发明创造专利申请权和专利法规定的其他权益,国家知识产权局工作人员及有关国家机关工作人员徇私舞弊的行为,等等。

(三) 专利权的保护方式

对于专利侵权行为,其解决的途径主要有协商解决、行政处理与司法解决。

未经专利权人许可,实施其专利,即侵犯其专利权,引起纠纷的,由当事人协商解决;不愿协商或者协商不成的,专利权人或者利害关系人可以向人民法院起诉,也可以请求管理专利工作的部门处理。

在专利侵权纠纷中,被控侵权人有证据证明其实施的技术或者设计属于现有技术或者现有设计的,不构成侵犯专利权。

侵犯专利权的赔偿数额按照权利人因被侵权所受到的实际损失确定,实际损失难以确定的可以按照侵权人因侵权所获得的利益确定。权利人的损失或者侵权人获得的利益难以确定的,参照该专利许可使用费的倍数合理确定。赔偿数额还应当包括权利人为制止侵权行为所支付的合理开支。权利人的损失、侵权人获得的利益和专利许可使用费均难以确定的,人民法院可以根据专利权的类型、侵权行为的性质和情节等因素,确定给予1万元以上100万元以下的赔偿。

假冒专利的,除依法承担民事责任外,由管理专利工作的部门责令改正并予以公告,没收违法所得,可以并处违法所得4倍以下的罚款;没有违法所得的,可以处20万元以下的罚款;对于假冒他人专利构成犯罪的,可以追究侵权人的刑事责任,即处3年以下有期徒刑或者拘役,并处或者单处罚金。

第三节 著作权法

一、著作权法概述

(一) 著作权法的概念

著作权,亦称版权,是指文学、艺术和科学作品的创作者依法享有的对作品的永久的人身权与法定期限的财产权。著作权法是指调整文学、艺术和科学技术领域因作品的创作、使用而产生的社会关系的法律规范的总称。它调整的是作者、作品传播者和公众之间因著作权而产生的人身关系与财产关系。我国目前实行的《中华人民共和国著作权法》(简称《著作权法》),1990年9月7日经第七届全国人民代表大会常务委员会第十五次会议审议通过,并于1991年6月1日正式实施;于2001年10月27日通过了关于修改《中华人民共和国著作权法》的决定,于2010年2月26日通过了第二次修改《著作权法》的决定。目前,《著作权法》第三次修订工作正在推进。

(二) 著作权法的保护对象

1. 著作权法的保护对象。著作权法的保护对象,即著作权的客体,指的是作品,包括以文学、艺术和自然科学、社会科学、工程技术等形式创作的作品。《著作权法》保护下列形式的作品:文学作品,口述作品;音乐、戏剧、曲艺、舞蹈、杂技艺术作品,美术、建筑作品,摄影作品,电影作品和以类似摄制电影的方法创作的作品,工程设计图、产品设计图、地图、示意图等图形作品和模型作品,计算机软件,法律、行政法规规定的其他作品。

2. 著作权法保护的作品必须具备的条件。著作权法的保护对象是作品,受著作权保护的作品必须具备三大要件。

(1) 作品必须具有独创性。即作品的作者运用自己的方法和习惯将思想或者情感通过文学、艺术和科学等作品形式表达出来,这种表达属于作者自己独立创作完成,而不是抄袭、剽窃或者复制他人的作品。

(2) 作品必须具有一定的客观表达形式。即作品必须通过一定的客观形式来表现，使人们能够通过视觉、听觉等感觉器官感受与欣赏。

(3) 作品必须具有可复制性。即作品可以通过手工、机械、电子等方式进行再现与重复性利用。

（三）不受著作权法保护的作品

根据《著作权法》的规定，不受著作权法保护的作品主要有四种。

1. 依法禁止出版、传播的作品。

2. 法律、法规，国家机关的决议、决定、命令和其他具有立法、行政、司法性质的文件，官方正式译文。

3. 时事新闻。

4. 历法、数表、通用表格和公式。

二、著作权的主体及权利归属

（一）著作权的主体

《著作权法》规定的著作权人包括作者以及其他依照著作权法享有著作权的公民、法人或者其他组织。所谓作者，是指直接创作作品的自然人。所谓创作，是指直接产生文学、艺术和科学作品的智力活动。

著作权主体在理论上可分为原始主体和继受主体。原始的著作权主体就是作品的作者；继受的著作权主体则是通过合同或继承等方式而取得著作权的人。《著作权法》第二条规定："中国公民、法人或者其他组织的作品，不论是否发表，依照本法享有著作权。外国人、无国籍人的作品根据其作者所属国或者经常居住地国同中国签订的协议或者共同参加的国际条约享有的著作权，受本法的保护。外国人、无国籍人的作品首先在中国境内出版的，依照本法享有著作权。未与中国签订协议或者共同参加国际条约的国家的作者以及无国籍人的作品首次在中国参加的国际条约的成员国出版的，或者在成员国和非成员国同时出版的，受本法保护。"

（二）著作权的归属

著作权的归属，即著作权归谁所有，是著作权法的核心问题。《著作权法》第十一条第一款规定："著作权属于作者，本法另有规定的除外。"《著作权法》第十一条第四款规定："如无相反证明，在作品上署名的公民、法人或者其他组织为作者。"《著作权法》对各种不同作品著作权的归属和行使做出了具体规定。

1. 演绎作品的著作权归属于演绎者。《著作权法》第十二条规定："改编、翻译、注释、整理已有作品而产生的作品，其著作权由改编、翻译、注释、整理人享有，但行使著作权时不得侵犯原作品的著作权。"

2. 合作作品的著作权由合作者共同享有。《著作权法》第十三条规定："两人以上合作创作的作品，著作权由合作作者共同享有。没有参加创作的人，不能成为合作作者。合作作品可以分割使用的，作者对各自创作的部分可以单独享有著作权，但行使著作权时不得侵犯合作作品整体的著作权。"

3. 汇编作品的著作权归汇编人享有。《著作权法》第十四条规定："汇编若干作品、作品的片段或者不构成作品的数据或者其他材料,对其内容的选择或者编排体现独创性的作品,为汇编作品,其著作权由汇编人享有,但行使著作权时,不得侵犯原作品的著作权。"

4. 影视作品的著作权归制片人享有。《著作权法》第十五条规定:"电影作品和以类似摄制电影的方法创作的作品的著作权由制片者享有,但编剧、导演、摄影、作词、作曲等作者享有署名权,并有权按照与制片者签订的合同获得报酬。电影作品和以类似摄制电影的方法创作的作品中的剧本、音乐等可以单独使用的作品的作者有权单独行使其著作权。"

5. 委托作品的著作权,有约定的,按约定;无约定的,归受托人享有。《著作权法》第十七条规定:"受委托创作的作品,著作权的归属由委托人和受托人通过合同约定。合同未作明确约定或者没有订立合同的,著作权属于受托人。"

6. 一般职务作品的著作权归作者享有,法律另有规定的依照法律规定。《著作权法》第十六条规定:"公民为完成法人或者其他组织工作任务所创作的作品是职务作品,除本条第二款的规定以外,著作权由作者享有,但法人或者其他组织有权在其业务范围内优先使用。作品完成两年内,未经单位同意,作者不得许可第三人以与单位使用的相同方式使用该作品。有下列情形之一的职务作品,作者享有署名权,著作权的其他权利由法人或者其他组织享有,法人或者其他组织可以给予作者奖励:(一)主要是利用法人或者其他组织的物质技术条件创作,并由法人或者其他组织承担责任的工程设计图、产品设计图、地图、计算机软件等职务作品;(二)法律、行政法规规定或者合同约定著作权由法人或者其他组织享有的职务作品。"

三、著作权的内容

著作权的内容包括人身权和财产权。

(一) 著作人身权

1. 发表权,即决定作品是否公之于众的权利。
2. 署名权,即表明作者身份,在作品上署名的权利。
3. 修改权,即修改或者授权他人修改作品的权利。
4. 保护作品完整权,即保护作品不受歪曲、篡改的权利。

(二) 著作财产权

1. 复制权,即以印刷、复印、拓印、录音、录像、翻录、翻拍等方式将作品制作一份或者多份的权利。
2. 发行权,即以出售或者赠与方式向公众提供作品的原件或者复制件的权利。
3. 出租权,即有偿许可他人临时使用电影作品和以类似摄制电影的方法创作的作品、计算机软件的权利,计算机软件不是出租的主要标的的除外。
4. 展览权,即公开陈列美术作品、摄影作品的原件或者复制件的权利。
5. 表演权,即公开表演作品,以及用各种手段公开播送作品的表演的权利。
6. 放映权,即通过放映机、幻灯机等技术设备公开再现美术、摄影、电影和以类似摄制电影的方法创作的作品等的权利。

7. 广播权,即以无线方式公开广播或者传播作品,以有线传播或者转播的方式向公众传播、广播作品,以及通过扩音器或者其他传送符号、声音、图像的类似工具向公众传播、广播作品的权利。

8. 信息网络传播权,即以有线或者无线方式向公众提供作品,使公众可以在其个人选定的时间和地点获得作品的权利。

9. 摄制权,即以摄制电影或者以类似摄制电影的方法将作品固定在载体上的权利。

10. 改编权,即改变作品,创作出具有独创性的新作品的权利。

11. 翻译权,即将作品从一种语言文字转换成另一种语言文字的权利。

12. 汇编权,即将作品或者作品的片段通过选择或者编排,汇集成新作品的权利。

13. 应当由著作权人享有的其他权利。

四、著作权的取得与保护期限

(一) 著作权的取得

考察著作权保护制度的历史发展及各国立法现状,著作权的取得制度主要有三种。

1. 自动取得制度。这是指作品一经创作完成,无须履行任何手续,即可依法自动享有著作权。我国即采用此制度。

2. 注册取得制度。这是指作品创作出来后须履行某种手续才能取得著作权法的保护。这种制度使得没有登记的作品不受著作权保护,有损著作权保护制度的价值。因此,只有少数国家采用登记注册取得著作权制度。

3. 其他取得方式。根据世界版权公约的规定,一切已发表的作品均应加注版权标志,否则视该作品进入"公有领域"。美国、卢森堡等国家的著作权法规定,只有将作品以物质形式固定下来,才能取得著作权。有的国家规定,只有加注了版权标记的作品才能取得著作权。目前,世界上大多数国家均要求在作品上注明版权标记,但是均不以此作为取得著作权的条件。

(二) 著作权的保护期限

1. 作者的署名权、修改权、保护作品完整权的保护期限没有限制。

2. 公民的作品,其发表权、使用权和获得报酬权的保护期为作者终生及其死亡后50年,截止于作者死亡后第五十年的12月31日;如果是合作作品,截止于最后死亡的作者死亡后第五十年的12月31日。

3. 法人或者非法人单位的作品、著作权(署名权除外)由法人或者非法人单位享有的职务作品,其发表权、使用权和获得报酬权的保护期为50年,截止于作品首次发表后第五十年的12月31日,但作品自创作完成后50年内未发表的,《著作权法》不再保护。

4. 电影、电视、录像和摄影作品的发表权、使用权和获得报酬权的保护期为50年,截止于作品首次发表后第五十年的12月31日,但作品自创作完成后50年内未发表的,《著作权法》不再保护。

五、著作权的限制

对著作权人行使权利进行限制是为了使作品更大限度地为社会所用,从而推动文化、教育、科学事业的发展。根据《著作权法》规定，对著作权人行使权利的限制，有"合理使用"和"法定许可使用"两种情况。

（一）著作权的合理使用

著作权的合理使用是指在特定的情况下，法律允许他人可以不经著作权人的同意使用已发表的作品，不向其支付报酬的制度。

根据《著作权法》第二十二条的规定，"在下列情况下使用作品，可以不经著作权人许可，不向其支付报酬，但应当指明作者姓名、作品名称，并且不得侵犯著作权人依照本法享有的其他权利：（一）为个人学习、研究或者欣赏，使用他人已经发表的作品；（二）为介绍、评论某一作品或者说明某一问题，在作品中适当引用他人已经发表的作品；（三）为报道时事新闻，在报纸、期刊、广播电台、电视台等媒体中不可避免地再现或者引用已经发表的作品；（四）报纸、期刊、广播电台、电视台等媒体刊登或者播放其他报纸、期刊、广播电台、电视台等媒体已经发表的关于政治、经济、宗教问题的时事性文章，但作者声明不许刊登、播放的除外；（五）报纸、期刊、广播电台、电视台等媒体刊登或者播放在公众集会上发表的讲话，但作者声明不许刊登、播放的除外；（六）为学校课堂教学或者科学研究，翻译或者少量复制已经发表的作品，供教学或者科研人员使用，但不得出版发行；（七）国家机关为执行公务在合理范围内使用已经发表的作品；（八）图书馆、档案馆、纪念馆、博物馆、美术馆等为陈列或者保存版本的需要，复制本馆收藏的作品；（九）免费表演已经发表的作品，该表演未向公众收取费用，也未向表演者支付报酬；（十）对设置或者陈列在室外公共场所的艺术作品进行临摹、绘画、摄影、录像；（十一）将中国公民、法人或者其他组织已经发表的以汉语言文字创作的作品翻译成少数民族文字作品在国内出版发行；（十二）将已经发表的作品改成盲文出版"。

（二）著作权的法定许可使用

著作权的法定许可是指作品的使用人依照法律规定而使用他人已发表的作品，不必经过著作权人的同意，但须按规定向其支付报酬的制度。根据《著作权法》第二十三条的规定，社会公众对作品的法定许可使用主要有四种情况。

1. 为实施九年制义务教育和国家教育规划而编写、出版教科书，除作者事先声明不许使用的外，可以不经著作权人许可，在教科书中汇编已经发表的作品片段或者短小的文字作品、音乐作品或者单幅的美术作品、摄影作品，但应当按照规定支付报酬，指明作者姓名、作品名称，并且不得侵犯著作权人依照本法享有的其他权利。

2. 作品刊登后，除著作权人声明不得转载、摘编的外，其他报刊可以转载或者作为文摘、资料刊登，但应当按照规定向著作权人支付报酬。

3. 录音制作者使用他人已经合法录制为录音制品的音乐作品制作录音制品，可以不经著作权人许可，但应当按照规定支付报酬；著作权人声明不许使用的不得使用。

4. 广播电台、电视台播放已经出版的录音制品，可以不经著作权人许可，但应当支付报酬，当事人另有约定的除外。

六、邻接权

邻接权，又称"作品传播者权"，是指由于传播作品的传播者付出了创造性劳动后依法享有的专有权利。

（一）出版者权

出版者权是指出版者对其出版物的版式设计所享有的专有使用权。该权利的保护期为10年，截止于使用该版式设计的图书、期刊首次出版后第十年的12月31日。

（二）表演者权

表演者权是指表演者基于对作品的表演而依法享有的权利。表演者权的保护期为50年，截止于该表演发生后第五十年的12月31日。

（三）录音录像制作者权

录音录像制作者权是指录音录像制作者对其制作的录音录像制品，享有许可他人复制、发行、出租、通过信息网络向公众传播并获得报酬的权利。权利的保护期为50年，截止于该制品首次制作完成后第五十年的12月31日。

（四）广播组织权

广播组织权是指广播电视组织对其制作的节目享有的邻接权。权利的保护期为50年，截止于该广播台、电视台首次播放后第五十年的12月31日。根据《著作权法》第四十四条规定，广播电台、电视台有权禁止未经其许可的下列行为：①将其播放的广播、电视转播；②将其播放的广播、电视录制在音像载体上以及复制音像载体。

七、侵犯著作权的行为及法律责任

（一）《著作权法》第四十七条规定的侵权行为及其法律责任

侵犯著作权的行为是指侵害他人依法享有的著作权人身权和著作权财产权的行为。根据《著作权法》第四十七条规定，有下列侵权行为的，应当根据情况，承担停止侵害、消除影响、赔礼道歉、赔偿损失等民事责任。

1. 未经著作权人许可，发表其作品的。
2. 未经合作作者许可，将与他人合作创作的作品当作自己单独创作的作品发表的。
3. 没有参加创作，为谋取个人名利，在他人作品上署名的。
4. 歪曲、篡改他人作品的。
5. 剽窃他人作品的。
6. 未经著作权人许可，以展览、摄制电影和以类似摄制电影的方法使用作品，或者以改编、翻译、注释等方式使用作品的，本法另有规定的除外。
7. 使用他人作品，应当支付报酬而未支付的。
8. 未经电影作品和以类似摄制电影的方法创作的作品、计算机软件、录音录像制品的著作权人或者与著作权有关的权利人许可，出租其作品或者录音录像制品的，本法另有规定的除外。
9. 未经出版者许可，使用其出版的图书、期刊的版式设计的。
10. 未经表演者许可，现场直播或者公开传送其现场表演，或者录制其表演的。

11. 其他侵犯著作权以及与著作权有关权益的行为。

（二）《著作权法》第四十八条规定的侵权行为及其法律责任

根据《著作权法》第四十八条规定，有下列侵权行为的，应当根据情况，承担停止侵害、消除影响、赔礼道歉、赔偿损失等民事责任；同时损害公共利益的，可以由著作权行政管理部门责令停止侵权行为，没收违法所得，没收、销毁侵权复制品，并可处以罚款；情节严重的，著作权行政管理部门还可以没收主要用于制作侵权复制品的材料、工具、设备等；构成犯罪的，依法追究刑事责任。

1. 未经著作权人许可，复制、发行、表演、放映、广播、汇编、通过信息网络向公众传播其作品的，《著作权法》另有规定的除外。

2. 出版他人享有专有出版权的图书的。

3. 未经表演者许可，复制、发行录有其表演的录音录像制品，或者通过信息网络向公众传播其表演的，《著作权法》另有规定的除外。

4. 未经录音录像制作者许可，复制、发行、通过信息网络向公众传播其制作的录音录像制品的，《著作权法》另有规定的除外。

5. 未经许可，播放或者复制广播、电视的，《著作权法》另有规定的除外。

6. 未经著作权人或者与著作权有关的权利人许可，故意避开或者破坏权利人为其作品、录音录像制品等采取的保护著作权或者与著作权有关的权利的技术措施的，法律、行政法规另有规定的除外。

7. 未经著作权人或者与著作权有关的权利人许可，故意删除或者改变作品、录音录像制品等的权利管理电子信息的，法律、行政法规另有规定的除外。

8. 制作、出售假冒他人署名的作品的。

复制品的出版者、制作者不能证明其出版、制作有合法授权的，复制品的发行者或者电影作品及以类似摄制电影的方法创作的作品、计算机软件、录音录像制品的复制品的出租者不能证明其发行、出租的复制品有合法来源的，应当承担法律责任。

侵犯著作权或者与著作权有关的权利的，侵权人应当按照权利人的实际损失给予赔偿；实际损失难以计算的，可以按照侵权人的违法所得给予赔偿。赔偿数额还应当包括权利人为制止侵权行为所支付的合理开支。权利人的实际损失或者侵权人的违法所得不能确定的，由人民法院根据侵权行为的情节，判决给予50万元以下的赔偿。

侵犯著作权，构成犯罪的，依法追究刑事责任。

第四节 商 标 法

一、商标法概述

（一）商标的概念和作用

1. 商标的概念。商标是指用以区别自己与他人生产、销售的商品或提供的服务等的特定标记。商标权是指商标权人依法对其注册商标享有的专用权。我国商标权的取得采用注册原则，只有经商标局核准注册的商标，才享有商标专用权，并受到法律的保护，非注册商标不能享有专用权。

2. 商标的作用。

（1）区别不同生产者的产品或经营者的服务。

（2）宣传产品或服务，开拓产品的销售或服务的渠道。

（3）监督产品和服务的质量。

（二）商标法的概念和保护对象

1. 商标法的概念。商标法是指调整商标在注册、使用、管理和保护过程中所发生的各种社会关系和法律规范的总和。我国商标法的保护对象是注册商标。1982年8月23日，我国立法通过《商标法》，并于1983年3月1日生效；1993年2月22日，我国对《商标法》进行了第一次修订；2001年10月27日，我国对《商标法》进行了第二次修订，并于2001年12月1日起施行；2013年8月30日，我国完成了对《商标法》的第三次修订。

2. 商标法的保护对象是注册商标。注册商标是指经商标主管机关依法核准注册的商标。国务院商标主管机关主管全国的商标注册和管理工作。注册商标包括商品商标、服务商标和集体商标、证明商标。

二、商标权的主体和内容

商标权人，即商标权的主体，是指依法申请商标注册，享有商标专用权的自然人、法人或其他组织。商标权人的权利和义务就是商标权的内容。

（一）商标权人的权利

1. 专用权。即商标权人有排他的、独占的使用其注册商标的权利。专用权是商标注册人的主要权利，是商标权中基本的核心内容。

2. 禁用权。即商标权人所享有的禁止他人擅自使用与其注册商标相混同的商标的权利。

3. 转让权。即商标权人有转让或出售该项商标的权利。

4. 使用许可权。即商标权人可以在保留商标所有权的同时，通过许可合同允许合同另一方在一定条件下使用其商标。

5. 续展权。即注册商标有效期满，需要继续使用的，商标权人可申请续展商标。

（二）商标权人的义务

1. 商标权人有依法缴纳各项商标费用的义务。

2. 商标权人有保证注册商标商品的质量，不粗制滥造、以次充好、欺骗消费者的义务。

3. 商标权人应依法使用注册商标，不得自行改变注册商标的文字、图形、字母、数字、三维标志和颜色组合，以及上述要素的组合。

4. 不得自行改变注册人的名义、地址或其他注册事项。

5. 不得自行转让注册商标。

三、商标权的取得

（一）商标专用权的取得原则

根据世界各国商标法立法现状，商标专用权的取得原则主要有三种。

1. 使用原则。即因首先使用取得商标权原则，是指商标权因商标的首先使用而自然产生，商标权根据商标的使用事实而得以成立。目前，世界上只有少数国家采用使用原则。

2. 注册原则。即因注册取得商标权原则，是指商标权因注册事实而成立，只有注册商标才能取得商标权。注册原则是适应社会经济发展和对商标的保护与管理工作的需要，因此这一原则为世界上大多数国家所采用。

3. 混合原则。即折中原则，是指在确定商标权时，兼顾使用与注册这两种事实，商标权既可因注册而产生，也可因使用而成立。

《商标法》第三条明确规定："经商标局核准注册的商标为注册商标，包括商品商标、服务商标和集体商标、证明商标；商标注册人享有商标专用权，受法律保护。"可见，我国采用的是注册取得商标原则。即在我国，只有注册商标，才能获得商标专用权。对于驰名商标，法律有特别规定的，从其规定。

（二）商标注册的审查和核准

对商标注册的审查和核准主要采用两种原则。

1. 自愿注册与强制注册相结合原则。对于绝大多数产品是否申请注册商标，采取自愿注册的原则由商标使用人自行决定，法律不做强制性规定。但对人用药品和烟草制品的商标采用强制注册原则。即这两类商品必须使用注册商标，否则，其商品不得在市场销售。

2. 申请在先与禁止恶意抢先注册相结合原则。两个或者两个以上的申请人，在同一种商品或者类似商品上，以相同或者近似的商标申请注册的，初步审定并公告申请在先的商标；同一天申请的，初步审定并公告使用在先的商标，驳回其他人的申请，不予公告。但禁止恶意抢先注册他人的商标和其他的在先权利，如外观设计权、著作权、企业名称等。

（三）商标权取得的条件

《商标法》对申请注册的商标规定了应当具备的条件，只有符合规定的条件才能获准注册。

1. 商标标识的设计必须是由文字、图形、字母、数字、三维标志和颜色组合，以及上述组合要素中的一种或几种构成的。

2. 商标所使用的文字、图形应当有显著特征，便于识别。

3. 与他人已经注册的商标不相同或不近似。

4. 不属于《商标法》所做出的禁止性规定范围（《商标法》第十条、第十一条和第十二条对禁止注册的商标做出了规定）。

5. 应依法向商标局申请注册，未经注册，其使用人不得取得商标专用权。

四、商标权的期限、续展和终止

（一）商标权的期限

商标权的期限是指商标专用权受法律保护的有效期限。《商标法》第三十九条规定："注册商标的有效期为十年，自核准注册之日起计算。"

（二）商标权的续展

注册商标有效期满，需要继续使用的，应当在期满前6个月内申请续展注册；在此期间未能提出申请的，可以给予6个月的宽展期。宽展期满仍未提出申请的，注销其注册商标。每次续展注册的有效期为10年。

（三）商标权的终止

商标权的终止是指商标权人因法定事实而丧失其商标专用权，即商标权丧失其法律效力，不再受法律保护。商标权的终止主要有六种情况。

1. 因注册商标法定期限届满又未办理续展注册，导致注册商标注销，商标权因而终止。
2. 因商标注册人自动申请注销注册而导致商标权终止。
3. 因注册商标争议被商标评审委员会裁定撤销注册商标而导致商标权终止。
4. 因商标注册人死亡或者终止而导致商标权终止。
5. 因商标注册不当，被商标局撤销注册或者经商标评审委员会裁定撤销注册而导致商标权终止。
6. 因商标注册人违反《商标法》规定被商标局撤销其注册商标而导致商标权终止。

五、商标权的保护

商标权的保护是指国家运用法律手段来保护商标权人的商标专用权，防止和制裁侵犯他人注册商标专用权的行为。

（一）商标权的保护范围

商标权的保护对象是注册商标的专用权，其保护范围以核准注册的商标和核定使用的商品为限。商标权人有权禁止他人在同一种或类似的商品或者服务上使用与其注册商标相同或者近似的商标。

我国对驰名商标采取特殊保护制度。驰名商标是指为相关公众所熟知的商标。我国对未注册的驰名商标给予类别保护，即就相同或者类似商品申请注册的商标是复制、摹仿或者翻译他人未在中国注册的驰名商标，容易导致混淆的，不予注册并禁止使用；对已经注册的驰名商标，给予跨类别保护，即就不相同或者不相类似商品申请注册的商标是复制、摹仿或者翻译他人已经在中国注册的驰名商标，误导公众，致使该驰名商标注册人的利益可能受到损害的，不予注册并禁止使用。

（二）商标侵权行为的认定

根据《商标法》第五十七条规定，有下列行为之一的，均属侵犯注册商标专用权。

1. 使用侵权。未经商标注册人的许可，在同一种商品或者类似商品上使用与其注册商标相同或者近似的商标的。

2. 销售侵权。销售侵犯注册商标专用权的商品的。

3. 标识侵权。伪造、擅自制造他人注册商标标识或者销售伪造、擅自制造的注册商标标识的。

4. 反向假冒侵权。未经商标注册人同意，更换其注册商标并将该更换商标的商品投入市场的。

5. 其他形式侵权。给他人的注册商标专用权造成其他损害的。例如，将他人注册商标作为其他商业标志使用的；为商标侵权行为提供便利条件的；企业名称与他人注册商标相同或相近似，而将该企业名称突出使用的；将他人注册商标作为域名注册的；等等。

(三) 商标侵权行为的法律责任

根据《商标法》第六十条规定，有上述侵犯注册商标专用权行为之一，引起纠纷的，由当事人协商解决；不愿协商或者协商不成的，商标注册人或者利害关系人可以向人民法院起诉，也可以请求工商行政管理部门处理。工商行政管理部门处理时，认定侵权行为成立的，责令立即停止侵权行为，没收、销毁侵权商品和专门用于制造侵权商品、伪造注册商标标识的工具，并可处以罚款。

对侵犯商标专用权的赔偿数额的争议，当事人可以请求进行处理的工商行政管理部门调解，也可以依照《中华人民共和国民事诉讼法》(简称《民事诉讼法》)向人民法院起诉。经工商行政管理部门调解，当事人未达成协议或者调解书生效后不履行的，当事人可以依照《民事诉讼法》向人民法院起诉。

侵犯商标专用权的赔偿数额，按照权利人因被侵权所受到的实际损失确定；实际损失难以确定的，可以按照侵权人因侵权所获得的利益确定；权利人的损失或者侵权人获得的利益难以确定的，参照该商标许可使用费的倍数合理确定。对恶意侵犯商标专用权，情节严重的，可以在按照上述方法确定数额的1倍以上3倍以下确定赔偿数额。赔偿数额应当包括权利人为制止侵权行为所支付的合理开支。人民法院为确定赔偿数额，在权利人已经尽力举证，而与侵权行为相关的账簿、资料主要由侵权人掌握的情况下，可以责令侵权人提供与侵权行为相关的账簿、资料；侵权人不提供或者提供虚假的账簿、资料的，人民法院可以参考权利人的主张和提供的证据判定赔偿数额。权利人因被侵权所受到的实际损失、侵权人因侵权所获得的利益、注册商标许可使用费难以确定的，由人民法院根据侵权行为的情节判决给予300万元以下的赔偿。

侵犯商标权构成犯罪的，依法追究刑事责任。未经商标注册人许可，在同一种商品上使用与其注册商标相同的商标构成犯罪的，除赔偿被侵权人的损失外，依法追究刑事责任。伪造、擅自制造他人注册商标标识或者销售伪造、擅自制造的注册商标标识，构成犯罪的，除赔偿被侵权人的损失外，依法追究刑事责任。销售明知是假冒注册商标的商品，构成犯罪的，除赔偿被侵权人的损失外，依法追究刑事责任。

第六章 婚姻法与继承法

第一节 婚 姻 法

一、婚姻法的概念和基本原则

(一) 婚姻法的概念

婚姻法是调整婚姻家庭关系的法律规范的总称。我国现行婚姻法是在1980年9月10日第五届全国人民代表大会第三次会议通过的《中华人民共和国婚姻法》的基础上,根据2001年4月28日第九届全国人民代表大会常务委员会第二十一次会议通过的《关于修改〈中华人民共和国婚姻法〉的决定》而修正的。

(二) 婚姻法的基本原则

1. 婚姻自由。婚姻自由是指自然人有权在法律规定的范围内,自主自愿地决定本人的婚姻问题,不受任何人的非法干涉或强制。婚姻自由包括结婚自由和离婚自由。保障结婚自由是为了使未婚或丧偶、离婚的男女能够按照自己的意愿建立以爱情为基础的婚姻关系。保障离婚自由是为了使感情确已破裂的夫妻能够依法解除婚姻关系,使当事人有可能重新建立新的家庭。结婚自由是婚姻自由的主要方面,离婚自由是婚姻自由的补充。婚姻自由的实现程度与一定的社会生活条件相联系,只有通过社会主义物质文明建设和精神文明建设,才能为婚姻自由的实现创造更大的可能。

2. 一夫一妻原则。一夫一妻原则是指一男一女结合为配偶的婚姻和家庭形式。任何形式的一夫多妻或一妻多夫的结合都是与爱情的专一性和排他性不相容的。《婚姻法》第三条规定:"禁止重婚。禁止有配偶者与他人同居。"重婚是指有配偶的男女又与他人结婚,或者没有登记结婚而与他人以夫妻名义同居,形成事实上的婚姻关系,以及未婚男女明知他人有配偶而与之结婚的行为。重婚是犯罪行为。我国刑法规定,有配偶而重婚的,或者明知他人有配偶而与之结婚的,处2年以下有期徒刑或者拘役。除重婚外,有配偶者与他人同居行为也在禁止之列,婚外同居行为主要是指"包二奶"等虽不以夫妻名义共同生活,但存在较长期的婚外非法同居关系的行为。另外,反对和禁止姘居、通奸、卖淫嫖娼等婚外性关系也是一夫一妻制的必然要求。

3. 男女平等原则。男女平等原则是指在婚姻家庭关系中,男女享有平等的权利,承担平等的义务。这一原则彻底否定在婚姻家庭领域中的男尊女卑、夫权统治的旧传统和旧制度。

4. 保护妇女、儿童和老人的合法权益原则。保护妇女、儿童和老人的合法权益是在立法上有针对性地对社会中的弱者采取特殊的保护措施以实现真正意义上的平等。

5. 计划生育原则。实行计划生育是我国的一项基本国策。计划生育就是通过生育机制有计划地调整人口增长的速度。人口增长过快不利于经济发展，我国实行计划生育的目的就是使人口的增长同经济和社会的发展计划相适应。婚姻双方是共同的生育主体，家庭是人口再生产的基本单位。计划生育国策是要通过婚姻家庭中的生育行为实现的。因此，实行计划生育是夫妻双方共同的权利和义务。计划生育的基本要求是：少生、优生和适当地晚婚、晚育。

二、结婚

结婚，也叫"婚姻的成立"，是指男女双方根据法律规定的条件和程序，确立夫妻关系的法律行为。

（一）结婚的特征

1. 结婚的行为主体是男女两性。人类的性本能和自身繁衍的需要是婚姻产生的自然属性，没有两性的生理差别，婚姻无从产生。

2. 结婚是法律行为。当事人必须遵守法律规定的结婚条件和程序，否则不产生婚姻的法律后果。

3. 结婚的法律后果是确立夫妻关系。夫妻关系确立后，非经法定程序，双方不得任意解除。

（二）结婚的必备条件和禁止条件

1. 结婚的必备条件，也叫"结婚的法定条件"。①必须男女双方完全自愿。②必须达到法定婚龄，即男子不得早于22周岁，女子不得早于20周岁。③必须符合一夫一妻制的规定，即要求结婚者必须是未婚者、丧偶者、离婚者。

2. 结婚的禁止条件，也叫"消极条件"。

（1）禁止直系血亲和三代以内的旁系血亲结婚。基于优生学上的原因，血缘过近的亲属之间通婚，影响后代的体质。直系血亲是指父母与子女之间、祖父母、外祖父母与孙子女、外孙子女之间的亲属关系。直系血亲不得通婚，不仅是自然规律的要求，也是道德伦理的需要。三代以内旁系血亲是指出自同一祖父母、外祖父母的非直系亲属，包括同父同母的兄弟姐妹之间、同父异母或同母异父的兄弟姐妹之间、堂兄弟姐妹之间、表兄弟姐妹之间以及不同辈分的叔伯姑舅姨与侄（女）甥（女）之间。

（2）禁止患有医学上认为不应当结婚的疾病的人结婚。禁止结婚的疾病主要是两类：一类是精神方面的疾病，如精神病、重度智力低下等；另一类是身体方面的疾病，指足以危害对方和下一代健康的重大不治的传染性疾病和遗传性疾病。婚前健康检查制度的目的就是检查婚姻当事人是否患有上述疾病，以对对方负责，减少出生缺陷。当然，随着科技的发展，医学上认为不应当结婚的疾病是不断发展变化的。根据2003年民政部颁布的《婚姻登记条例》规定，目前婚前体检健康证明不再作为当事人申请结婚登记的必备材料，是否接受婚前体检由当事人自行选择。

（三）结婚的法定程序

《婚姻法》第八条规定："要求结婚的男女双方必须亲自到婚姻登记机关进行结婚登记。符合本法规定的，予以登记，发给结婚证。取得结婚证，即确立夫妻关系。未办理结婚登记的，应当补办登记。"

1. 结婚登记机关。《婚姻登记条例》第二条规定："内地居民办理婚姻登记的机关是县级人民政府民政部门或者乡（镇）人民政府，省、自治区、直辖市人民政府可以按照便民原则确定农村居民办理婚姻登记的具体机关。"

2. 结婚登记程序。结婚登记的程序分为申请、审查和登记三个环节。

（1）申请。结婚的当事人必须亲自到登记机关申请登记，不得代理。依据《婚姻登记条例》第四条规定："内地居民结婚，男女双方应当共同到一方当事人常住户口所在地的婚姻登记机关办理结婚登记。"办理结婚登记的内地居民应当出具下列证件和证明材料：本人的户口簿、身份证；本人无配偶以及与对方当事人没有直系血亲和三代以内旁系血亲关系的签字声明；离过婚的，还应当持离婚证件；当事人提交3张大2寸双方近期半身免冠合影照片。

（2）审查。婚姻登记机关应当对结婚登记当事人出具的证件、证明材料进行审查并询问相关情况。

（3）登记。对当事人符合结婚条件的，应当当场予以登记，发给结婚证；对当事人不符合结婚条件而不予登记的，应当向当事人说明理由。

（四）订婚和事实婚姻

1. 订婚。订婚是指男女双方以结婚为目的所做出的约定。订婚不是婚姻成立的必经程序。订婚的习俗在我国具有较长的历史，法律不保护婚约。但是，只要其内容不违背法律强制性的规范，法律也不干预。一方解除婚约时，对于婚约期间无条件赠与的财物，除接受方自愿返还外，原则上不能要求返还；如果是借订婚向对方索取的财物或属于买卖婚姻的，则应当返还。根据《最高人民法院关于适用〈中华人民共和国婚姻法〉若干问题的解释（二）》第十条规定，"当事人请求返还按照习俗给付的彩礼的，如果查明属于以下情形，人民法院应当予以支持：（一）双方未办理结婚登记手续的；（二）双方办理结婚登记手续但确未共同生活的；（三）婚前给付并导致给付人生活困难的。适用前款第（二）、第（三）项的规定，应当以双方离婚为条件"。

2. 事实婚姻。事实婚姻是指以夫妻名义公开同居生活的两性结合。根据2001年通过的《最高人民法院关于适用〈中华人民共和国婚姻法〉若干问题的解释（一）》的规定，对事实婚姻的处理原则主要有三条。

（1）1994年2月1日民政部《婚姻登记管理条例》公布实施前，男女双方已经符合结婚实质要件的，按事实婚姻处理。一方或双方不符合结婚的法定条件的，应认定为非法同居关系，人民法院应视情节给予批评教育和民事制裁。解除非法同居关系时，双方同居时取得的收入和财产不视为夫妻共同财产，按一般共有财产处理。双方所生的子女为非婚生子女，解除关系时，由双方协商归哪一方抚养，协商不成的，法院根据子女利益和双方具体情况判决。

（2）1994年2月1日民政部《婚姻登记管理条例》公布实施后，男女双方已经符合结婚实质要件的，人民法院应告知其在案件受理前补办结婚登记；未补办结婚登记的，按解除同居关系处理。

（3）同居生活期间一方死亡，另一方要求继承遗产的，如认定为事实婚姻关系的，以配偶身份继承；如认定为非法同居关系的，生存的同居伙伴则不享有对死者遗产的继承权。

（五）无效婚姻和可撤销婚姻

1. 无效婚姻。无效婚姻是指男女双方以共同生活为目的而成立的婚姻，因违反法律规定的婚姻成立的实质要件而不具有法律效力。在我国现实生活中，违法婚姻屡禁不止，根据《婚姻法》最新司法解释调整的《婚姻法》增设了无效婚姻制度，这是全面防治违法婚姻的客观要求，用法定条件和程序规范当事人的结婚行为，以保证婚姻质量。根据《婚姻法》第十条的规定，无效婚姻包括：①重婚的；②有禁止结婚的亲属关系的；③婚前患有医学上认为不应当结婚的疾病，婚后尚未治愈的；④未到法定婚龄的。根据《最高人民法院关于适用〈中华人民共和国婚姻法〉若干问题的解释（一）》第七条的规定，婚姻无效的请求权人包括婚姻当事人及利害关系人。

2. 可撤销婚姻。可撤销婚姻是指已经成立的婚姻关系因违背当事人的真实意志，受胁迫的一方向婚姻登记机关或人民法院申请，撤销该婚姻关系而使之归于无效。《婚姻法》第十一条规定："因胁迫结婚的，受胁迫的一方可以向婚姻登记机关或人民法院请求撤销该婚姻。受胁迫的一方撤销婚姻的请求，应当自结婚登记之日起一年内提出。被非法限制人身自由的当事人请求撤销婚姻的，应当自恢复人身自由之日起一年内提出。"可见，请求撤销婚姻的法定情形只有一种，即受胁迫结婚。构成胁迫须有胁迫的故意和胁迫的行为，该胁迫行为使被胁迫人产生恐惧。胁迫的对象既可以是被胁迫人自身，也可以是其亲友的生命、健康、自由、名誉、隐私、财产等，胁迫行为与结婚具有必然的因果关系。因受胁迫而请求撤销婚姻的只能是受胁迫一方的婚姻关系当事人本人。

3. 无效和可撤销婚姻的法律后果。根据《婚姻法》第十二条的规定，婚姻无效或被撤销后的后果是：①婚姻关系自始无效；②同居期间所得的财产，由当事人协议处理，协议不成时，由人民法院根据照顾无过错方的原则判决；③当事人所生的子女，适用《婚姻法》中有关父母子女的规定。

三、家庭关系

家庭关系是指基于婚姻、血缘或法律拟制而形成的一定范围内亲属之间的权利与义务的关系。

（一）夫妻关系

《婚姻法》第十三条规定："夫妻在家庭中地位平等。"这是调整夫妻关系的准则。夫妻关系根据是否具有直接财产内容，可以分为夫妻人身关系和夫妻财产关系两种。

1. 夫妻人身关系的主要内容是：夫妻拥有平等的姓名权、人身自由权、婚姻住所决定权、同居的权利和义务、共同承担计划生育的义务，夫妻都有工作、学习和参加社会活动的自由。

2. 夫妻财产关系包括夫妻财产制、夫妻扶养义务、夫妻财产继承权等内容。

（1）现行的夫妻财产制。《婚姻法》规定的夫妻财产制包括三种形式，即婚后所得共同财产制、个人特有财产制和约定财产制。《婚姻法》第十七条规定，"夫妻在婚姻关系存续期间所得的下列财产，归夫妻共同所有：（一）工资、奖金；（二）生产、经营的收益；（三）知识产权的收益；（四）继承或赠与所得的财产，但本法第十八条第三项规定的除外；（五）其他应当归共同所有的财产"。《婚姻法》第十八条规定，"有下列情形之一的，为夫妻一方的财产：（一）一方的婚前财产；（二）一方因身体受到伤害获得的医疗费、残疾人生活补助费等费用；（三）遗嘱或赠与合同中确定只归夫或妻一方的财产；（四）一方专用的生活用品；（五）其他应当归一方的财产"。婚后所得共同财产制不排斥夫妻就财产的归属另行约定。夫妻可以书面约定婚前财产以及婚姻关系存续期间的财产归共同所有，或各自所有，或部分共同所有、部分各自所有。没有约定或约定不明确的，除应当属于个人所有的财产外，其余的按夫妻共同财产对待。夫妻对财产的归属一经约定，任何一方不得擅自变更或解除。夫妻对婚姻关系存续期间所得的财产约定归各自所有的，夫或妻一方对外所负的债务，第三人知道该约定的，以夫或妻一方所有的财产清偿。第三人是否知情由夫妻一方或双方负举证责任。

（2）夫妻双方有相互扶养的义务。夫妻双方在物质上要互相扶助，在生活上应互相照顾。

（3）夫妻作为第一顺序继承人，有相互继承遗产的权利。

（二）父母子女关系

《婚姻法》第二十一条至第二十七条对父母子女之间的权利义务关系做出了明确规定：①父母对子女有抚养教育的义务；②子女对父母有赡养扶助的义务；③父母有管教和保护未成年子女的权利和义务；④父母子女之间有相互继承遗产的权利；⑤子女应当尊重父母的婚姻权利，不得干涉父母再婚及婚后生活，子女对父母的赡养义务不因父母的婚姻关系的变化而终止；⑥子女可以随父姓，也可以随母姓。

（三）非婚生父母子女关系

非婚生子女享有与婚生子女同等的权利，任何人不得歧视和危害。不直接抚养非婚生子女的生父或生母应当负担子女的生活费和教育费。

（四）继父母和继子女关系

继父或继母与继子女的权利和义务主要有：继父母与继子女之间不得虐待和歧视。继父母与受其抚养教育的继子女的权利和义务适用《婚姻法》中对婚生父母与子女的关系的规定。

（五）养父母和养子女关系

国家保护合法的收养关系。收养关系属于拟制血亲关系，即领养他人的子女作为自己的子女，法律确认这种血亲具有与自然血亲相同的法律后果。养父母和养子女的权利与义务适用《婚姻法》中有关父母与子女之间的权利与义务的关系。养子女与生父母解除父母与子女之间的权利与义务的关系。

（六）其他家庭成员之间的关系

《婚姻法》第二十二条和第二十三条规定了其他家庭成员之间的关系，包括祖孙之间和兄弟姐妹之间的权利与义务的关系。

1. 祖孙之间的权利与义务的关系。有负担能力的祖父母、外祖父母对于父母已经死亡或父母无抚养能力的未成年孙子女、外孙子女有抚养的义务；有负担能力的孙子女、外孙子女对于子女已经死亡或子女无力赡养的祖父母、外祖父母有赡养的义务。

2. 兄弟姐妹之间的权利与义务的关系。有负担能力的兄、姐对于父母已经死亡或父母无力抚养的未成年弟、妹有抚养的义务；由兄、姐抚养长大的有负担能力的弟、妹对于缺乏劳动能力又缺乏生活来源的兄、姐有扶养的义务。

四、离婚

(一) 离婚的概念和方式

1. 离婚的概念。离婚是指在配偶生存的情况下依据法律规定解除婚姻关系的法律行为。离婚制度主要包括离婚条件和程序、离婚后的父母与子女的关系、离婚后财产处理等方面的内容。

2. 离婚的方式。离婚的条件和程序依据夫妻双方对离婚所持的态度为标准，可以分为双方自愿离婚和一方要求离婚两种。

(1) 双方自愿离婚，也叫"协议离婚"。依照《婚姻法》的规定，双方自愿离婚的条件是男女双方完全自愿离婚并对子女和财产问题做出适当安排。程序是双方持身份证明、结婚证以及离婚协议亲自到一方户口所在地婚姻登记机关申请离婚登记，婚姻登记机关应当对当事人的离婚申请进行审查。如系双方真正自愿离婚，并对子女和财产做了适当的处理，准予离婚，发给离婚证，收回结婚证；否则，不予批准，但当事人可向人民法院提起诉讼。

(2) 一方要求离婚。依照《婚姻法》的规定，男女一方要求离婚的，可由有关部门进行调解或由要求离婚的一方直接向人民法院提起离婚诉讼。

1) 诉讼外的调解。诉讼外的调解是指在当事人所在单位、群众团体、人民调解组织、法律服务所、婚姻登记机关等部门主持下，依据法律、法规和社会公德进行说服教育，在当事人自愿的基础上，就维持或解除婚姻关系以及子女和财产问题达成协议的一种纠纷解决办法。诉讼外的调解不是离婚的必经程序，其结果有三：一是调解和好；二是双方达成离婚协议，并就子女和财产分割问题达成一致意见，双方到婚姻登记机关办理离婚登记；三是调解无效，一方坚持离婚而另一方不同意或双方同意离婚但对子女、财产分割等问题存在争议，应由一方向人民法院提起离婚诉讼。

2) 诉讼离婚。《婚姻法》第三十二条规定："人民法院审理离婚案件，应当进行调解；如感情确已破裂，调解无效，应准予离婚。"婚姻的成立应以爱情为基础，婚姻的存续也应该以爱情为基础，如果爱情已经不复存在，离婚对双方就是最好的选择。根据《婚姻法》的有关规定，感情确已破裂的具体表现有：重婚或有配偶者与他人同居的，实施家庭暴力或者虐待、遗弃家庭成员的，有赌博、吸毒等恶习屡教不改的，因感情不和分居满两年的，其他导致夫妻感情破裂的情形。

认定夫妻感情是否破裂是一个非常复杂的问题，在司法实践中，主要是从四个方面来分析：①看婚姻的基础，就是要了解双方结合的方式、恋爱时间的长短、结婚的动机和目的等；②看婚后感情，就是看夫妻共同生活期间的感情状况；③看离婚原因，离婚原因就是引起夫妻纠纷的主要矛盾或夫妻双方争执的焦点和核心问题；④看有无和好的可能，即对婚姻发展的前途进行估计和预测。

(3) 关于离婚问题的特别规定。

1) 现役军人的配偶要求离婚的，须征得军人同意，但军人一方有重大过错的除外。现役军人的范围是指参加中国人民解放军并具有军籍的干部和战士、武警部队的干部和战士（包括军队中的文职人员）。双方都是现役军人或军人一方向非军人一方提出的离婚不适用该规定。

2) 女方在怀孕期间、分娩后1年内或中止妊娠后6个月内，男方不得提出离婚。女方提出离婚的，或者人民法院认为确有必要受理男方离婚请求的，不在此限。

（二）离婚后子女的抚养和生活

1. 离婚后父母与子女的关系。《婚姻法》第三十六条规定："父母与子女间的关系，不因父母离婚而消除。离婚后，子女无论由父或母直接抚养，仍是父母双方的子女。离婚后，父母对于子女仍有抚养和教育的权利和义务。"可见，离婚所消除的是夫妻关系。

2. 离婚后子女的抚养。根据《婚姻法》的规定和司法实践，离婚后，子女随哪一方生活，有三个原则。

（1）哺乳期内的子女以随哺乳的母亲抚养为原则。

（2）哺乳期后的子女随哪一方生活，由双方协商；协商不成的，依据子女最大利益原则解决。子女有识别能力的（指10周岁以上），应征求子女本人意见。双方对抚养独生子女发生争议的，在保护子女利益的前提下，要考虑不能生育和再婚有困难的一方的合理要求。

（3）在有利于子女成长的前提下，父母可以协议轮流抚养子女。

3. 子女生活、教育费用的负担。离婚后，一方抚养的子女，另一方应负担必要的生活费和教育费的部分或全部，负担费用的多少和期限的长短由双方协议；协议不成时，由人民法院判决。关于子女生活费和教育费的协议或判决不妨碍子女在必要时向父母任何一方提出超过协议或判决原定数额的合理要求。子女生活、教育费用的数额可根据子女的实际需要、父母的负担能力和当地的生活水平确定；给付办法可以是按月定期给付，也可一次性支付。抚育费的给付期限一般至子女18周岁为止。

4. 父母的探望权。《婚姻法》第三十八条规定："离婚后，不直接抚养子女的父或母，有探望子女的权利，另一方有协助的义务。行使探望权利的方式、时间由当事人协议；协议不成时，由人民法院判决。父或母探望子女，不利于子女身心健康的，由人民法院依法中止探望的权利；中止的事由消失后，应当恢复探望的权利。"中止的事由主要有：享有探望权的一方是无民事行为能力人、限制行为能力人、患有严重的传染性疾病或对子女有侵权行为、严重损害未成年子女利益的行为等。

（三）离婚后的财产处理

1. 离婚时夫妻共同财产的分割。夫妻共同财产不等同于家庭共同财产，也不包括夫妻个人财产。离婚时，夫妻的共同财产由双方协议处理；协议不成时，由人民法院根据财产的具体情况，按照顾子女和女方权益的原则判决。夫或妻在家庭土地承包经营中的权益应当予以保护。

2. 夫妻个人财产和约定财产的处理。夫妻个人财产原则上归个人所有，约定的财产按双方的约定处理。但是，如果夫妻书面约定婚姻关系存续期间所得的财产归各自所有，一方因抚育子女、照顾老人、协助另一方工作等付出较多义务的，离婚时有权向另一方请求补偿，另一方应当予以补偿。补偿请求权是对夫妻所从事的家务劳动的肯定。

3. 离婚时的债务清偿。离婚时，原为夫妻共同生活所负的债务，应当共同偿还。共同财产不足清偿的，或者财产归各自所有的，由双方协议清偿；协议不成时，由人民法院判决。

4. 离婚时的经济帮助。离婚时，如一方生活困难，另一方应从其住房等个人财产中给予适当帮助，具体办法由双方协议；协议不成时，由人民法院判决。帮助的内容不限于金钱，也可以是生活用品等，接受帮助方必须是离婚后未再婚，帮助方必须有负担能力。

（四）离婚损害赔偿

离婚损害赔偿是指因夫妻一方的重大过错导致婚姻关系破裂的，无过错方有权要求过错方赔偿损失的法律制度。建立离婚损害赔偿制度是完善婚姻法的需要，它可以弥补过错方给无过错方造成的损害。作为侵权行为应承担的民事责任，还具有制裁重婚、姘居、通奸、婚外恋和家庭暴力等违法行为的功能。

1. 离婚损害赔偿的要件。

（1）一方有重婚或有配偶者与他人同居、实施家庭暴力、虐待、遗弃的行为。

（2）离婚损害赔偿以离婚为原因，在婚姻关系存续期间不得提起。

（3）受害方受到损害。损害包括精神损害、人身伤害和物质损害。

（4）请求方无过错。即仅一方有过错，如双方均有过错，则双方均无损害赔偿请求权。

2. 损害赔偿的范围。对于财产损失，应当全部赔偿；对于精神损害的赔偿，法院应根据加害人的过错程度、侵权行为的后果和影响以及赔偿能力等因素确定赔偿数额。

五、家庭暴力的救助措施与法律责任

家庭暴力是指发生在家庭内部的某一家庭成员侵犯其他家庭成员人身权利的暴力行为。《中华人民共和国反家庭暴力法》（简称《反家庭暴力法》）自2016年3月1日起施行。《反家庭暴力法》第二条规定："本法所称家庭暴力，是指家庭成员之间以殴打、捆绑、残害、限制人身自由以及经常性谩骂、恐吓等方式实施的身体、精神等侵害行为。"

（一）家庭暴力或虐待的救助措施

《婚姻法》第四十三条规定："实施家庭暴力或虐待家庭成员，受害人有权提出请求，居民委员会、村民委员会以及所在单位应当予以劝阻、调解。对正在实施的家庭暴力，受害人有权提出请求，居民委员会、村民委员会应当予以劝阻；公安机关应当予以制止。实施家庭暴力或虐待家庭成员，受害人提出请求的，公安机关应当依照治安管理处罚的法律规定予以行政处罚。"《反家庭暴力法》第十三条规定："家庭暴力受害人及其法定代理人、近亲属可以向加害人或者受害人所在单位、居民委员会、村民委员会、妇女联合会等单位投诉、反映或者求助。有关单位接到家庭暴力投诉、反映或者求助后，应当给予帮助、处理。家庭暴力受害人及其法定代理人、近亲属也可以向公安机关报案或者依法向人民法院起诉。单位、个人发现正在发生的家庭暴力行为，有权及时劝阻。"

（二）遗弃家庭成员的救助措施

《婚姻法》第四十四条规定："对遗弃家庭成员，受害人有权提出请求，居民委员会、村民委员会以及所在单位应当予以劝阻、调解。对遗弃家庭成员，受害人提出请求的，人民法院应当依法做出支付扶养费、抚养费、赡养费的判决。"

根据《婚姻法》的有关规定，实施家庭暴力或虐待家庭成员、遗弃家庭成员构成犯罪的，依法追究刑事责任。受害人可以向人民法院提起刑事自诉，公安机关应当依法侦查，人民检察院应当依法提起公诉。实施家庭暴力或虐待家庭成员、遗弃家庭成员尚不构成犯罪的，由公安机关依法追究行政责任，根据不同情况，给予行政拘留、罚款或警告。实施家庭暴力或虐待家庭成员、遗弃家庭成员，给受害人造成身体和精神损害的，受害人可以请求人民法院判决加害人赔偿损失，包括精神损害赔偿。

第二节 继 承 法

一、继承法概述

（一）继承与继承法

1. 继承。继承是指财产所有人死亡或宣告死亡时，按照法律规定将死者遗留下来的财产转移给他人的一种法律制度。公民死亡后，其遗产转移给他人的方式主要有法定继承、遗嘱继承和遗赠等。在我国，继承权的主体只能是自然人、法人、国家或其他社会组织。继承有狭义和广义之分。狭义的继承是指法定继承和遗嘱继承；广义的继承除法定继承和遗嘱继承外，还包括遗赠和遗赠扶养协议。

2. 继承法。继承法是指调整有关继承关系的法律规范的总称，继承法是我国民法的重要组成部分。狭义的继承法是指1985年第六届全国人民代表大会第三次会议通过的《中华人民共和国继承法》。广义的继承法是指一切有关财产继承的法律、法规等规范性文件，包括《宪法》《民法通则》《继承法》《民事诉讼法》以及最高人民法院颁布的有关司法解释、民族自治地方的人民代表大会根据《继承法》的规定所制定的变通或补充规定等。

（二）继承法的基本原则

继承法的基本原则是指在处理财产继承时必须遵守的具有普遍适用效力的法律准则。

1. 保护公民个人合法的私有财产继承权。这是我国继承法的立法基础，也是我国宪法确立的基本原则。公民的私有财产包括生活资料和生产资料，只要是法律不禁止继承的财产，公民私有的财产都可以继承，受法律保护。

2. 继承权男女平等原则。男女平等是我国《宪法》和《婚姻法》确立的重要原则，当然也是继承法的一项重要原则。该原则表现为：在法定继承人中包括男性和女性;男性和女性公民均有权订立遗嘱或成为遗嘱继承人或受遗赠人;除另有约定外,夫妻共同财产应分出一半为配偶所有,另一半为被继承人的遗产。

3. 权利与义务相一致原则。它不仅体现在法定继承人的范围上,明确法定继承人是互相有抚养、扶养、赡养关系的人,并且把所尽义务的多少与继承的顺序和继承的份额相联系,还表现为权利与义务必须同时继承。对被继承人的债权、债务应当同时继承,对于附有条件或义务的遗嘱继承,只要内容是合法的,继承人必须履行遗嘱所要求的义务。在遗赠扶养协议中,扶养人之所以在遗赠人死后享有取得遗产的权利,是因为扶养人在遗赠人生前死后尽了生养死葬的义务。

4. 互谅互让、和睦团结、协商处理遗产继承的原则。在法定继承中,分配遗产的均等原则受到本原则的制约和补充。在父母一方死亡,另一方尚存的情况下,遗产也可不进行分割。

5. 养老育幼、照顾病残者的原则。在确定继承份额时,优先照顾家庭成员中无劳动能力的老人和无独立生活能力的未成年人及丧失劳动能力的病残者的利益。在遗产继承时,胎儿视为具有民事权利能力人,享有同等继承权。丧偶儿媳对公、婆,丧偶女婿对岳父、岳母尽了主要赡养义务的,作为第一顺序继承人。遗嘱应当对缺乏劳动能力又没有生活来源的继承人保留必要的遗产份额。

(三) 继承权的取得与丧失

1. 继承权的取得。继承权是指继承人所享有的继承被继承人遗产的权利,体现为继承人的继承地位。根据我国《婚姻法》《继承法》的规定,我国公民财产继承权取得的根据是婚姻关系、血缘关系和扶养关系。继承从被继承人生理死亡或被宣告死亡时开始。在某些意外事件中,无法确定互有继承关系的死亡人的死亡时间先后,法律必须对死亡时间做出推定,即首先推定没有继承人的人先死亡,死亡人各自有继承人的,推定长辈先死亡;死亡人辈分相同的,推定同时死亡,彼此不发生继承,由他们各自的继承人分别继承。继承开始的法律效力由法律直接规定,与被继承人及继承人的意志无关。

2. 继承权的丧失。继承权的丧失是指继承人因对被继承人或其他继承人犯有某些严重的犯罪或违法行为,经法院判决,剥夺其继承权;或者依法律规定,自然失去继承权。《继承法》第七条规定,"继承人有下列行为之一的,丧失继承权:(一)故意杀害被继承人的;(二)为争夺遗产而杀害其他继承人的;(三)遗弃被继承人的,或者虐待被继承人情节严重的;(四)伪造、篡改或者销毁遗嘱,情节严重的"。继承权丧失的时间可以发生在被继承人死亡以前,也可以发生在被继承人死亡之后。因《继承法》第七条规定的前两种行为而被剥夺继承权是绝对丧失,即使被继承人表示宽恕,也不能免除;因《继承法》第七条规定的后两种行为而被剥夺继承权属于相对丧失,如果被继承人表示宽恕,继承权可以不予剥夺。继承权丧失的形式包括剥夺继承权、取消继承权和不分遗产。剥夺继承权包括对法定继承人继承权的剥夺和对遗嘱继承人继承权的剥夺。取消继承权包括被继承人用遗嘱的方式自由处分财产,改变法定继承人的范围、顺序和份额或将遗产赠与他人;另外,还包括在附有义务的遗嘱继承中,继承人没有正当理由不履行所附义务,经法院判决,可以取消其接受遗产的权利。不分遗产是指在遗产分配中,对有扶养能力和条件而不尽扶养义务的继承人,可以不分给其遗产。

3. 放弃继承权。放弃继承权是指继承权人在继承开始后到遗产处理前所享有的放弃自己继承地位和继承份额的权利。继承人因放弃继承权致使其不能履行法定义务的，放弃继承权的行为无效。

二、法定继承

（一）法定继承的概念

法定继承是指被继承人死亡后，在没有遗赠扶养协议和遗嘱继承的情况下，直接根据法律规定的继承人范围、顺序和份额等，将遗产转移给继承人的继承方式。

（二）法定继承人的范围

法定继承人是根据《继承法》的规定直接取得继承资格的人。法定继承人的范围是由法律直接规定的而非由被继承人决定的。《继承法》对法定继承人的范围做了严格的规定。

1. 配偶。夫妻双方互为配偶是专指婚姻关系存续期间的夫妻双方。已经离婚的前夫、前妻不是继承法上的配偶。

2. 子女。《继承法》第十条第三款规定："本法所说的子女，包括婚生子女、非婚生子女、养子女和有扶养关系的继子女。"依据《民法总则》第十六条规定，在继承中，子女包括"胎儿"，不同身份的子女的继承权平等。继子女与继父母有扶养关系的，继子女既可以继承生父母的遗产，也可以继承继父母的遗产。

3. 父母。《继承法》第十条第四款规定："本法所说的父母，包括生父母、养父母和有扶养关系的继父母。"养父母与子女之间的拟制血亲关系是依靠收养关系和对子女的扶养来维持的，两者缺一不可。尽了扶养义务的继父母与继子女之间的关系是基于一种事实上的扶养关系而产生的特殊的拟制血亲关系。

4. 兄弟姐妹。《继承法》第十条第五款规定："本法所说的兄弟姐妹，包括同父母的兄弟姐妹、同父异母或同母异父的兄弟姐妹、养兄弟姐妹、有扶养关系的继兄弟姐妹。"继兄弟姐妹即异父异母的兄弟姐妹，没有形成扶养关系的，不能互为继承人。继兄弟姐妹之间相互继承了遗产的，不影响其继承亲兄弟姐妹的遗产。

5. 祖父母、外祖父母。

6. 对公、婆尽了主要赡养义务的丧偶儿媳和对岳父、岳母尽了主要赡养义务的丧偶女婿。《继承法》第十二条规定："丧偶儿媳对公、婆，丧偶女婿对岳父、岳母，尽了主要赡养义务的，作为第一顺序继承人。"

（三）法定继承的顺序

我国的法定继承分为两个顺序，第一顺序继承人包括配偶，子女，父母，对公、婆尽了主要赡养义务的丧偶儿媳和对岳父、岳母尽了主要赡养义务的丧偶女婿；第二顺序继承人包括兄弟姐妹、祖父母、外祖父母。

《继承法》第十条第二款规定："继承开始后，由第一顺序继承人继承，第二顺序继承人不继承。没有第一顺序继承人的，由第二顺序继承人继承。"即不论第一顺序和第二顺序的继承人的人数多少，只要有第一顺序的继承人，就排除一切第二顺序的继承人继承。在同一顺序的法定继承人中，各继承人的法律地位和继承份额平等。

（四）代位继承

《继承法》第十一条规定："被继承人的子女先于被继承人死亡的，由被继承人的子女的晚辈直系血亲代位继承。代位继承人一般只能继承他的父亲或母亲有权继承的遗产份额。"代位继承，也叫"间接继承"，是指继承人先于被继承人死亡时，由继承人的直系血亲卑亲属代为取得其应继份额的继承制度。代位继承有五个条件。

1. 被代位继承人只限于被继承人的子女。
2. 被继承人的子女必须先于被继承人死亡。
3. 代位继承人限于被代位继承人的子女或其直系血亲卑亲属。被继承人子女的晚辈直系血亲的辈数不受限制，即被继承人的孙子女、外孙子女、曾孙子女、曾外孙子女都可以代位继承。晚辈直系血亲包括自然血亲和拟制血亲。
4. 代位继承人的代位继承权是基于被代位继承人的继承权的存在而成立的。若被代位继承人丧失继承权，代位继承权就不能成立。但如果该代位继承人缺乏劳动能力，又没有生活来源，或者对被继承人尽赡养义务较多的，可适当分给遗产。
5. 代位继承只发生在法定继承中，不适用于遗嘱继承或遗赠。遗嘱继承人、受遗赠人先于遗嘱人死亡的，遗产中的有关部分按法定继承办理。

代位继承不同于转继承。转继承是指继承人或受遗赠人在继承开始后、遗产分割之前死亡，其应得的遗产份额转归其继承人继承的法律制度。转继承中，继承人后于被继承人死亡，接受遗产的继承人的范围比代位继承人要大，包括法定继承人、遗嘱继承人和受遗赠人。

（五）遗产的分配

根据《继承法》的规定，在法定继承中，同一顺序的法定继承人在条件相同的情况下继承遗产的均等份额。对生活有特殊困难且缺乏劳动能力的继承人，分配遗产时应当予以照顾。对被继承人尽了主要扶养义务或者与被继承人共同生活的继承人，分配遗产时可以多分。有扶养能力和扶养条件的继承人不尽义务的，分配遗产时，应当不分或者少分。继承人协商同意的，也可以不均等。

三、遗嘱继承

（一）遗嘱和遗嘱继承的概念

1. 遗嘱的概念。遗嘱是指公民按照法律规定的方式，在生前做出的对其死后的遗产如何处理的意思表示。
2. 遗嘱继承的概念。遗嘱继承是指按照遗嘱人生前所立遗嘱来确定遗产继承人及遗产分配的一种继承方式。遗嘱继承，也叫"指定继承"。遗嘱继承是相对法定继承而言的，在遗嘱继承中，继承人和遗产的分配是按照被继承人在遗嘱中的指定确定的。遗嘱继承依据被继承人的意志处分遗产，能更好地选择自己满意的遗产继承人。

（二）遗嘱的有效条件

1. 遗嘱人必须具有遗嘱能力。在我国，具有完全民事行为能力的人，即年满18周岁、精神正常的自然人才具有遗嘱能力。遗嘱必须由遗嘱人做出，不得由他人代理。
2. 遗嘱人的意思表示必须真实。《继承法》规定，遗嘱必须表示遗嘱人的真实意思，受胁迫、欺骗所立的遗嘱无效。伪造的遗嘱无效。遗嘱被篡改的，被篡改的内容无效。遗嘱人在神志不清的状态下所立的遗嘱，应当认定为无效。

3. 遗嘱是单方法律行为。即遗嘱不必经继承人或受遗赠人同意而发生法律效力，在遗嘱人死亡前可以随时变更或撤销遗嘱。

4. 遗嘱所处分的财产必须是属于遗嘱人的合法财产。处分共有财产或他人财产，遗嘱部分或全部无效。遗嘱人生前的行为与遗嘱的意思相反而使遗嘱处分的财产在继承开始前灭失、部分灭失或所有权转移、部分转移的，遗嘱视为被撤销或部分撤销。

5. 遗嘱是要式法律行为。《继承法》规定，公证遗嘱由遗嘱人经公证机关办理。自书遗嘱由遗嘱人亲笔书写、签名，注明年、月、日。代书遗嘱应当有两个以上见证人在场见证，由其中一人代书，注明年、月、日，并由代书人、其他见证人和遗嘱人签名。以录音形式立的遗嘱应当有两个以上见证人在场见证。遗嘱人在危急情况下，可以立口头遗嘱。口头遗嘱应当有两个以上见证人在场见证。危急情况解除后，遗嘱人能够用书面或录音形式立遗嘱的，所立的口头遗嘱无效。

6. 遗嘱的内容必须合法。我国《继承法》确立了遗嘱自由原则，但是遗嘱自由与其他自由一样，是相对的，会受到一定的限制。遗嘱不得取消缺乏劳动能力又没有生活来源的继承人的继承权。遗嘱必须为胎儿保留必要的继承份额。应当为胎儿保留的遗产份额没有保留的，应从继承人所继承的遗产中扣回。遗嘱的内容不得违反法律的规定，不得违背社会道德准则。

（三）遗嘱的变更与撤销

《继承法》规定，遗嘱人可以撤销、变更自己所立的遗嘱。遗嘱是一种要式民事法律行为，撤销或变更遗嘱当然也要采取一定的方式，其方式有四种。

1. 遗嘱人在新的遗嘱中明确表示撤销或变更原遗嘱。如果原遗嘱是公证遗嘱，撤销或变更时也必须采取公证遗嘱的程序和方式。

2. 遗嘱人立有数份遗嘱，后立的遗嘱没有明确表示撤销或变更前面所立遗嘱，但是内容相抵触的，应当以最后的遗嘱为准。但是，如果前面的遗嘱中有公证遗嘱，最后的遗嘱不是公证遗嘱，则最后的遗嘱不能撤销前面的公证遗嘱。

3. 遗嘱人通过自己与遗嘱内容相抵触的行为，撤销变更原来所立的遗嘱。

4. 遗嘱人毁损、涂销遗嘱，或在遗嘱上写明废弃的意思表示，该遗嘱应视为撤销。

（四）遗赠和遗赠扶养协议

1. 遗赠。遗赠是指公民在生前用遗嘱的方式将其死后的个人财产的部分或全部赠与国家、集体组织或者法定继承人以外的其他公民的一种特殊的遗嘱继承方式。受遗赠人必须是在遗嘱发生法律效力时生存的人，继承开始时已经死亡的自然人不能成为受遗赠人。受遗赠人与遗赠人同时死亡或推定同时死亡的，遗赠也不发生效力。但如果指定胎儿为受遗赠人，遗赠人死亡时胎儿尚未出生的，对胎儿的遗赠应当有效。遗赠与赠与不同，赠与是赠与人生前对受赠人的财产让与，而且赠与是合同的一种，是双方的法律行为，须得到受赠人的同意。

2. 遗赠扶养协议。遗赠扶养协议是指遗赠人与扶养人订立的，规定由扶养人扶养遗赠人终身，遗赠人将其个人遗产的全部或部分遗赠给扶养人的协议。遗赠扶养协议是双方的法律行为，遗赠人如果享受了协议规定的供养权利，就不得单方面改变协议或者通过生前立遗嘱的方式将财产让与他人。遗赠扶养协议发生法律效力的时间是在协议成立之时，而遗赠是在遗赠人死亡时发生法律效力。遗赠扶养协议的效力高于遗嘱继承和遗赠。遗赠扶养协议不同于一般的民事合同，遗赠扶养协议不是以等价有偿为原则的，一方的遗产是相对固定的，而另一方的扶养是不固定的终身，它是一种互助行为。

四、遗产的处理

（一）继承的接受和放弃

1. 继承的接受。继承的开始时间是被继承人死亡的时候。被继承人死亡后，对其继承人的通知是继承的一个必要环节。当继承人有两个或以上时，先知道被继承人死亡的继承人应当及时通知其他继承人和受遗赠人。继承人中无人知道或者知道而不能通知的，由被继承人生前所在单位或者住所地的居民委员会、村民委员会负责通知。接受继承的表示方法主要是明示，即以书面或口头形式向其他继承人、遗嘱执行人或人民法院表示接受继承；也可采取默示的方式，即推定。《继承法》规定，继承人没有在遗产处理前做出放弃的意思表示的，视为接受继承。

2. 继承的放弃。继承人放弃继承的意思表示应当在继承开始后、遗产分割前做出。之后做出放弃表示的，所放弃的不再是继承权，而是遗产的所有权。继承人放弃继承应当以书面形式向其他继承人表示。用口头形式表示放弃继承，本人承认或有其他证据证明的，也可认定其有效。但是，如果继承人因不愿履行法定义务而放弃继承权，应当确认无效。

3. 受遗赠人应当在知道受遗赠后2个月内，做出接受或者放弃遗赠的表示，到期没有表示的，视为放弃受遗赠。

（二）遗产的保管

根据《继承法》的规定，遗产保管人是存有遗产的人。在绝大多数情况下，是死者的法定继承人，也可以是死者的其他亲友、所在单位等。如果死者死亡时，其遗产没有人保管，则死者生前所在单位或者遗产所在地的基层组织成为遗产保管人。

（三）遗产债务的清偿

被继承人所遗留的债务包括两个方面：一是被继承人生前所负的债务，包括因合同关系、损害赔偿、不当得利、无因管理所生之债及依法应当缴纳的税款；二是继承开始后所发生的债务，主要是因处理后事、处理继承事务所发生的债务。我国《继承法》对遗产债务的清偿原则是有限清偿责任原则，即清偿死者的债务以实际遗产价值为限。但是，死者生前为继承人的需要所欠的债务以及继承人尽扶养义务所欠的债务，不应以死者遗产的实际价值为限，继承人应承担无限清偿责任。

在继承人存在数人的情况下，继承人对被继承人的债务应负连带责任。在债权人的债权得到清偿后，各继承人应以其应继份额的比例承担遗产债务。

（四）遗产的分割

遗产分割是指各继承人按其应继份额进行分配，以消灭遗产的共有关系为目的的法律行为。如果继承人为一人时，不发生遗产分割的问题。在有几个继承人的情况下，就一定发生遗产分割的问题。遗产的分割必须在各继承人的地位和应继份额确定以后才能进行。继承人请求分割遗产,应以请求分割时现存的财产为限,不得以继承开始时的遗产状况作为分割遗产的标准。

被继承人遗嘱中规定了分割财产的方法的,应当尊重遗嘱人的意思。被继承人没有遗嘱或遗嘱中没有规定遗产分割方法的,各共同继承人应以协商的方法解决;协商不成时,可申请调解解决;调解不成的,可向人民法院提起诉讼解决。

《继承法》规定,遗产分割应当有利于生产和生活的需要,不损害遗产的效用;不宜分割的财产可以采取折价、适当补偿或者共有等方式处理。人民法院在分割遗产中的房屋、生产资料和特定职业所需要的财产时,应依据有利于发挥其使用效益和继承人的实际需要,兼顾各继承人的利益进行处理。

遗产已被分割而又有未清偿的遗产债务时,如果有法定继承也有遗嘱继承和遗赠的,应先由法定继承人用所得的遗产清偿;不足清偿的,由遗嘱继承人和受遗赠人用其所得的遗产清偿;如果只有遗嘱继承和遗赠的,由遗嘱继承人和受遗赠人按比例用所得的遗产清偿。

(五)无人继承又无人受遗赠的遗产的处理

无人继承又无人受遗赠是指继承开始后,在法定期间内没有人接受继承又没有人受领遗赠。无人继承又无人受遗赠的遗产与无主财产不是同一概念。对于无人继承又无人受遗赠的遗产,在对死者的债务清偿完毕后如有剩余,应将遗产收归国家所有;死者生前是集体所有制组织成员的,遗产则归其生前所在的集体所有制组织所有。

第七章 经 济 法

第一节 经济法概述

一、经济法的概念和特征

(一) 经济法的概念

"经济法"一词是法国空想共产主义者摩莱里在 1755 年出版的《自然法典》中首先提出的。经济法作为一个独立的法律部门则诞生于 19 世纪末 20 世纪初，它是资本主义市场经济发展到垄断阶段的产物，它反映了在资本主义垄断阶段，国家利用"有形之手"开始直接、具体地干预和参与经济生活，通过限制垄断，制止不正当竞争，力图恢复和保持资本主义自由竞争。目前，各国学者对经济法的理解很不一致。我国经济法和经济法学是在党的十一届三中全会以后建立起来的，我国法学界对经济法的调整对象的认识也不一致。一般认为，经济法是国家为了适应维护市场经济秩序和对经济进行宏观调控的需要而对一定的经济关系进行调整的法律规范的总称。

(二) 经济法的特征

1. 综合性。这一特征表现为：经济法的调整对象是综合的，涉及宏观和微观经济领域；经济法的表现形式是综合的，它由一系列经济法律法规构成；经济法的调整方式是综合的，它把民事的、行政的、刑事的方法有机结合在一起，可以单独或综合运用；经济法律规范是综合的，是实体性规范和程序性规范的统一体。

2. 经济性。经济法直接明确地把有利于统治阶级的经济关系和经济秩序固定下来，以实现和维护其经济利益。

3. 社会性。经济法的重要目的是促进整个国民经济的发展，兼顾国家、社会和个人的利益。

4. 政策性。经济法的重要作用在于保证国家经济政策的贯彻执行。不同时期的经济政策需要不同的经济法，经济法是经济政策在法律上的体现。

二、经济法的地位和体系

(一) 经济法的地位

1. 经济法是一个独立的法律部门。是否属于独立的法律部门关键在于它是否有独立的调整对象。经济法调整市场在运行过程中产生的经济关系，与其他经济关系有明显的界线。因此，经济法是一个独立的法律部门。

2. 经济法与相邻法律部门的关系。

（1）经济法与民法的关系。经济法是在民法的基础上形成和发展起来的，两者共同调整由市场运行而产生的经济关系，在调整的原则与方法上也有互相渗透和贯通的情况。但是，民法调整以交换为中心所发生的财产关系，而经济法则超越单个市场主体而从市场的总体出发，对整个国家利益、社会利益和个人利益进行调整，即调整纵向经济关系。

（2）经济法与行政法的关系。经济法与行政法都体现了国家对社会生活的管理和干预，相当一部分经济法具有行政性，因此，经济法与行政法有密切的联系。但是，行政法调整的是国家行政机关与行政相对人之间所发生的行政关系，而经济法调整的是经济法主体之间的物质利益关系。另外，两者在法律适用和救济的程序方面也不相同。

（二）经济法的体系

法律体系是由各个法律部门所组成的有机统一整体。经济法的体系是由经济法的调整对象所决定的。我国目前的经济法律体系大体由企业组织管理法、市场管理法、宏观调控法等组成。当然，经济法律体系不是一成不变的，国家根据社会经济生活的发展变化，不断地制定新的经济法律，修改已经制定的经济法律。因此，经济法律体系也在发展中保持相对稳定。

三、经济法律关系

（一）经济法律关系的概念

经济法律关系是法律关系中的一种。经济法律关系是指由经济法确认和调整的经济法主体之间在国家维护市场经济秩序和对经济运行进行宏观调控的过程中所形成的具有经济内容的权利与义务的关系。

（二）经济法律关系的构成要素

1. 经济法律关系的主体。经济法律关系的主体是指参加经济法律关系依法享有经济权利、承担经济义务的组织和个人。根据我国法律规定，目前我国的经济法主体主要有以下几种。

（1）国家机关。包括国家权力机关、行政机关和司法机关。作为经济法主体的国家机关，主要是国家权力机关和国家行政机关。

（2）社会组织。既包括企业、公司、事业单位、社会团体等，也包括经济组织和非经济组织。

（3）非法人组织。主要包括法人的分支机构以及其他不具备法人资格的经济实体和经济组织的内部机构。

（4）个体工商户、农村承包经营户和其他公民个人。

（5）国家。国家在某些特殊情况下可以主体资格参加经济法律关系，如发行国库券、与外国签订经济贸易协定等。

2. 经济法律关系的内容。经济权利是指经济法主体依法具有的为或不为一定行为或要求他人为或不为一定行为的资格。归纳起来，主要表现在以下几个方面。

（1）经济职权。经济职权是指国家机关在组织管理经济活动时依法享有的一种特殊的经济权力，主要包括决策权、组织管理权、资源配置权、指挥权、调节权和监督权等。经济职权不可随意转让、放弃和抛弃。

（2）财产所有权。财产所有权是指财产所有者依法享有的对其财产的占有、使用、收益、处分的权利。

（3）经营管理权。经营管理权是指企业进行生产经营活动时依法享有的权利，如经营方式选择权、生产经营决策权、物资采购权、产品销售权、劳动人事管理权和组织机构设置权等。

（4）请求权。请求权是指经济法主体在其合法权益受到侵犯时，依法享有要求侵权人停止侵权行为和要求有关国家机关保护其合法权益的权利。

（5）经济义务。经济义务是指经济法律关系主体依法必须为一定行为或不为一定行为的责任，包括法定义务和约定义务。

3. 经济法律关系的客体。经济法律关系的客体是指经济法主体享有的经济权利和承担的经济义务所指向的对象。客体的种类主要包括财产、经济行为和智力成果等。

第二节 反垄断法

一、反垄断法概述

在市场经济中，竞争常常导致垄断，垄断又反过来阻碍竞争。如何有效维护自由竞争，预防和制止垄断行为，是反垄断法试图达到的基本目标。反垄断法是调整在维护公平竞争、预防和制止垄断行为过程中发生的社会关系的法律规范的总称。反垄断法是规范市场行为，维护竞争秩序的基本法。《中华人民共和国反垄断法》（简称《反垄断法》）由第十届全国人民代表大会常务委员会第二十九次会议于2007年8月30日通过，自2008年8月1日起施行。我国《反垄断法》的颁布施行必将维护我国社会主义市场经济有效、合理的竞争秩序，规范垄断行为，提高经济运行效率，维护消费者利益和社会主义共同利益，促进社会主义市场经济健康发展。

（一）垄断的基本含义与反垄断法调整对象

1. 垄断的基本含义。根据法律价值判断可以将垄断分为合法垄断和非法垄断。所谓合法垄断，一般是指基于公共利益或者其他政策目标而不适用或者豁免适用《反垄断法》的一些垄断行为，如自然垄断（公用事业垄断）、知识产权垄断和国家垄断，以及符合国家产业调整政策的某些垄断协议或企业合并行为。所谓非法垄断，是指违反《反垄断法》规定、具有违法性和危害性、限制市场自由竞争的状态和行为。非法垄断则是各国《反垄断法》规制的对象。

2. 反垄断法的调整对象。反垄断法的调整对象主要是具有竞争关系的经营者之间的法律关系。经营者是指从事商品生产、经营或者提供服务的自然人、法人或其他主体。经营者是在相关市场中进行竞争。相关市场是指经营者在一定时期内就特定商品或者服务进行竞争的商品范围和地域范围。根据我国《反垄断法》第三条规定，我国《反垄断法》所规制的垄断行为主要是经济垄断中的三大类型：①经营者达成垄断协议；②经营者滥用市场支配地位；③具有或者可能具有排除、限制竞争效果的经营者集中。此外，《反垄断法》结合我国实际，将具有行政垄断性质的排除、限制竞争行为也纳入其调整范围。

（二）规制垄断的两种立法思想和确认垄断行为的两大基本原则

1. 规制垄断的两种立法思想：结构主义和行为主义。关于规制垄断的立法思想，或者称为"反垄断法的基本政策方法"，主要存在结构主义和行为主义两种。结构主义认为，如果某一市场主体在某一行业具有控制和支配商品的数量、价格等绝对优势，即应当视为非法垄断。对这种非法垄断的反垄断规制就是结构修正，即拆分，使现存企业分立。分离后的单个企业均不具有控制市场的能力，垄断得以解除，从而使得市场更具有竞争性。1984年美国贝尔通信公司分解为AT&T和其他7个地区通信公司，是美国反垄断法历史上最大的结构调整行动。而行为主义认为，反垄断法应当针对竞争者行为而不是根据企业规模的大小，具有市场优势地位并不必然构成非法垄断，还应当考虑是否存在滥用这种优势地位、限制竞争的具体行为。行为主义的处罚方式不主张拆分大企业，而是进行行为修正，即通过发布禁令、罚款、赔偿等方式达到规制垄断的目的。今天，行为主义已经成为当代反垄断法的主导思想，以德国为代表的大陆法系国家的反垄断法基本上以行为主义为指导思想。在微软公司垄断案中，美国最高法院最终否决了地方法院拆分微软公司的裁定表明，在反垄断方面，目前美国行为主义思想仍然占主导地位。

2. 确认非法垄断行为的两大基本原则：本身违法与合理分析。

（1）所谓本身违法原则，是指在进行反垄断法审查时，企业只要发生特定的行为，不管是否已经限制了竞争，就被视为非法垄断。合理分析原则是指企业的某些行为虽然限制了竞争，但不必然就是非法垄断，而是要考虑多种因素的合理标准，以评价被指控行为的目的和后果，据此决定其是否非法。例如，有些行为虽然限制了竞争，但这种限制具有必要性，或者限制竞争所带来的负面性较小，或者符合某种政策导向，则不构成非法垄断。本身违法原则比较严厉，一般适用于对横向垄断协议的认定。例如，固定价格协议、划分市场协议、联合抵制行为等。合理分析原则比较宽松，其作为一种分析依据，通常适用于维持转售价格、滥用市场支配地位行为、企业合并等。

（2）本身违法原则与合理分析原则在司法实践上很难截然划分。本身违法原则具有在法律与商业上可预期、执法与司法费用低等优点，但被指为懒人做法：在行为的竞争效果具有多面性的情况下，以评价证据有难度为由而一概采用简明标准，有失效率与公正。而合理分析原则能够使得法院通过考虑经济生活中的变量，对不断变动的经济世界与不断更新的经济理念做出及时回应。从总的趋势看，合理分析原则必将成为反垄断司法裁判中常用的原则。

二、垄断行为

（一）垄断协议（联合限制竞争行为）

1. 垄断协议的基本含义。所谓垄断协议，也称"联合限制竞争行为"，是指两个或两个以上具有竞争关系的经营者通过协议、决定或者其他协同行为排除、限制竞争的行为。垄断协议分为横向垄断协议和纵向垄断协议。横向垄断协议，又称"水平限制协议"，是指两个或两个以上处于同业的竞争者之间达成的限制竞争的协议。正如亚当·密斯所说，同行业的经营者聚在一起往往都是密谋实施垄断行为。纵向垄断协议，又称"垂直限制协议"，是指具有纵向关系的企业之间达成限制竞争的协议。纵向关系是指具有产销关系或者处于销售链条中的不同环节的企业之间的关系。例如：生产商与销售商，批发商与零售商，原材料供应商与成品生产商。

2. 垄断协议的具体表现形式。

（1）联合价格协议，即双方直接或间接固定商品的买价或卖价，或者共同约定价格的变动。

（2）联合生产（产量）协议，即为了维持产品的价格，联合限制生产量、联合限制销售量的行为。

（3）分割市场协议，即竞争者之间分割地区、客户或者产品市场的协议。

（4）联合抵制协议，又称"集体拒绝交易"，是指竞争者之间联合起来不与其他竞争对手、供应商或者客户交易的协议。

（5）联合分享交易机会或利益的协议。其主要表现在串通招标投标行为。例如，几个投标人联合压低或者抬高标价，并秘密分享中标利益。

（6）固定向第三人转售商品的价格，或限定向第三人转售商品的最低价格。

3. 我国《反垄断法》关于垄断协议的规定。

（1）根据我国《反垄断法》第十三条，横向垄断协议主要表现为：①固定或者变更商品价格；②限制商品的生产数量或者销售数量；③分割销售市场或者原材料采购市场；④限制购买新技术、新设备或者限制开发新技术、新产品；⑤联合抵制交易；⑥国务院反垄断执法机构认定的其他垄断协议。

（2）根据我国《反垄断法》第十四条，纵向垄断协议主要表现为：①固定向第三人转售商品的价格；②限定向第三人转售商品的最低价格；③国务院反垄断执法机构认定的其他垄断协议。

（3）我国《反垄断法》第十五条规定了垄断协议的豁免条款，即属于以下情况的协议，不属于非法行为：①为改进技术、研究开发新产品的；②为提高产品质量、降低成本、增进效率，统一产品规格、标准或者实行专业化分工的；③为提高中小经营者经营效率，增强中小经营者竞争力的；④为实现节约能源、保护环境、救灾救助等社会公共利益的；⑤因经济不景气，为缓解销售量严重下降或者生产明显过剩的；⑥为保障对外贸易和对外经济合作中的正当利益；⑦法律和国务院规定的其他情形。属于前款第①项至第⑤项情形，经营者还应当证明所达成的协议不会严重限制相关市场的竞争，并且能够使消费者分享由此产生的利益。

（二）滥用市场支配地位

1. 市场支配地位的概念和认定。

（1）市场支配地位的概念。市场支配地位是指经营者在相关市场内具有能够控制商品价格、数量或者其他交易条件，或者能够阻碍、影响其他经营者进入相关市场能力的市场地位。

（2）市场支配地位的认定。认定经营者具有市场支配地位，应当依据下列因素：①该经营者在相关市场的市场份额，以及相关市场的竞争状况；②该经营者控制销售市场或者原材料采购市场的能力；③该经营者的财力和技术条件；④其他经营者对该经营者在交易上的依赖程度；⑤其他经营者进入相关市场的难易程度；⑥与认定该经营者市场支配地位有关的其他因素。经营者具有下列情形之一的，可以推定经营者具有市场支配地位：①一个经营者在相关市场的市场份额达到1/2的；②两个经营者在相关市场的市场份额合计达到2/3的；③三个经营者在相关市场的市场份额合计达到3/4的。前款第①项、第③项规定的情形，其中有的经营者市场份额不足1/10的，不应当推定该经营者具有市场支配地位。另外，根据上述情况，被推定具有市场支配地位的经营者有证据证明其不具有市场支配地位的，不应当认定其具有市场支配地位。

2. 滥用市场支配地位的表现形式。根据我国《反垄断法》第十七条规定，具有市场支配地位的经营者从事下列行为，可以认定为滥用市场支配地位的行为。

（1）垄断高价，即以不公平的高价销售商品或者以不公平的低价购买商品。

（2）低价销售，又称"掠夺性定价"，即没有正当理由，以低于成本的价格销售商品。

（3）拒绝交易，即没有正当理由，拒绝与交易相对人进行交易。

（4）限定交易，即没有正当理由，限定交易相对人只能与其进行交易或者只能与其指定的经营者进行交易。

（5）搭售，即没有正当理由却搭售商品，或者在交易时附加其他不合理的交易条件。

（6）歧视交易，即没有正当理由，对条件相同的交易相对人在交易价格等交易条件上实行差别待遇。

（7）其他，即国务院反垄断执法机构认定的其他滥用市场支配地位的行为。

（三）经营者集中

1. 经营者集中的概念及表现形式。

（1）经营者集中的概念。经营者集中是指两个或两个以上的经营者以一定的方式或手段形成的企业间资产、营业和人员的整合。

（2）经营者集中的表现形式。根据我国《反垄断法》第二十条规定，"经营者集中是指下列情形：（一）经营者合并；（二）经营者通过取得股权或者资产的方式取得对其他经营者的控制权；（三）经营者通过合同等方式取得对其他经营者的控制权或者能够对其他经营者施加决定性影响"。

2. 经营者集中的申报和审查。

（1）申报。经营者集中达到国务院规定的申报标准的，经营者应当事先向国务院反垄断执法机构申报，未申报的不得实施集中。

（2）初步审查。国务院反垄断执法机构应当自收到经营者提交的文件、资料之日起30日内，对申报的经营者集中进行初步审查，做出是否实施进一步审查的决定，并书面通知经营者。国务院反垄断执法机构做出决定前，经营者不得实施集中。

（3）进一步审查。国务院反垄断执法机构做出不实施进一步审查的决定或者逾期未做出决定的,经营者可以实施集中。国务院反垄断执法机构决定实施进一步审查的,应当自决定之日起 90 日内审查完毕,做出是否禁止经营者集中的决定,并书面通知经营者。做出禁止经营者集中的决定,应当说明理由。审查期间,经营者不得实施集中。

(4) 审查决定。经营者集中具有或者可能具有排除、限制竞争效果的,国务院反垄断执法机构应当做出禁止经营者集中的决定。但是,经营者能够证明该集中对竞争产生的有利影响明显大于不利影响,或者符合社会公共利益的,国务院反垄断执法机构可以做出对经营者集中不予禁止的决定。

(四) 滥用行政权力排除、限制竞争

滥用行政权力排除、限制竞争是指行政机关和法律、法规授权的具有管理公共事务职能的组织滥用行政权力排除、限制竞争之行为。

1. 强制交易。是指行政机关和法律、法规授权的具有管理公共事务职能的组织滥用行政权力,限定或者变相限定单位或者个人经营、购买、使用其指定的经营者提供的商品之行为。

2. 地区封锁。地区封锁包括以下三种情况:①限制商品自由流通;②排斥或者限制外地经营者招标投标行为;③排斥或限制外来投资行为。我国《反垄断法》第三十三条规定了禁止如下限制商品自由流通的情形:①对外地商品设定歧视性收费项目、实行歧视性收费标准,或者规定歧视性价格;②对外地商品规定与本地同类商品不同的技术要求、检验标准,或者对外地商品采取重复检验、重复认证等歧视性技术措施,限制外地商品进入本地市场;③采取专门针对外地商品的行政许可,限制外地商品进入本地市场;④设置关卡或者采取其他手段,阻碍外地商品进入或者本地商品运出;⑤妨碍商品在地区之间自由流通的其他行为。

3. 强制违法行为。行政机关和法律、法规授权的具有管理公共事务职能的组织不得滥用行政权力,强制经营者从事本法规定的垄断行为。

4. 制定违法规定。行政机关不得滥用行政权力,制定含有排除、限制竞争内容的规定。

三、垄断行为的法律责任

1. 民事责任。经营者实施垄断行为,给他人造成损失的,依法承担民事责任。

2. 行政责任。经营者违反《反垄断法》规定,达成并实施垄断协议的,由反垄断执法机构责令停止违法行为,没收违法所得,并处上一年度销售额 1% 以上 10% 以下的罚款;尚未实施所达成的垄断协议的,可以处 50 万元以下的罚款;滥用市场支配地位的,责令停止违法行为,没收违法所得,并处上一年度销售额 1% 以上 10% 以下的罚款;非法实施集中的,责令停止实施集中、限期处分股份或者资产、限期转让营业以及采取其他必要措施恢复到集中前的状态,可以处 50 万元以下的罚款。

行政机关和法律、法规授权的具有管理公共事务职能的组织滥用行政权力,实施排除、限制竞争行为的,由上级机关责令改正;对直接负责的主管人员和其他直接责任人员依法给予处分。反垄断执法机构可以向有关上级机关提出依法处理的建议。

3. 刑事责任。《反垄断法》第五十二条、第五十四条规定了两种情形可追究刑事责任。

（1）对反垄断执法机构依法实施的审查和调查，拒绝提供有关材料、信息，或者提供虚假材料、信息，或者隐匿、销毁、转移证据，或者有其他拒绝、阻碍调查行为，构成犯罪的，依法追究刑事责任。

（2）反垄断执法机构工作人员滥用职权、玩忽职守、徇私舞弊或者泄露执法过程中知悉的商业秘密，构成犯罪的，依法追究刑事责任。

第三节 反不正当竞争法

一、反不正当竞争法概述

（一）不正当竞争行为概念及反不正当竞争法立法体例

1. 不正当竞争行为的概念。不正当竞争行为有狭义和广义之分。

（1）狭义的不正当竞争行为是指在市场竞争过程中，市场主体违反诚实信用原则和商业道德而进行的各种行为，具体表现为假冒商标、虚假宣传、不当引诱或者强迫搭售，诋毁竞争对手的信誉及盗用商业秘密等行为。

（2）广义的不正当竞争行为是指参与竞争的各类主体违反竞争规则，损害国家利益、社会利益或消费者利益，牟取非法利益的行为，包括垄断、限制竞争行为和狭义的不正当竞争行为。

1）垄断包括经济垄断和行政垄断。经济垄断是指经济力高度集中的一种状态，一般表现为少数企业通过自身经济增长或者通过合并等方式扩大规模，形成对国内某一市场或行业的独占或控制，垄断组织凭借其强大的经济实力支配市场，获取垄断利润，排斥市场有效竞争。经济垄断是自由竞争的必然后果，是成熟市场经济的必然产物。经济垄断不是《中华人民共和国反不正当竞争法》（简称《反不正当竞争法》）的规制对象。行政垄断是指行政权力参与并限制市场自由竞争的一种事实，市场一方主体凭借行政权力排斥竞争，获取市场垄断利益。行政垄断是社会主义国家在新旧体制转换过程中，行政权力与市场竞争相互结合与作用而衍生出的一种特殊垄断形式。行政垄断不是市场竞争的结果，而是行政权作为补充力量强行干预竞争的一种结果。目前，行政垄断严重阻碍了我国社会主义市场的形成和统一，因而成为我国《反不正当竞争法》的重要规制对象。

2）限制竞争行为。限制竞争行为是指经营者滥用经济优势排挤竞争对手，或几个经营者之间以合同协议或其他方式共谋避免竞争或排斥竞争的行为。经济优势者凭借其优势，不合理地排斥其他经营者同类产品的市场进入，损害了其他竞争者利益，同时也剥夺了消费者对商品和服务的选择权。限制竞争协议主要表现为具有竞争关系的经营者之间就价格、数量、技术、设备、市场划分等达成协议。行为合理的竞争机制应是竞争主体通过竞争提高技术、降低成本，获取合理利润，但限制竞争协议的当事人企图逃避竞争，在未提高效率的基础上轻而易举地获取利润。限制竞争协议显然不利于推动生产力的发展，也不利于消费者权益的保护。限制竞争行为存在于市场经济的全过程中，伴随着市场竞争的存在而存在。由于其直接威胁着商品经济中的基础——竞争机制的正常运行,除少数行为,如联合协议内容有利于提高技术标准或有利于企业化生产外,各国竞争法包括我国的法律对此都实行了严格禁止。

对不正当竞争行为的概念表述及范围界定,各国学说及立法存在较大差异,一般称为"垄断""独占""托拉斯""卡特尔""限制性商业惯例""不公正的交易方法""不正当竞争""不正当的贸易做法"等等。造成这种概念不一的原因是:①市场经济中的不正当竞争行为十分复杂,手段也不断创新,立法难以做出明确而穷尽的规范;②各国政治经济制度、历史条件、文化传统、立法所处的国际环境、一国市场经济的发育程度等存在较大的差异,作为直接反映社会基本经济制度的法律,"竞争法"必然体现这种差异。《反不正当竞争法》将不正当竞争行为表述为"经营者违反本法规定,损害其他经营者的合法权益,扰乱社会经济秩序的行为"。

2. 立法体例。综观各国立法,主要采用两种立法体例。①单一立法体例。即以一部法律规制所有危害市场竞争秩序的行为,在名称上称为"反垄断法"或"反不正当竞争法"等。②并行立法体例。即将反垄断法和反不正当竞争法分别立法。我国采用的是并行立法体例。

(二) 市场经济与反不正当竞争法

市场经济的基本运行机制是竞争机制,在价值规律和优胜劣汰规律的作用下,市场竞争主体发挥最大潜力进行竞争,这既是出于追求利润的需要,也是出于维护生存的需要。竞争机制造成了市场主体主观上为自己、客观上为社会的效果,即各类竞争主体在为自身竞争的同时推动了整个社会生产力的提高和社会资源的最佳配置。正是在竞争规律的作用下,资本主义在近100年的时间内创造了比它之前所有社会总和还多的生产力。因此,竞争机制受到资本主义国家政策的高度重视。

在资本主义自由竞争阶段,国家奉行不干预经济政策,而在资本主义垄断阶段,国家主动干预经济运行。从表面上看,两种政策与态度截然相反。然而,从本质上讲,两种政策的根本目标是一致的:资本主义自由竞争阶段,国家奉行不干预经济政策,是在特定历史条件下对封建社会残余特权和特惠制度的排斥与否定,国家无为而治的真正目的在于充分发挥和运用市场这只"看不见的手"的积极作用;资本主义进入垄断阶段以后,垄断导致自由竞争消失,并且随着市场经济的充分发展,激烈的竞争又导致不正当竞争行为的大量产生,为了维护自由竞争机制,重新发挥市场调节作用,国家运用法律手段干预经济。因此,资本主义反不正当竞争法的诞生与发展的实质是国家为了恢复和保护市场的有效竞争。

运用法律手段全面干预市场运行机制发端于美国。19世纪中叶,托拉斯组织在美国获得了空前的发展,为了恢复竞争机制,1890年美国制定了《谢尔曼法》。20世纪后,许多国家效仿制定和颁布。目前,利用"看不见的手"和"看得见的手"双重调节市场经济秩序越来越成为各国政府的共识,《反不正当竞争法》的颁布、实施正是顺应了世界经济和法律发展的潮流。

(三) 反不正当竞争法的地位和作用

1. 反不正当竞争法的地位。市场经济国家的经济法体系大致由三个部分组成,即市场主体法、市场行为法和宏观调控法。从性质上看,反不正当竞争法属于市场行为法范畴,但反不正当竞争法涉及面十分广泛,既涉及市场主体,又涉及国家对经济的宏观调控,还涉及对消费者利益的保护,因而具有明显的社会保障法的色彩。与其他经济法规相比,反不正当竞争法不是对经济领域中的某个领域或方面进行规范和调整,而是对整个社会最基本的运行机制进行规范的法律,它从根本上维护了市场竞争秩序。正是在这个意义上,反不正当竞争法与反垄断法被视为国家的"经济宪法",是国家经济的基石。

2. 反不正当竞争法的作用。

(1)维护正常的市场经济竞争秩序。一个良好的竞争秩序应该是各市场主体通过改进技术、提高质量、降低成本来求得合理利润。只有这样,才能使各市场主体在追求各自利益的基础上促进整个社会生产力的提高,达到个体利益与社会利益的协调。而不正当竞争行为的实施者则是以投机取巧、损人利己的方式追求个人利益,既损害了他人利益、社会利益,又扰乱了良好的竞争秩序。《反不正当竞争法》正是通过对各种不正当竞争行为进行规制和处罚来鼓励诚实经营和公平竞争,从而促进市场经济的稳定健康发展。

(2)保护经营者和消费者的合法权益。不正当竞争行为的主要表现形式就是行为人通过滥用经济优势排斥对手竞争,或者通过发布虚假广告,盗用竞争对手的商誉、无形资产等手段获得竞争优势,牟取非法利益。这样的行为一方面直接侵害了市场竞争者的合法权益,另一方面也损害了消费者的合法权益。因为消费者失去了对商品、服务的选择权或增加了不合理的费用,或者不能获得高质量的商品与服务。《反不正当竞争法》通过对各种不正当竞争行为的制止来充分保护经营者和消费者的合法权益。

(四)《反不正当竞争法》的适用范围

《反不正当竞争法》适用的主体范围是在中华人民共和国境内的、从事市场交易活动的主体。

1. 法人。法人包括企业法人、实行企业化经营且依法具有从事经营活动资格的事业单位法人以及从事营利性活动并依法取得经营资格的社团法人。

2. 其他经济组织。其他经济组织是指不具备法人资格,不能独立承担民事责任,但从事经济活动并以营利为目的的向社会提供商品或服务的组织,包括合伙、不具备法人资格的私营企业,有营业执照的法人分支机构等。

3. 个人。个人是指《民法通则》中所规定的个体工商户、农村承包经营户等。不具备经营资格的公民个人在特定的情况下也可以成为不正当竞争行为的主体,如在商业诽谤、侵犯商业秘密等活动中,公民个人就可能成为不正当竞争行为的主体。

4. 政府及所属部门。政府是指地方各级政府,包括省级以下各级人民政府;政府所属部门是指中央及地方各级政府所属部门。政府及所属部门往往利用行政手段限制市场竞争,因而成为《反不正当竞争法》的规制对象。

《反不正当竞争法》适用的客体范围是指所有商品经营和营利性服务中的不正当竞争行为。

(五)《反不正当竞争法》的基本原则

《反不正当竞争法》以维护市场的正常交易秩序为最基本的目的，因而《反不正当竞争法》的基本原则就是市场交易的基本原则。

1. 自愿原则。自愿原则是指市场交易主体在交易过程中能够根据自己内心的真实意愿设立、变更、终止民事法律关系。自愿原则表现为：市场交易主体自主决定是否参加交易，自主决定交易对象、交易内容和交易方式，并且交易双方意思表示真实，任何以欺诈、胁迫或利用优势地位强迫对方接受不合理条件的竞争手段都是非法的。

2. 平等原则。平等原则是指任何参加市场交易活动的经营者的法律地位一律平等。市场交易主体不存在行政上的隶属关系，每个市场交易主体依法享有平等的民事权利，任何单位和个人都不能凭借行政权力限定他人的商品交易行为，也不能滥用经济优势或依法具有的独特经济地位排挤其他经营者的公平竞争。

3. 公平原则。公平原则是指市场交易主体必须进行公平竞争，具体地说，就是所有参与市场竞争者都应依照规则行事。在交易过程中，每个民事主体享有权利和承担义务不能显失公平，更不能一方只享受权利、另一方只承担义务。任何利用回扣、盗取商业秘密等不道德手段获得竞争优势或者违背他人意愿搭售商品或附加不合理条件的行为均有悖于公平原则。

4. 诚实信用原则。要求经营者在市场交易活动中应善意、诚实、遵守信用。反对任何欺诈性交易行为。假冒他人商标、企业名称、商誉以及对商品或服务进行虚假宣传的行为都违反了诚实信用原则。

5. 遵守公认的商业道德。所谓公认的商业道德，是指在长期的市场交易活动中形成的为社会所普遍承认和遵守的商事行为准则。许多商业道德规范由于为法律确认而成为法律规范，但法律条文不可能穷尽所有商业道德和商业惯例，因此，商业道德在规范市场主体交易行为的方面有着重要的补充作用。

二、不正当竞争行为的表现形式

不正当竞争行为在各国经济活动中的表现形式不完全相同，因而各国立法中的不正当竞争行为的范围也不完全相同，但有些不正当竞争行为是各国普遍存在的，因此也为各国竞争法所普遍规制，如假冒商标行为、虚假广告、盗用他人商业秘密等。《反不正当竞争法》共列举了十一种不正当竞争行为，主要是对各国立法普遍禁止的，而在我国现实经济活动中又严重存在的不正当竞争行为进行规制，同时将我国市场经济中存在的特殊的不正当竞争行为，如行政性垄断也列入禁止范围。归纳起来，《反不正当竞争法》规定的不正当竞争行为的表现形式有九种。

(一) 欺诈行为

欺诈行为是指侵犯他人注册商标专用权、仿冒名优商品特有名称及装潢、利用他人的企业名称、伪造冒用质量标志和产地标志等行为。其主要特征是经营者违反诚实信用原则和商业道德，利用他人的商业信誉获取本属于他人的市场利润。欺诈行为在《反不正当竞争法》中包括以下四大类。

1. 假冒他人注册商标。

2. 仿冒知名商品。构成仿冒知名商品行为的基本条件是：①使用知名商品特有的名称、包装、装潢，是未经所有人同意擅自使用的行为；②被仿冒的商品必须是知名商品；③名称、包装、装潢必须是知名商品特有的，知名商品的名称、包装、装潢为知名商品的经营者所独创，在市场中已经形成不同于其他商品的独特形象；④对他人知名商品特有名称、包装、装潢的仿冒致使与知名商品发生混淆，这是在近似使用的情况下区别是否仿冒的唯一标志。

3. 混用名称。混用名称是指擅自使用他人企业名称或姓名的行为。企业名称或姓名是经营者的营业标志，是区别不同商品生产者与经营者的标志。企业的名称或姓名代表了企业的商业信誉，属于企业的无形财产。擅自使用他人的企业名称或姓名使人误认行为的目的，就是利用他人的商业信誉获取竞争优势。混用名称行为是一种典型的不正当竞争行为。

4. 虚假表示。虚假表示是指采取虚构事实或隐瞒真相的手段对商品的质量、信誉做引人误解的虚假表示。虚假表示包括三种情况。①在商品上伪造或冒用认证标志、名优标志等质量标志。②伪造产地。③对商品质量做引人误解的虚假表示，即在商品或其包装上依法应当标明的内容或依商品的特点和使用要求应做说明而未标明或说明以及在商品或其包装上对商品的品质、性能、用途、生产日期、有效期等做不真实的标注，欺骗、诱导消费者和用户购买的行为。虚假表示不仅损害了消费者权益，也扩大了自己商品的占有量，侵害了竞争对手的利益，因而被纳入《反不正当竞争法》规制的范围。

（二）强迫性交易行为

强迫性交易行为是指在市场交易过程中，市场交易主体违背平等自愿原则，一方当事人强迫对方只能与自己或指定的经营者交易而不得与其他人进行交易。强迫性交易行为限制了其他同类商品进入市场，损害了竞争对手的利益，同时也损害了消费者利益。强迫性交易行为的形成原因主要是：第一，一方控制市场供给，之所以能够控制市场供给，或是因为具有垄断地位和经济优势，或是拥有紧缺商品；第二，一方有行政权力支持；第三，一方用暴力胁迫方式强迫他人进行交易。《反不正当竞争法》的对前两种情况下的强迫性交易进行了规制，目前没有将第三种强迫性交易行为纳入《反不正当竞争法》的调整范围，而由民法调整该行为。《反不正当竞争法》所规范的强迫性交易行为包括三种。

1. 公用企业限定他人购买其指定的经营者的商品。所谓公用企业，一般是指其商品和服务涉及城乡人民群众基本物质需要的一些行业，主要包括电力、自来水、煤气、通信、公共交通等领域，这些行业关系到人民大众的日常生活。因此，公用企业所提供的这些商品和服务的性质决定了其不可替代的重要性。

2. 其他依法具有独立地位的经营者限定他人购买其指定的经营者的商品。目前，在我国公用企业及依法具有独占地位的经营者，《反不正当竞争法》并不禁止其独占地位，要禁止的是它们利用自身特殊优势地位和身份，实施限制他人竞争的行为。

3. 政府及其所属部门利用行政权力限定他人购买指定经营者的商品。该行为也属于行政性垄断行为。

(三) 行政性垄断

行政性垄断是指利用行政权力来限制公平有效的市场竞争。行政性垄断产生于我国计划经济向市场经济转轨期间。一些地方和部门从本地区和部门利益出发，利用行政手段限制竞争，制造不公平竞争，阻碍社会主义统一大市场的形成。

行政性垄断的危害性表现在：①违反了平等自愿原则；②导致地区垄断，形成地区市场割裂；③损害其他经营者及消费者的利益。

行政性垄断的特征是：①主体必须是政府机关，包括政府及其所属部门；②主观方面是政府及其所属部门违反依法行政原则，滥用行政权力；③客观方面表现为政府及其所属部门限定他人购买其指定的经营者的商品或者限制外地商品自由进入本地市场。

(四) 不当推销或购买商品服务行为

推销和购买商品服务应当遵守国家法律政策及商业道德，通过正常途径、合法交易手段获取合理利润。少数经营者不是通过改进技术、降低成本、提高服务质量获得竞争优势，而是通过种种不正当手段扩大市场占有量，排挤其他竞争者。不当推销或购买商品服务行为的表现形式多样，包括回扣交易、亏本销售与有奖销售。

1. 回扣交易。

（1）回扣交易是指为了获取不正当利益而直接或间接地向交易对方或有关方面及其工作人员暗中提供金钱或其他利益的行为。主要表现为在商品交易中，卖方在收取的货款中扣除一部分回送给买方或其委托代理人，或者买方因为急需，在应付价款之外另付费用给卖方或其代理人。回扣在本质上属于一种商业贿赂。回扣交易一方通过支付回扣获得交易机会和竞争优势，一方面破坏了公平合理的竞争秩序，损害了诚实经营者的利益；另一方面破坏了社会风气，极易导致犯罪。《反不正当竞争法》及其相关法律对回扣予以严厉禁止。回扣的特征是：①回扣交易的主体是从事商品服务交易的经营者和交易相对人，即商品流通过程中的买卖双方；②回扣交易主体双方在主观上是故意的和自愿的，买卖双方支付回扣的直接目的是通过支付回扣对交易施加不正当影响从而达到排挤竞争对手的目的；③从客观方面来看，回扣是通过秘密方式支付的，即采取不入账的方式支付，与折扣明显不同；④回扣的接受对象是买方或卖方中对交易项目的成交活动具有决定性影响的个人，通常为经营者、采购员、代理人等，也包括与经营活动有关的政府官员；⑤回扣的主要形式是金钱。

（2）回扣应与折扣、佣金相区别。折扣，也称"让利"，是指在商品购销活动中，卖方在成交价款上给买方一定比例的让利行为。其与回扣的区别在于：①折扣是卖方提供给买方；②折扣明确写入合同，明确入账；③折扣的直接受益者是买方单位，而不是买方中的某个人。佣金是商业活动中的一种劳务报酬，是具有独立地位的中介人员、行纪人、代理商在商业活动中为买卖双方提供信息、服务等所得的报酬。它可以由买方支付也可以由卖方支付，还可以由买卖双方共同支付。折扣和佣金均受法律保护。

2. 亏本销售。

（1）亏本销售是指为了排挤竞争对手，以低于成本的价格销售商品的行为。该行为的法律特征是：①行为主体是处于卖方地位的经营者；②从客观方面来看，经营者以低于成本的价格销售商品；③从主观上看，经营者的低价销售是故意的，其目的是抢占市场、排挤竞争对手。

（2）不是所有的低于成本价格的销售行为都构成不当销售行为，在下列情况下，不以排挤竞争对手为目的而是为了解决经营者自身的困难而低于成本价格的销售行为是合法行为：①销售鲜活商品；②处理即将到期的商品或其他积压的商品；③季节性降价；④因偿债、转产、歇业等降价销售商品。

3. 有奖销售。有奖销售是指经营者以提供奖品或奖金的手段推销商品或服务的行为。有奖销售按获奖方式可分为附赠品式和抽奖式，按奖品或奖金的多少可分为普通奖品销售和巨奖销售。有奖销售作为一种促销手段，如果运用得当，有助于搞活流通，促进市场经济发展；但是，如果滥加利用，就会造成不正当竞争，损害其他经营者和消费者的利益。因此，《反不正当竞争法》禁止以下几种形式的有奖销售：第一种，采用谎称有奖或者故意让内定人员中奖的欺骗方式进行有奖销售；第二种，利用有奖销售的手段推销质次价高的商品；第三种，抽奖式的有奖销售的最高奖的奖金超过5000元。前两种行为直接对消费者构成欺诈，对消费者的损害十分明显，并且通过欺诈，行为人获得了较其他经营者有利的竞争优势，属不正当竞争行为；第三种行为，即巨奖销售行为，易误导消费者，使消费者偏离购物消费的本意，而且巨奖销售加大了销售成本，导致物价上涨，造成对消费者利益的直接侵害。从社会的角度来看，巨奖销售削弱了经营者之间基于质量、价格和服务等方面的正常竞争。在巨奖销售的刺激下，消费不能反映正常的社会需求，传递错误的市场信息，导致宏观管理决策失误。所以，法律规定5000元以上的巨奖销售为非法销售。

（五）虚假、引人误解的宣传

虚假、引人误解的宣传是指商品经营者或广告经营者以广告或其他形式对商品的质量、制作成分、性能、用途、生产者、有效期限和产地等做引人误解的虚假宣传的行为。虚假、引人误解的宣传一方面会误导消费者的购物决策，损害消费者利益；另一方面会导致其他经营者失去交易机会，损害了其他经营者的利益。

虚假、引人误解的宣传行为的特征有四条。

1. 行为的主体既可以是商品的经营者，也可以是广告经营者。

2. 商品经营者在进行虚假、引人误解的宣传时，其主观上是故意的，广告经营者的主观也必须是故意的。如果广告经营者不知情，则不承担责任。

3. 从内容上看，虚假、引人误解的宣传包括两种类型：一种是虚假宣传，指宣传的内容与客观事实不符；另一种是引人误解的宣传，其内容可能是真实的，但是宣传对象对商品的真实情况容易产生错误联想。

4. 在宣传的形式上，主要是利用广告的方式。此外，经营者还可利用其他能使社会公众知悉的各种宣传形式进行虚假、引人误解的宣传。

（六）侵犯商业秘密行为

所谓商业秘密，是指不为公众所知悉并为权利人采取保密措施的技术信息和经营信息。商业秘密既包括那些凭技能和经验产生的在生产中具有实用价值的技术信息（如配方、工艺流程和技术诀窍等），也包括在经营中处于秘密状态的管理方法和经营信息（如产销策略、客户名单和货源情报等）。但是，并非所有的技术信息和经营信息都可以成为商业秘密。

商业秘密是权利人通过花费一定的资金、时间、精力等得来的。商业秘密不仅本身具有相当的经济价值，在应用中还会创造出更大的经济价值，经营者拥有商业秘密，往往在市场中就拥有独特的竞争优势。因此，商业秘密是一种特殊的无形财产。为了维护公平竞争秩序，鼓励企业积极进行新产品、新技术和新方法的研究开发，各国都十分注重对商业秘密的法律保护。根据《反不正当竞争法》的规定，下列行为为侵犯商业秘密行为：①以盗窃、利诱、胁迫或其他不正当手段获取权利人的商业秘密；②披露、使用或者允许他人使用以上述手段获取的商业秘密；③违反约定或违反权利人有关保守商业秘密的要求，披露、使用或允许他人使用其所掌握的商业秘密；④第三人明知或应知上述所列违法行为，获取、使用或披露他人商业秘密。

（七）强制搭售商品或附加不合理条件行为

强制搭售商品或附加不合理条件行为是指经营者利用其经济优势，违背交易相对人的意愿，在提供商品或服务时搭配出售其他商品或就商品或服务的价格、技术标准、销售对象、销售地区和使用范围等进行不合理限制的行为。

该行为的特征表现为四个方面。①行为主体是在交易关系中处于卖方地位的经营者，包括供应商（厂商）、批发商或零售商。②该行为是经营者对购买者的纵向控制行为，即由卖方对买方强制搭售或附加不合理条件；反之，如果买方为了得到商品自愿要求订购滞销商品的，则不属于不正当竞争行为。③卖方搭售商品或附加不合理条件利用的是其经济优势，而不是采取暴力胁迫等其他手段。④搭售商品或附加其他条件必须是在违背购买者意愿的情况下进行，如果购买者自愿接受附加条件，则属于不正当附加条件的民事行为。

（八）商业诽谤

商业诽谤是指经营者通过捏造、散布虚假事实，损害竞争对手的商业信誉、商品声誉，削弱竞争对手的市场竞争能力，并为自己谋求不正当利益的行为。商业信誉与商品声誉是经营者名誉权的一部分。名誉是社会或他人对特定人的道德品质、能力或其他品质的一般评价。商业信誉主要体现在经营者商业道德、服务质量、厂商资信情况等方面，商品声誉则主要体现在商品的价格与质量上。商业信誉和商品声誉虽然是经营者的人身权，但它与财产权密切联系，商业信誉与商品声誉高的经营者在市场中能够获取更多的利润，在市场中立于不败之地；反之，则容易受到市场的冲击，甚至破产倒闭。因此，诋毁、贬低他人商业信誉、商品声誉的行为既侵犯了他人的人身权，也侵犯了他人的财产权。

商业诽谤的特征表现为四个方面。①行为的主体主要是从事商品经营和服务活动的经营者。经营者自己可以实施诽谤行为，也可指使他人实施诽谤行为。所谓他人，既可以是同业经营者，也可以是非同业经营者或非经营者的社会组织或个人，如会计、审计、质量监督等机构或其工作人员、政府机关或其工作人员以及消费者个人。他人与经营者共谋实施诽谤行为，应共同承担法律责任。②商业诽谤行为的实施者主观上是故意的，行为人所追求的目的是削弱竞争对手的实力，谋求自身的不正当利益。③商业诽谤侵害的对象是其他经营者的商业信誉和商品声誉，只要侵害其中之一，就构成违法。

④商业诽谤客观上表现为行为人无中生有，捏造、散布虚假事实，对竞争对手的商业信誉和商品声誉进行恶意诋毁、贬低。只要实施了诽谤行为，不论是否造成实际损害，均构成不正当竞争行为。

（九）不正当招标投标

招标投标是指招标人公开自己的招标条件，邀请投标者进行投标，由招标者选择其中条件最优者并与之订立合同的一种行为。招标是一种要约邀请，即招标人邀请投标人发出要约，而招标人不受招标行为的约束。

为了制止招标投标活动中的不正当竞争行为，《反不正当竞争法》对以下两种行为进行了规制。①投标者之间串通投标，抬高标价或压低标价的行为。即投标人彼此通过口头或书面协议，就投标报价及其他条件互相勾结，避免竞争或协议轮流在类似项目中中标，共同损害招标人利益。②招标人与投标人相互勾结排挤竞争对手的公平竞争行为。即招标人与投标人在招标投标活动中以种种不正当手段私下交易，使招标流于形式，共同损害其他投标人的利益。

三、法律责任

（一）《反不正当竞争法》的主管机关

1. 各级人民政府对制止不正当竞争行为、创造良好的公平竞争环境和条件负有义务。

（1）上级机关对下级机关及其所属部门行政性垄断行为有权也有义务进行制止，责令改正；情节严重的，同级或上级机关对直接责任人员给予行政处分。

（2）支持县级以上人民政府工商行政管理部门以及依法具有监督检查权的其他部门对不正当竞争行为进行监督检查。

（3）采取行政、经济手段预防和消除不正当竞争行为的发生及其危害后果，创造公平竞争环境。

2. 县级以上工商行政管理部门是《反不正当竞争法》的直接主管机关，承担反不正当竞争行为的主要责任。

3. 法律、行政法规规定的其他监督检查部门依职权对不正当竞争行为进行监督检查，如专利管理机关、标准化管理机关、质量监督部门等。

（二）违反《反不正当竞争法》的法律责任

1. 民事责任。经营者违反《反不正当竞争法》而给其他经营者造成损害的，应当承担赔偿责任，赔偿额为侵权人因侵权所获得的利润或受害人因侵权所遭受的损失，受害人因调查侵权所支付的合理费用也由侵权人承担。

2. 行政责任。

（1）经营者假冒他人注册商标，擅自使用他人的企业名称或姓名，伪造或冒用认证标志等质量标志，伪造产地，对商品质量做引人误解的虚假表示的，依照有关商标法与产品质量法的规定处罚。

（2）经营者采用财物或其他手段进行贿赂或者购买商品，不构成犯罪的，监督检查部门根据情节处以1万元以上20万元以下的罚款，没收违法所得。

（3）公用企业或其他依法具有独占地位的经营者限定他人购买其指定的经营者的商品，以排挤其他经营者的公平竞争的，省级或设区的监督检查部门责令停止违法行为，根据情节处以 5 万元以上 20 万元以下的罚款。被指定的经营者借此销售质次价高的商品或滥收费用，监督检查部门应当没收违法所得并可根据情节处以违法所得 1 倍以上 3 倍以下的罚款。

（4）经营者利用广告或其他方法，对商品做虚假宣传，监督检查部门责令停止违法行为，消除影响，根据情节处以 1 万元以上 20 万元以下的罚款，广告的经营者如属故意的，监督检查部门责令停止违法行为，没收违法所得并处罚款。

（5）侵犯商业秘密的，监督检查部门责令停止违法行为，根据情节处以 1 万元以上 20 万元以下的罚款。

（6）违法进行有奖销售的，监督检查部门责令停止违法行为，根据情节处以 1 万元以上 20 万元以下的罚款。

（7）投标者串通投标，抬高或压低标价，投标者与招标者相互勾结以排挤竞争对手公平竞争的，其中标无效。监督检查部门根据情节处以 1 万元以上 20 万元以下的罚款。

3. 刑事责任。经营者在实施不正当竞争行为时，触犯《刑法》的，必须依法承担刑事责任。监督检查不正当竞争行为的国家工作人员滥用职权、玩忽职守，构成犯罪的，依法承担刑事责任。

第四节　公司法律制度

一、公司法概述

（一）公司及公司法的概念

1. 公司的概念。公司是企业的一种组织形式，是指依照公司法设立的，以营利为目的的企业法人。公司有独立的法人财产，享有法人财产权。

2. 公司法的概念。公司法是确认公司的法律地位和主体资格，调整公司组织和运行行为的法律规范的总称。1993 年 12 月 29 日第八届全国人民代表大会常务委员会第五次会议通过了《中华人民共和国公司法》（简称《公司法》）；1999 年 12 月 25 日第九届全国人民代表大会常务委员会第十三次会议对《公司法》进行了第一次修正；2004 年 8 月 28 日第十届全国人民代表大会常务委员会第十一次会议对《公司法》进行了第二次修正；2005 年 10 月 27 日第十届全国人民代表大会常务委员会第十八次会议对《公司法》进行了第三次修正；2013 年 12 月 28 日第十二届全国人民代表大会常务委员会第六次会议对《公司法》进行了第四次修正。

（二）公司的分类

1. 根据股东对公司所负责任的不同，可将公司分为无限责任公司、有限责任公司、两合公司、股份有限公司、股份两合公司。《公司法》将公司分为有限责任公司和股份有限公司。

2. 根据公司的组成基础的不同，可将公司分为人合公司和资合公司。
3. 根据公司的国籍不同，可将公司分为本国公司、外国公司和跨国公司。
4. 根据公司的外部控制关系的不同，可将公司分为母公司和子公司。
5. 根据公司组织系统的从属关系的不同，可将公司分为总公司和分公司。
6. 根据公司股东数量的不同，可将公司分为多人公司和一人公司。

二、有限责任公司

有限责任公司是指依《公司法》设立的，股东以其出资额为限对公司承担责任，公司以其全部财产对公司的债务承担责任的公司。

（一）有限责任公司设立的条件

根据《公司法》第二十三条的规定，有限责任公司设立的条件有五个。①股东符合法定人数。根据《公司法》的规定，股东的人数限定在50人以下，法律允许法人或自然人设立一人有限责任公司。国有资产管理机构也可以代表国家设立国有独资公司。②有符合公司章程规定的全体股东认缴的出资额。股东应当按期足额缴纳公司章程中规定的各自所认缴的出资额。③股东共同制定公司章程。公司章程应当载明：公司的名称和住所，公司经营范围，公司注册资本，股东的姓名或名称，股东的出资方式、出资额和出资时间，公司的机构及其产生办法、职权、议事规则，公司法定代表人，股东会会议认为需要规定的其他事项。股东应当在公司章程上签名盖章。④有公司名称，建立符合有限责任公司要求的组织机构。⑤有公司的住所。公司的住所是公司的法定注册地址，是公司的主要办事机构所在地。经公司登记机关登记的公司住所只能有一个。

（二）有限责任公司出资、验资、登记

1. 有限责任公司出资。《公司法》第二十七条规定："股东可以用货币出资，也可以用实物、知识产权、土地使用权等可以用货币估价并可以依法转让的非货币财产作价出资；但是，法律、行政法规规定不得作为出资的财产除外。"股东应当按期足额缴纳公司章程中规定的各自所认缴的出资额。股东以货币出资的，应当将货币出资足额存入有限责任公司在银行开设的账户；以非货币财产出资的，应当依法办理其财产权的转移手续。股东不按照规定缴纳出资的，除应当向公司足额缴纳外，还应当向已按期足额缴纳出资的股东承担违约责任。

2. 有限责任公司登记。股东认足公司章程规定的出资后，由全体股东指定的代表或者共同委托的代理人向公司登记机关报送公司登记申请书、公司章程等文件，申请设立登记。登记机关对申请登记时提供的材料进行审查后，认为符合法律规定的，将予以登记并发给营业执照，有限公司即告成立。有限责任公司成立后，应当向股东签发出资证明书。公司成立后，股东不得抽逃出资。

（三）有限责任公司的组织机构

1. 有限公司的股东会。股东会由全体股东组成，是公司的权力机构。除国有独资和一人有限公司外，股东会是必设机关。股东会会议是股东会的工作方式，股东会会议分为定期会议和临时会议。股东会会议由董事会召集，董事长主持；不设董事会的，由执行董事召集和主持。股东会会议由股东按照出资比例行使表决权，公司章程另有规定

的除外。股东会会议做出修改公司章程、增加或者减少注册资本的决议以及公司合并、分立、解散或者变更公司形式的决议，必须经代表 2/3 以上表决权的股东通过。根据《公司法》第三十七条规定，"股东会行使下列职权：（一）决定公司的经营方针和投资计划；（二）选举和更换非由职工代表担任的董事、监事，决定有关董事、监事的报酬事项；（三）审议批准董事会的报告；（四）审议批准监事会或者监事的报告；（五）审议批准公司的年度财务预算方案、决算方案；（六）审议批准公司的利润分配方案和弥补亏损方案；（七）对公司增加或者减少注册资本做出决议；（八）对发行公司债券做出决议；（九）对公司合并、分立、解散、清算或者变更公司形式做出决议；（十）修改公司章程；（十一）公司章程规定的其他职权"。

2. 有限公司的董事会。董事会是由股东会选举产生，代表公司并依法行使经营决策权的公司常设机关。董事会由 3～13 名董事组成，董事的任期由章程规定，每届不超过 3 年。设董事长 1 名，可以设副董事长，产生的办法由公司章程规定。董事会决议的表决实行一人一票。股东人数较少或规模较小的有限公司，可以只设 1 名执行董事，不设董事会。执行董事可以兼任公司经理，其职权由公司章程规定。董事会对股东会负责，根据《公司法》第四十七条规定，"董事会对股东会负责，行使下列职权：（一）召集股东会会议，并向股东会报告工作；（二）执行股东会的决议；（三）决定公司的经营计划和投资方案；（四）制订公司的年度财务预算方案、决算方案；（五）制订公司的利润分配方案和弥补亏损方案；（六）制订公司增加或者减少注册资本以及发行公司债券的方案；（七）制订公司合并、分立、解散或者变更公司形式的方案；（八）决定公司内部管理机构的设置；（九）决定聘任或者解聘公司经理及其报酬事项，并根据经理的提名决定聘任或者解聘公司副经理、财务负责人及其报酬事项；（十）制定公司的基本管理制度；（十一）公司章程规定的其他职权"。

3. 有限责任公司的经理。经理是由有限责任公司董事会聘任的主持公司日常管理工作的高级管理人员，经理对董事会负责，是董事会的执行机构。根据《公司法》第四十九条规定，"有限责任公司可以设经理，由董事会决定聘任或者解聘。经理对董事会负责，行使下列职权：（一）主持公司的生产经营管理工作，组织实施董事会决议；（二）组织实施公司年度经营计划和投资方案；（三）拟订公司内部管理机构设置方案；（四）拟订公司的基本管理制度；（五）制定公司的具体规章；（六）提请聘任或者解聘公司副经理、财务负责人；（七）决定聘任或者解聘除应由董事会决定聘任或者解聘以外的负责管理人员；（八）董事会授予的其他职权。公司章程对经理职权另有规定的，从其规定"。公司的总经理、副经理、财务负责人、上市公司董事会秘书和公司章程规定的其他人员统称为"公司的高级管理人员"。

4. 有限责任公司的监事会。监事会是依法由股东和职工选举产生的监事组成的对董事和高级管理人员的经营管理行为和公司的财务进行监督的常设机构。其成员不少于 3 人。股东人数较少或规模较小的有限责任公司，可以只设 1～2 名监事，不设监事会。董事、高级管理人员不得兼任监事。《公司法》第五十三条规定："监事会、不设监事会的公司的监事行使下列职权：（一）检查公司财务；（二）对董事、高级管理人员执行公司职务的行为进行监督，对违反法律、行政法规、公司章程或者股东会决议的董事、高级管理人员提出罢免的建议;(三)当董事、高级管理人员的行为损害公司的利益时,要求董事、高级管理人员予以纠正;(四)提议召开临时股东会会议,在董事会不履行本法规定的召集和主持股东会会议职责时召集和主持股东会会议;(五)向股东会会议提出提案;(六)依照本法第一百五十二条的规定,对董事、高级管理人员提起诉讼;(七)公司章程规定的其他职权。"

(四)有限责任公司的特殊形式

1. 一人有限公司。一人有限公司是指只有一个自然人股东或一个法人股东的有限责任公司。一个自然人只能投资设立一个一人有限公司,该公司不能投资设立新的一人有限公司。股东不能证明公司的财产独立于股东自己的财产的,应当对公司债务承担连带责任。

2. 国有独资公司。国有独资公司是指国家单独出资,由国务院或地方人民政府委托本级人民政府国有资产监管机构履行出资人职责的有限责任公司。国有独资公司不设股东会,由国有资产监督管理机构行使股东会职权并可授权公司董事会行使股东会部分职权。国有独资公司设董事会,董事会成员由国有资产监督管理机构委派,但董事会成员中的职工代表由公司职工代表大会选举产生。国有独资公司设经理,由董事会聘任或解聘。国有独资公司监事会成员不得少于5人,其中,职工代表的比例不得低于1/3。

(五)有限责任公司的股权转让

1. 有限责任公司股权的内部转让。有限责任公司的股东之间可以相互转让其全部或部分股权。

2. 有限责任公司股权的外部转让。股东向股东以外的人转让股权,应当经过其他股东过半数同意。股东应就其股权转让事项书面通知其他股东以征求同意,其他股东自接到书面通知之日起满30日未答复的,视为同意转让。其他股东半数以上不同意转让的,不同意的股东应当购买该转让的股权;不购买的,视为同意转让。经股东同意转让的股权,在同等条件下,其他股东有优先购买权。

3. 自然人股东死亡后,其合法继承人可以继承股东资格。但是,公司章程另有规定的除外。

三、股份有限公司

(一)股份有限公司的设立

股份有限公司是其全部资本分为等额股份,股东以其所持股份对公司承担有限责任,公司以其全部财产对公司的债务承担责任的公司。

1. 股份有限公司的设立方式。股份有限公司的设立方式有发起设立和募集设立两种。发起设立是指发起人认足公司的全部资本而设立公司;募集设立是指由发起人认购公司应发行股份的一部分,其余股份向社会公开募集或者向特定对象募集而设立的公司。股份有限公司采取发起设立方式设立的,注册资本为在公司登记机关登记的全体发起人认购的股本总额。以募集设立方式设立股份有限公司的,注册资本为在公司登记机关登记的实收股本总额。

2. 股份有限公司的设立条件。《公司法》第七十六条规定,设立股份有限公司的条件有六个。①发起人符合法定的人数。发起人是公司筹办事务的负责人，是未来公司股份的认购人，是对公司的设立行为承担资本充实和损害赔偿责任的人。根据《公司法》规定，发起人可以是自然人，也可以是法人，发起人为2人以上、200人以下，且其中须有半数以上的发起人在中国境内有住所。②有符合公司章程规定的全体发起人认购的股本总额或者募集的实收股本总额。③股份的发行、筹办事项符合法律规定。④发起人制定公司章程，采用募集方式设立的经创立大会通过。公司章程应当载明：公司的名称和住所，公司的经营范围，公司设立方式，公司股份总数、每股金额和注册资本，发起人的姓名或名称、认购的股份数、出资方式和出资时间，董事会的组成、职权和议事规则，公司法定代表人，监事会的组成、职权和议事规则，公司利润分配办法，公司的解散事由与清算办法，公司的通知和公告办法，股东大会会议认为需要规定的其他事项。⑤有公司名称，建立符合股份有限公司要求的组织机构。⑥有公司住所。

3. 设立程序。

（1）发起设立程序。发起人以书面形式订立发起人协议，填写认购书，并按照协议的规定缴纳出资，选举董事会和监事会后，向登记机关申请登记。

（2）募集设立程序。首先，在发起人认购其应认购的股份后，才能向社会公开募集。募集程序包括：发起人制定招股说明书，同依法设立的证券经营机构签订承销协议，并与银行签订代收股款的协议，向国务院证券管理部门递交募股申请，经批准后，制作认股书，股款募足后，由法定验资机构验资，同时在30日内召开创立大会，选举董事会、监事会成员，由新选出的董事会向登记机关申请登记。

（二）股份有限责任公司的组织机构

1. 股东大会。股东大会是由全体股东组成的公司权力机构，它是公司必要的非常设的表意机关。股东大会分为定期会议和临时会议两种。股东大会依照《公司法》第三十七条的规定行使职权。股东大会由董事会召集，董事长主持。董事会不能或不履行召集会议职责的，监事会应当及时召集和主持。股东出席股东大会，所持每一股份有一表决权。

2. 董事会。董事会是股份有限公司必设和常设的业务执行和经营意思的决定机构，对股东大会负责。其成员为5～19人。董事会设董事长1人，可以设副董事长。董事会每年度至少召开两次会议，决议的表决实行1人1票。董事应对董事会决议承担责任。

3. 监事会。股份有限责任公司设监事会，其成员不得少于3人。监事会每6个月至少召开1次会议，监事可以提议召开临时监事会会议。监事会会议应有过半数的监事出席方可举行。监事会做出决议，必须经全体监事的过半数通过。监事会决议的表决实行1人1票。

4. 上市公司组织机构的特别规定。上市公司是指其股票在证券交易所上市交易的股份有限公司。上市公司在1年内购买、出售重大资产或担保金额超过公司资产总额30%的，应当由股东大会做出决议，并经出席会议的股东所持表决权的2/3以上通过。上市公司设独立董事，设董事会秘书。

（三）股份有限公司的股份发行与转让

1. 股份有限公司的股份发行。股份是股份有限公司资本的构成和最小计量单位，每一股的金额相等。股份的发行实行公平公正的原则，同种类的每一股份应当具有同等的权利。同次发行的同种类股票，每股发行的条件和价格应当相同。股票的发行价格可以按票面金额，也可以超过票面金额但不得低于票面金额。公司可发行记名股票，也可发行无记名股票。但向发起人和法人应发行记名股票。

2. 股份有限公司的股份转让。股份转让是指股东将代表股东身份和股东权利的股份移转于他人的民事行为。法律对记名股票和无记名股票的转让规定不同：记名股票的转让，股东以背书方式或法律、行政法规规定的其他方式转让，转让后由公司将受让人的姓名或者名称及住所记载于股东名册；无记名股票的转让，由股东将该股票交付给受让人后即发生转让的效力。发起人持有的本公司股份，自公司成立之日起1年内不得转让。董事、监事、高级管理人员应当向公司申报所持的本公司的股份及其变动情况，在任职期间，每年转让的股份不得超过其所持本公司股份总额的25%，自公司股票上市交易之日起1年内不得转让，离职后半年内不得转让所持有的本公司股份。公司不得收购本公司股份，公司不得接受本公司的股票作为质押权的标的，法律另有规定的除外。

四、股票上市

上市公司是指所发行的股票经国务院或者国务院授权的证券管理部门批准在证券交易所上市交易的股份有限公司。

根据《证券法》第五十条规定，"股份有限公司申请股票上市，应当符合下列条件：（一）股票经国务院证券监督管理机构核准已公开发行；（二）公司股本总额不少于人民币三千万元；（三）公开发行的股份达到公司股份总数的百分之二十五以上，公司股本总额超过人民币四亿元的公开发行股份的比例为百分之十以上；（四）公司最近三年无重大违法行为，财务会计报告无虚假记载。证券交易所可以规定高于前款规定的上市条件，并报国务院证券监督管理机构批准"。

股票上市后，当股份有限公司不符合上市条件时，为了保护交易安全和社会稳定，法律规定上市公司在下列情形下，由证券交易所决定终止其股票上市交易：①公司股本总额、股权分布等发生变化，不再具备上市条件，在证券交易所规定的期限内仍不能达到上市条件；②公司不按照规定公开其财务状况，或者对财务会计报告做虚假记载，且拒绝纠正；③公司最近3年连续亏损，在其后一个年度内未能恢复盈利；④公司解散或者被宣告破产；⑤证券交易所上市规则规定的其他情形。

五、公司董事、监事、高级管理人员的资格和义务

（一）公司董事、监事、高级管理人员的资格

依照《公司法》第一百四十六条规定，"有下列情形之一的，不得担任公司的董事、监事、高级管理人员：（一）无民事行为能力或者限制民事行为能力；（二）因贪污、贿赂、侵占财产、挪用财产或者破坏社会主义市场经济秩序，被判处刑罚，执行期满未逾五年，或者因犯罪被剥夺政治权利，执行期满未逾五年；（三）担任破产清算的

公司、企业的董事或者厂长、经理，对该公司、企业的破产负有个人责任的，自该公司、企业破产清算完结之日起未逾三年；（四）担任因违法被吊销营业执照、责令关闭的公司、企业的法定代表人，并负有个人责任的，自该公司、企业被吊销营业执照之日起未逾三年；（五）个人所负数额较大的债务到期未清偿"。

（二）公司董事、监事、高级管理人员的义务

1. 董事、监事、高级管理人员应当遵守法律、行政法规和公司章程，对公司负有忠实和勤勉义务。

2. 董事、监事、高级管理人员不得利用职权收受贿赂或者其他非法收入，不得侵占公司的财产。

3. 董事、监事、高级管理人员不得有下列行为：①挪用公司资金；②将公司资金以其个人或其他个人名义开立账户存储；③违反公司章程的规定，未经股东会、股东大会或董事会同意，将公司资金借贷给他人或以公司财产为他人提供担保；④违反公司章程的规定或未经股东会、股东大会同意，与本公司订立合同或进行交易；⑤未经股东会或股东大会同意，利用职务便利为自己或他人谋取属于公司的商业机会，自营或为他人经营与所任职公司同类的业务；⑥接受他人与公司交易的佣金归为己有；⑦擅自披露公司秘密；⑧违反对公司忠实义务的其他行为。董事、高级管理人员违反上述规定所得的收入应当归公司所有。董事、监事、高级管理人员执行公司职务时违反法律、行政法规和公司章程的规定，给公司造成损失的，应当承担赔偿责任。董事、高级管理人员违反法律、行政法规或者公司章程的规定，损害股东利益的，股东可以向人民法院提起诉讼。

六、公司债券

（一）公司债券概述

1. 公司债券的概念。公司债券是指公司依照法定程序发行、约定在一定期限还本付息的有价证券。它是公司向社会公众公开募集筹借资金的一种方式。

2. 公司债券与股票的区别。

（1）持有人的法律地位不同。公司债券持有人是一般债权人，享有债权，不享有对公司的经营管理权；而股票持有人是公司股东，依法享有股东的权利与义务，有权参与公司的重大决策和经营管理。

（2）收益情况不同。公司债券收益固定，无论公司是否盈利，债券持有人都有权要求公司还本付息，而且利率固定；而股票收益随着公司经营状况而上下浮动，公司经营好股息就高，公司经营不好股息就低，甚至没有。

（3）风险责任不同。当公司破产或解散时，公司债券的债权人有权优先于股东就公司财产获得清偿。

（二）公司债券的发行、转换与转让

1. 公司债券的发行。公司发行公司债券应当符合《证券法》规定的发行条件，并依法报经国务院证券监督管理机构或国务院授权的部门核准，公告公司债券的募集办法。根据《公司法》的规定，公司可以发行记名公司债券和无记名公司债券、可转换

公司债券和非转换公司债券。

2. 公司债券的转换。上市公司发行可转换为股票的公司债券,应当报国务院证券监督管理机构核准。发行可转换为股票的公司债券,应当在债券上标明"可转换公司债券"字样,并在公司债券存根簿上载明可转换公司债券的数额。是否转换股票,可转换公司债券持有人有选择权。

3. 公司债券的转让。无记名公司债券可自由转让,记名公司债券转让时,应依背书或者其他法定方式进行,且须办理债权人变更登记手续,即转让后由公司将受让人的姓名或者名称及住所记载于公司债券存根簿。

七、公司财务与会计

(一)公司财务会计制度

公司财务会计制度是指由法律法规和公司章程所确立的公司财务、会计的处理规则。公司财务管理是对公司各种形态资产的专业管理,包括资金筹集、流动资金、固定资产、无形财产及递延资产和其他资产、转投资、成本和费用、营业收入利润分配管理等。公司会计制度包括会计核算和会计监督活动。

(二)公司财务会计报告

公司财务会计报告应当包括会计报表、会计报告附注与财务情况说明书。会计报表应当包括资产负债表、利润表及相关附表。公司应当根据真实的决议、活动和业务及完整准确的会计原始记录资料,按照国家统一的会计制度规定的原则和方法制作财务会计报告。

(三)公司利润分配

《公司法》规定的税后利润分配顺序是:①弥补上一年度亏损。②提取法定公积金,公积金是指公司从税后利润和资产收益中提取的用于弥补亏损和扩大投资的公司自有资金。公司分配当年税后利润时,应当提取利润的10%作为法定公积金,法定公积金累计额为公司注册资本的50%以上的,可以不再提取。③提取任意公积金。经股东会或股东大会决议,还可从税后利润中提取任意公积金。④向股东分配股利。股利的分配既可以现金方式支付,也可以通过向股东增发股票的方式进行。

八、公司的合并、分立与增资、减资

(一)公司的合并

公司的合并是指两个或以上的公司依照法定程序,通过协商一致,共同组成一个公司的法律行为。公司合并可以使公司扩大经营规模,促进公司的快速发展。公司合并的方式有吸收合并和新设合并两种。一个公司吸收其他公司为吸收合并,被吸收的公司解散。两个以上公司合并设立一个新的公司为新设合并,合并各方解散。

公司合并应当由合并各方签订合并协议,并编制资产负债表及财产清单,公司应当自做出合并决议之日起10日内通知债权人,并于30日内在报纸上公告。债权人接到通知书之日起30日内,或者未接到通知书的自公告之日起45日内,有权要求公司清偿债务或提供相应担保。

公司合并时，合并各方的债权、债务应当由合并后存续的公司或新设的公司承继。

（二）公司的分立

公司的分立是指一个公司依照法定程序分为两个或以上公司的法律行为。公司的分立可以分为新设分立和派生分立两种。新设分立是指一个公司分离成两个或以上的公司，原公司因此而解散；派生分立是指在原公司继续存在的基础上，将公司资产分出一部分或若干部分再成立一个或数个公司的行为。公司分立前的债务由分立后的公司承担连带责任，但是公司在分立前与债权人就债务清偿达成的书面协议另有约定的除外。

（三）公司的增资

公司的增资是指公司为了筹集资金、扩大营业、拓展业务等，依法增加公司资本总额的行为。有限公司的增资可以通过增加新股东以扩充资本和由公司原股东增加出资额的方式进行。股份有限公司的增资主要通过发行新股和增加股份金额的方式进行。

（四）公司的减资

公司的减资是指公司根据生产经营情况，依照法定条件和程序减少公司的注册资本的行为。公司减资时，必须编制资产负债表及财产清单，自做出减资决议之日起10日内通知债权人，并于30日内在报纸上公告。债权人接到通知书之日起30日内，或者未接到通知书的自公告之日起45日内，债权人有权要求公司清偿债务或提供相应担保。公司减资后的注册资本不得低于法定的最低限额。

九、公司的解散和清算

（一）公司解散

公司解散是指已经成立的公司因发生法律或章程中规定的解散事由而停止业务活动，处理未了结事务的活动。根据公司解散原因的不同，可以将公司解散分为自愿性解散、行政性强制解散和司法性强制解散。公司法人资格不因公司解散而消灭，在公司清算完毕，办理注销登记后，公司人格消灭。

（二）公司清算

公司清算是指公司解散后，依照法定程序由清算组了结公司未了结事务，清理债权、债务，使公司人格归于消灭的法律行为，除因公司合并、分立情形外，公司解散均应依法进行清算。根据清算对象、程序和复杂程度的不同，公司清算可分为：破产清算和非破产清算，法定清算和任意清算，普通清算和特别清算。

十、外国公司的分支机构

（一）外国公司及分支机构概述

外国公司是指依照外国法律在中国境外设立的公司。外国公司的分支机构是指外国公司依照我国法律在我国境内设立的不具有法人资格的从事商事活动的附属实体。外国公司对其分支机构在中国境内进行的经营活动承担民事责任。

（二）外国公司分支机构的设立

外国公司分支机构的设立必须具备以下条件。

1. 外国公司须提供相关证明文件。包括公司章程、所属国的公司登记证书等。

2. 分支机构的名称。名称中必须标明该外国公司的国籍及责任形式。
3. 分支机构的代表人或代理人。
4. 分支机构的经营资金。

（三）外国公司分支机构的撤销与清算

外国公司撤销其在中国境内的分支机构时，必须依法清偿债务，依照《公司法》有关公司清算程序的规定进行清算，未清偿债务之前，不得将分支机构的财产移至中国境外。

十一、违反公司法的法律责任

1. 虚报注册资本、提交虚假材料或者采取其他欺诈手段隐瞒重要事实而取得公司登记的，由公司登记机关责令改正，对虚报注册资本的公司，处以虚报注册资本金额5%以上15%以下的罚款；对提交虚假材料或者采取其他欺诈手段隐瞒重要事实的公司，处以5万元以上50万元以下的罚款；情节严重的，撤销公司登记或者吊销营业执照。

2. 公司的发起人、股东虚假出资，未交付或者未按期交付作为出资的货币或者非货币财产的，由公司登记机关责令改正，处以虚假出资金额5%以上15%以下的罚款。

3. 公司的发起人、股东在公司成立后，抽逃其出资的，由公司登记机关责令改正，处以所抽逃出资金额5%以上15%以下的罚款。

4. 公司违反法律规定，在法定的会计账簿以外另立会计账簿的，由县级以上人民政府财政部门责令改正，处以5万元以上50万元以下的罚款。

5. 公司在依法向有关主管部门提供的财务会计报告等材料上做虚假记载或者隐瞒重要事实的，由有关主管部门对直接负责的主管人员和其他直接责任人员处以3万元以上30万元以下的罚款。

6. 公司不依照法律规定提取法定公积金的，由县级以上人民政府财政部门责令如数补足应当提取的金额，可以对公司处以20万元以下的罚款。

7. 公司在合并、分立、减少注册资本或者进行清算时，不依照法律规定通知或者公告债权人的，由公司登记机关责令改正，对公司处以1万元以上10万元以下的罚款。

8. 公司在进行清算时，隐匿财产，对资产负债表或者财产清单做虚假记载或者在未清偿债务前分配公司财产的，由公司登记机关责令改正，对公司处以隐匿财产或未清偿债务前分配公司财产金额5%以上10%以下的罚款，对直接负责的主管人员和其他直接责任人员处以1万元以上10万元以下的罚款。

9. 公司在清算期间开展与清算无关的经营活动的，由公司登记机关予以警告，没收违法所得。

10. 清算组不依照《公司法》规定向公司登记机关报送清算报告，或者报送清算报告隐瞒重要事实或者有重大遗漏的，由公司登记机关责令改正。清算组成员利用职权徇私舞弊、谋取非法收入或者侵占公司财产的，由公司登记机关责令退还公司财产，没收违法所得，并可处以违法所得1倍以上5倍以下的罚款。

11. 承担资产评估、验资或者验证的机构提供虚假材料的，由公司登记机关没收违法所得，处以违法所得1倍以上5倍以下的罚款，并可以由有关主管部门依法责令该机构停业、吊销直接责任人员的资格证书，吊销营业执照；承担资产评估、验资或者验证的机构因过失提供有重大遗漏的报告的，由公司登记机关责令改正，情节较重的，处以所得收入1倍以上5倍以下的罚款，并可以由有关主管部门依法责令该机构停业、吊销直接责任人员的资格证书，吊销营业执照；承担资产评估、验资或者验证的机构因其出具的评估结果、验资或者验证证明不实，给公司债权人造成损失的，除能够证明自己没有过错的外，在其评估或者证明不实的金额范围内承担赔偿责任。

12. 公司登记机关对不符合《公司法》规定条件的登记申请予以登记，或者对符合《公司法》规定条件的登记申请不予登记的，对直接负责的主管人员和其他直接责任人员，依法给予行政处分。

13. 公司登记机关的上级部门强令公司登记机关对不符合法律规定条件的登记申请予以登记，或者对符合法律规定条件的登记申请不予登记的，或者对违法登记进行包庇的，对直接负责的主管人员和其他直接责任人员，依法给予行政处分。

14. 未依法登记为有限责任公司或者股份有限公司，而冒用有限责任公司或者股份有限公司名义的，或者未依法登记为有限责任公司或者股份有限公司的分公司，而冒用有限责任公司或者股份有限公司的分公司名义的，由公司登记机关责令改正或者予以取缔，可以并处10万元以下的罚款。

15. 公司成立后无正当理由超过6个月未开业的，或者开业后自行停业连续6个月以上的，可以由公司登记机关吊销营业执照。公司登记事项发生变更时，未依照法律规定办理有关变更登记的，由公司登记机关责令限期登记；逾期不登记的，处以1万元以上10万元以下的罚款。

16. 外国公司违反《公司法》规定，擅自在中国境内设立分支机构的，由公司登记机关责令改正或者关闭，可以并处5万元以上20万元以下的罚款。

17. 利用公司名义从事危害国家安全、社会公共利益的严重违法行为的，吊销营业执照。

18. 公司违反法律规定，应当承担民事赔偿责任和缴纳罚款、罚金的，其财产不足以支付时，先承担民事赔偿责任。

19. 违反法律规定，构成犯罪的，依法追究刑事责任。

第五节　产品质量法律制度

一、产品质量法概述

(一) 产品的概念

产品是指生产出来的物品或经过加工制作，使之具有使用价值的物品。《中华人民共和国产品质量法》（简称《产品质量法》）第二条将产品界定为："本法所称产品是指经过加工、制作，用于销售的产品。建设工程不适用本法规定；但是，建设工程使用的建筑材料、建筑构配件和设备，属于前款规定的产品范围的，适用本法规定。"

（二）产品质量的概念

产品质量是指产品的适用性，即产品满足消费者需求的特性。在我国，产品质量是指国家有关法律、法规、质量标准以及合同约定的对产品适用、安全和其他特性的要求。

（三）产品质量法的概念

产品质量法是指调整产品的生产者、销售者、消费者以及有关行政主管部门在产品质量方面所发生的各种社会关系的法律规范的总称。改革开放以来，我国加强产品质量的立法工作，制定了一批产品质量方面的法律、法规。1993年2月22日第七届全国人民代表大会常务委员会第三十次会议通过了《中华人民共和国产品质量法》，1993年9月1日施行。2000年7月8日第九届全国人民代表大会常务委员会第十六次会议对《产品质量法》进行第一次修正。2009年8月27日第十一届全国人民代表大会常务委员会第十次会议对《产品质量法》进行第二次修正。

（四）产品质量法调整的关系

产品质量法调整的是围绕产品质量而发生的各种社会关系。

1. 产品质量监督管理关系。产品质量监督管理关系是指各级产品质量监督管理部门与生产者、销售者之间在产品质量监督管理活动中产生的各种关系。这是国家机关对市场活动的干预，具有行政管理的性质。

2. 产品质量责任关系。产品质量责任关系是指生产者、销售者、消费者之间因商品交易和使用所发生的产品质量关系，主要是生产者、销售者应承担的责任和义务。这种社会关系具有民事法律关系的性质。

《产品质量法》将产品质量监督管理方面的法律规范和包括产品责任在内的产品质量责任方面的法律规范合二为一，是一部较为系统完善的、具有中国特色的法律。

二、产品质量的监督管理

（一）产品质量的监督管理机构

1. 国务院产品质量监督部门（原为国家质量技术监督局，后与国家出入境检验检疫局合并，组建成国家质量监督检验检疫总局，简称"国家质检总局"）主管全国产品质量监督工作。

2. 县级以上地方产品质量监督部门（指县级以上地方人民政府设置的质量技术监督与检验检疫机构）主管本行政区域内的产品质量监督工作。

3. 国务院有关部门和县级以上地方人民政府的有关部门在各自的职责范围内负责产品质量监督管理工作。

（二）产品质量的监督管理制度

1. 产品质量检验制度。《产品质量法》规定的内部产品质量管理制度的内容是：每个单位和部门都要根据各个工序、生产流程、销售程序等，制定严格的岗位质量规范并将产品责任落实到人，根据岗位规范和质量责任对员工进行定期考核。产品质量应当检验合格，不得以不合格产品冒充合格产品。

2. 标准化管理制度。标准是对重复性事物和概念所做的统一规定。它是以科学技术和实践经验的综合成果为基础，经有关方面协商，由主管机关批准，作为共同遵守的依据和准则。标准化是指从制定标准到全面实施标准的活动。标准化是组织现代化生产的重要手段，推行标准化是国家的一项重要的技术经济政策。产品标准一经公布实施，就是技术法规，具有强制性，任何生产者、销售者都必须执行。根据《产品质量法》的规定，可能危及人体健康和人身、财产安全的工业产品必须符合保障人体健康和人身、财产安全的国家标准、行业标准；未制定国家标准、行业标准的，必须符合保障人体健康和人身、财产安全的要求。禁止生产、销售不符合保障人体健康和人身、财产安全的标准和要求的产品。国家鼓励积极采用国际标准。

3. 产品质量认证制度。产品质量认证是指由独立的第三方依据产品标准和技术要求，对产品质量进行检验、测试和确认，并通过颁发认证证书和许可使用认证标志的方式，证明产品符合相应标准和技术要求的活动。企业根据自愿原则向国务院产品质量监督部门认可的或授权的认证机构申请产品质量认证。目前，经原国家质量技术监督局批准的产品质量认证标志有三种：①长城认证标志，用于获准认证的电工产品；②PRC认证标志，用于获准认证的电子元器件产品；③方圆认证标志，用于获准认证的其他产品。获准使用认证标志的企业有以下义务：在认证证书规定的范围内使用认证标志，按照规定的使用方法和要求使用认证标志，保证使用认证标志的产品符合认证时的质量水平。

4. 企业质量体系认证制度。质量体系是指为实施质量管理的组织机构、职责、程序、过程和资源。企业质量体系认证是指依照国际通用的"质量管理和质量保证"系列标准，经过国家认可的认证机构对企业质量体系进行审核与评价，确认符合标准时，由认证机构向企业颁发认证证书，以证明企业的质量体系和质量保证能力符合相应的要求的活动。企业质量体系认证的标准是国际通用的质量管理标准，即国际化标准组织（International Organization for Standardization，简称"ISO"）发布的ISO9000系列国际标准。我国已经将此标准等同采用转化为国家标准。企业质量体系认证的对象是企业，其效力并不能及于产品。

5. 产品质量监督检查制度。

（1）国家监督。国家对产品质量实行以抽查为主要方式的监督检查制度。抽查的重点产品主要是：可能危及人体健康和人身、财产安全的产品，如食品、药品和电器等；影响国计民生的重要工业产品，如锅炉、汽车、农药、化肥和水泥等；消费者、有关组织反映有质量问题的产品。根据监督抽查的需要，可以对产品进行检验。进行产品检验不得向企业收取检验费用，检验抽取的样品的数量不得超过检验的合理需要。

（2）社会监督。产品质量的社会监督是消费者和保护消费者权益的社会组织、新闻舆论等对产品质量进行的监督。消费者有权就产品质量问题向产品的生产者、销售者查询，向产品质量监督部门、工商行政管理部门及其他有关部门申诉，有关部门应当负责解决处理。保护消费者权益的社会组织可以就消费者反映的产品质量问题建议有关部门负责处理。支持消费者对因产品质量造成的损害向人民法院起诉。任何单位和个人有权对违反《产品质量法》规定的行为向产品质量监督部门或者其他有关部门检举。产品质量监督部门或者其他有关部门应当为检举人保密，并按照省、自治区、直辖市人民政府的规定给予奖励。

三、生产者、销售者的产品质量责任和义务

（一）生产者的产品质量责任和义务

1. 保证产品的内在质量。
（1）产品不得存在危及人身、财产安全的不合理的危险。
（2）产品应当具备应有的使用性能，但对产品存在使用性能的瑕疵做出说明的除外。
（3）产品质量应当符合明示的质量状况。
符合上述要求的，即为合格产品。

2. 产品标识、包装的义务。产品标识是指用于识别产品或其特征、特性所做的各种表示的统称。产品标识可以标注在产品上，也可以标注在产品的包装上。产品标识应当符合下列要求。
（1）有产品质量检验合格证明，包括合格证、合格印章等。
（2）有中文标明的产品名称、生产厂的厂名和厂址。
（3）根据产品的特点和使用要求，需要标明产品规格、等级、所含主要成分的名称和含量的，应当用中文相应予以标明。
（4）限期使用的产品，应当在显著位置清晰地标明生产日期和安全使用期或者失效日期。
（5）使用不当，容易造成产品本身损害或者可能危及人身、财产安全的产品，应当有警示标志或者中文警示说明。
（6）裸装的食品和其他根据产品的特点难以附加标识的裸装产品，可以不附加产品标识。
（7）易碎、易燃、易爆、有毒、有腐蚀性和有放射性等危险物品以及储运中不能倒置和其他有特殊要求的产品，其包装质量必须符合相应要求，依照国家有关规定做出警示标志或者中文警示说明，标明储运注意事项。

3. 产品生产的禁止性规定。
（1）不得生产国家明令淘汰的产品。
（2）不得伪造产地、不得伪造或者冒用他人的厂名、厂址。
（3）不得伪造或者冒用认证标志等质量标志。
（4）生产的产品，不得掺杂、掺假或以不合格的产品冒充合格产品。

（二）销售者的产品质量责任和义务

1. 建立并执行进货检查验收制度，验明产品合格证明和其他标识。
2. 采取措施，保持销售产品的质量。
3. 销售产品的标识应当符合相关规定。
4. 不得销售假冒伪劣产品。

四、违反《产品质量法》的法律责任

(一) 民事责任

1. 因产品质量问题引起的违约责任。《产品质量法》第四十条规定,"售出的产品有下列情形之一的,销售者应当负责修理、更换、退货;给购买产品的消费者造成损失的,销售者应当赔偿损失:(一)不具备产品应当具备的使用性能而事先未做说明的;(二)不符合在产品或者其包装上注明采用的产品标准的;(三)不符合以产品说明、实物样品等方式表明的质量状况的"。销售者依照上述规定承担责任后,属于生产者或供货者的责任的,销售者有权向生产者和供货者追偿。

2. 因产品缺陷引起的侵权责任。如果缺陷产品导致的损失仅限于缺陷产品本身,则依据《合同法》即可解决此类问题。但缺陷产品往往导致缺陷产品之外的人身和财产损失,如果仍然依据《合同法》,则许多受害者便因无法证明合同关系或本来就不存在合同关系而无法获得赔偿。19世纪,尤其是到了20世纪,随着现代化大生产的发展及市场竞争的加剧,由于缺乏相应的法律制度约束,许多生产者为了获取高额利润,不负责地将大量不成熟的产品投放市场,缺陷产品造成了大量的损害事故,消费者深受其害,但却得不到公平的赔偿,而这种情况又进一步刺激了生产者的粗制滥造行为,缺陷产品带来了严重的社会问题。为了救济受害者,实现社会公平正义和维护公平竞争秩序,19世纪中叶,美国法院率先提出"无论有无合同关系,有过失即应负责"的观点,后来,各国逐渐形成了"产品责任是侵权责任"的共识。为加强对受害者的保护,20世纪后,各国对保护受害者的力度在不断加强,主要体现在产品责任的归责原则从最初的"过错责任原则"发展为"过错推定原则"或"严格责任原则",产品责任法律制度也在各国健全和完善起来。《产品质量法》中所涉及的产品责任主要是指产品的生产者、销售者因产品存在缺陷而给消费者造成人身伤害或缺陷产品以外的其他财产损失所应承担的侵权责任。产品责任的归责原则采用严格责任原则,即不论生产者对缺陷产品的生产是否存在过错,只要产品存在缺陷,生产者就必须承担责任。

(1) 产品缺陷的含义。产品缺陷是指产品存在危及人身、他人财产安全的不合理危险,包括设计上的不合理危险(设计缺陷)、制造上的不合理危险(制造缺陷)、告知上的不合理危险(告知缺陷),或者产品有保障人体健康、人身、财产安全的国家标准、行业标准而不符合该标准的产品。

(2) 生产者承担的产品责任的条件。具备下列三项条件,生产者即应承担产品责任:①产品存在缺陷;②有损害事实,即造成了人身伤害或财产损失;③产品缺陷与损害事实之间存在因果关系。

(3) 免责条件。《产品质量法》规定:"生产者能够证明以下情形之一的,不承担赔偿责任:①未将产品投入流通的;②产品投入流通时,引起损害的缺陷尚不存在;③产品投入流通时的科学技术水平尚不能发现缺陷的存在。"根据相关法律和司法实践,在下列情况下,生产者也不承担赔偿责任:损害是由于消费者擅自改变产品的性能、用途或使用不当造成的,损害是由受害人的故意造成的,损害是由于使用者自身特殊敏感所致的,产品已经过了有效期限,超过请求赔偿的诉讼时效,等等。

（4）销售者承担的产品侵权责任。销售者承担的产品侵权责任的条件是：由于销售者的过错使产品存在缺陷，造成人身、财产损害的，或销售者不能指明缺陷产品的生产者或供货者的，销售者应当承担赔偿责任。可见，销售者承担的产品侵权责任的原则是过错责任原则。对消费者而言，因销售者的原因造成产品缺陷并使其造成人身、财产损害而引起的责任，既有侵权责任，又有合同责任，即责任竞合。

3. 产品侵权责任的赔偿途径。《产品质量法》第四十三条规定："因产品存在缺陷造成人身、他人财产损害的，受害人可以向产品的生产者要求赔偿，也可以向产品的销售者要求赔偿。属于产品的生产者的责任，产品的销售者赔偿的，产品的销售者有权向产品的生产者追偿。属于产品的销售者的责任，产品的生产者赔偿的，产品的生产者有权向产品的销售者追偿。"

4. 诉讼时效。因产品存在缺陷造成损害而要求赔偿的诉讼时效期限为2年，自当事人知道或应当知道其权利受到损害时起计算。因产品存在缺陷造成损害而要求赔偿的请求权在造成损害的缺陷产品交付最初消费者满10年时丧失；但是，尚未超过明示的安全使用期的除外。

5. 其他相关主体所承担的产品质量民事责任。根据《产品质量法》第五十七条和第五十八条的规定，产品质量检验机构、认证机构出具的检验结果或者证明不实，造成损失的，应当承担相应的赔偿责任；产品质量认证机构对不符合认证标准而使用认证标志的产品，未依法要求其改正或者取消其使用认证标志资格的，对因产品不符合认证标准给消费者造成的损失，与产品的生产者、销售者承担连带责任。社会团体、社会中介机构对产品质量做出承诺、保证，而该产品又不符合其承诺、保证的质量要求，给消费者造成损失的，与产品的生产者、销售者承担连带责任。

（二）行政责任

行政责任包括行政处罚和行政处分。违反《产品质量法》而承担行政责任的主体既包括产品的生产者、销售者，也包括服务业的经营者、产品质量检验机构、认证机构及其工作人员和各级人民政府及有关国家机关工作人员等。

1. 生产者、销售者承担行政责任的情形。①生产、销售不符合保障人体健康和人身、财产安全的国家标准、行业标准的产品；②生产者、销售者在产品中掺杂、掺假，以假充真，以次充好，或者以不合格产品冒充合格产品；③生产国家明令淘汰的产品，销售国家明令淘汰并停止销售的产品；④销售失效、变质产品；⑤产品标识不符合《产品质量法》第二十七条规定的；⑥拒绝接受依法进行的产品质量监督检查的；⑦隐匿、转移、变卖、损毁被产品质量监督部门或者工商行政管理部门查封、扣押的物品的。对于生产者、销售者的上述行为，产品质量监督部门或者工商行政管理部门可依各自职权范围，责令其改正，并根据情节轻重分别给予下列处罚：警告、罚款、责令退还、责令停业整顿、没收违法所得，情节严重的吊销营业执照，等等。

2. 产品质量检验机构、认证机构及其他部门承担行政责任的情形：①产品质量检验机构、认证机构伪造检验结果或者出具虚假证明的，责令改正，对单位处5万元以上10万元以下的罚款，对直接负责的主管人员和其他直接责任人员处1万元以上5万元以下的罚款；有违法所得的，并处没收违法所得；情节严重的，取消其检验资格、认证资格。②产品质量检验机构、认证机构出具的检验结果或者证明不实,造成损失的,应当承担相应的赔偿责任;造成重大损失的,撤销其检验资格、认证资格。③产品质量监督部门在产品质量监督抽查中超过规定的数量索取样品或者向被检查人收取检验费用的,由上级产品质量监督部门或者监察机关责令退还;情节严重的,对直接负责的主管人员和其他直接责任人员依法给予行政处分。④各级人民政府工作人员和其他国家机关工作人员有以下情形之一,但尚不构成犯罪的,依法给予行政处分:包庇、放纵产品生产、销售中违反《产品质量法》规定的行为,向从事违反《产品质量法》规定的生产、销售活动的当事人通风报信并帮助其逃避查处的,阻挠、干预产品质量监督部门或者工商行政管理部门依法对产品生产、销售中违反《产品质量法》规定的行为进行查处的。⑤产品质量监督部门或者工商行政管理部门的工作人员滥用职权、玩忽职守、徇私舞弊,尚不构成犯罪的,依法给予行政处分。

3. 其他行政责任情形。①知道或者应当知道属于《产品质量法》规定禁止生产、销售的产品而为其提供运输、保管、仓储等便利条件的,或者为以假充真的产品提供制假生产技术的,没收全部运输、保管、仓储或者提供制假生产技术的收入,并处违法收入 50% 以上 3 倍以下的罚款。②服务业的经营者将《产品质量法》第四十九条至第五十二条规定禁止销售的产品用于经营性服务的,责令停止使用;对知道或者应当知道所使用的产品属于《产品质量法》规定禁止销售的产品的,按照违法使用的产品(包括已使用和尚未使用的产品)的货值金额,依照对销售者的处罚规定处罚。

(三)刑事责任

违反《产品质量法》的行为,如构成犯罪的,依刑法规定追究刑事责任。

第六节 消费者权益保护法

一、消费者权益保护法的概念

消费者权益保护法是指调整有关国家机关、生产经营者以及消费者之间在保护消费者利益过程中所产生的社会关系的法律规范的总称。国际标准化组织消费者政策委员会将消费者定义为"为个人目的购买或使用商品和服务的个体社会成员"。《消费者权益保护法》于 1993 年 10 月 31 日第八届全国人民代表大会常务委员会第四次会议通过,自 1994 年 1 月 1 日起施行,于 2009 年 8 月 27 日第十一届全国人民代表大会常务委员会第十次会议通过《全国人民代表大会常务委员会关于修改部分法律的规定》进行第一次修正,于 2013 年 10 月 25 日第十二届全国人民代表大会常务委员会第五次会议通过《全国人民代表大会常务委员会关于修改〈中华人民共和国消费者权益保护法〉的决定》进行第二次修正。《消费者权益保护法》将消费者定义为为生活需要而购买、使用商品或者接受服务的公民个人。至于单位消费以及公民非为生活所需的消费,可以适用其他法律。但是农民购买、使用直接用于农业生产的生产资料,参照《消费者权益保护法》执行。经营者是指向消费者提供其生产、销售的商品或者服务的公民、法人或其他经济组织,它是以营利为目的的从事生产经营活动并与消费者相对应的另一方当事人。

二、消费者权益保护法的基本原则

（一）自愿、平等、公平、诚实信用原则

经营者与消费者进行交易时，不得强买强卖，不允许一方将自己的意志强加于对方，也不允许任何其他部门或个人对交易进行违法干涉。交易双方法律地位平等，依法享有权利、承担义务，任何一方不得限制对方的权利，不得利用经济上、社会上的优势地位压迫对方；双方应公平交易，遵守价值规律，不得哄抬物价或压级压价；交易双方应当遵守国家法律法规和社会公德，以善意履行各自的义务；经营者应当如实介绍商品，不得以假充真、以次充好。

（二）侧重保护消费者利益的原则

在市场经济条件下，经营者与消费者虽然相互依存，但同时两者又是对立的，通常情况下，消费者总是处于弱势地位，其权益不断受到经营者的侵犯。究其原因，一是消费者的力量过于分散，经营者拥有强大的经济力量，有时还拥有某种商品的专营权，两者不可能处于真正平等的地位；二是消费者限于时间、精力、知识等方面的不利条件，往往受到不法经营者的欺骗；三是消费者缺乏自我保护的意识和传统。国家在立法上向消费者一方倾斜，使消费者获得足以对抗不法经营者的力量，在实质上与经营者处于平等地位。

（三）国家援助消费者的原则

在市场经济的条件下，政府对市场的干预，其目的之一就是保护作为弱者的消费者。国家通过对产品和服务质量的监督、管理，及时查处不法经营者，鼓励成立消费者协会并支持其开展工作，帮助消费者提高自我保护的意识和能力。

三、消费者的权利

（一）人身、财产安全不受损害的权利

人身、财产安全不受损害的权利，即安全权，是指消费者在购买、使用商品和接受服务时享有的人身、财产安全不受损害的权利。这是消费者最基本的一项权利，对此，经营者应当保证所提供的商品和服务质量合格，并负有一系列防止损害发生的义务。

（二）知悉商品或服务的权利

知悉商品或服务的权利，即知悉权，是指消费者享有知悉其购买、使用的商品或者服务的真实情况的权利。知悉权是消费者自主选购商品的需要，消费者有权要求经营者提供商品的价格、产地、用途、性能、规格、等级、成分、生产者、使用说明、售后服务等有关情况，经营者有义务提供真实信息。

（三）选择商品和服务的权利

选择商品和服务的权利，即选择权，是指消费者享有自主选择商品和服务的权利。包括选择商品或服务的经营者、商品的品种或服务方式，自主决定购买与否的权利。

（四）公平交易的权利

公平交易的权利是指消费者在购买商品或者接受服务时，有权获得质量合格、价格

合理、计量准确等公平交易条件的权利，消费者有权拒绝经营者的强制交易行为，对经营者以强迫或欺骗等不正当手段迫使消费者购买商品或服务的歧视性行为，消费者有权拒绝并向有关部门投诉。

（五）依法获得赔偿的权利

依法获得赔偿的权利，即求偿权，是指消费者因购买、使用商品或接受服务而受到人身、财产损害的，有权要求经营者给予合理的赔偿。经营者不得以格式合同、通知、声明、店堂告示等方式做出对消费者不公平、不合理的规定，或者减轻、免除其损害消费者合法权益而应当承担的民事责任。

（六）依法成立维护自身合法权益的社会组织的权利

依法成立维护自身合法权益的社会组织的权利，即结社权。在我国，这种组织主要是指各地的消费者协会。

（七）获得有关消费知识和权利保护知识的权利

获得有关消费知识和权利保护知识的权利，即获得知识权。国家有关机关和消费者协会等组织应当提供必要条件，开展消费教育，向消费者传播各种消费知识。

（八）人格尊严、民族习惯得到尊重的权利

人格尊严、民族习惯得到尊重的权利，是指消费者在购买、使用商品或接受服务时，经营者必须尊重其人格尊严、民族风俗习惯。经营者不得对消费者进行侮辱、诽谤，不得搜查消费者的身体及其携带的物品，不得侵犯消费者的人身自由。消费者还享有个人信息依法得到保护的权利。

（九）监督权

监督权表现为两个方面。一方面，消费者可以对商品和服务进行监督，并有权检举、控告侵害消费者合法权益的行为，即对经营者进行监督；另一方面，消费者有权对有关国家机关的消费者权益保护工作进行监督，检举、控告国家机关及其工作人员工作中的违法失职行为，有权对消费者权益保护工作提出批评或建议。

四、经营者的义务

经营者是为消费者提供商品或服务的市场主体，消费者权利的实现有赖于经营者义务的履行，《消费者权益保护法》规定了经营者的义务。

（一）履行法定和约定义务

经营者向消费者提供商品或者服务，应当依照《产品质量法》和其他有关法律法规的规定履行义务。经营者和消费者有约定的，应当按照约定履行义务，但双方的约定不得违背法律法规。经营者向消费者提供商品或者服务，应当恪守社会公德，诚信经营，保障消费者的合法权益；不得设定不公平、不合理的交易条件，不得强制交易。

（二）接受监督的义务

经营者应当听取消费者对其提供的商品或者服务的意见，接受消费者的监督。

（三）保障人身、财产安全的义务

经营者应当保证其提供的商品或者服务符合保障人身、财产安全的要求。对可能危及人身、财产安全的商品和服务，应当向消费者做真实的说明和明确的警示，并说明和

标明正确使用商品或者接受服务的方法以及防止危害发生的方法。宾馆、商场、餐馆、银行、机场、车站、港口、影剧院等经营场所的经营者应当对消费者尽到安全保障义务。

经营者发现其提供的商品或者服务存在严重缺陷，有危及人身、财产安全危险的，应当立即向有关行政部门报告和告知消费者，并采取停止销售、警示、召回、无害化处理、销毁、停止生产或者服务等措施。采取召回措施的，经营者应当承担消费者因商品被召回而支出的必要费用。

（四）不做虚假宣传的义务

经营者向消费者提供有关商品或者服务的质量、性能、用途、有效期限等信息，应当真实、全面，不得做虚假或者引人误解的宣传。经营者对消费者就其提供的商品或者服务的质量和使用方法等问题提出的询问，应当做出真实、明确的答复。经营者提供商品或者服务应当明码标价。

经营者应当标明其真实名称和标记。租赁他人柜台或者场地的经营者，应当标明其真实名称和标记。

（五）出具相应的凭证和单据的义务

经营者提供商品或者服务，应当按照国家有关规定或者商业惯例向消费者出具发票等购货凭证或者服务单据；消费者索要发票等购货凭证或者服务单据的，经营者必须出具。

（六）保证商品和服务质量的义务

经营者应当保证在正常使用商品或者接受服务的情况下，其提供的商品或者服务应当具有的质量、性能、用途和有效期限，但消费者在购买该商品或者接受该服务前已经知道其存在瑕疵，而且存在该瑕疵不违反法律强制性规定的除外。经营者以广告、产品说明、实物样品或者其他方式表明商品或者服务质量状况的，应当保证其提供的商品或者服务的实际质量与表明的质量状况相符。经营者提供的机动车、计算机、电视机、电冰箱、空调器、洗衣机等耐用商品或者装饰、装修等服务，消费者自接受商品或者服务之日起六个月内发现瑕疵，发生争议的，由经营者承担有关瑕疵的举证责任。

经营者提供的商品或者服务不符合质量要求的，消费者可以依照国家规定、当事人的约定退货，或者要求经营者履行更换、修理等义务。没有国家规定和当事人约定的，消费者可以自收到商品之日起7日内退货；7日后符合法定解除合同条件的，消费者可以及时退货，不符合法定解除合同条件的，可以要求经营者履行更换、修理等义务。依照前款规定进行退货、更换、修理的，经营者应当承担运输等必要费用。经营者采用网络、电视、电话、邮购等方式销售商品，消费者有权自收到商品之日起7日内退货，且无须说明理由，但下列商品除外：①消费者定制的；②鲜活易腐的；③在线下载或者消费者已拆封的音像制品、计算机软件等数字化商品；④交付的报纸、期刊。除前款所列商品外，其他根据商品性质并经消费者在购买时确认不宜退货的商品，不适用无理由退货。消费者退货的商品应当完好。经营者应当自收到退回商品之日起7日内返还消费者支付的商品价款。退回商品的运费由消费者承担；经营者和消费者另有约定的，按照约定。

（七）必须公平、合理地进行交易义务

经营者在经营活动中使用格式条款的，应当以显著方式提请消费者注意商品或者服务的数量和质量、价款或者费用、履行期限和方式、安全注意事项和风险警示、售后服务、民事责任等与消费者有重大利害关系的内容，并按照消费者的要求予以说明。经营者不得以格式条款、通知、声明、店堂告示等方式，做出排除或者限制消费者权利、减轻或者免除经营者责任、加重消费者责任等对消费者不公平、不合理的规定，不得利用格式条款并借助技术手段强制交易。格式条款、通知、声明、店堂告示等含有前款所列内容的，其内容无效。

（八）不得侵害消费者的人身权

经营者不得对消费者进行侮辱、诽谤，不得搜查消费者的身体及其携带的物品，不得侵犯消费者的人身自由。采用网络、电视、电话、邮购等方式提供商品或者服务的经营者，以及提供证券、保险、银行等金融服务的经营者，应当向消费者提供经营地址、联系方式、商品或者服务的数量和质量、价款或者费用、履行期限和方式、安全注意事项和风险警示、售后服务、民事责任等信息。经营者收集、使用消费者个人信息，应当遵循合法、正当、必要的原则，明示收集、使用信息的目的、方式和范围，并经消费者同意。经营者收集、使用消费者个人信息，应当公开其收集、使用规则，不得违反法律法规的规定和双方的约定收集、使用信息。经营者及其工作人员对收集的消费者个人信息必须严格保密，不得泄露、出售或者非法向他人提供。经营者应当采取技术措施和其他必要措施，确保信息安全，防止消费者个人信息泄露、丢失。在发生或者可能发生信息泄露、丢失的情况时，应当立即采取补救措施。经营者未经消费者同意或者请求，或者消费者明确表示拒绝的，不得向其发送商业性信息。

五、国家对消费者合法权益的保护

1. 国家制定有关消费者权益的法律、法规、规章和强制性标准应当听取消费者和消费者协会等组织的意见。

2. 各级人民政府应当加强领导，组织、协调、督促有关行政部门做好保护消费者合法权益的工作，落实保护消费者合法权益的职责。各级人民政府应当加强监督，预防危害消费者人身、财产安全行为的发生，及时制止危害消费者人身、财产安全的行为。

3. 各级人民政府工商行政管理部门和其他有关行政部门应当依照法律法规的规定，在各自的职责范围内，采取措施，保护消费者的合法权益。有关行政部门应当听取消费者和消费者协会等组织对经营者交易行为、商品和服务质量问题的意见，及时调查处理。有关行政部门在各自的职责范围内，应当定期或者不定期对经营者提供的商品和服务进行抽查检验，并及时向社会公布抽查检验结果。有关行政部门发现并认定经营者提供的商品或者服务存在缺陷，有危及人身、财产安全危险的，应当立即责令经营者采取停止销售、警示、召回、无害化处理、销毁、停止生产或者服务等措施。

4. 有关国家机关应当依照法律、法规的规定，惩处经营者在提供商品或服务中侵害消费者合法权益的违法犯罪行为。

5. 人民法院应当采取措施，方便消费者提起诉讼，对符合《民事诉讼法》起诉条

件的消费者权益争议，必须受理并及时审理。

六、消费者组织

消费者组织是以维护消费者合法权益为宗旨，不以营利为目的的独立的社会组织。在保护消费者合法权益方面，各种消费者组织起着非常重要的作用。因此，国家鼓励、支持一切社会组织和个人对损害消费者合法权益的行为进行社会监督。我国的消费者组织主要是中国消费者协会和地方各级消费者协会。《消费者权益保护法》第三十七条规定："消费者协会履行下列公益性职责：（一）向消费者提供消费信息和咨询服务，提高消费者维护自身合法权益的能力，引导文明、健康、节约资源和保护环境的消费方式；（二）参与制定有关消费者权益的法律、法规、规章和强制性标准；（三）参与有关行政部门对商品和服务的监督、检查；（四）就有关消费者合法权益的问题，向有关部门反映、查询，提出建议；（五）受理消费者的投诉，并对投诉事项进行调查、调解；（六）投诉事项涉及商品和服务质量问题的，可以委托具备资格的鉴定人鉴定，鉴定人应当告知鉴定意见；（七）就损害消费者合法权益的行为，支持受损害的消费者提起诉讼或者依照本法提起诉讼；（八）对损害消费者合法权益的行为，通过大众传播媒介予以揭露、批评。各级人民政府对消费者协会履行职责应当予以必要的经费等支持。消费者协会应当认真履行保护消费者合法权益的职责，听取消费者的意见和建议，接受社会监督。依法成立的其他消费者组织依照法律、法规及其章程的规定，开展保护消费者合法权益的活动。"消费者组织不得从事商品经营和营利性服务，不得以收取费用或者其他牟取利益的方式向消费者推荐商品和服务。

七、消费者权益争议的解决

消费者与经营者发生消费者权益争议，其解决途径主要有：协商解决，请求消费者协会或者依法成立的其他调解组织调解，向有关行政部门投诉，根据与经营者达成的仲裁协议提请仲裁机构仲裁，向人民法院提起诉讼。

消费者在消费过程中，其合法权益受到损害时，消费者可以要求经营者承担损害赔偿责任。

1. 消费者在购买、使用商品时，其合法权益受到损害，可以向销售者要求赔偿。销售者赔偿后，属于生产者的责任或者属于向销售者提供商品的其他销售者的责任的，销售者有权向生产者或者其他销售者追偿。消费者在接受服务时，其合法权益受到损害的，可以向服务者要求赔偿。

2. 消费者在购买、使用商品或接受服务时，其合法权益受到损害，原企业分立、合并的，可以向变更后承受其权利与义务的企业要求赔偿。

3. 使用他人营业执照的违法经营者提供商品或服务，损害消费者合法权益的，消费者可以向其要求赔偿，也可以向营业执照的持有人要求赔偿。

4. 消费者在展销会、租赁柜台购买商品或接受服务，其合法权益受到损害的，可以向销售者或服务者要求赔偿；展销会结束或柜台租赁期满后，也可以向展销会的举办者和柜台出租者要求赔偿。展销会的举办者和柜台出租者在赔偿后，还有权向销售者或服务者追偿。

5. 消费者通过网络交易平台购买商品或者接受服务，其合法权益受到损害的，可以向销售者或者服务者要求赔偿。网络交易平台提供者不能提供销售者或者服务者的真实名称、地址和有效联系方式的，消费者也可以向网络交易平台提供者要求赔偿；网络交易平台提供者做出更有利于消费者的承诺的，应当履行承诺。网络交易平台提供者赔偿后，有权向销售者或者服务者追偿。网络交易平台提供者明知或者应知销售者或者服务者利用其平台侵害消费者合法权益，未采取必要措施的，依法与该销售者或者服务者承担连带责任。

6. 消费者因经营者利用虚假广告或者其他虚假宣传方式提供商品或者服务，其合法权益受到损害的，可以向经营者要求赔偿。广告经营者、发布者发布虚假广告的，消费者可以请求行政主管部门予以惩处。广告经营者、发布者不能提供经营者的真实名称、地址和有效联系方式的，应当承担赔偿责任。广告经营者、发布者设计、制作、发布关系消费者生命健康的商品或者服务的虚假广告，造成消费者损害的，应当与提供该商品或者服务的经营者承担连带责任。社会团体或者其他组织、个人在关系消费者生命健康的商品或者服务的虚假广告或者其他虚假宣传中向消费者推荐商品或者服务，造成消费者损害的，应当与提供该商品或者服务的经营者承担连带责任。

消费者向有关行政部门投诉的，该部门应当自收到投诉之日起 7 个工作日内，予以处理并告知消费者。对侵害众多消费者合法权益的行为，中国消费者协会以及在省、自治区、直辖市设立的消费者协会，可以向人民法院提起诉讼。

八、违反《消费者权益保护法》的法律责任

(一) 民事责任

1. 经营者提供商品或者服务有下列情形之一的，除《消费者权益保护法》另有规定外，应当依照其他有关法律法规的规定，承担民事责任：①商品或者服务存在缺陷的；②不具备商品应当具备的使用性能而出售时未做说明的；③不符合在商品或者其包装上注明采用的商品标准的；④不符合商品说明、实物样品等方式表明的质量状况的；⑤生产国家明令淘汰的商品或者销售失效、变质的商品的；⑥销售的商品数量不足的；⑦服务的内容和费用违反约定的；⑧对消费者提出的修理、重做、更换、退货、补足商品数量、退还货款和服务费用或者赔偿损失的要求，故意拖延或者无理拒绝的；⑨法律、法规规定的其他损害消费者权益的情形。经营者对消费者未尽到安全保障义务，造成消费者损害的，应当承担侵权责任。

2. 经营者提供商品或者服务，造成消费者或者其他受害人人身伤害的，应当赔偿医疗费、护理费、交通费等为治疗和康复支出的合理费用，以及因误工减少的收入。造成残疾的，还应当赔偿残疾辅助器具费和残疾赔偿金。造成死亡的，还应当赔偿丧葬费和死亡赔偿金。

3. 经营者侵害消费者的人格尊严、侵犯消费者人身自由或者侵害消费者个人信息依法得到保护的权利的，应当停止侵害、恢复名誉、消除影响、赔礼道歉，并赔偿损失。

4. 经营者有侮辱诽谤、搜查身体、侵犯人身自由等侵害消费者或者其他受害人人

身权益的行为,造成严重精神损害的,受害人可以要求精神损害赔偿。

5. 经营者提供商品或者服务,造成消费者财产损害的,应当依照法律规定或者当事人的约定承担修理、重做、更换、退货、补足商品数量、退还货款和服务费用或者赔偿损失等民事责任。

6. 经营者以预收款方式提供商品或者服务的,应当按照约定提供。未按照约定提供的应当按照消费者的要求履行约定或者退回预付款,并应当承担预付款的利息、消费者必须支付的合理费用。

7. 依法经有关行政部门认定为不合格的商品,消费者要求退货的,经营者应当负责退货。

8. 经营者提供商品或者服务有欺诈行为的,应当按照消费者的要求增加赔偿其受到的损失,增加赔偿的金额为消费者购买商品的价款或者接受服务的费用的3倍;增加赔偿的金额不足500元的,为500元。法律另有规定的,依照其规定。经营者明知商品或者服务存在缺陷,仍然向消费者提供,造成消费者或者其他受害人死亡或者健康严重损害的,受害人有权要求经营者依照《消费者权益保护法》第四十九条、第五十一条等法律规定赔偿损失,并有权要求所受损失两倍以下的惩罚性赔偿。

9. 经营者违反《消费者权益保护法》规定,应当承担民事赔偿责任和缴纳罚款、罚金,其财产不足以同时支付的,先承担民事赔偿责任。

(二)行政责任

经营者的违法行为不仅侵害了消费者的合法权益,还扰乱了市场经济秩序,破坏了国家行政管理活动,根据《消费者权益保护法》第五十六条规定,"经营者有下列情形之一,除承担相应的民事责任外,其他有关法律、法规对处罚机关和处罚方式有规定的依照法律、法规的规定执行,法律、法规未做规定的由工商行政管理部门或者其他有关行政部门责令改正,可以根据情节单处或者并处警告、没收违法所得、处以违法所得一倍以上十倍以下的罚款,没有违法所得的处以五十万元以下的罚款,情节严重的责令停业整顿、吊销营业执照:(一)提供的商品或者服务不符合保障人身、财产安全要求的;(二)在商品中掺杂、掺假,以假充真,以次充好,或者以不合格商品冒充合格商品的;(三)生产国家明令淘汰的商品或者销售失效、变质的商品的;(四)伪造商品的产地,伪造或者冒用他人的厂名、厂址,篡改生产日期,伪造或者冒用认证标志等质量标志的;(五)销售的商品应当检验、检疫而未检验、检疫或者伪造检验、检疫结果的;(六)对商品或者服务做虚假或者引人误解的宣传的;(七)拒绝或者拖延有关行政部门责令对缺陷商品或者服务采取停止销售、警示、召回、无害化处理、销毁、停止生产或者服务等措施的;(八)对消费者提出的修理、重做、更换、退货、补足商品数量、退还货款和服务费用或者赔偿损失的要求,故意拖延或者无理拒绝的;(九)侵害消费者人格尊严、侵犯消费者人身自由或者侵害消费者个人信息依法得到保护的权利的;(十)法律、法规规定的对损害消费者权益应当予以处罚的其他情形。经营者有前款规定情形的,除依照法律、法规规定予以处罚外,处罚机关应当记入信用档案,向社会公布"。

(三) 刑事责任

经营者提供商品或者服务造成消费者或者其他受害人人身伤害或者死亡构成犯罪的，以暴力、威胁等方法阻碍有关行政部门工作人员依法执行职务的，国家机关工作人员玩忽职守或者包庇经营者侵害消费者合法权益的行为且情节严重构成犯罪的，依法追究刑事责任。

第八章 劳动法及社会保障法律制度

第一节 劳动法概述

一、劳动法的产生和发展

劳动是人类社会产生和发展的基本要求,人们在劳动中必然会形成一定形式的人与人之间的劳动关系,但在人类社会各个历史时期,虽然有劳动、有劳动关系,社会发展到一定阶段,也开始有对劳动关系进行调整的法律,但这些劳动关系及调整劳动关系的法律都不是现代意义的劳动法。劳动法是人类社会发展到资本主义阶段,伴随着社会化大生产的产生而产生的法律制度。在资本主义社会化大生产中,生产资料归资本家所有,而劳动力归劳动者所有,劳动者除拥有劳动力之外一无所有,为了谋生,劳动者不得不出卖自己的劳动力。生存的需要及他们对于资本的隶属关系决定了劳动者天然地处于弱势地位。但在资本主义发展早期,由于国家奉行私法自治原则,对雇佣关系不加干涉,处于原始积累阶段的资本家出于逐利的本能,利用其经济上的优势对劳动者进行残酷剥削,为了最大可能地获取剩余价值,他们"将工作日延长到12~16小时,甚至18小时,突破了一切正常界限——'道德和自然、年龄和性别、昼和夜的界限'。这种盲目的掠夺所造成的结果是职业病和伤亡事故大量发生,工人平均寿命缩短并最终导致工业生产力萎缩,国民生命力衰竭"[①]。为了在某种程度上限制雇主的剥削,稳定社会关系,19世纪初,在一些资本主义国家,以"工厂立法"的形式颁布了一些改善劳动条件的法规。历史上最早的劳动法规是1802年英国议会颁布的《学徒健康与道德法》。劳动法的产生是资本主义大工业产生的客观要求,是工人阶级长期斗争的结果,也是人类理性的体现。到19世纪后半期,欧美各国基本都制定了工厂法,19世纪后期到20世纪前半期,随着各国经济不断发展、工人运动的不断掀起,各国劳动法在反复曲折中发展,各国劳动法对劳动者保护的范围也逐步扩大。

二、劳动法的概念和调整对象

(一)劳动法的概念

劳动法的概念有广义上和狭义上的不同理解。狭义上的劳动法是指国家立法机关制定和颁布的具有普遍适用效力的综合性的劳动法典。1994年7月5日,第八届全国人民代表大会常务委员会第八次会议通过了《中华人民共和国劳动法》(简称《劳动

[①] 王全兴:《劳动法学》,高等教育出版社2004年版,第5页。

法》），于 1995 年 1 月 1 日起施行。广义上的劳动法是指调整劳动关系以及与劳动关系有密切联系的其他社会关系的法律规范的总和，包括宪法、行政法规、劳动和社会保障部制定的规章、地方劳动法规等规范性文件。其中 2007 年 6 月 29 日颁布、2008 年 1 月 1 日施行的《中华人民共和国劳动合同法》和 2007 年 12 月 29 日颁布、2008 年 5 月 1 日施行的《中华人民共和国劳动争议调解仲裁法》（简称《劳动争议调解仲裁法》）是调整劳动关系的重要法律。《劳动合同法》于 2012 年 12 月 28 日进行了修订。

（二）劳动法的调整对象

劳动法的调整对象是指劳动法所调整的劳动关系以及与劳动关系有密切联系的其他社会关系。

1. 劳动关系。劳动过程实际上是劳动力与生产资料动态结合的过程。劳动关系就是劳动力的所有者（劳动者）与劳动力的使用者（用人单位）之间，为实现劳动过程而发生的一方有偿提供劳动力给另一方，并由其同生产资料结合而形成的社会关系。劳动者将其劳动力使用权过渡给用人单位，由用人单位对劳动力进行使用，劳动者仍然保留劳动力所有权，用人单位在使用劳动力的过程中应当为劳动者提供保障劳动力再生产所需要的时间、物质、技术、学习等条件。劳动关系实际上是一种人身关系，也是一种财产关系。它既具有平等性，也具有隶属性，即劳动关系双方在是否建立劳动关系以及建立何种内容的劳动关系方面按照平等自愿原则自由协商，而一旦确立劳动关系之后，劳动者就成为用人单位的职工，处于用人单位的管理之下，双方形成管理和被管理的隶属关系。

2. 与劳动关系有密切联系的其他社会关系。这些关系不是劳动关系，但这些关系可以从不同角度与劳动关系发生直接或间接的联系。包括国家进行劳动力管理中的关系、社会保险中的某些关系、工会组织与企业在执行劳动法与工会法过程中发生的关系、处理劳动争议过程中发生的关系以及其他有关机关在监督劳动法执行中发生的一些关系等。

（三）劳动法的适用范围

劳动法的适用范围即劳动法的效力范围，包括在空间、时间方面和对人的效力范围。《劳动法》第二条明确规定了对人的适用范围："在中华人民共和国境内的企业、个体经济组织和与之形成劳动关系的劳动者，适用本法。国家机关、事业组织、社会团体和与之建立劳动合同关系的劳动者，依照本法执行。"

随着我国劳动人事制度改革不断推进、劳动合同法律制度不断完善，我国劳动法对人的适用范围做了相应调整。《劳动合同法》第二条规定："中华人民共和国境内的企业、个体经济组织、民办非企业单位等组织（用人单位）与劳动者建立劳动关系，订立、履行、变更、解除或者终止劳动合同，适用本法。国家机关、事业单位、社会团体和与其建立劳动关系的劳动者，订立、履行、变更、解除或者终止劳动合同，依照本法执行。"《劳动合同法》第九十六条规定："事业单位与实行聘用制的工作人员订立、履行、变更、解除或者终止劳动合同，法律、行政法规或者国务院另有规定的，依照其规定；未做规定的，依照本法有关规定执行。"《劳动合同法》将事业单位与实行聘用制工作人员的关系纳入了自己的调整范围。

第二节 劳动法律关系

一、劳动法律关系的概念和特征

(一) 劳动法律关系的概念

劳动法律关系是指劳动者和用人单位之间根据劳动法律规范,在劳动过程中形成的劳动权利和劳动义务关系。劳动法律关系以劳动关系为实际内容,是劳动关系在法律上的表现形式。

(二) 劳动法律关系的特征

1. 劳动法律关系主体双方具有平等性和隶属性。
2. 劳动法律关系既体现了当事人之间的共同意思,又体现了国家的意志。
3. 劳动法律关系具有较强的国家干预性质。

二、劳动法律关系的要素

(一) 劳动法律关系的主体

劳动法律关系的主体是劳动者和用人单位。在我国,劳动者的劳动权利能力和行为能力从年满16周岁开始,某些特殊职业,如文艺、体育和特种工艺单位确实需要招用未满16周岁的人时,必须依照国家有关规定履行审批手续,并保障其接受义务教育的权利。某些劳动者的劳动权利能力和劳动行为能力受到一定的限制,如未成年人和妇女,不得从事矿山井下工作,不得从事繁重的体力劳动。用人单位作为劳动法律关系主体也必须具备用人的权利能力和行为能力。法律赋予了用人单位用人自主权,但是在录用、辞退、提供劳动条件和待遇等方面又对其进行了限制。

(二) 劳动法律关系的内容

劳动法律关系的内容是指劳动法律关系主体双方按照劳动法的规定享有的劳动权利和承担的劳动义务。《劳动法》第三条规定:"劳动者享有平等就业和选择职业的权利、取得劳动报酬的权利、休息休假的权利、获得劳动安全卫生保护的权利、接受职业技能培训的权利、享受社会保险和福利的权利、提请劳动争议处理的权利以及法律规定的其他劳动权利。劳动者应当完成劳动任务,提高职业技能,执行劳动安全卫生规程,遵守劳动纪律和职业道德。"劳动者依法享有的权利就是用人单位对劳动者应尽的义务,劳动者应承担的义务就是用人单位享有的权利。

(三) 劳动法律关系的客体

劳动法律关系的客体是指劳动权利和劳动义务所共同指向的对象,即劳动行为。

第三节 劳动合同

一、劳动合同的概念

劳动合同是指劳动者和用人单位之间为了确立劳动关系,明确双方的权利与义务的关系，经依法协商达成的协议。劳动合同是双务、有偿和诺成性合同。在实践中，一些用人单位在与劳动者订立劳动合同时，要求劳动者交付"定金""保证金"或要求劳动者抵押身份证等证件，这种做法是违背劳动合同的诺成属性的，也违反了我国《劳动合同法》第九条的规定。

二、劳动合同的订立

劳动合同的订立，应当遵循平等自愿、协商一致的原则，不得违反法律、行政法规的规定。劳动合同应当以书面形式订立。但在实践中，许多用人单位不与劳动者签订劳动合同，为了保护劳动者利益，《劳动合同法》第十条对此做了严格规定："建立劳动关系，应当订立书面劳动合同。已建立劳动关系，未同时订立书面劳动合同的，应当自用工之日起 1 个月内订立书面劳动合同。"用人单位自用工之日起满 1 年不与劳动者订立书面劳动合同的，视为用人单位与劳动者已订立无固定期限劳动合同。《劳动合同法》第八十二条规定，用人单位自用工之日起超过 1 个月不满 1 年未与劳动者订立书面劳动合同的，应当向劳动者每月支付两倍的工资。用人单位违反《劳动合同法》规定不与劳动者订立无固定期限劳动合同的，自应当订立无固定期限劳动合同之日起向劳动者每月支付 2 倍的工资。

劳动合同的内容包括必要条款和约定条款。根据《劳动合同法》第十七条的规定，劳动合同应当具备以下条款：用人单位的名称、住所和法定代表人或者主要负责人，劳动者的姓名、住址和居民身份证或者其他有效身份证件号码，劳动合同期限，工作内容和工作地点，工作时间和休息休假，劳动报酬，社会保险，劳动保护、劳动条件和职业危害防护，法律、法规规定应当纳入劳动合同的其他事项。

劳动合同除这些规定的必备条款外，用人单位与劳动者可以约定试用期、培训、保守秘密、补充保险和福利待遇等其他事项。

关于试用期的约定，不得违反下列法律规定：劳动合同期限 3 个月以上不满 1 年的，试用期不得超过 1 个月；劳动合同期限 1 年以上不满 3 年的，试用期不得超过 2 个月；3 年以上固定期限和无固定期限的劳动合同，试用期不得超过 6 个月。以完成一定工作任务为期限的劳动合同或者劳动合同期限不满 3 个月的，不得约定试用期。劳动者在试用期的工资不得低于本单位相同岗位最低档工资或者劳动合同约定工资的 80%，并不得低于用人单位所在地的最低工资标准。

关于培训的约定，不得违反下列法律规定：用人单位为劳动者提供专项培训费用，对其进行专业技术培训的，可以与该劳动者订立协议，约定服务期。劳动者违反服务期约定的，应当按照约定向用人单位支付违约金。违约金的数额不得超过用人单位提供的培训费用。用人单位要求劳动者支付的违约金不得超过服务期尚未履行部分所应分摊的培训费用。

关于竞业限制的约定，不得违反下列法律规定：用人单位与劳动者可以在劳动合同中约定保守用人单位的商业秘密和与知识产权相关的保密事项。对负有保密义务的劳动者，用人单位可以在劳动合同或者保密协议中与劳动者约定竞业限制条款，并约定在解除或者终止劳动合同后，在竞业限制期限内按月给予劳动者经济补偿。劳动者违反竞业限制约定的，应当按照约定向用人单位支付违约金。在解除或者终止劳动合同后，竞业限制的人员到与本单位生产或者经营同类产品、从事同类业务的有竞争关系的其他用人单位，或者自己开业生产或者经营同类产品、从事同类业务的竞业限制期限，不得超过2年。

三、无效劳动合同

劳动合同的有效条件一般包括：合同主体合格、合同的内容合法、当事人的意思表示真实、合同的形式和订立程序合法。《劳动合同法》第二十六条规定，"下列劳动合同无效或者部分无效：（一）以欺诈、胁迫的手段或者乘人之危，使对方在违背真实意思的情况下订立或者变更劳动合同的；（二）用人单位免除自己的法定责任、排除劳动者权利的；（三）违反法律、行政法规强制性规定的"。

无效劳动合同的确认机关是劳动人事争议仲裁委员会或人民法院，其他组织和个人无权确认劳动合同无效。无效的劳动合同从订立时起就没有法律约束力。确认劳动合同部分无效，如果不影响其他部分的效力的，其他部分仍然有效。无效劳动合同的处理方式包括撤销合同、修改合同和赔偿损失。劳动合同被确认无效，劳动者已付出劳动的，用人单位应当向劳动者支付劳动报酬。

四、劳动合同的解除

劳动合同解除是指合同当事人依法提前终止劳动合同的法律效力。劳动合同解除可分为两大类：双方解除和单方解除。《劳动合同法》第三十六条规定："用人单位与劳动者协商一致，可以解除劳动合同。"这就是双方解除劳动合同的规定。劳动合同单方解除可分为用人单位单方解除劳动合同和劳动者单方解除劳动合同。

（一）用人单位单方解除劳动合同

《劳动合同法》第三十九条规定，"用人单位在下列情形之一的，用人单位可以解除劳动合同：（一）在试用期间被证明不符合录用条件的；（二）严重违反用人单位的规章制度的；（三）严重失职，营私舞弊，给用人单位造成重大损害的；（四）劳动者同时与其他用人单位建立劳动关系，对完成本单位的工作任务造成严重影响，或者经用人单位提出，拒不改正的；（五）因本法第二十六条第一款第一项规定的情形致使劳动合同无效的；（六）被依法追究刑事责任的"。

《劳动合同法》第四十条规定，"有下列情形之一的，用人单位提前三十日以书面形式通知劳动者本人或者额外支付劳动者一个月工资后，可以解除劳动合同：（一）劳动者患病或者非因工负伤，在规定的医疗期满后不能从事原工作，也不能从事由用人单位另行安排的工作的；（二）劳动者不能胜任工作，经过培训或者调整工作岗位，仍不能胜任工作的；（三）劳动合同订立时所依据的客观情况发生重大变化，致使劳动合同无法履行，经用人单位与劳动者协商，未能就变更劳动合同内容达成协议的"。

《劳动合同法》第四十一条规定："有下列情形之一，需要裁减人员二十人以上或者裁减不足二十人但占企业职工总数百分之十以上的，用人单位提前三十日向工会或者全体职工说明情况，听取工会或者职工的意见后，裁减人员方案经向劳动行政部门报告,可以裁减人员:(一)依照企业破产法规定进行重整的;(二)生产经营发生严重困难的;(三)企业转产、重大技术革新或者经营方式调整,经变更劳动合同后,仍需裁减人员的;(四)其他因劳动合同订立时所依据的客观经济情况发生重大变化,致使劳动合同无法履行的。"

《劳动合同法》第四十二条规定,"劳动者有下列情形之一的,用人单位不得依照本法第四十条、第四十一条的规定解除劳动合同:(一)从事接触职业病危害作业的劳动者未进行离岗前职业健康检查,或者疑似职业病病人在诊断或者医学观察期间的;(二)在本单位患职业病或者因工负伤并被确认丧失或者部分丧失劳动能力的;(三)患病或者非因工负伤,在规定的医疗期内的;(四)女职工在孕期、产期、哺乳期的;(五)在本单位连续工作满十五年,且距法定退休年龄不足五年的;(六)法律、行政法规规定的其他情形"。

(二)劳动者单方解除劳动合同

《劳动合同法》第三十七条规定:"劳动者提前三十日以书面形式通知用人单位,可以解除劳动合同。劳动者在试用期内提前三日通知用人单位,可以解除劳动合同。"

《劳动合同法》第三十八条规定,"用人单位有下列情形之一的,劳动者可以解除劳动合同:(一)未按照劳动合同约定提供劳动保护或者劳动条件的;(二)未及时足额支付劳动报酬的;(三)未依法为劳动者缴纳社会保险费的;(四)用人单位的规章制度违反法律、法规的规定,损害劳动者权益的;(五)因本法第二十六条第一款规定的情形致使劳动合同无效的;(六)法律、行政法规规定劳动者可以解除劳动合同的其他情形。用人单位以暴力、威胁或者非法限制人身自由的手段强迫劳动者劳动的,或者用人单位违章指挥、强令冒险作业危及劳动者人身安全的,劳动者可以立即解除劳动合同,不需事先告知用人单位"。

(三)解除劳动合同的经济补偿

《劳动合同法》第四十六条规定,"有下列情形之一的,用人单位应当向劳动者支付经济补偿:(一)劳动者依照本法第三十八条规定解除劳动合同的;(二)用人单位依照本法第三十六条规定向劳动者提出解除劳动合同并与劳动者协商一致解除劳动合同的;(三)用人单位依照本法第四十条规定解除劳动合同的;(四)用人单位依照本法第四十一条第一款规定解除劳动合同的;(五)除用人单位维持或者提高劳动合同约定条件续订劳动合同,劳动者不同意续订的情形外,依照本法第四十四条第一项规定终止固定期限劳动合同的;(六)依照本法第四十四条第四项、第五项规定终止劳动合同的;(七)法律、行政法规规定的其他情形"。

《劳动合同法》第四十七条规定:"经济补偿按劳动者在本单位工作的年限,每满一年支付一个月工资的标准向劳动者支付。六个月以上不满一年的,按一年计算;不满六个月的,向劳动者支付半个月工资的经济补偿。劳动者月工资高于用人单位所在直辖市、设区的市级人民政府公布的本地区上年度职工月平均工资三倍的,向其支付经济补偿的标准按职工月平均工资三倍的数额支付,向其支付经济补偿的年限最高不超过十二年。本条所称月工资是指劳动者在劳动合同解除或者终止前十二个月的平均工资。"

用人单位解除劳动合同后,未按规定给予劳动者经济补偿的,应由劳动行政部门责令限期支付其差额部分;逾期不支付的,责令用人单位按应付金额50%以上100%以下的标准向劳动者加付赔偿金。

五、劳务派遣

劳务派遣是指派遣机构与劳动者签订劳动合同,再依派遣协议将劳动者派至用工单位,劳动者在用工单位的管理、监督、支配下从事劳动的一种特殊用工方式。劳务派遣涉及三方主体,即劳动者、用工单位和派遣机构。劳务派遣涉及两个合同关系:①派遣机构与用工单位之间的劳务派遣合同关系;②派遣机构与劳动者之间建立的劳动合同关系。在劳务派遣关系中,劳务派遣单位是用人单位。

根据《劳动合同法》第五十七条至第六十七条和2012年《劳动合同法(修正案)》以及2014年实施的《劳务派遣暂行规定》,法律对劳务派遣做了以下重要规定。

1. 劳务派遣单位的注册资本不得低于200万元,即将原《劳动合同法》规定的50万注册资本提升至200万元,同时规定:"经营劳务派遣业务,应当向劳动行政部门依法申请行政许可;经许可的,依法办理相应的公司登记。未经许可,任何单位和个人不得经营劳务派遣业务。"

2. 劳务派遣单位应当与被派遣劳动者订立2年以上的固定期限劳动合同,按月支付劳动报酬;被派遣劳动者在无工作期间,劳务派遣单位应当按照所在地人民政府规定的最低工资标准,向其按月支付报酬。

3. 被派遣劳动者享有与用工单位的劳动者同工同酬的权利。用工单位应当按照同工同酬原则,对被派遣劳动者与本单位同类岗位的劳动者实行相同的劳动报酬分配办法。用工单位无同类岗位劳动者的,参照用工单位所在地相同或者相近岗位劳动者的劳动报酬确定。

4. 用工单位只能在临时性、辅助性或者替代性的工作岗位上使用被派遣劳动者。临时性工作岗位是指存续时间不超过6个月的岗位;辅助性工作岗位是指为主营业务岗位提供服务的非主营业务岗位;替代性工作岗位是指用工单位的劳动者因脱产学习、休假等原因无法工作的一定期间内,可以由其他劳动者替代工作的岗位。

六、非全日制用工

非全日制用工是指每日或每周少于正常规定的工作时数的工时制。非全日制工时制是自20世纪80年代流行于欧美的一种工时制度,由于它有利于缓解就业压力,各国政府对非全日制用工持鼓励态度,目前我国许多城市第三产业中存在大量的非全日制用工。

对非全日制工时的界定,各国规定不同,大多数国家法律规定的非全日制工作时间主要是以周工作时间为计算单位。我国法律对非全日制进行规范,既规定了每周工作时间,也规定了每日工作时间。根据《劳动合同法》第六十八条规定,非全日制用工是指以小时计酬为主,劳动者在同一用人单位一般平均每日工作时间不超过4小时、每周工作时间累计不超过24小时的用工形式。

《劳动合同法》第六十九条规定:"非全日制用工双方当事人可以订立口头协议。

从事非全日制用工的劳动者可以与一个或者一个以上用人单位订立劳动合同；但是，后订立的劳动合同不可影响先订立的劳动合同的履行。"《劳动合同法》第七十条规定："非全日制用工双方当事人不得约定试用期。"《劳动合同法》第七十一条规定："非全日制用工双方当事人任何一方都可以随时通知对方终止用工。终止用工，用人单位不向劳动者支付经济补偿。"《劳动合同法》第七十二条规定："非全日制用工小时计酬标准不得低于用人单位所在地人民政府规定的最低小时工资标准。非全日制用工劳动报酬结算支付周期最长不得超过十五日。"

第四节　劳动基准法

一、工资法律制度

（一）工资的概念、形式与范围

1. 工资的概念。工资，又称"薪金""薪水"，是指用人单位根据劳动者提供的劳动数量和质量，依照法律规定或劳动合同的约定，以货币形式直接支付给劳动者的劳动报酬。

2. 工资的形式与范围。目前，我国工资形式包括计时工资、计件工资两种主要形式以及奖金、津贴两种辅助形式。此外，用人单位在特殊情况下支付的工资也属于工资范围，特殊情况下支付的工资包括加班加点工资、休假期间工资、停工期间工资、履行国家或社会义务期间的工资及学习培训期间的工资。

3. 非工资范围的收入。按照国家有关规定，劳动者的下列收入不属于工资范围：①根据国务院有关规定颁发的创造发明奖、国家星火奖、自然科学奖、科学技术进步奖、合理化建议和技术改进奖、中华技能大奖等，以及支付给运动员、教练员的奖金，还有稿酬、讲课费等；②有关劳动保险和福利方面的各项费用；③劳动保护的各项支出。

（二）最低工资制度

最低工资是指劳动者在法定工作时间或劳动合同约定的工作时间内提供了正常劳动，用人单位依法应支付的最低劳动报酬。正常劳动是指劳动者按依法签订的劳动合同约定，在法定工作时间或劳动合同约定的工作时间内从事的劳动。劳动者依法享受带薪年休假、探亲假、婚丧假、生育（产）假、节育手术假等国家规定的休假期间，视为提供了正常劳动。依2004年施行的劳动和社会保障部颁布的《最低工资规定》，最低工资标准一般采取月最低工资标准和小时最低工资标准的形式。月最低工资标准适用于全日制就业劳动者，小时最低工资标准适用于非全日制就业劳动者。

最低工资标准由各省、自治区、直辖市人民政府劳动保障行政部门会同同级工会、企业联合会/企业家协会在各省、自治区、直辖市范围内确定，其方案须报劳动和社会保障部备案并经同级政府批准方可执行。

《最低工资规定》第十二条规定，下列收入不得计入最低工资范畴："在劳动者提供正常劳动的情况下，用人单位应支付给劳动者的工资在剔除下列各项以后，不得低于当地最低工资标准：（一）延长工作时间工资；（二）中班、夜班、高温、低温、井下、有毒有害等特殊工作环境、条件下的津贴；（三）法律、法规和国家规定的劳动者福利待遇等。"

（三）工资保障制度

劳动者的工资应当以货币形式按月足额支付给劳动者本人，除法律规定外，任何单位均无权扣除劳动者工资。

法律规定的允许扣除劳动者工资的情形包括四个方面。

1. 用人单位依法代扣代缴的个人所得税，以及应由劳动者个人负担的各项社会保险费用。

2. 因劳动者本人原因给用人单位造成经济损失的，用人单位可按照法律规定和劳动合同的约定要求其赔偿经济损失。经济损失的赔偿可从劳动者本人的工资中扣除。但每月扣除的部分不得超过劳动者当月工资的20%。若扣除后的剩余工资部分低于当地月最低工资标准，则按最低工资标准支付。

3. 法院判决、裁定中要求代扣的抚养费、赡养费。

4. 法律、法规规定的可以从劳动者工资中扣除的其他费用。

二、工作时间和休假制度

（一）工作时间的概念和种类

1. 工作时间的概念。工作时间，简称"工时"，指根据国家规定，劳动者在1昼夜之内或1周之内用于完成本职工作的时间。其表现形式有工作小时、工作日和工作周三种。

2. 工作时间的种类。依据我国现行法律规定，工作时间的种类有五种。

（1）标准工时制。标准工时制是指在法定的正常情况下对劳动者普遍适用的，按照正常作息办法安排的工作日和工作周。根据1995年修订的《国务院关于职工工作时间的规定》规定，从1995年5月1日起，国家实行劳动者每日工作时间不超过8小时，平均每周工作时间不超过40小时的工时制度。用人单位应当保证劳动者每周至少休息1日。标准工时制是确定其他工作日长度的基准。

（2）缩短工时制。缩短工时制是指工作时间短于标准工时的工作时间制度。即每日工作时间少于8小时，每周工作时间少于40小时。在我国，目前允许缩短工作日的情形限于下述几种：①从事矿山井下、高山、有毒、有害、特别繁重和过度紧张的体力劳动职工，以及纺织、化工、建筑、冶炼、地质勘探、森林采伐、装卸搬运等行业或岗位的职工；②从事夜班工作的职工；③哺乳期未满12个月的女职工；④16～18岁的未成年劳动者。

（3）不定时工时制。不定时工时制是指在法定的特殊条件下实行的，无固定工作时数限制的工作日。根据《企业实行不定时工作制和综合计算工时工作制审批办法》的规定，企业对符合下列条件之一的劳动者，可以实行不定时工作制：①企业中的高级管理人员、外勤人员、推销人员、部分值班人员和其他因工作无法按标准工作时间衡量的职工；②企业中的长途运输人员、出租汽车司机和铁路、港口、仓库的部分装卸人员和因工作性质特殊,需机动作业的职工;③其他因生产特点、工作特殊需要或职责范围的关系,适合实行不定时工作制的职工。

(4) 综合计算工时工作制。综合计算工时工作制是指分别以周、月、季、年等为周期,综合计算工作时间,其平均工作时间和平均周工作时间与法定标准工作时间基本相同的一种工作时间制度。根据《企业实行不定时工作制和综合计算工时工作制审批办法》规定,企业对符合下列条件之一的职工,可以实行综合计算工作日:①交通、铁路、邮电、水运、航空、渔业等行业中因工作性质特殊,需连续作业的职工;②地质及资源勘探、建筑、制盐、制糖、旅游等受季节和自然条件限制的行业的部分职工;③其他适合实行综合计算工时工作制的职工。

3. 中央直属企业实行不定时工作制和综合计算工时工作制等其他工作和休息办法的,经国务院行业主管部门审核,报国务院劳动行政部门批准。地方企业实行不定时工作制和综合计算工时工作制等其他工作和休息办法的审批办法由各省、自治区、直辖市人民政府劳动行政部门制定,报国务院劳动行政部门备案。

(二) 休息时间的概念和种类

1. 休息时间的概念。休息时间是指劳动者在法定工作时间以外,免于履行劳动义务而自行支配的时间。休息时间属于法律的范畴,劳动者在国家规定或劳动合同约定的休息时间内有权休息,用人单位不得任意缩短劳动者的休息时间,否则就是侵犯了劳动者的休息权利。

2. 休息时间的种类。依据生产经营特点、民族传统习惯、劳动者的基本活动需要等,我国立法规定的休息时间种类有六种。

(1) 工作日内的间歇休息时间。这是指劳动者在每日的工作岗位上生产或工作过程中的用膳和工间休息时间。目前,我国对工作日内的间歇时间长短尚无法律规定,一般通过企业规章制度加以规定,依据劳动者生理规律和习惯,劳动者应在工作4小时后有一次间歇休息时间,一般不少于半小时。

(2) 工作日之间的休息时间。这是指两个工作日之间的休息时间。根据每日工作8小时推算,工作日之间的休息时间一般为16小时。

(3) 公休假日。这是指劳动者工作满一个工作周以后的休息时间。在我国,自1995年5月1日起,国家机关、企事业单位、社会团体等用人单位实行职工每日工作8小时、每周工作40小时工作制,星期六和星期日为周休息日。企业和上述不能统一工作时间的事业单位,可以根据实际情况灵活安排周休息日。根据《劳动法》规定,用人单位应当保证劳动者每周至少休息1日。

(4) 法定节假日。这是指根据国家、民族传统习俗而由法律规定的在节日实行的休假。根据我国法律规定,用人单位在下列节日期间应当依法安排劳动者休假:①元旦(1月1日放假1天);②春节(农历除夕、正月初一与初二放假3天);③清明节(农历清明当日放假1天);④国际劳动节(5月1日放假1天);⑤端午节(农历五月初五放假1天);⑥中秋节(农历八月十五放假1天);⑦国庆节(10月1日、2日、3日放假3天);⑧法律、法规规定的其他休假节日。上述法定节假日中,凡属假日,如适逢星期六、星期日,应当在工作日补假。

（5）探亲假。这是指与父母或配偶分居两地的职工所享受的一定期限的带薪假期。凡工作满 1 年的职工，与配偶或父母不在一起居住，又不能在公休假日团聚的，可以享受探望配偶或父母的探亲假待遇。探亲假种类包括：①职工探望配偶，每年给予一方探亲假一次，假期为 30 天。②未婚职工探望父母，原则上每年给假一次，假期为 20 天。如果因工作需要，单位当年不能给予假期，或者职工自愿两年探亲一次的，可以两年给假一次，假期为 45 天。③已婚职工探望父母，每 4 年给假一次，假期为 20 天。④凡实行休假制度的职工，如学校的教职工，应在休假期间探亲，如果休假期限较短，可由本单位适当安排，补足其探亲假的天数。职工在规定的探亲假期和路程假期内，按照本人的标准工资发给工资；职工探望配偶和未婚职工探望父母的往返路费，由所在单位负担，已婚职工探望父母的往返路费，在本人月标准工资30%以内的，由本人自理，超过部分由所在单位负担。

（6）年休假。这是指职工工作满一定年限后，每年可享受一定期间的带薪连续休假。《劳动法》第四十五条规定："国家实行带薪休假制度，劳动者连续工作一年以上的，享受带薪年休假。具体办法由国务院规定。"劳动法确定了年休假制度，但年休假的适用范围、享受条件、休假期限、休假待遇等目前均由各地具体规定和实行。

（三）加班加点制度

职工在法定节日和公休日进行工作，称为"加班"；超过日标准工作时间进行工作，称为"加点"。由于生产经营的需要，加班加点在所难免，但加班加点意味着挤占休息时间，与最高工时标准规定相矛盾，因此，为防止滥用加班加点，保障劳动者休息权，劳动法对加班加点进行限制性规定。

《劳动法》第四十一条规定："用人单位由于生产经营需要，经与工会和劳动者协商后可以延长工作时间，一般每日不得超过一小时；因特殊原因需要延长工作时间的，在保障劳动者身体健康的条件下，延长工作时间每日不得超过三小时，但是每月不得超过三十六小时。"

根据《劳动法》规定，用人单位应当向劳动者支付高于正常工作时间工资的加班加点工资，其标准分别为：①安排劳动者延长时间的，支付不低于劳动合同规定的劳动者本人小时工资标准的 150% 的工资报酬；②休息日安排劳动者工作又不能安排补休的，支付不低于劳动合同规定的劳动者本人日工资标准的 200% 的工资报酬；③法定休假日安排劳动者工作的，支付不低于劳动合同规定的劳动者本人日工资标准的 300% 的工资报酬。

第五节　劳动争议处理制度

一、劳动争议的概念和范围

（一）劳动争议的概念

劳动争议，在国外也称"劳资争议"或"劳资纠纷"，是指劳动关系双方当事人之间因劳动权利和劳动义务而发生的争议。

(二) 劳动争议的范围

2008年5月1日实施的《劳动争议调解仲裁法》第二条规定："中华人民共和国境内的用人单位与劳动者发生的下列劳动争议，适用本法：（一）因确认劳动关系发生的争议；（二）因订立、履行、变更、解除和终止劳动合同发生的争议；（三）因除名、辞退和辞职、离职发生的争议；（四）因工作时间、休息休假、社会保险、福利、培训以及劳动保护发生的争议；（五）因劳动报酬、工伤医疗费、经济补偿或者赔偿金等发生的争议；（六）法律、法规规定的其他劳动争议。"

二、劳动争议的分类

劳动争议的分类在劳动争议处理制度建设中占有极其重要的地位，它直接决定了争议的解决方式和解决程序。按照各国通行分类方式，劳动争议主要分为两类。

(一) 个人争议与集体争议

个人争议是指因个别劳动关系而发生的争议，即劳动者个人与雇主之间发生的争议，其争议依靠劳动者个人交涉与解决；集体争议是指为团体利益而发生的争议，是指工会与雇主或雇主组织之间因签订和履行集体合同而发生的争议，其争议应由工会出面交涉和解决。

(二) 权利争议与利益争议

1. 权利争议。权利争议是指执行劳动法规和劳动合同、集体合同规定的条件而发生的争议。因为劳动法规、劳动合同、集体合同对当事人的权利与义务有着明确的规定，因而权利争议是对既定权利的争议，也可称为"法律上的争议"，可以通过司法程序加以解决。权利争议一般表现为履行劳动合同和履行集体合同过程中发生的争议。

2. 利益争议。利益争议是指因为确定或变更劳动条件而发生的争议，双方争议的权利、义务事先并不确定，双方争议的目的是希望将一方或双方的某种利益体现在合同中，上升为一种明确的合同权利。利益争议往往是指在集体谈判过程中由于签订和变更集体合同而发生的争议。它是一种事实上的争议，不是法律争议，故不能通过诉讼程序获得救济。个人争议一般表现为权利争议，依我国现行法律通过调解、仲裁、诉讼的方式解决。集体争议既包括权利争议也包括利益争议，前者为履行集体合同的争议，后者为签订集体合同的争议。《劳动法》第八十四条规定："因签订集体合同发生争议，当事人协商解决不成的，当地人民政府劳动行政部门可以组织有关各方协调处理。因履行集体合同发生争议，当事人协商解决不成的，可以向劳动争议仲裁委员会申请仲裁；对仲裁裁决不服的，可以自收到仲裁裁决书之日起十五日内向人民法院提起诉讼。"

三、劳动争议处理方式

依据我国《劳动争议调解仲裁法》，目前我国劳动争议处理方式包括四种：和解、调解、仲裁、诉讼。

1. 和解。劳动争议双方当事人发生劳动争议后，双方可以协商，也可以请工会或者第三方共同参与协商，达成和解协议。和解不具有程序法上的效力，当事人仍有申请调解、仲裁、诉讼的权利。

2. 调解。调解是指第三者从中调和,说服当事人互谅互让,从而解决纠纷的处理方式。我国法律奉行自愿调解原则,是否申请调解以及是否履行调解协议由双方当事人自愿选择,当事人不愿调解或达成调解协议后不履行的,可以向劳动争议仲裁委员会申请仲裁。

3. 仲裁。劳动争议仲裁是劳动争议仲裁委员会对用人单位与劳动者之间发生的争议,在查明事实、明确是非、分清责任的基础上,依法做出的裁决活动。在我国劳动争议处理体制中,仲裁程序是法定必经程序,是劳动争议处理的主要方式。劳动争议双方当事人不愿调解、调解不成或者达成调解协议后不履行的,可以向劳动争议仲裁委员会申请仲裁,当事人也可以不经过调解组织的调解,直接申请仲裁,仲裁裁决一旦做出,就具有法律约束力,并可以强制执行。

4. 诉讼。对仲裁裁决不服的,除法律特别规定外,当事人可以自收到仲裁裁决书之日起15日内向人民法院提起诉讼。人民法院审理劳动争议案件,适用《民事诉讼法》,实行两审终审制。

四、劳动争议处理体制

我国劳动争议采取以"一调一裁两审"为基础,部分争议一裁终局为例外的处理体制。对于大多数劳动争议案件来说,发生劳动争议后,可以先经过劳动争议调解组织调解,调解不成,当事人可向当地的劳动争议仲裁委员会申请仲裁,对仲裁机构的裁决不服,可自收到仲裁裁决书之日起15日内向人民法院起诉,人民法院对劳动争议实行两审终审制。调解组织的调解不是必经程序,但仲裁是必经程序,当事人未经仲裁不得向人民法院提起诉讼。《劳动争议调解仲裁法》第四十七条规定:"下列劳动争议,除本法另有规定的外,仲裁裁决为终局裁决,裁决书自做出之日起发生法律效力:(一)追索劳动报酬、工伤医疗费、经济补偿或者赔偿金,不超过当地月最低工资标准十二个月金额的争议;(二)因执行国家的劳动标准在工作时间、休息休假、社会保险等方面发生的争议。"对于这些一裁终局的案件,《劳动争议调解仲裁法》第四十八条和第四十九条又做了例外规定,劳动者对第四十七条规定的仲裁裁决不服的,可以自收到仲裁裁决书之日起15日内向人民法院提起诉讼。用人单位有证据证明终局裁决违法的,可以自收到仲裁裁决书之日起30日内向劳动争议仲裁委员会所在地的中级人民法院申请撤销裁决。

五、劳动争议调解程序

(一)调解机构

《劳动争议调解仲裁法》规定,劳动争议调解机构包括三类:①劳动争议调解委员会;②基层人民调解组织;③乡镇、街道设立的具有劳动争议调解职能的组织。其中,劳动争议调解委员会是用人单位内部调解机构,专门负责用人单位内部劳动争议调解。企业劳动争议调解委员会由职工代表和企业代表组成。职工代表由工会成员担任或者由全体职工推举产生,企业代表由企业负责人指定。

(二) 申请与受理

劳动争议调解因当事人申请而启动。当事人申请劳动争议调解可以书面申请，也可以口头申请。调解委员会接到调解申请后，应对调解申请书进行审查，经审查决定受理的，应征询对方当事人的意见，对方当事人愿意调解的，应将调解的地点、要求等通知双方当事人，对方当事人不愿调解的，应做好记录，书面通知申请人。

(三) 调解协议书制定及效力

经调解达成协议的，调解组织应制作调解协议书，调解协议书由双方当事人签名或者盖章，经调解员签名并加盖调解组织印章后生效，对双方当事人具有约束力，当事人应当履行。劳动争议调解组织自收到调解申请之日起15日内未达成调解协议的，当事人可以依法申请仲裁；达成调解协议后，一方当事人在协议约定期限内不履行调解协议的，另一方当事人可以依法申请仲裁。

六、劳动争议仲裁程序

(一) 仲裁机构

劳动争议仲裁委员会是专门的劳动争议仲裁机构。劳动争议仲裁委员会的组成人员包括：劳动行政部门代表、工会代表和企业方面代表。劳动争议仲裁委员会下设办事机构，负责办理劳动争议仲裁委员会的日常工作。劳动争议仲裁委员会设仲裁员名册。根据《劳动争议调解仲裁法》规定，仲裁员应当公道正派并符合下列条件之一：①曾任审判员的；②从事法律研究、教学工作并具有中级以上职称的；③具有法律知识、从事人力资源管理或者工会等专业工作满5年的；④律师执业满3年的。

(二) 管辖

劳动争议仲裁委员会处理劳动争议的管辖范围由各省、自治区人民政府按照统筹规划、合理布局和适应实际需要的原则确定。各省、自治区人民政府可以决定在市、县设立劳动争议仲裁委员会，直辖市人民政府可以决定在区、县设立劳动争议仲裁委员会。直辖市、设区的市也可以设立一个或者若干个劳动争议仲裁委员会。劳动争议仲裁委员会负责管辖本区域内发生的劳动争议。劳动争议由劳动合同履行地或者用人单位所在地的劳动争议仲裁委员会管辖。双方当事人分别向劳动合同履行地和用人单位所在地的劳动争议仲裁委员会申请仲裁的，由劳动合同履行地的劳动争议仲裁委员会管辖。

(三) 申请与受理

劳动争议申请仲裁的时效期间为1年。仲裁时效期间从当事人知道或者应当知道其权利被侵害之日起计算。劳动关系存续期间因拖欠劳动报酬发生争议的，劳动者申请仲裁不受上述仲裁时效期间的限制；但是，劳动关系终止的，应当自劳动关系终止之日起1年内提出。劳动争议仲裁委员会收到仲裁申请之日起5日内，认为符合受理条件的，应当受理，并通知申请人；认为不符合受理条件的，应当书面通知申请人不予受理，并说明理由。对劳动争议仲裁委员会不予受理或者逾期未做出决定的，申请人可以就该劳动争议事项向人民法院提起诉讼。

(四) 审理与裁决

劳动争议仲裁委员会应当在受理仲裁申请之日起5日内将仲裁庭的组成情况书面通

知当事人。仲裁员有下列情形之一,应当回避,当事人也有权以口头或书面方式提出回避申请:①是本案当事人或者当事人、代理人的近亲属的;②与本案有利害关系的;③与本案当事人、代理人有其他关系,可能影响公正裁决的;④私自会见当事人、代理人,或者接受当事人、代理人的请客送礼的。除涉及国家秘密、商业秘密、个人隐私或当事人协议不公开进行外,劳动争议仲裁应当公开进行。当事人在仲裁过程中有权进行质证和辩论。仲裁庭在做出裁决前,应当先行调解。调解达成协议的,仲裁庭应当制作调解书。调解不成或者调解书送达前,一方当事人反悔的,仲裁庭应及时做出裁决。仲裁庭裁决劳动争议案件,应当自劳动争议仲裁委员会受理仲裁申请之日起45日内结束。案情复杂需要延期的,经劳动争议仲裁委员会主任批准,可以延期并书面通知当事人,但是延长期限不得超过15日。逾期未做出仲裁裁决的,当事人可以就该劳动争议事项向人民法院提起诉讼。

第六节　劳动社会保障法律制度

一、社会保险的概念与特征

(一) 社会保险的概念

社会保险,我国过去称为"劳动保险",是指国家依法给因遭受劳动风险而暂时或永久丧失劳动能力的劳动者提供一定的物质补偿和帮助,以维持其基本生活水平的社会保障法律制度。劳动风险一般包括疾病、负伤、生育、残疾、衰老、死亡、失业等类型。劳动者以劳动为谋生手段,当劳动者遭遇劳动风险而丧失劳动能力或劳动机会,不仅会出现劳动者的生存危机,而且从更大范围来讲,会影响社会安定和社会劳动力再生产,因此为了确保劳动者的生存和劳动力的再生产,国家通过社会保险制度对遭遇劳动风险的劳动者给予及时的救济和帮助,既有利于维护社会公平,也有利于稳定社会秩序。

(二) 社会保险的特征

1. 社会性。社会保险的范围比较广泛,覆盖社会上不同层次、不同行业、不同职业的劳动者。

2. 严格的法定性。社会保险通过国家立法强制实施,保险的项目、收费标准、待遇水平等内容以及是否参保均由国家法律规定,一般不允许当事人自由选择。

3. 基本保障性。实施社会保险的根本目的就是使劳动者在遭到劳动风险、失去劳动报酬后仍能获得基本生活保障。

4. 风险共担和互济性。社会保险是按照社会共担风险的原理进行筹集的,一般由国家、用人单位和劳动者三方合理负担,建立社会保险基金,通过统一调剂、互助互济,以解决劳动者遭遇劳动风险时遇到的困难,因而它具有风险共担和互济性。

5. 主体的特定性。社会保险关系的各方主体是特定的,社会保险的投保人特定为用工方,承保人特定为专门的保险机构,被保险人为职工,受益人特定为职工或其法定亲属。

二、社会保险与社会保障的关系

社会保障制度是现代市场经济国家普遍存在的一种制度,根据1992年中国共产党第十四届中央委员会第三次全体会议通过的《中共中央关于建立社会主义市场经济体制若干问题的决定》的规定,社会保障已被确定为我国社会主义市场经济体制基本框架的五大支柱之一,目前我国正在着力建立和完善社会保障制度。从世界各国情况来看,由于各国政治经济社会制度不同,社会保障的项目也不同。依国家政策和学界通说,我国社会保障主要包括社会保险、社会救济、社会福利三项内容,其中最核心的部分是社会保险。2010年10月28日,中华人民共和国第十一届全国人民代表大会常务委员会第十七次会议通过了《中华人民共和国社会保险法》(简称《社会保险法》),并从2011年7月1日起施行。

社会救济是指国家和社会对因各种原因无法维持最低生活水平的公民给予无偿救助的一项社会保障制度。社会救济是基础的、最低层次的社会保障。社会福利是指国家依法为所有公民普遍提供旨在保证一定生活水平和尽可能提高生活质量的资金和服务的社会保障制度。社会福利是一种服务政策和服务措施,其目的在于提高广大社会成员的物质和精神生活水平,使之得到更多的享受。社会福利范围十分广泛,它不仅包括对生活能力较弱的儿童、老年人、母子家庭、残疾人、慢性精神病人等的社会照顾和社会服务,而且包括生活、教育、医疗、交通、文娱、体育、欣赏等方面的待遇。

社会保险与社会救济、社会福利的区别有四点。①实施的对象不同。社会保险的对象是建立劳动关系的劳动者,社会福利、社会救济的对象是全体社会成员。②资金的来源不同。社会保险的资金是由劳动者个人、用人单位和国家三方负担的,而社会福利、社会救济基金由国家或社会筹集。③实施依据的条件不同。社会保险是依据劳动者丧失劳动能力或劳动机会的情况而实施的,同时还要根据劳动者是否缴费来确定劳动者是否有权利享受社会保险,而社会救济、社会福利则依据全体社会成员的收入水平和家庭成员的负担情况而定,也不需要享受者承担劳动和缴费的义务。④实施的时间效力不同。社会保险是经常性、长期性的,而社会救济和社会福利具有临时性和不固定性。

三、社会保险结构

(一)国家基本保险

国家基本保险是指由国家统一建立并强制实行的为全体劳动者平等地提供基本生活保障的社会保险。它是社会保险结构中的基本组成部分,具有普遍性和强制性,要求各用人单位和劳动者必须参加,其缴费标准和支付保险待遇标准也由法律统一规定。国家按照以支定收、略有结余、留有部分积累的原则建立统筹基金,其费用一般由国家、用人单位和职工合理分担。

(二)用人单位补充保险

用人单位补充保险是指用人单位根据自己的经济实力,自主地为劳动者建立起来的,旨在使本单位劳动者在已有基本生活保障的基础上进一步获得物质帮助的社会保险。补充保险可增强企业对劳动者的吸引力和凝聚力。

（三）劳动者个人储蓄保险

劳动者个人储蓄保险是指由劳动者个人根据自己的收入情况自愿以储蓄形式为自己建立的社会保险。

四、社会保险项目

对各国社会保险项目的规定不同，我国现行社会保险项目分为养老保险、失业保险、工伤保险、医疗保险、生育保险。

（一）养老保险

养老保险，又称"年金保险"，是指劳动者在因年老或病残而丧失劳动能力的情况下，退出劳动领域，定期领取生活费用的一种社会保险制度。

1. 养老基金的筹集。1997年国务院发布的《关于建立统一的企业职工养老制度的决定》和2005年国务院发布的《关于完善企业职工基本养老保险制度的决定》规定，我国要建立资金来源多渠道、保障方式多层次、社会统筹与个人账户相结合的养老保险体系。根据上述规定，养老保险基金主要来源于用人单位和劳动者个人缴纳的保险费，用人单位缴纳的保险费不超过本企业职工工资总额的20%，个人缴费不超过个人缴费工资的8%，用人单位缴费进入统筹账户，个人缴费进入个人账户。

2. 养老保险待遇的给付条件。

（1）年龄条件。劳动者必须达到退休年龄才能享受养老保险待遇。我国关于退休年龄的规定有两条。①职员（干部）的退休年龄。男年满60周岁，女年满55周岁（女性副处级、副高级职称人员可自愿选择到60周岁退休）；提前退休的，男年满50周岁，女年满45周岁。②工人的退休年龄。男年满60周岁，女年满50周岁；提前退休的，男年满50周岁，女年满45周岁。

（2）缴费年限。除达到退休年龄，享受养老保险待遇还必须达到一定缴费年限，根据我国有关规定，用人单位和劳动者最低缴费年限为15年。

（3）养老待遇给付标准。根据《关于建立统一的企业职工养老制度的决定》和《关于完善企业职工基本养老保险制度的决定》的规定，缴费满15年的，退休后按月发给基本养老金。基本养老金由基础养老金和个人账户养老金组成，退休时的基础养老金月标准以当地上年度在岗职工月平均工资和本人指数化月平均缴费工资的平均值为基数，缴费每满1年发给1%。个人账户养老金月标准为个人账户储存额除以计发月数，计发月数根据职工退休时城镇人口平均预期寿命、本人退休年龄、利息等因素确定。

（二）失业保险

1. 失业保险的概念。失业保险是指劳动者因失业而暂时中断生活来源，在法定期间内从国家和社会获得物质帮助的一种社会保险制度。失业保险只适用于非自愿性失业的劳动者，享受失业保险待遇有一定期限，我国法律规定领取失业救济金的最长期限是24个月。

2. 失业保险基金的筹集。失业保险基金筹集的基本渠道是国家财政补贴、企业缴费和个人缴费。国务院发布的《中华人民共和国失业保险条例》（简称《失业保险条例》）第六条规定："城镇企业事业单位按照本单位工资总额的2%缴纳失业保险费。城镇企业事业单位职工按照本人工资的1%缴纳失业保险费。"

3. 失业保险待遇支付条件。根据《失业保险条例》规定，失业人员领取失业保险金的条件为：①按照规定参加失业保险，所在单位和本人已按照规定履行缴费义务满1年的；②非因本人意愿中断就业的［广东省规定为除自动离职（含因自动离职被除名）和因本人原因并由本人提出解除劳动关系两种情形以外的中断就业］；③已办理失业登记，并有求职要求的。失业人员在领取失业保险金期间，按照规定同时享受其他失业保险待遇。

4. 失业保险待遇。符合条件的劳动者失业期间可享受下列待遇。①失业保险金，是指失业保险机构按规定支付给符合条件的失业人员的基本生活费，它是最主要的失业保险待遇。《失业保险条例》第十七条规定："失业人员失业前所在单位和本人按照规定累计缴费时间满一年不足五年的，领取失业保险金的期限最长为十二个月；累计缴费时间满五年不足十年的，领取失业保险金的期限最长为十八个月；累计缴费时间满十年以上的，领取失业保险金的期限最长为二十四个月。重新就业后，再次失业的，缴费时间重新计算，领取失业保险金的期限可以与前次失业应领取而尚未领取的失业保险金的期限合并计算，但是最长不得超过二十四个月。"②领取失业保险金期间的医疗补助金。③领取失业保险金期间死亡的失业人员的丧葬补助金和其供养的配偶、直系亲属的抚恤金。④领取失业保险金期间接受职业培训、职业介绍的补贴，补贴的办法和标准由省、自治区、直辖市人民政府规定。⑤国务院规定或批准的与失业保险有关的其他费用。

（三）工伤保险

1. 工伤保险的概念。工伤保险是指职工因在生产、工作中遭受事故伤害和患职业病而依法获得经济补偿和物质帮助的一种社会保险制度。工伤保险实行无过错责任原则，无论工伤事故的责任属于用人单位还是职工个人或第三者，用人单位均应承担保险责任。

2. 工伤保险事故范围。《中华人民共和国工伤保险条例》（简称《工伤保险条例》）第十四条规定："职工有下列情形之一的，应当认定为工伤：（一）在工作时间和工作场所内，因工作原因受到事故伤害的；（二）工作时间前后在工作场所内，从事与工作有关的预备性或者收尾性工作受到事故伤害的；（三）在工作时间和工作场所内，因履行工作职责受到暴力等意外伤害的；（四）患职业病的；（五）因工外出期间，由于工作原因受到伤害或者发生事故下落不明的；（六）在上下班途中，受到非本人主要责任的交通事故或者城市轨道交通、客运轮渡、火车事故伤害的；（七）法律、行政法规规定应当认定为工伤的其他情形。"第十五条规定："职工有下列情形之一的，视同工伤：（一）在工作时间和工作岗位，突发疾病死亡或者在48小时之内经抢救无效死亡的；（二）在抢险救灾等维护国家利益、公共利益活动中受到伤害的；（三）职工原在军队服役，因战、因公负伤致残，已取得革命伤残军人证，到用人单位后旧伤复发的。"

3. 工伤保险待遇。

（1）工伤医疗期间保险待遇。职工因工负伤治疗，享受工伤医疗待遇。治疗工伤所需费用符合工伤保险诊疗项目目录、工伤保险药品目录、工伤保险住院服务标准的，从工伤保险基金支付。需要住院治疗工伤的，由所在单位按照本单位因公出差伙食补助标准的70%发给住院伙食补助费；职工因工作遭受事故伤害或者患职业病需要暂停工作接受工伤医疗的，在停工留薪期内，原工资福利待遇不变，由所在单位按月支付。停工留薪期一般不超过12个月。

（2）伤残工伤保险待遇。发生工伤事故和患职业病的劳动者可向劳动能力鉴定委员会申请伤残鉴定，伤残等级分为10级：1～4级为完全丧失劳动能力，5～6级是大部分丧失劳动能力，7～10级是部分丧失劳动能力。工伤职工评残后，享受评残后工伤保险待遇，具体待遇和标准有六种。

1）工伤职工已经评定伤残等级并经劳动能力鉴定委员会确认需要生活护理的，从工伤保险基金按月支付生活护理费。生活护理费按照生活完全不能自理、生活大部分不能自理或者生活部分不能自理三个不同等级支付，其标准分别为统筹地区上年度职工月平均工资的50%、40%或者30%。

2）工伤职工因日常生活或者就业需要，经劳动能力鉴定委员会确认，可以安装假肢、矫形器、假眼、假牙和配置轮椅等辅助器具，所需费用按照国家规定的标准从工伤保险基金支付。

3）职工因工致残被鉴定为1～4级伤残的，保留劳动关系，退出工作岗位，享受以下待遇：①从工伤保险基金按伤残等级支付一次性伤残补助金，标准为——1级伤残为24个月的本人工资，2级伤残为22个月的本人工资，3级伤残为20个月的本人工资，4级伤残为18个月的本人工资；②从工伤保险基金按月支付伤残津贴，标准为——1级伤残为本人工资的90%，2级伤残为本人工资的85%，3级伤残为本人工资的80%，4级伤残为本人工资的75%。伤残津贴实际金额低于当地最低工资标准的，由工伤保险基金补足差额。

4）职工因工致残被鉴定为5级、6级伤残的，享受以下待遇：①从工伤保险基金按伤残等级支付一次性伤残补助金，标准为——5级伤残为16个月的本人工资，6级伤残为14个月的本人工资；②保留与用人单位的劳动关系，由用人单位安排适当工作，难以安排工作的，由用人单位按月发给伤残津贴，标准为——5级伤残为本人工资的70%，6级伤残为本人工资的60%，并由用人单位按照规定为其缴纳应缴纳的各项社会保险费。伤残津贴实际金额低于当地最低工资标准的，由用人单位补足差额。经工伤职工本人提出，该职工可以与用人单位解除或者终止劳动关系，由用人单位支付一次性工伤医疗补助金和一次性伤残就业补助金。一次性工伤医疗补助金和一次性伤残就业补助金的具体标准由省、自治区、直辖市人民政府规定。

5）职工因工致残被鉴定为7～10级伤残的，享受以下待遇：①从工伤保险基金按伤残等级支付一次性伤残补助金，标准为——7级伤残为13个月的本人工资，8级伤残为11个月的本人工资，9级伤残为9个月的本人工资，10级伤残为7个月的本人工资；②劳动、聘用合同期满终止，或者职工本人提出解除劳动、聘用合同的，由用人单位支付一次性工伤医疗补助金和一次性伤残就业补助金。一次性工伤医疗补助金和一次性伤残就业补助金的具体标准由省、自治区、直辖市人民政府规定。

6）职工因工死亡，其近亲属按照下列规定从工伤保险基金领取丧葬补助金、供养亲属抚恤金和一次性工亡补助金：①丧葬补助金为6个月的统筹地区上年度职工月平均工资。②供养亲属抚恤金按照职工本人工资的一定比例发给由因工死亡职工生前提供主要生活来源、无劳动能力的亲属。标准为——配偶每月40%，其他亲属每人每月30%，孤寡老人或者孤儿每人每月在上述标准的基础上增加10%。核定的各供养亲属的抚恤金之和不应高于因工死亡职工生前的工资。供养亲属的具体范围由国务院劳动保障行政部门规定。③一次性工亡补助金标准为上年度全国城镇居民人均可支配收入的20倍。

（四）医疗保险

医疗保险是劳动者在患病、非因工负伤等情况下，在医疗和生活上获得物质帮助的一种社会保险制度。

中华人民共和国成立后建立起来的医疗保险制度包括劳保医疗制度、公费医疗制度、合作医疗制度。劳保医疗制度主要适用于国有企业和部分集体企业的职工，公费医疗制度主要适用于国家机关、党派、人民团体、事业单位的工作人员和革命残废军人，合作医疗制度主要适用于农村地区。其中，劳保医疗费用完全来源于企业，公费医疗费用完全来源于财政拨款。由于传统医疗制度存在着覆盖面窄、医疗费用来源单一、国家财力不胜负担、医疗资源浪费惊人等问题，从20世纪80年代末开始，我国便开始了医疗制度的改革探索。1998年在各地改革试点的基础上，国务院发布了《国务院关于建立城镇职工医疗保险制度的决定》，其具体内容包括五个方面。

1. 覆盖范围。基本医疗保险的范围覆盖城镇所有用人单位，包括企业（国有企业、集体企业、外商投资企业、私营企业等）、机关、事业单位、社会团体、民办非企业单位及其职工。乡镇企业及其职工、城镇个体经济组织业主及其从业人员是否参加基本医疗保险，由各省、自治区、直辖市人民政府决定。

2. 缴费比例。基本医疗保险费由用人单位和职工共同缴纳。用人单位缴费率应控制在职工工资总额的6%左右，职工缴费率一般为本人工资收入的2%。随着经济发展，用人单位和职工缴费率可做相应调整。

3. 统账结合。基本医疗保险基金由统筹基金和个人账户构成。职工个人缴纳的基本医疗保险费，全部计入个人账户。用人单位缴纳的基本医疗保险费分为两部分，一部分用于建立统筹基金，一部分划入个人账户。划入个人账户的比例一般为用人单位缴费的30%左右，具体比例由统筹地区根据个人账户的支付范围和职工年龄等因素确定。

4. 医疗费用支付。统筹基金和个人账户要划定各自的支付范围，分别核算，不得互相挤占。要确定统筹基金的起付标准和最高支付限额，起付标准原则上控制在当地职工年平均工资的10%左右，最高支付限额原则上控制在当地职工年平均工资的4倍左右。起付标准以下的医疗费用，从个人账户中支付或由个人自付。起付标准以上、最高支付限额以下的医疗费用，主要从统筹基金中支付，个人也要负担一定比例。超过最高支付限额的医疗费用，可以通过商业医疗保险等途径解决。统筹基金的具体起付标准、最高支付限额以及在起付标准以上和最高支付限额以下医疗费用的个人负担比例，由统筹地区根据以收定支、收支平衡的原则确定。

5. 解决有关人员的医疗待遇。

（1）离休人员、老红军的医疗待遇不变，医疗费用按原资金渠道解决。

（2）二等乙级以上革命伤残军人的医疗待遇不变，医疗费用按原资金渠道解决。

（3）退休人员参加基本医疗保险，个人不缴纳基本医疗保险费。

（4）国家公务员在参加基本医疗保险的基础上，享受医疗补助政策。

（5）为了不降低一些特定行业职工现有的医疗消费水平，在参加基本医疗保险的基础上，作为过渡措施，允许建立企业补充医疗保险。企业补充医疗保险费在工资总额4%以内的部分，从职工福利费中列支，福利费不足列支的部分，经同级财政部门核准后列入成本。

但依据1998年《国务院关于建立城镇职工医疗保险制度的决定》所做的医疗改革在保障全民身体健康方面显然存在较大问题。经过较长时间的论证和酝酿，2009年4月6日国务院公布了《中共中央国务院关于深化医药卫生体制改革的意见》，提出将促进基本公共卫生服务逐步均等化。国家制定基本公共卫生服务项目，从2009年起，逐步向城乡居民统一提供疾病预防控制、妇幼保健、健康教育等基本公共卫生服务。实施国家重大公共卫生服务项目，有效预防控制重大疾病及其危险因素，进一步提高突发重大公共卫生事件处置能力。到2011年，基本医疗保障制度全面覆盖城乡居民，基本药物制度初步建立，城乡基层医疗卫生服务体系进一步健全，基本公共卫生服务得到普及，公立医院改革试点取得突破，明显提高基本医疗卫生服务可及性，有效减轻居民就医费用负担，切实缓解"看病难、看病贵"问题。

（五）生育保险

1. 生育保险的概念。生育保险是指女职工因怀孕、分娩而暂时中断劳动时获得生活保障和物质帮助的一种社会保险制度。

2. 生育保险的待遇。

（1）女职工因生育引起的检查、接生、手术、住院、药品、计划生育等医疗费，由生育保险基金支付。女职工生育或流产后，由本人或所在企业持当地计划生育部门签发的计划生育证明及婴儿的出生、死亡或流产证明，到当地社会保险经办机构办理手续，领取生育津贴，报销生育医疗费。

（2）生育津贴。女职工在产假期间享受生育津贴，支付标准按企业上年度职工月平均工资的标准支付。

（3）产假。《女职工劳动保护特别规定》中规定，女职工生育享受98天产假，其中产前可以休假15天；难产的，应增加产假15天。生育多胞胎的，每多生育1个婴儿，可增加产假15天。女职工怀孕未满4个月流产的，享受15天产假；怀孕满4个月流产的，享受42天产假。实际上，许多地方根据当地的情况给予的产假远超过法律规定的产假期限。

第九章 行政法

第一节 行政法概述

一、行政

"行政"一词的英文是 administration，德文为 Verwaltung，均源自拉丁文 administrare，而《现代汉语词典》对行政的释义是：①行使国家权力；②指机关、企业、团体等内部的管理工作，[①] 既包括公共组织对公共生活的管理活动，也包括私人组织对各自事务的管理行为。行政通常是指社会组织对一定范围内的事务进行组织与管理等活动。根据行政的主体及目的的不同，可将行政分为公共行政与私人行政。前者是指公共组织对公共生活的管理活动，其行为性质具有公共利益性；后者是指私人组织对各自事务的管理行为，具有营利性。传统意义上，人们习惯于将行政等同于国家行政，但"国家行政属于公共行政，但公共行政并不等于国家行政。公共行政除了国家行政以外，也包括非国家公共团体、组织的行政"[②]，如律师协会、注册会计师协会等公共团体的行政以及公共企事业单位（国有企业、公立学校、研究所等）的行政。本书中所涉及的行政的含义，如果未做特别说明，就是指公共行政。但须注意的是：①本书所涉及的公共行政，是指除立法机关、司法机关以外的国家行政机关及依法律授权或国家行政机关委托的公共团体的活动，当然包括了国家行政机关及公共团体的立法活动；②此类行政的重要特点之一是从事行政的主体依照法律的直接规定或授权而享有行政权。

二、行政关系

任何一个部门法都是以一定的社会关系作为自己的调整对象的。行政法的调整对象是行政关系，即享有行政权的主体在行使行政权的过程中所产生的社会关系。享有行政权的行政主体在社会中会发生大量的社会关系，在行使行政权的过程中所发生的社会关系主要有三大类。

（一）外部管理关系

外部管理关系是指享有行政权的主体对外行使行政权的过程中所发生的社会关系，如公安机关交通管理部门对符合国务院公安部门规定的驾驶许可条件并经考试合格的申

[①] 参见中国社会科学院语言研究所词典编辑室《现代汉语词典》（第7版），商务印书馆2016年版，第1466页。

[②] 姜明安：《行政法与行政诉讼法》，北京大学出版社1999年版，第3页。

请人颁发机动车驾驶证的行为。

（二）内部管理关系

内部管理关系是指享有行政权的主体对内发生的各种关系，包括享有行政权的主体之间以及享有行政权的主体与其工作人员之间所发生的关系。前者如上级人民政府对下级人民政府的领导，后者如国家行政机关对其所属的公务员进行管理所发生的关系。

（三）行政监督关系

行政监督关系是指对行政主体及其工作人员是否依法行政所进行的监督和督促而产生的各种关系。对享有行政权的主体，必须进行监督，否则，行政权力将会失控。行政监督包括内部监督与外部监督。前者如行政监察机关的监督，后者如司法监督。

三、行政法与行政法学

（一）行政法

行政法是指调整享有行政权的主体在行使行政权以及行政权被监督和控制的过程中所产生的社会关系的法律规范的总称。具体包括行政实体法与行政程序法。行政实体法是指规定行政主体在行政管理活动中的权利与义务的关系的行政法律规范，如《中华人民共和国治安管理处罚法》（简称《治安管理处罚法》）；行政程序法则通常是为保证行政程序公正、没有偏私，从而保障实体权利得以实现的法律规范，如《中华人民共和国行政诉讼法》（简称《行政诉讼法》）。这种区分并非绝对的，因为每一部具体的法律既可能包含了行政实体法规范，也可能包含了行政程序法规范。

（二）行政法学

行政法学是法学的一门分支学科，是专门研究行政法的科学。而行政法是指调整行政权行使过程中所发生的社会关系的法律规范的总称，它是行政法学的一个重要研究对象。

四、行政法的法律渊源

行政法的渊源是指作为法律部门的行政法的存在形式，主要包括国家权力机关制定的各种规范性法律文件。

（一）宪法

在我国，宪法是行政法的根本渊源。宪法确认了一系列行政法律规范和原则，如关于国家行政机关的组织、职权及其活动的基本原则的规范，关于公民基本权利和义务及其保障机制的规范，等等。宪法中有关行政法的规范具有很强的原则性，在行政执法与司法实践中很少被直接适用，需要通过其他规范加以具体化。

（二）法律

法律是指全国人民代表大会及其常务委员会制定的基本法律和一般法律。如全国人民代表大会制定的《中华人民共和国国务院组织法》（简称《国务院组织法》）、《行政诉讼法》等属于基本法律，而全国人民代表大会常务委员会制定的《中华人民共和国国家赔偿法》（简称《国家赔偿法》）、《治安管理处罚法》等属于一般法律。

(三) 行政机关制定的规范性法律文件

规范性法律文件具体包括三类。①行政法规。行政法规是指国务院为了实现对国家的政治、经济、教育、科技、文化、外事等各项事务的管理，依据宪法和法律制定的规范性文件的总称，如《婚姻登记管理条例》等。行政法规的效力仅次于宪法和法律，高于其他法律渊源。②国务院部门规章。即国务院各部委和某些工作部门发布的规章，如公安部颁布的《机动车登记规定》。③地方政府规章。此规章是指各省、自治区、直辖市和较大市的人民政府制定的规章。

(四) 地方性法规

地方性法规是指省、自治区、直辖市以及省、自治区人民政府所在地的市和经国务院批准的较大的市的人民代表大会及其常务委员会根据本地区的实际情况，在不与宪法、法律、行政法规相抵触的前提下所制定和颁布的规范性文件的总称。地方性法规是地方行政机关行使行政权力的主要依据。如2006年12月27日浙江省第十届人民代表大会常务委员会通过的《浙江省艾滋病防治条例》。

(五) 自治条例和单行条例

自治条例和单行条例是指民族自治地方的人民代表大会依据宪法、民族区域自治法和其他法律规定的权限，结合当地的政治、经济和文化特点所制定的规范性文件的总称。自治条例和单行条例可以依照当地民族的特点，对法律和行政法规的规定做出变通规定，但不得违背法律或者行政法规的基本原则，不得对宪法和民族区域自治法的规定以及其他有关法律、行政法规专门就民族自治地方所做出的规定做出变通规定。自治条例和单行条例作为行政法渊源，适用范围只限于民族自治地方。

(六) 法律解释

根据我国《立法法》的规定，法律解释是指全国人民代表大会常务委员会对法律所做的解释。法律解释权专属于全国人民代表大会常务委员会。其中，涉及行政权力和公民权利的部分属于行政法的渊源。

(七) 国际条约

我国批准或参加的国际条约因其内容涉及我国的行政管理而成为行政法的渊源。

五、行政法的基本原则

行政法的基本原则是指指导和规范行政法的立法、执法以及行政争议处理的最主要、最具有普遍价值的原则。行政法的基本原则是行政法治原则，具体包括行政合法性原则和行政合理性原则。行政合法性原则是指行政权的存在、行使必须依据法律、符合法律，而不能与法律相抵触；行政合理性原则是指行政主体的行政行为在合法的前提下，还要符合立法精神和目的，符合公平、正义等法律理性。

第二节 行政法律关系

一、行政法律关系的概念及特征

（一）行政法律关系的概念

行政法律关系是指由行政法调整的具有行政法上权利和义务的内容的行政关系。

（二）行政法律关系的特征

行政法律关系除具备一般法律关系的共同特征外，还具有四个特征。

1. 行政法律关系是享有行政权的主体在行使行政职权的活动过程中产生的，其中必有一方主体是行使国家行政权的组织，或者是国家行政机关，或者是得到法律授权的公共团体。

2. 行政法律关系主体在行政管理活动过程中的地位是不平等的。在外部管理关系与内部管理关系中，双方的地位是不平等的，作为管理方的行使行政权的主体在管理过程中单方面的行为即可发生行政管理关系，无须与对方协商；当行政相对人不履行行政法规定的义务时，行政机关可以强制其履行。在行政监督关系中，作为被监督对象的行政主体与作为监督的主体之间的地位也是不平等的。

3. 行政法律关系的权利与义务都是由行政法预先规定的，参加主体没有自由选择的余地。对于享有行政职权的主体而言，其所享有的权利也同时是其职责，不能随意放弃或更改。如征税，既是国家税收机关的职权，也是其法定职责。

4. 对于在行政法律关系中所发生的纠纷和争议，其法律救济途径较为特殊。对于外部管理关系，被管理方一般可通过行政复议或行政诉讼解决有关的争议；而在内部管理关系中，则不允许提起行政复议或行政诉讼，如公务员对本单位的决定或处理不服的，只能通过申诉等途径解决。

二、行政法律关系的要素

同其他法律关系一样，行政法律关系也是由主体、客体和内容三个方面的要素构成的。

（一）行政法律关系的主体

行政法律关系的主体，又称"行政法律关系当事人"，是指行政法律关系中权利的享受者和义务的承担者，主要有行政主体、行政相对人、行政法制监督主体等。不同种类的行政法律关系的主体类别有所不同：①在外部管理关系中，享有行政权的管理方被称为"行政主体"，被管理方被称为"行政相对人"；②在内部管理关系中，涉及的主体包括行政主体与代表行政主体执行公务的公务人员；③在行政监督关系中，其监督方包括国家权力机关、司法机关、行政主体及社会媒介等主体以及作为被监督方的行政主体。下面重点介绍行政主体与行政相对人。

1. 行政主体。行政主体是指享有国家行政权力，能以自己的名义实施行政行为，并能独立承担由此产生的法律后果的组织，包括国家行政机关和法律、法规授权的组织。按照国家行政机关所管辖区域的范围不同，可分为中央行政机关和地方行政机关。我国的中央行政机关包括国务院及其各部门（如民政部、财政部）、直属机构（海关总署、统计局）以及国务院各部委管理的国家局（如国家经济贸易委员会管理的国家烟草专卖局），地方行政机关包括省（自治区、直辖市）、市（自治州、直辖市的区）、县（自治县、市辖区）、乡（民族乡、镇）的各级人民政府及其各自的职能部门。根据我国《宪法》规定，只有县级以上的人民政府才设有职能部门。省、自治区、直辖市的人民政府在必要的时候，经国务院批准，可以设立若干派出机关。县、自治县的人民政府在必要的时候，经省、自治区、直辖市的人民政府批准，可以设立若干区公所，作为它的派出机关。市辖区、不设区的市的人民政府，经上一级人民政府批准，可以设立若干街道办事处，作为它的派出机关。派出机关不是一级人民政府，但是属于行政主体，能以自己的名义履行行政行为并独立承担法律责任。

2. 行政相对人。行政相对人是指在外部行政管理法律关系中与行政主体相对应的另一方当事人，是行政主体能以其行政行为影响其权利和义务的对象。为了与内部行政管理关系中的相对人相区别，一般将其称为"外部行政相对人"。外部行政相对人与行政主体具有一般行政管理关系而不具有行政隶属关系。行政相对人可以是公民、法人、其他组织和国家行政机关。国家行政机关成为行政相对人的情况并不罕见，例如，某公安局建造的办公大楼违反了规划法律制度，政府规划部门依法对其做出行政处罚，则某公安局在此情况下成为行政相对人。

（二）行政法律关系的客体

行政法律关系的客体是指行政法律关系主体的权利和义务所指向的对象。行政法律关系的客体是联系行政法律关系的主体与权利、义务的媒介，也是行政法律关系内容的载体，有了客体，才能体现行政法律关系的内容，使行政法律关系得以成立。行政法律关系的客体一般包括三类。①物。物是行政法律关系较为常见的客体，如行政没收关系中的被没收物品、国家征收关系中的被征收物品。②智力成果。智力成果是指行政相对人从事智力活动所取得的成果，如著作、发明、商标等。③行为。行为是指行政法律关系主体所做出的有一定目的、有意识的活动。作为行政法律关系客体的行为，既可以是行政主体做出的行为，如行政处罚行为，也可以是行政相对人做出的行为，如企业登记申请人的登记申请行为；其行为既可以是作为，也可以是不作为。

（三）行政法律关系的内容

行政法律关系的内容是指行政法律关系的主体所享有的权利和应承担的义务，包括行政主体、行政相对人、行政法制监督主体等所享有的权利和应承担的义务。

1. 行政主体的权利和义务。行政主体的权利和义务具有一致性，通常称之为"行政职权"和"行政职责"。行政主体的行政职权主要有行政立法权、行政决定权、行政命令权、行政处罚权、行政强制权、行政司法权等，合法合理地行使前述行政职权也是行政主体的职责。

2. 行政相对人的权利。行政相对人的权利主要包括实体上的权利和程序上的权利。实体上的权利有：①参与权，即符合法定条件的公民通过合法途径，依法定程序参与国家行政管理的权利；②合法权利受保护权，即合法权益的状态和行使遭受他人侵害时，有请求行政主体给予保护的权利；③求偿权，即当行政主体的违法行为侵害其合法权益时，有向行政主体提出要求并获得赔偿的权利。程序上的权利有：①知情权，即了解行政主体相关情况的权利；②申辩权，对行政主体的决定有提出申辩的权利；③获取司法救济权，即行政相对人对行政主体的行为不服的，有向行政主体申请行政复议或提起行政诉讼的权利。

第三节 行政行为

一、行政行为的概念

行政行为是行政主体运用行政权力针对行政相对人做出的、能够产生一定法律效果的行为。

成立一个行政行为必须满足以下条件：①主体条件，即必须是由行政主体做出的行为，如火车站无权对乱吐痰的乘客做出罚款的决定，因为火车站不是行政主体而只是一个企业；②客观条件，即必须是行政主体依法行使行政职权的行为，如某市公安局为采购电脑而签订买卖合同只是民事行为而不是行政行为；③对象条件，即该行政行为必须向行政相对人做出，行政相对人可以是特定的，也可以是不特定的，如果行政行为没有向行政相对人做出则不生效，如做出行政处罚后却没有送达行政处罚决定书的行为就不是一个行政行为；④效果条件，即行政行为必须能够引起一定的权利与义务的变化，如某县农业局向全县农户介绍某种优质蔬菜种子的行为不是行政行为。

行政行为成立并不等于行政行为已经生效，行政行为生效必须满足主体合法、内容合法和程序合法的要求。

二、行政行为的分类

为了进一步加强对行政行为的理解，我们可以依照不同的标准对行政行为进行分类。

1. 依据行政行为相对人的不同，可将其分为具体行政行为与抽象行政行为。具体行政行为是指行政主体针对特定行政管理对象实施的行政行为，主要包括行政处罚、行政许可、行政复议等行为；抽象行政行为是指行政机关制定行政法规、规章或其他针对不特定对象发布、能反复适用的具有普遍约束力的规范性文件的行为，主要包括行政主体制定行政法规和行政规章的行为，以及制定行政措施、发布行政命令、通知等行为。对于具体行政行为不服的，行政相对人可以通过提起行政复议和行政诉讼获得救济；而对于抽象行政行为不服的，我国现有法律不允许提起行政诉讼。

2. 根据行政主体在行使行政权过程中所受约束的程度，可将其分为羁束行政行为和自由裁量行政行为。羁束行政行为是指法律对行为的适用条件、内容、方式、程度都有明确、具体、详细的规定，行政主体依法所做出的行政行为。这种行政行为的特点在于行政主体在做出行政行为时不享有自由裁量的权力，不能自主做出选择。自由裁量行政行为是指法律法规对行为的内容、方式、程度或适用条件规定了一定的范围或幅度，行政主体可以在法定的范围或幅度内根据行政管理的实际情况，通过自己的主观判断而做出的行政行为。在行政诉讼中，人民法院一般只审查行政行为的合法性，而不能审查行政行为的合理性，① 因此法院对于行政主体在允许的自由裁量范围内的行政行为一般不做出司法审查。

3. 根据行政主体履行的行政权内容的不同，可将其分为行政立法行为、行政执法行为和行政司法行为。行政立法行为是指行政主体依法定职权和程序制定带有普遍约束力的规范性文件的行为；行政执法行为是指行政主体依法实施的直接影响行政相对人权利与义务的行为，或者是对个人、组织的权利与义务的行使和履行情况进行监督检查的行为；行政司法行为是指行政机关作为争议双方之外的第三者，按照准司法程序审理特定的行政争议或民事争议案件并做出裁决的行为，具体包括行政裁决、行政复议等行为。

三、行政行为的效力

行政行为的效力是指行政行为一旦成立并生效后所具有的法律效力，具体包括公定力、确定力、拘束力和执行力。

（一）公定力

有学者将公定力称为"先定力"，公定力是指行政行为一经做出，即对任何人都具有被推定为合法、有效而予以尊重的法律效力。这里包含两层意思：一是行政行为一经做出即被推定为有效，二是行政行为的效力及于所有人。

（二）确定力

确定力是指有效成立的行政行为具有不可变更力，非依法不得随意变更或撤销。例如，公司登记机关在对公司依法登记并颁发营业执照后，非经法定程序和出现法定事由不得随意吊销其营业执照。

（三）拘束力

拘束力是指行政行为一旦生效后具有约束当事人的效力，拘束力是针对双方而言的。

（四）执行力

执行力是指行政行为生效后，如果行政相对人不自觉履行相关义务，行政主体依法有权采取一定手段，使行政行为的效力得以实现的效力。

上述四种效力相互联系、相互配合。公定力是其他各种效力的前提，确定力与拘束力是公定力的体现，执行力是公定力、确定力、拘束力得以实现的保障。

四、行政立法

行政立法是指行政主体根据法定权限并按照法定程序制定和发布行政法律、法规和规章的活动。行政立法行为属于抽象行政行为。根据我国《立法法》的规定，享有行政立法权的主体包括：①国务院，可以在不与宪法和法律相抵触的情况下制定行政法

---

① 存在例外情形，即当行政处罚显失公正时，人民法院可以审查并可予以变更。

规；②国务院各部、各委员会、中国人民银行、审计署和具有行政管理职能的直属机构，可以根据法律和国务院的行政法规、决定、命令，在本部门的权限范围内，制定规章；③省、自治区、直辖市和省、自治区人民政府所在地的市和经国务院批准的较大的市的人民政府可以根据法律、行政法规和本省、自治区、直辖市的地方性法规，制定规章。

五、行政处罚

（一）行政处罚的概念和特征

1. 行政处罚的概念。行政处罚是指享有行政处罚权的行政机关或法律、法规授权的组织，对违反行政法律规范依法应当处罚的行政相对人给予法律制裁的行为。

2. 行政处罚的特征。

（1）实施行政处罚的主体是依法享有行政处罚权的行政主体。

（2）行政处罚的对象是实施了违反行政法律规范的行为而应当给予行政处罚的行政相对人。

（3）行政处罚的直接目的是惩罚违法行为，维护正常的行政管理秩序。

（二）行政处罚的基本原则

行政处罚的原则是指贯串于行政处罚过程的基本行为准则。《中华人民共和国行政处罚法》（简称《行政处罚法》）确立了四项原则。

1. 处罚法定原则。该原则包括以下含义：①处罚实施主体法定。《行政处罚法》规定，行政处罚由具有行政处罚权的行政机关在法定权限范围内实施，法律、法规授权的具有管理公共事务职能的组织可以在法定授权范围内实施行政处罚，受委托的组织在委托范围内以委托行政机关的名义实施行政处罚。②处罚依据法定。即法无明文规定不得处罚。《行政处罚法》第三条规定："公民、法人或者其他组织违反行政管理秩序的行为，应当给予行政处罚的，依照本法由法律、法规或者规章规定。"③处罚程序法定。即要求行政处罚必须符合《行政处罚法》所规定的程序。

2. 公开、公正原则。行政处罚公开原则要求有关行政处罚的规定要公布，使公民事先了解；对违法者依法给予行政处罚的程序与决定要公开。行政处罚公正原则是指行政主体设定和运用的行政处罚应当与违法的事实、性质、情节及社会危害相适应，做到罪责相适应，要求同等情况同等对待、不同情况不同对待，避免畸轻畸重。

3. 处罚与教育相结合的原则。行政处罚不是目的，而是一种维护行政管理秩序的手段，不能将行政处罚异化为对违法行为的报复手段。行政主体实施行政处罚时，应注意引导和教育被处罚对象及其他个人或组织，以实现法律的教育作用与指引作用。

4. 保障当事人程序权利的原则。行政相对人对行政主体给予的行政处罚享有获得法律救济的实体权利和程序权利，行政主体应当遵循行政合法性原则和行政合理性原则的要求，切实保障行政相对人包括陈述权、申辩权、听证权以及获得司法救济权在内的各项权利得以实现。

（三）行政处罚的种类及其设定

1. 行政处罚的种类。①警告；②罚款；③没收违法所得、没收非法财物；④责令停产停业；⑤暂扣或者吊销许可证，暂扣或者吊销执照；⑥行政拘留；⑦法律、行政法规规定的其他行政处罚。目前，我国行政处罚的种类除上述种类以外，还包括劳动教养、驱逐出境、通报批评等。

2. 行政处罚的设定。行政处罚的设定是指哪些国家机关或组织有权创设和规定行政处罚以及设定权如何划分的问题。根据《行政处罚法》的规定，设定权具体可以分为四个层次。①法律的设定权。全国人民代表大会及其常务委员会制定的法律可以创设各种行政处罚，并对于限制人身自由的行政处罚的创设拥有专属设定权。②行政法规的设定权。行政法规可以设定除限制人身自由以外的所有行政处罚。③地方性法规的设定权。地方性法规可以设定除限制人身自由、吊销企业营业执照以外的行政处罚。④规章的设定权。规章属于效力等级较低的法律规范，其创设权是有限的，只能设定一定数额的罚款和警告的处罚。

（四）行政处罚的实施主体

行政处罚的实施主体包括三类。①行政机关。《行政处罚法》第十五条规定："行政处罚由具有行政处罚权的行政机关在法定职权范围内实施。"②法律、法规授权的组织。《行政处罚法》第十七条规定："法律、法规授权的具有管理公共事务职能的组织可以在法定授权范围内实施行政处罚。"③受行政机关委托的组织。《行政处罚法》第十八条规定："行政机关依照法律、法规或者规章的规定，可以在其法定权限内委托符合本法第十九条规定条件的组织实施行政处罚。"行政机关不得委托其他组织或者个人实施行政处罚。受委托组织必须符合以下条件：①依法成立的管理公共事务的事业组织；②具有熟悉有关法律、法规、规章和业务的工作人员；③对违法行为需要进行技术检查或者技术鉴定的，应当有条件组织进行相应的技术检查或者技术鉴定。委托行政机关对受委托的组织实施行政处罚的行为应当负责监督，并对该行为的后果承担法律责任。受委托组织在委托范围内以委托行政机关名义实施行政处罚，不得再委托其他任何组织或者个人实施行政处罚。

（五）行政处罚的管辖和适用

1. 行政处罚的管辖。行政处罚依法由违法行为发生地的县级以上地方人民政府具有行政处罚权的行政机关管辖。法律、行政法规另有规定的除外。如果对管辖发生争议的，报请共同的上一级行政机关指定管辖。违法行为构成犯罪的，行政机关必须将案件移送司法机关，依法追究刑事责任。

2. 行政处罚的适用。行政处罚的适用是指行政主体依法对行政相对人做出行政处罚的过程。行政主体在实施行政处罚时应当注意五个问题。

（1）对当事人的同一个违法行为，不得给予两次以上罚款的行政处罚。

（2）不满14周岁的人有违法行为的，不予行政处罚，责令监护人加以管教；已满14周岁不满18周岁的人有违法行为的，从轻或者减轻行政处罚。精神病人在不能辨认或者不能控制自己行为时有违法行为的，不予行政处罚，但应当责令其监护人严加看管和治疗；间歇性精神病人在精神正常时有违法行为的，应当给予行政处罚。

（3）当事人有下列情形之一的，应当依法从轻或者减轻行政处罚：①主动消除或者减轻违法行为的危害后果的；②受他人胁迫有违法行为的；③配合行政机关查处违法行为有立功表现的；④其他依法应从轻或者减轻行政处罚的。违法行为轻微并及时纠正，没有造成危害后果的，不予行政处罚。

（4）违法行为构成犯罪，人民法院判处拘役或者有期徒刑时，行政机关已经给予当事人行政拘留的，应当依法折抵相应刑期。违法行为构成犯罪，人民法院判处罚金时，行政机关已经给予当事人罚款的，应当依法折抵相应罚金。

（5）违法行为在两年内未被发现的，不再给予行政处罚，法律另有规定的除外。2年的期限从违法行为发生之日起计算；违法行为有连续或者继续状态的，从行为终了之日起计算。

（六）行政处罚的决定和执行

公民、法人或者其他组织违反行政管理秩序的行为，依法应当给予行政处罚的，行政机关必须查明事实；违法事实不清的，不得给予行政处罚。

行政处罚实施主体在做出处罚决定和执行处罚决定过程中，必须遵循法定的步骤和方式，包括处罚决定程序（含听证程序）和处罚执行程序。

1. 行政处罚的决定程序。《行政处罚法》规定的行政处罚决定程序有两种：简易程序和一般程序。

（1）简易程序。简易程序是针对事实确凿、证据充分且处罚较轻的案件设置的，执法人员可以当场做出行政处罚决定，手续简便，大大提高了行政效率。适用简易程序必须满足以下条件：①违法事实确凿并有法定依据；②对公民处以50元以下、对法人或者其他组织处以1000元以下罚款或者警告的行政处罚。这类案件可以当场做出行政处罚决定。

（2）一般程序。一般程序是指除适用简易程序以外的其他案件在实施行政处罚时应当遵守的程序，具体包括四个方面的内容。

1）立案。行政处罚主体对属于本机关或组织管辖范围内并在追究时效内的行政违法行为或重大违法嫌疑情况，应当正式立案调查。

2）调查取证。行政处罚的实施机关必须全面、客观、公正地调查与收集有关证据；在调查或者进行检查时，执法人员不得少于2人，并应当向当事人或者有关人员出示证件。

3）审查调查结果。调查终结，行政处罚实施机关的负责人应当对调查结果进行审查，根据不同情况，分别做出如下决定：确有应受行政处罚的违法行为的，根据情节轻重及具体情况，做出行政处罚决定；违法行为轻微，依法可以不予行政处罚的，不予行政处罚；违法事实不能成立的，不得给予行政处罚；违法行为已构成犯罪的，移送司法机关。对情节复杂或者重大违法行为给予较重的行政处罚，行政机关的负责人应当集体讨论决定。

4）制作处罚决定书并予以送达。在做出行政处罚决定之前，行政处罚实施机关应当依照相关规定向当事人告知给予行政处罚的事实、理由和依据，听取当事人的陈述与申辩。行政处罚实施机关决定依法给予行政处罚的，应当制作行政处罚决定书并送达给当事人。

2. 行政处罚的听证程序。听证程序是处罚决定程序中的特殊程序，而不是独立程序。《行政处罚法》赋予了重大行政处罚案件的行政相对人提出听证的权利。行政处罚实施机关做出责令停产停业、吊销许可证或者执照、较大数额罚款等行政处罚决定之前，应当告知当事人有要求举行听证的权利；当事人要求听证的，行政机关应当组织听证。当事人不承担行政机关组织听证的费用。

3. 行政处罚的执行程序。行政处罚的执行是确保行政处罚决定对行政相对人确定的义务得以实现的重要保障。行政处罚的执行必须遵循法定程序，具体包括以下几项要求：①行政处罚的决定机关与收缴罚款的机构相分离，除法定情形外，行政处罚实施机关及其执法人员不得自行收缴罚款；②当事人对行政处罚决定不服而申请行政复议或者提起行政诉讼的，行政处罚不停止执行，法律另有规定的除外。

六、行政许可

（一）行政许可的概念及特征

1. 行政许可的概念。行政许可是指行政机关根据公民、法人或者其他组织的申请，经依法审查，准予其从事特定活动的行为。

2. 行政许可的特征。

（1）行政许可是行政机关管理性的行政行为。行政机关确认民事财产权利（如房产登记）和确认民事关系（如婚姻登记）的行为不具有行政管理的性质，不属于行政许可。

（2）行政许可是对社会实施的外部管理行为。行政机关对内部的管理行为，如对其他行政机关或者对其直接管理的事业单位的人事、财务、外事等事项的审批不属于行政许可。

（3）行政许可是根据公民、法人或者其他组织提出的申请产生的行政行为。无申请即无许可。

（4）行政许可是准予行政相对人从事特定活动的行为。取得行政许可表明申请人符合法定条件，可以依法从事有关活动。

（二）行政许可法及其意义

行政许可法是调整国家行政机关在行政许可过程中所发生的社会关系的法律规范的总称。2003年8月27日第十届全国人民代表大会常务委员会第四次会议审议通过了《中华人民共和国行政许可法》（简称《行政许可法》），并于2004年7月1日起施行。该法是继《行政诉讼法》《国家赔偿法》《行政处罚法》《中华人民共和国行政复议法》（简称《行政复议法》）之后又一部规范政府行政行为的重要法律。制定《行政许可法》是改革行政管理体制，转变政府职能，全面推进依法行政，实现政府行为法律化、规范化、理性化的必然要求。

（三）行政许可的原则

行政许可涉及公民、法人、国家和社会的重大利益，立法在调整时必须审慎对待，必须遵循三项基本原则。

1. 许可法定原则，即设定和实施行政许可应当依照法定的权限、范围、条件和程序。

2. "三公"原则，即公开、公平、公正原则。有关行政许可的规定必须公布，未经公布的，不得作为实施行政许可的依据；行政许可的实施和结果，除涉及国家秘密、商业秘密或者个人隐私外，应当公开；对符合法定条件、标准的申请，申请人有依法取得行政许可的平等权利，行政机关不得歧视。

3. 便民与效率原则，即实施行政许可应当遵循便民的原则，提高办事效率，提供优质服务。

（四）行政许可的设定

设定行政许可应当遵循经济和社会发展规律，有利于发挥公民、法人或者其他组织的积极性与主动性，维护公共利益和社会秩序，促进经济、社会和生态环境协调发展。

《行政许可法》第十二条规定："下列事项可以设定行政许可：（一）直接涉及国家安全、公共安全、经济宏观调控、生态环境保护以及直接关系人身健康、生命财产安全等特定活动，需要按照法定条件予以批准的事项；（二）有限自然资源开发利用、公共资源配置以及直接关系公共利益的特定行业的市场准入等，需要赋予特定权利的事项；（三）提供公众服务并且直接关系公共利益的职业、行业，需要确定具备特殊信誉、特殊条件或者特殊技能等资格、资质的事项；（四）直接关系公共安全、人身健康、生命财产安全的重要设备、设施、产品、物品，需要按照技术标准、技术规范，通过检验、检测、检疫等方式进行审定的事项；（五）企业或者其他组织的设立等，需要确定主体资格的事项；（六）法律、行政法规规定可以设定行政许可的其他事项。"

《行政许可法》第十二条所列事项是指可以设定行政许可的事项，而不是必须设定行政许可的事项。凡是通过下列方式能够予以规范的，可以不设行政许可：①公民、法人或者其他组织能够自主决定的；②市场竞争机制能够有效调节的；③行业组织或者中介机构能够自律管理的；④行政机关采用事后监督等其他行政管理方式能够解决的。

（五）行政许可设定权的分配

行政许可设定权属于国家权力，在国家行政管理生活中具有非常重要的地位。原则上只能由法律行使，但在我国目前的条件下，仅仅由法律进行设定显然是不够的，也是不可能的。基于这种考虑，《行政许可法》明确规定了行政许可设定权的分配。根据《行政许可法》规定，行政许可一般由法律设定；尚未立法的，行政法规方可设定行政许可；尚未制定法律和行政法规的，地方性法规方可设定行政许可；除此以外，仅有省级人民政府规章可设定一年期限的临时性许可，其他地方政府规章、所有部门规章、所有其他规范性文件都无权设定行政许可。《行政许可法》之所以要确立这种许可设定权相对集中的制度，目的无疑在于统一法制、统一市场，消除各种形式的部门保护和地方封锁。

（六）行政许可的实施机关

行政许可由具有行政许可权的行政机关在其法定职权范围内实施。法律、法规授权的具有管理公共事务职能的组织在法定授权范围内，以自己的名义实施行政许可。同时，行政机关在其法定职权范围内，依照法律、法规、规章的规定，可以委托其他行政机关实施行政许可。经国务院批准，省、自治区、直辖市人民政府根据精简、统一、效能的原则，可以决定一个行政机关行使有关行政机关的行政许可权。

(七)行政许可的实施程序

1. 申请。公民、法人或者其他组织从事特定活动,依法需要取得行政许可的,应当向行政机关提出申请。行政许可申请可以通过信函、电报、电传、传真、电子数据交换和电子邮件等方式提出。

2. 受理。行政机关对申请人提出的行政许可申请,应当根据具体情况分别做出受理、不受理、须更正告示处理决定。

3. 审查。行政机关应当对申请人提交的申请材料进行审查,以决定是否受理。

4. 决定。申请人提交的申请材料齐全、符合法定形式,行政机关能够当场做出决定的,应当当场做出书面的行政许可决定。行政机关依法做出不予行政许可的书面决定的,应当说明理由,并告知申请人享有依法申请行政复议或者提起行政诉讼的权利。

(八)行政许可的撤销与注销

《行政许可法》第六十九条规定,"有下列情形之一的,做出行政许可决定的行政机关或者其上级行政机关,根据利害关系人的请求或者依据职权,可以撤销行政许可:(一)行政机关工作人员滥用职权、玩忽职守做出准予行政许可决定的;(二)超越法定职权做出准予行政许可决定的;(三)违反法定程序做出准予行政许可决定的;(四)对不具备申请资格或者不符合法定条件的申请人准予行政许可的;(五)依法可以撤销行政许可的其他情形"。但撤销行政许可可能对公共利益造成重大损害的,不予撤销。

被许可人以欺骗、贿赂等不正当手段取得行政许可的,应当予以撤销,被许可人基于行政许可取得的利益不受保护。对于其他情况而被撤销的,被许可人的合法权益受到损害的,行政机关应当依法给予赔偿。

《行政许可法》第七十条规定,"有下列情形之一的,行政机关应当依法办理有关行政许可的注销手续:(一)行政许可有效期届满未延续的;(二)赋予公民特定资格的行政许可,该公民死亡或者丧失行为能力的;(三)法人或者其他组织依法终止的;(四)行政许可依法被撤销、撤回,或者行政许可证件依法被吊销的;(五)因不可抗力导致行政许可事项无法实施的;(六)法律、法规规定的应当注销行政许可的其他情形"。

第十章 刑 法

第一节 刑法概述

一、刑法的概念

刑法是掌握国家政权的统治阶级为了维护本阶级的政治统治和经济利益，根据自己的意志，设定哪些行为构成犯罪和应当承担刑事责任，并给予行为人何种刑罚处罚的法律。刑法有广义和狭义之分。广义的刑法是指一切规定犯罪、刑事责任和刑罚的法律规范的总称，具体包括刑法典、单行刑法（单行刑事法律）以及附属刑法（非刑事法律中的刑事规定部分）。狭义的刑法就是刑法典，即把规定犯罪、刑事责任与刑罚的一般原则和各种具体犯罪与刑罚的法律规范系统化、条理化的法典。所谓单行刑法，是指为补充、修改刑法典而由最高立法机关颁布的刑法规范。所谓附属刑法，是指非刑事法律中有关犯罪及其处罚的规定。在这些法律中，刑法规范具有附属性。

二、我国刑法的基本原则

（一）罪刑法定原则

罪刑法定原则是当今世界各国刑法普遍采用的基本原则，也是我国刑法的基本原则之一。《刑法》第三条规定："法律明文规定为犯罪行为的，依照法律定罪处刑；法律没有明文规定为犯罪行为的，不得定罪处刑。"据此，罪刑法定原则的含义是：什么是犯罪，各种犯罪的构成条件是什么，有哪些刑种，各个刑种如何适用，以及各种具体罪的具体量刑幅度如何等均由刑法加以规定。凡是刑法没有明文规定为犯罪行为的，均不得定罪处刑。

（二）适用刑法人人平等原则

法律面前人人平等是我国宪法确立的社会主义法治的一般原则，这条原则适用于所有的部门法。为了贯彻这一原则，《刑法》第四条规定："对任何人犯罪，在适用法律上一律平等。不允许任何人有超越法律的特权。"这就是适用刑法人人平等原则。据此，适用刑法人人平等原则的基本含义是：首先，就犯罪者来说，任何人犯罪，都应受到法律的追究；任何人都不得享有超越法律的特权；无论犯罪者的政治面貌、社会地位、家庭情况、财产状况等如何，对其犯罪行为均得平等地适用刑法，一律依法定罪量刑。其次，就被害人来说，无论何人受到犯罪的侵害，均应依法追究犯罪，保护被害人的合法权益。

(三) 罪责刑相适应原则

罪责刑相适应原则，又称"罪刑相适应原则"。《刑法》第五条规定："刑罚的轻重，应当与犯罪分子所犯罪行和承担的刑事责任相适应。"作为《刑法》总则中的条文，这一规定适用于分则的所有条文，是我国刑法的基本原则之一。据此，罪责刑相适应原则的含义是：犯多大的罪，就承担多大的刑事责任，重罪重责重罚，轻罪轻责轻罚，罪责刑相称，罚当其责其罪。

三、我国刑法的效力范围

我国刑法的效力范围，即刑法的适用范围，是指刑法在什么时间、什么区域以及对什么人具有效力。它包括刑法的空间效力和刑法的时间效力。

(一) 我国刑法的属地管辖权

《刑法》第六条第一款规定："凡在中华人民共和国领域内犯罪的，除法律有特别规定的以外，都适用本法。"这是我国刑法关于刑法属地管辖权的基本规定，它涉及下述两项主要内容。

1."中华人民共和国领域内"的含义。

(1) 中华人民共和国领域内，是指我国国境以内的全部空间区域。具体包括：①领陆，即国境线以内的陆地及其地下层；②领水，即国家陆地、疆界以内水域和与陆地、疆界邻接的一带海域，包括内水、领海及其地下层；③领空，即领陆、领水的上空。

(2)《刑法》第六条第二款规定："凡在中华人民共和国船舶或者航空器内犯罪的，也适用本法。"因而在我国船舶或航空器上发生的犯罪，我国具有刑事管辖权。

(3) 中华人民共和国驻外使、领馆。根据《维也纳外交关系公约》的规定以及按对等原则所确立的国际惯例，各国刑法都把本国驻外使、领馆作为本国领土的延伸，在驻外使、领馆发生的犯罪适用本国刑法。

(4)《刑法》第六条第三款规定："犯罪的行为或者结果有一项发生在中华人民共和国领域内的，就认为是在中华人民共和国领域内犯罪。"

2."法律有特别规定"的含义。《刑法》在确立属地管辖基本原则的同时，提出了"法律有特别规定"的例外情况。

(1) 享有外交特权和豁免权的外国人。《刑法》第十一条规定："享有外交特权和豁免权的外国人的刑事责任，通过外交途径解决。"

(2) 民族自治地方。《刑法》第九十条规定："民族自治地方不能全部适用本法规定的，可以由自治区或者省的人民代表大会根据当地民族的政治、经济、文化的特点和本法规定的基本原则，制定变通或者补充的规定，报请全国人民代表大会常务委员会批准施行。"

(二) 我国刑法的属人管辖权

《刑法》第七条和第十条规定了属人管辖权，其具体内容包括三个方面。

1.一般公民在领域外犯罪，原则上适用我国刑法。《刑法》第七条第一款规定："中华人民共和国公民在中华人民共和国领域外犯本法规定之罪的，适用本法，但是按本法规定的最高刑为三年以下有期徒刑的，可以不予追究。"

2. 国家工作人员和军人在我国领域外犯罪的，一律适用我国刑法。《刑法》第七条第二款规定："中华人民共和国国家工作人员和军人在中华人民共和国领域外犯本法规定之罪的，适用本法。"

3. 凡在我国领域外犯罪已受过刑罚处罚的，可以免除或者减轻处罚。《刑法》第十条规定："凡在中华人民共和国领域外犯罪，依照本法应当负刑事责任的，虽然经过外国审判，仍然可以依照本法追究，但是在外国已经受过刑罚处罚的，可以免除或者减轻处罚。"

（三）我国刑法的保护管辖权

《刑法》第八条规定："外国人在中华人民共和国领域外对中华人民共和国国家或者公民犯罪，而按本法规定的最低刑为三年以上有期徒刑的，可以适用本法，但是按照犯罪地的法律不受处罚的除外。"

（四）我国刑法的普遍管辖权问题

《刑法》第九条规定："对于中华人民共和国缔结或者参加的国际条约所规定的罪行，中华人民共和国在所承担条约义务的范围内行使刑事管辖权的，适用本法。"

（五）我国刑法的时间效力

刑法的时间效力是指刑法具有法律效力的时间范围，也就是刑法的生效时间、失效时间以及对刑法生效前的行为是否具有溯及力。

刑法的溯及力是指刑法生效后，对它生效前未经审判或者判决尚未确定的行为是否适用的问题。如果能够适用，则具有溯及力；如果不能够适用，则不具有溯及力。

1. 规定刑法溯及力的四种原则。

（1）从旧原则。即按照行为时的旧法处理，新法不具有溯及力。

（2）从新原则。即按照新法处理，新法具有溯及力。

（3）从新兼从轻原则。即新法原则上具有溯及力，但旧法不认为是犯罪或者处刑较轻的，则依旧法处理。

（4）从旧兼从轻原则。即新法原则上不具有溯及力，但新法不认为是犯罪或者处刑较轻的，则依新法处理。

2. 我国刑法关于溯及力的规定。《刑法》第十二条第一款规定："中华人民共和国成立以后本法施行以前的行为，如果当时的法律不认为是犯罪的，适用当时的法律；如果当时的法律认为是犯罪的，依照本法总则第四章第八节的规定应当追诉的，按照当时的法律追究刑事责任，但是如果本法不认为是犯罪或者处刑较轻的，适用本法。"《刑法》第十二条第二款规定："本法施行以前、依照当时的法律已经做出的生效判决，继续有效。"由此可见，我国刑法采取的是从旧兼从轻原则。

第二节　犯罪及犯罪构成

一、犯罪的概念和特征

（一）犯罪的概念

我国《刑法》第十三条规定："一切危害国家主权、领土完整和安全，分裂国家、颠覆人民民主专政的政权和推翻社会主义制度，破坏社会秩序和经济秩序，侵犯国有财产或者劳动群众集体所有的财产，侵犯公民私人所有的财产，侵犯公民的人身权利、民主权利和其他权利，以及其他危害社会的行为，依照法律应受刑罚处罚的，都是犯罪，但是情节显著轻微危害不大的，不认为是犯罪。"

（二）犯罪的特征

根据《刑法》第十三条的规定，犯罪具有三个基本特征。

1. 犯罪是严重危害社会的行为，具有严重的社会危害性。所谓社会危害性，是指行为对刑法所保护的社会关系造成或者可能造成损害的特性。我国是社会主义国家，国家和人民的利益在根本上是完全一致的，危害国家和人民利益的行为的社会危害性达到一定的严重程度，才是刑法意义上的犯罪，这就是犯罪的本质所在。犯罪的社会危害性程度是由诸多因素决定的。其中，主要的因素包括三点。①行为侵犯的社会关系的性质。在其他条件等同的情况下，行为侵犯的社会关系的性质不同，其严重程度是有差别的，例如危害国家安全的行为就比故意伤害的行为的社会危害性大。②行为的手段、方法、后果以及时间、地点。③行为人的情况及其主观因素，例如在同样行为的前提下，故意就比过失的社会危害性大。

2. 犯罪是触犯刑律的行为，具有刑事违法性。犯罪的法律表现就是违反刑事法律的规定。违法性是犯罪与所有其他有社会危害性的行为所共有的特征，但是，危害行为有多种，违法行为的种类也不同。犯罪是违法行为中的一种，与其他违法行为所不同的是，犯罪违反的是刑法。如果某种行为具有相当严重的社会危害性，立法者认为应予以刑罚制裁，那么它就会在刑法上将此行为作为犯罪而予以禁止。因此，严重社会危害性是刑事违法性的基础，刑事违法性则是社会危害性的刑法表现。

3. 犯罪是应受刑罚处罚的行为，具有应受刑罚惩罚性。违法会引起一定的法律后果。犯罪作为一种严重的违法行为，与其他违法行为一样，也要承担法律后果，不同的是，它承担的是一种最严重的后果——刑罚制裁。

犯罪的上述三个基本特征是相互联系、紧密结合的统一体。严重的社会危害性是刑事违法性和应受刑罚处罚性的基础，也是犯罪的最基本的特征；刑事违法性是严重社会危害性在刑法上的表现，与应受刑罚处罚性一起构成社会危害性的尺度，行为即使有严重的社会危害性，但没有达到触犯刑律、应受刑罚制裁的尺度，也不是犯罪。

二、犯罪构成的概念和共同要件

(一) 犯罪构成的概念

在《刑法》中，所谓犯罪构成，是指依照刑法的规定，决定某一具体行为的社会危害性及其程度，为该行为构成犯罪所必需的一切主观要件和客观要件的有机统一。

(二) 犯罪构成的共同要件

目前，通常认为，犯罪构成的共同要件包括犯罪客体、犯罪客观方面、犯罪主体和犯罪主观方面。

1. 犯罪客体。犯罪客体是指刑法所保护的而为犯罪行为所侵犯的社会关系。

2. 犯罪客观方面。犯罪客观方面是指犯罪活动的客观外在表现，包括危害行为、危害结果、危害行为与危害结果之间的因果关系，以及行为的时间、地点和手段、方法等内容。

3. 犯罪主体。犯罪主体是指实施危害社会的行为、依法应当负刑事责任的自然人和单位。

4. 犯罪主观方面。犯罪主观方面是指犯罪主体对其实施的危害行为及其危害结果所持的心理态度，包括罪过、犯罪动机和犯罪目的等要素。

三、犯罪客体

(一) 犯罪客体的概念

关于犯罪客体的概念，我国刑法学界有不同的认识。通常认为，犯罪客体是指我国刑法所保护的而为犯罪行为所侵犯的社会关系。

1. 犯罪客体是一定的社会关系。
2. 犯罪客体是刑法所保护的社会关系。
3. 犯罪客体是被犯罪行为侵犯的社会关系。

(二) 犯罪客体的分类

刑法理论按照社会关系的范围和性质的不同，将犯罪客体分为三个层次：犯罪的一般客体、同类客体和直接客体。

1. 犯罪的一般客体。犯罪的一般客体是指我国刑法所保护的社会主义社会关系的整体。

2. 犯罪的同类客体。犯罪的同类客体是指某一些或者某一类犯罪所共同侵犯的我国刑法所保护的社会主义社会关系的某一方面或者某一部分。

3. 犯罪的直接客体。犯罪的直接客体是指某一具体的犯罪行为直接侵犯的我国刑法所保护的某种具体的社会主义社会关系。

(三) 犯罪对象的概念

犯罪对象是指我国刑法分则条文规定的具体犯罪行为所直接作用的或者对之施加影响的具体人或者物。

1. 犯罪对象是具体的人或者物。
2. 犯罪对象是刑法规定的人或者物。

3. 犯罪对象是犯罪行为直接作用的人或者物。

四、犯罪客观方面

（一）犯罪客观方面的概念

犯罪客观方面，也叫"犯罪客观要件"，是指刑法规定的成立犯罪所必须具备的客观事实特征。

（二）犯罪客观方面的特征

1. 犯罪客观方面具有法定性。
2. 犯罪客观方面具有客观性。
3. 犯罪客观方面是具体的。
4. 犯罪客观方面的内容具有多样性。

犯罪客观方面的内容包括许多事实特征，主要有危害的行为、结果、时间、地点、手段、方法和危害行为与危害结果之间的因果关系等。

五、危害行为

（一）危害行为的概念

作为犯罪客观方面内容之一的危害行为，是指由行为人的意识和意志支配的违反刑法规定的危害社会的行为。

（二）危害行为的特征

1. 危害行为的主体具有特定性。危害行为的主体只能是自然人和单位，动物和自然现象等不是危害行为的主体。
2. 危害行为具有客观危害性。危害行为在其客观属性上对国家和人民的利益是有害的，而不是有益的。
3. 危害行为是能够体现行为人的主观意识、意志的。危害行为是行为人的意识和意志支配下的产物和表现，如果该行为不能体现出行为人的意识和意志的支配性，则不能认为是行为，更不能认为是犯罪客观方面的危害行为。

（三）危害行为的表现形式

危害行为的表现形式是多种多样的，刑法理论将各种各样的危害行为概括为两种基本类型：作为和不作为。

1. 作为。作为是指行为人以积极的身体活动实施了刑法所禁止的危害社会的行为。
2. 不作为。不作为是指行为人在能够履行自己应尽义务的情况下而不履行该义务的行为。不作为行为构成犯罪必须同时具备下列条件：①行为人负有实施积极行为的特定义务；②行为人能够履行特定义务而没有履行；③行为人不履行特定义务的不作为行为具有严重的社会危害性。

六、危害结果

（一）危害结果的概念

刑法意义上的危害结果应当是指危害行为所引起的危害社会的结果，它有广义和狭义之分。广义的危害结果是指由行为人的行为所引起的一切对社会的危害；狭义的危害结果则是指属于犯罪构成要件的危害结果。我们主要研究的是狭义的危害结果。

(二) 危害结果的特征

1. 危害结果的客观性。
2. 危害结果的因果性。
3. 危害结果的侵害性。
4. 危害结果形式的多样性。

七、犯罪主体

(一) 犯罪主体概述

1. 犯罪主体的概念。犯罪主体是指实施了危害社会的行为，依法应当承担刑事责任的人和单位。犯罪主体是犯罪构成的必要要件，没有犯罪主体，就没有犯罪构成，也就没有刑事责任。根据《刑法》的规定，犯罪主体包括自然人犯罪主体和单位犯罪主体两种。

2. 自然人犯罪主体的条件。
(1) 必须是实施了危害社会行为的有生命的人。
(2) 必须达到刑事责任年龄。
(3) 必须具有刑事责任能力。

(二) 刑事责任年龄

1. 刑事责任年龄的概念。刑事责任年龄，又称"责任年龄"，是指刑法规定的自然人对自己危害社会的行为应当负刑事责任所必须达到的最低年龄。

2. 刑事责任年龄阶段的划分。根据《刑法》第十七条的规定，我国刑事责任年龄的具体划分表现在三个方面。

(1) 绝对不负刑事责任年龄阶段。根据《刑法》第十七条规定，不满14周岁属于绝对不负刑事责任时期。

(2) 相对负刑事责任年龄阶段。根据《刑法》第十七条规定，已满14周岁不满16周岁这个年龄阶段是相对负刑事责任时期。《刑法》规定这一年龄阶段的人对于严重危害社会的行为应当承担刑事责任。这些严重的危害社会行为包括故意杀人、故意伤害致人重伤或者死亡、强奸、抢劫、贩卖毒品、放火、爆炸、投毒八种犯罪行为。

(3) 完全负刑事责任年龄阶段。《刑法》第十七条第一款规定："已满十六周岁的人犯罪，应当负刑事责任。"

(三) 刑事责任能力

1. 刑事责任能力的概念。刑事责任能力就是指行为人对自己的行为构成犯罪和承担刑事责任所必须具备的辨认和控制能力。行为人的辨认能力是行为人的认识能力，即对自己的行为是否为法律所禁止、所谴责、所制裁的分辨能力；行为人的控制能力是行为人的意志能力，即按照自己的意志决定是否实施行为以及如何实施、实施到何种程度的能力。辨认能力是刑事责任能力的基础，控制能力则是刑事责任能力的核心。只有行为人同时具备了辨认能力和控制能力，刑事责任能力才存在。

2. 刑事责任能力的程度。

（1）完全刑事责任能力。在我国，凡是年满18周岁的精神正常的人都是完全刑事责任能力的人，他们实施危害社会行为构成犯罪的应当负完全的刑事责任。

（2）完全无刑事责任能力。即行为人不具备刑法要求的辨认和控制能力。《刑法》上的完全无刑事责任能力的人有两种：一是行为时不满14周岁的人，二是行为时由于患有精神疾病而完全丧失了辨认或控制自己行为能力的人。

（3）相对无刑事责任能力。即对于一些严重的危害社会行为具有刑事责任能力而对于大多数危害行为没有刑事责任能力。《刑法》规定年满14周岁不满16周岁的未成年人只对故意杀人、故意伤害致人重伤或者死亡、强奸、抢劫、贩卖毒品、放火、爆炸和投毒等罪承担刑事责任，这说明在我国已满14周岁不满16周岁的人属于相对无刑事责任能力的人。

（4）减轻刑事责任能力。即完全刑事责任能力与完全无刑事责任能力之间的中间阶段。《刑法》规定了五种情况属于减轻刑事责任能力的人，即犯罪时已满14周岁不满18周岁的人、又聋又哑的人、盲人和尚未完全丧失辨认或控制自己行为能力的精神病人，以及已满75周岁的人。需要特别注意的是，《刑法》第十七条之一对已满75周岁的人还区分其是故意还是过失：已满75周岁的人故意犯罪的，可以从轻或者减轻处罚；过失犯罪的，应当从轻或者减轻处罚。

（四）单位犯罪

1. 单位犯罪的概念。单位犯罪是与自然人犯罪相对应的一个范畴。《刑法》第三十条规定："公司、企业、事业单位、机关、团体实施的危害社会的行为，法律规定为单位犯罪的，应当负刑事责任。"根据这一规定，在我国，所谓单位犯罪，是指由公司、企业、事业单位、机关、团体实施的依法应当承担刑事责任的危害社会的行为。

2. 单位犯罪处罚原则。对单位的刑罚处罚，大致有两种立法例：一是采取双罚制，即对单位和单位的直接责任人员均处以刑罚；二是采取单罚制，即单位犯罪要么只处罚单位的直接责任人员，要么只处罚单位。《刑法》第三十一条规定："单位犯罪的，对单位判处罚金，并对其直接负责的主管人员和其他直接责任人员判处刑罚。本法分则和其他法律另有规定的，依照规定。"从这一规定可以看出，我国刑法对单位犯罪的处罚原则是以双罚制为主，以单罚制为例外。

八、犯罪主观方面

（一）犯罪主观方面的概念

犯罪主观方面是指犯罪主体对其所实施的危害社会行为及产生的危害结果所持的心理态度。犯罪主观方面是犯罪构成中的必要条件，主要包括罪过、犯罪目的、犯罪动机等。罪过指行为主体对自己行为发生的危害后果所持的故意或过失心理。罪过是任何一种具体犯罪在主观方面的必备内容。犯罪动机、犯罪目的不是所有犯罪在主观方面的必备要件，而是部分犯罪必需的内容。

（二）犯罪主观方面的特征

1. 犯罪主观方面是犯罪主体实施危害行为时的主观心理态度。

2. 犯罪主观方面的心理态度是指行为主体对自己行为造成的危害后果所持的心理态度。《刑法》第十四条、第十五条和第十六条的规定表明，犯罪主观方面的故意或过失态度均是指对危害结果的态度，而不是指对行为本身的态度。

3. 犯罪主观方面是行为人承担刑事责任的主观依据。

（三）犯罪故意

1. 犯罪故意的概念。《刑法》第十四条规定："明知自己的行为会发生危害社会的结果，并且希望或者放任这种结果发生，因而构成犯罪的，是故意犯罪。"由此可见，犯罪故意是指行为人明知自己的行为会发生危害社会的结果，并且希望或者放任这种结果发生的主观心理态度。

2. 犯罪故意的种类。刑法理论根据犯罪故意的意志因素的不同表现形式，把犯罪故意区分为直接故意和间接故意两种类型。

（1）直接故意。直接故意就是指行为人明知自己的行为会发生危害社会的结果，而希望这种危害结果发生的心理态度。

直接故意的基本特征是：①在认识因素上，行为人明知自己的行为会发生危害社会的结果，包括明知自己的行为必然发生危害结果和明知自己的行为可能发生危害结果的两种认识状况。②在意志因素上，行为人对危害结果的发生持希望态度，即追求危害结果发生的心理态度。

（2）间接故意。间接故意就是指行为人明知自己的行为可能发生危害社会的结果并且放任这种结果发生的心理态度。间接故意的基本特征是：①在认识因素上，间接故意表现为行为人认识到了危害结果发生的可能性。②在意志因素上，间接故意表现为行为人对危害结果的发生持放任态度。所谓放任态度，就是行为人虽不是积极追求、促使结果的发生，但也不设法阻止、排除危害结果的发生，而采取听之任之、任其发生的态度。

（四）犯罪过失

1. 犯罪过失的概念。《刑法》第十五条规定："应当预见自己的行为可能发生危害社会的结果，因为疏忽大意而没有预见，或者已经预见而轻信能够避免，以致发生这种结果的，是过失犯罪。"从这一规定看出，犯罪过失就是指行为人应当预见自己的行为可能发生危害结果，因疏忽大意而没有预见，或者已经预见而轻信能够避免的心理态度。犯罪过失也是认识因素与意志因素的统一。在认识因素上，犯罪过失表现为没有预见或已经预见危害结果可能发生；在意志因素上，犯罪过失表现为应当预见或者轻信能够避免结果的发生。

2. 犯罪过失的种类。按照过失心理的不同内容，刑法理论把犯罪过失区分为过于自信的过失和疏忽大意的过失两种类型。

（1）过于自信的过失。过于自信的过失是指行为人已经预见到自己的行为可能发生危害社会的结果，但却轻信能够避免，以致发生了危害结果的心理态度。其特征是：①在认识因素上，行为人已经预见到自己的行为可能发生危害社会的结果；②在意志因素上，行为人轻信自己能够避免危害结果的发生。

（2）疏忽大意的过失。疏忽大意的过失是指行为人应当预见到自己的行为可能发生危害社会的结果，因为疏忽大意而没有预见，以致发生这种结果的心理态度。疏忽大意的过失的基本特征是：①在认识因素上，表现为行为人没有认识到自己的行为可能发生危害社会的结果；②在意志因素上，表现为行为人应当预见自己的行为可能发生危害社会的结果。所谓应当预见，包含两层意思：一是行为人有预见的义务，二是行为人有预见的能力。

（五）意外事件与不可抗力

《刑法》第十六条规定："行为在客观上虽然造成了损害结果，但是不是出于故意或者过失，而是由于不能抗拒或者不能预见的原因所引起的，不是犯罪。"这就是刑法理论对意外事件和不可抗力的规定。

1. 意外事件。意外事件是指行为虽然客观上造成了损害结果，但不是出于故意或者过失，而是由于行为人不能预见的原因引起的一种非犯罪情况。

2. 不可抗力。不可抗力是指行为虽然客观上造成了损害结果，但不是由于行为人的故意或过失，而是由于不可抗拒的原因引起的一种非犯罪情况。

（六）犯罪目的和犯罪动机

1. 犯罪目的。犯罪目的是指行为人希望通过实施危害行为达到某种结果的心理态度。

2. 犯罪动机。犯罪动机是指推动、刺激或促使行为人实施危害行为的内心起因或思想活动。

犯罪目的和犯罪动机同属于行为人主观心理因素的范畴，共同反映了行为人特定的心理需要。行为人的某种需要促使行为人产生动机，在动机驱使下形成目的，进而为了实现目的实施危害行为，以满足其需要。犯罪动机是犯罪目的的起因或产生基础，犯罪目的则是犯罪动机的具体指向。所以，犯罪目的与犯罪动机是两个既有密切联系又相互区别的概念。

九、排除犯罪性的行为

（一）排除犯罪性行为的概念

排除犯罪性行为是指一行为从形式上看符合某种犯罪的构成要件，但基于某种特殊的情况而实质上没有社会危害性，因而不构成犯罪的行为。

（二）排除犯罪性行为的种类

各国刑法中排除犯罪性行为通常包括：正当防卫行为，紧急避险行为，履行职务的行为，从事业务的行为，执行命令的行为，经权利人同意的行为，科学研究和自然探险行为。

我国《刑法》仅规定了正当防卫和紧急避险行为。

（三）正当防卫

1. 正当防卫的概念。《刑法》第二十条第一款规定："为了使国家、公共利益、本人或者他人的人身、财产和其他权利免受正在进行的不法侵害，而采取的制止不法侵害的行为，对不法侵害人造成损害的，属于正当防卫，不负刑事责任。"根据《刑法》第二十条第一款的规定，正当防卫是指为了使国家、公共利益、本人或者他人的人身、财产和其他权利免受正在进行的不法侵害,而对不法侵害者所采取的必要的防卫行为。

2. 正当防卫的条件。根据《刑法》第二十条的规定,成立正当防卫必须同时具备五个条件。

（1）防卫的意图必须是为了使国家、公共利益、本人或者他人的人身、财产和其他权利免受不法侵害。

（2）防卫行为必须是针对不法侵害的行为实行的。

（3）防卫行为必须是对正在进行的不法侵害行为实行的。

（4）防卫行为必须是针对实施不法侵害的行为人实行的。

（5）正当防卫不能明显超过必要限度而造成不应有的损害。

3. 防卫过当的刑事责任。《刑法》第二十条第二款规定:"正当防卫明显超过必要限度造成重大损害的,应当负刑事责任,但是应当减轻或者免除处罚。"

（四）紧急避险

1. 紧急避险的概念。《刑法》第二十一条第一款规定:"为了使国家、公共利益、本人或者他人的人身、财产和其他权利免受正在发生的危险,不得已采取的紧急避险行为,造成损害的,不负刑事责任。"根据这一规定,紧急避险是指为了使国家、公共利益、本人或者他人的人身、财产和其他权利免受正在发生的危险,不得已而采取的损害另一较小的合法利益以保护较大的合法利益的行为。

2. 紧急避险的成立条件。

（1）紧急避险的起因条件。紧急避险的前提是有危险的现实存在。

（2）紧急避险的时间条件。危险正在发生,是紧急避险的时间条件。所谓危险正在发生,是指足以造成合法权益受严重损害的危险已经出现而尚未结束的状态。

（3）紧急避险的对象条件。紧急避险的对象只能是第三者的合法权益。

（4）紧急避险的限制条件。紧急避险必须在不得已的情况下才能实施。所谓不得已,是指危险发生得非常急,已不能用其他方法避免。

（5）紧急避险的主观条件。紧急避险的实施必须是为了避免国家利益、公共利益、本人或他人的合法权益遭受损害,这是紧急避险的主观条件。

（6）紧急避险的限度条件。紧急避险的限度条件是指所损害的利益一定要小于所保护的利益。

3. 避险过当的刑事责任。《刑法》第二十一条第二款规定:"紧急避险超过必要限度造成不应有的损害的,应当负刑事责任,但是应当减轻或者免除处罚。"《刑法》第二十一条第三款规定:"第一款中关于避免本人危险的规定,不适用于职务上、业务上负有特定责任的人。"因为职务上、业务上负有特定责任的人具有同某种特定的危险做斗争的义务。

（五）其他排除犯罪性的行为

1. 依法履行职务的行为。依法履行职务的行为是指国家机关和国家工作人员直接依照法律的规定,在其职责权限内实施的行为。如公安机关根据《中华人民共和国刑事诉讼法》（简称《刑事诉讼法》）的规定,对被告人采取拘传、拘留、逮捕的行为等。这些职务行为在形式上可能与某些侵犯人身权利和财产权利的犯罪有类似之处,但只要它们是依法实施的,就不是犯罪行为。

2. 正当从事业务的行为。正当从事业务的行为是指从事一定业务的人员依照行业规章制度正当执行自己业务的行为。这类行为在我国法律上没有明文规定。一般根据社会观念和习惯,认为是执行正当业务活动,如外科医生为挽救病人的生命而给病人截肢,表面上看,具有故意伤害罪的构成要件,但实际上却是在一定业务范围内实施的有益于社会的行为。

3. 执行命令的行为。执行命令的行为是指国家工作人员依照上级命令所实施的行为,例如行刑队员依照执行死刑命令对死刑犯执行枪决等。依照命令实施的职务行为实质上属于依法执行职务的行为。

4. 经权利人同意的行为。经权利人同意的行为是指基于有权处分某种权益的人的承诺而施加的损害行为。经权利人同意的损害行为必须具备下列条件才能排除其社会危害性:第一,权利人只能同意个人有权处分的权益,不能将国家、集体和他人等公私利益置于同意处分的范围之内。一般来说,可以同意他人损害的个人权利,不包括生命权。第二,同意必须出自权利人的真实意思。第三,同意必须是不违法、不违反社会共同生活准则的。

5. 科学研究和自然探险行为。为了促进科学和社会的进步,在科学研究、自然探险的过程中,付出必要的人员伤亡和财产损失代价,排除其社会危害性。

十、故意犯罪停止形态

(一) 故意犯罪停止形态的概念

故意犯罪停止形态是指故意犯罪在其发生、发展和完成犯罪的过程中,因主客观原因而停止下来的各种犯罪状态。

故意犯罪停止形态,如果按是否完成犯罪为标准,可以分为完成形态和未完成形态两类。犯罪的完成形态就是犯罪既遂;犯罪的未完成形态包括犯罪预备、犯罪未遂和犯罪中止。

(二) 犯罪既遂

1. 犯罪既遂的概念。犯罪既遂是指犯罪分子所实施的犯罪行为已经具备了刑法分则规定的某一具体犯罪构成的全部要件的一种犯罪完成形态。犯罪既遂标志着犯罪分子已完成了犯罪。

2. 犯罪既遂的表现形式。根据《刑法》分则对具体犯罪的犯罪客观方面的不同要求,刑法理论将犯罪既遂的表现形式归纳为四种。

(1) 行为犯。行为犯是指以法定的犯罪行为的完成作为既遂标志的犯罪。这种既遂形态不要求行为造成物质性的或有形的危害结果,而是以行为的完成为标志。

(2) 举动犯。举动犯是指行为人一经着手实行犯罪,犯罪即告完成而实现的犯罪。例如《刑法》规定的组织、领导、参加黑社会性质组织罪就属于举动犯。

(3) 危险犯。危险犯是指以行为人实施危害行为并造成法律规定的发生某种危害结果的危险状态作为既遂标志的犯罪。

(4) 结果犯。结果犯是指以实施一定行为且以该行为造成法定的危害结果作为既遂标志的犯罪。

（三）犯罪预备

1. 犯罪预备的概念。《刑法》第二十二条第一款规定："为了犯罪，准备工具、制造条件的，是犯罪预备。"根据这一规定，所谓犯罪预备，是指已经为实行犯罪而开始了创造条件的行为，由于行为人意志以外的原因而未能着手实行犯罪的一种犯罪未完成形态。

2. 犯罪预备的特征。

（1）已经实施了犯罪的预备行为。

（2）尚未着手实行犯罪。

（3）行为停顿在预备阶段，是由于犯罪分子意志以外的原因所造成的。

3. 对预备犯的处罚。犯罪预备的行为人就是预备犯。《刑法》第二十二条第二款规定："对于预备犯，可以比照既遂犯从轻、减轻处罚或者免除处罚。"

（四）犯罪未遂

1. 犯罪未遂的概念。根据《刑法》第二十三条规定，犯罪未遂是指已经着手实行犯罪，由于犯罪分子意志以外的原因而未得逞的一种犯罪未完成形态。

2. 犯罪未遂的特征。

（1）已经着手实行犯罪。

（2）犯罪未得逞。

（3）犯罪没有得逞是由于犯罪分子意志以外的原因所造成的。

3. 对未遂犯的处罚。《刑法》第二十三条第二款规定："对于未遂犯，可以比照既遂犯从轻或者减轻处罚。"

（五）犯罪中止

1. 犯罪中止的概念。《刑法》第二十四条第一款规定："在犯罪过程中，自动放弃犯罪或者自动有效地防止犯罪结果发生的，是犯罪中止。"因此，犯罪中止是指犯罪分子在犯罪过程中，自动放弃犯罪或自动有效防止犯罪结果发生而造成的一种犯罪未完成形态。

2. 犯罪中止的条件。犯罪中止的成立必须同时具备三个条件。

（1）必须是在犯罪过程中，完成犯罪之前中止犯罪。

（2）犯罪分子是自动中止犯罪。

（3）犯罪分子必须是彻底地停止犯罪或自动有效地防止犯罪结果的发生。

3. 对中止犯的处罚。《刑法》第二十四条第二款规定："对于中止犯，没有造成损害的，应当免除处罚；造成损害的，应当减轻处罚。"

十一、共同犯罪

（一）共同犯罪的概念

《刑法》第二十五条第一款规定："共同犯罪是指两人以上共同故意犯罪。"这是共同犯罪的概念。它使得共同犯罪相对于单个人犯罪有不同特点：一是两人以上共同作案，二是两个以上的人主观故意的联合，三是犯罪的危害性严重。

(二) 共同犯罪的成立条件

根据《刑法》关于共同犯罪的规定以及刑法理论，构成共同犯罪必须具备以下条件。①犯罪的客观要件是指各犯罪人必须有共同的犯罪行为。②犯罪主体必须是有两个以上依法应承担刑事责任的人。③主观方面必须要有共同犯罪的故意。

(三) 共同犯罪人的种类及其刑事责任

《刑法》将共同犯罪人分为主犯、从犯、胁从犯和教唆犯。

1. 主犯及其刑事责任。《刑法》第二十六条第一款规定："组织、领导犯罪集团进行犯罪活动的或者在共同犯罪中起主要作用的，是主犯。"根据刑法规定，所谓主犯，就是指在犯罪集团或者聚众犯罪中起组织、领导、策划、指挥作用，或者在共同犯罪中起主要作用的犯罪分子。《刑法》第二十六条第三款规定："对组织、领导犯罪集团的首要分子，按照集团所犯全部罪行处罚。"《刑法》第二十六条第四款规定："对于第三款规定以外的主犯，应当按照其所参与的或者组织、指挥的全部犯罪处罚。"

2. 从犯及其刑事责任。根据《刑法》第二十七条第一款规定，从犯是指在共同犯罪中起次要作用或者辅助作用的人。"在共同犯罪中起次要作用的人"指直接参加了共同犯罪的实行行为，但起次要作用的人；"在共同犯罪中起辅助作用的人"是指在共同犯罪中，没有直接参与实行犯罪客观要件行为，而是帮助他人实施实行行为的人。《刑法》第二十七条第二款规定："对于从犯，应当从轻、减轻处罚或者免除处罚。"

3. 胁从犯及其刑事责任。胁从犯指被胁迫参加共同犯罪的人。这说明胁从犯主观上并不愿意或者不完全愿意参与犯罪，而是受到胁迫参与犯罪的。显然，在共同犯罪人中，胁从犯危害性最小。《刑法》第二十八条规定："对于被胁迫参加犯罪的，应当按照他的犯罪情节减轻处罚或者免除处罚。"

4. 教唆犯及其刑事责任。教唆犯是指故意唆使他人实施犯罪的人。换言之，教唆犯是指引起他人犯罪意图的人。教唆犯的成立应具备以下条件：①客观方面要有教唆他人犯罪的行为，即实施了教唆行为；②主观方面必须要有教唆他人犯罪的故意。《刑法》第二十九条规定："教唆他人犯罪的，应当按照他在共同犯罪中所起的作用处罚。教唆不满十八周岁的人犯罪的，应当从重处罚。"

第三节 刑 罚

一、刑罚的概念和特征

(一) 刑罚的概念

刑罚是国家为惩治犯罪而创制的、由专门的国家机关剥夺或限制犯罪分子某种权益的法律强制方法。

(二) 刑罚的特征

1. 刑罚是最严厉的强制方法。
2. 刑罚是对犯罪分子适用的强制方法。
3. 刑罚只能由法院代表国家依法适用。

4. 刑罚是由特定机关执行的强制方法。

二、刑罚的体系和种类

（一）刑罚的体系

刑罚的体系是指由刑法所规定的并按照一定次序排列的各种刑罚方法的有机统一总和。

（二）刑罚的种类

根据《刑法》的规定，刑罚分为主刑与附加刑。主刑有管制、拘役、有期徒刑、无期徒刑与死刑，附加刑有罚金、剥夺政治权利、没收财产与驱逐出境。主刑与附加刑分别按照严厉程度由轻到重进行排列。

三、主刑

《刑法》第三十三条规定："主刑的种类如下：（一）管制；（二）拘役；（三）有期徒刑；（四）无期徒刑；（五）死刑。"主刑只能独立适用，不能附加适用。

（一）管制

管制是我国主刑中最轻的一种刑罚方法，它是指对犯罪分子不予关押，但限制其一定自由，由公安机关予以执行的刑罚方法。判处管制，可以根据犯罪情况，同时禁止犯罪分子在执行期间从事特定活动，进入特定区域、场所，接触特定的人。同时对判处管制的犯罪分子，依法实行社区矫正。管制的期限为3个月以上2年以下，数罪并罚时不得超过3年。管制的刑期，从判决执行之日起计算；判决执行以前先行羁押的，羁押1日折抵刑期2日。

（二）拘役

拘役是短期剥夺犯罪人的人身自由，就近实行劳动改造的刑罚方法。拘役的期限为1个月以上6个月以下，数罪并罚时不得超过1年。拘役的刑期从判决执行之日起计算，判决执行以前先行羁押的，羁押1日折抵刑期1日。

（三）有期徒刑

有期徒刑是剥夺犯罪分子一定期限的自由，实行强迫劳动改造的刑罚方法。有期徒刑的期限为6个月以上15年以下；判处死缓的犯罪分子在缓刑期间确有重大立功表现，两年期满后，减为25年有期徒刑；数罪并罚时，总和刑期不满35年的，最高不得超过20年；总和刑期在35年以上的，最高不得超过25年。有期徒刑的刑期，从判决执行之日起开始计算，判决执行以前先行羁押的，羁押1日折抵刑期1日。

（四）无期徒刑

无期徒刑是剥夺犯罪分子终身自由，实行强迫劳动改造的刑罚方法。无期徒刑适用于罪行严重、社会危险性及人身危险性均比较大的犯罪分子。判处死缓的犯罪分子在缓刑期间没有故意犯罪，2年期满后，减为无期徒刑。

（五）死刑

死刑是剥夺犯罪分子生命的刑罚方法。由于死刑的内容是剥夺犯罪分子的生命，所以被称为"生命刑"。死刑分为死刑立即执行和死刑缓期执行两种。基于人道主义，我国规定了犯罪的时候不满18周岁的人和审判的时候怀孕的妇女，不适用死刑。审判的时候已满75周岁的人，不适用死刑，但以特别残忍手段致人死亡的除外。

四、附加刑

附加刑是指补充主刑适用的刑罚方法。附加刑既可以附加主刑适用，也可以独立适用。《刑法》第三十四条规定了罚金、剥夺政治权利与没收财产三种附加刑，第三十五条规定了适用于犯罪的外国人的驱逐出境附加刑。

（一）罚金

罚金是人民法院判处犯罪分子向国家缴纳一定数额金钱的刑罚方法。罚金属于财产刑的一种。罚金在判决指定的期限内一次或者分期缴纳。期满不缴纳的，强制缴纳。对于不能全部缴纳罚金的，人民法院在任何时候发现被执行人有可以执行的财产，应当随时追缴。

（二）剥夺政治权利

剥夺政治权利是剥夺犯罪分子参加管理国家和政治活动权利的刑罚方法，属于资格刑。根据《刑法》第五十四条规定，剥夺政治权利是指剥夺下列权利：①选举权和被选举权；②言论、出版、集会、结社、游行、示威自由的权利；③担任国家机关职务的权利；④担任国有公司、企业、事业单位和人民团体领导职务的权利。

（三）没收财产的概念

没收财产是将犯罪人所有财产的部分或者全部强制无偿地收归国有的刑罚方法。

（四）驱逐出境

驱逐出境是强迫犯罪的外国人离开中国国（边）境的刑罚方法，可以独立或者附加适用。驱逐出境的适用对象是特定的，即犯罪的外国人。

五、非刑罚处理方法

非刑罚处理方法就是对犯罪分子所适用的刑罚之外的处理方法。根据《刑法》第三十六条和第三十七条的规定，我国刑法中的非刑罚处理方法包括以下两类。

（一）刑事损害赔偿

《刑法》第三十六条规定："由于犯罪行为而使被害人遭受经济损失的，对犯罪分子除依法给予刑事处罚外，并应根据情况判处赔偿经济损失。"

（二）民事责任或行政责任

《刑法》第三十七条规定："对于犯罪情节轻微不需要判处刑罚的，可以免予刑事处罚，但是可以根据案件的不同情况，予以训诫或者责令具结悔过、赔礼道歉、赔偿损失，或者由主管部门予以行政处罚或者行政处分。"

《刑法》第三十七条之一规定："因利用职业便利实施犯罪，或者实施违背职业要求的特定义务的犯罪被判处刑罚的，人民法院可以根据犯罪情况和预防再犯罪的需要，禁止其自刑罚执行完毕之日或者假释之日起从事相关职业，期限为三年至五年。"

六、刑罚裁量

（一）刑罚裁量的概念

刑罚裁量，又称"量刑"，是指法院对犯罪分子依照《刑法》的规定裁量决定刑罚的一种审判活动。量刑是在定罪的基础上，解决对犯罪分子应否判处刑罚、判处何种刑罚以及对判处的刑罚是否立即执行等问题。

（二）刑罚裁量情节

刑罚裁量情节，又称"量刑情节"，是指法律规定或司法实践认可的，人民法院在量刑时必须考虑的，据以决定刑罚轻重或免除刑事处罚的各种情况。根据不同的标准，可以对量刑情节做出不同的分类。其中，根据刑法是否就刑罚裁量情节做出明确规定为标准，将量刑情节分为法定量刑情节和酌定量刑情节。

1. 法定量刑情节。法定量刑情节是指《刑法》明文规定应当或者可以从重、从轻、减轻或者免除处罚的情节。根据法定情节对量刑所起的不同作用，《刑法》将其分为从重情节、从轻情节、减轻情节和免除处罚情节四种。

2. 酌定量刑情节。酌定量刑情节是指法定量刑情节以外的由审判人员灵活掌握、酌定适用的情节。

（三）刑罚裁量制度

1. 累犯。累犯是指受过一定刑罚，在刑罚执行完毕或者赦免以后，在法定期限以内又犯一定之罪的犯罪分子。根据《刑法》第六十五条和第六十六条的规定，累犯分为一般累犯和特别累犯两类。

（1）一般累犯。一般累犯是指被判处有期徒刑以上刑罚，在刑罚执行完毕或赦免以后，在5年以内再犯应当判处有期徒刑以上刑罚之罪的犯罪分子。一般累犯的构成条件是：①前罪与后罪都是故意犯罪；②前罪所判处的刑罚和后罪应当判处的刑罚都是有期徒刑以上；③后罪发生在前罪刑罚执行完毕或者赦免以后的5年内；④前后两罪均非危害国家安全犯罪、恐怖活动犯罪、黑社会性质的组织犯罪，或者前后两罪之一不是上述犯罪之一。

（2）特别累犯。特别累犯是指危害国家安全犯罪、恐怖活动犯罪、黑社会性质的组织犯罪的犯罪分子在刑罚执行完毕或者赦免以后，在任何时候再犯上述任一类罪，都以累犯论处。特别累犯的构成条件是：①前罪和后罪都是危害国家安全犯罪、恐怖活动犯罪、黑社会性质的组织犯罪；②后罪可以发生在前罪刑罚执行完毕或者赦免以后的任何时候，不受两罪相隔时间长短的限制；③前罪所判处的刑罚和后罪应判处的刑罚的轻重不受限制。

（3）累犯的处罚。《刑法》第六十五条规定了对累犯应当从重处罚的原则。对累犯，应当根据其犯罪行为的性质、情节和社会危害程度，比照初犯和其他犯罪人从重处罚。但是过失犯罪和不满18周岁的人犯罪的除外。

2. 自首。

（1）自首的概念和种类。自首是指犯罪分子犯罪以后自动投案，如实供述自己罪行的行为，或者被采取强制措施的犯罪嫌疑人、被告人和正在服刑的罪犯，如实供述司法机关还未掌握的本人其他罪行的行为。根据《刑法》第六十七条的规定，自首分为一般自首和特别自首两种。一般自首，是指犯罪分子犯罪以后自动投案，如实供述自己罪行的行为；特别自首，是指被采取强制措施的犯罪嫌疑人、被告人和正在服刑的罪犯，如实供述司法机关还未掌握的本人其他罪行的行为。

（2）一般自首的成立条件。

1）自动投案。自动投案是指犯罪事实或犯罪嫌疑人未被司法机关发觉，或者虽被发觉但犯罪嫌疑人尚未受到讯问、未采取强制措施时，出于本人意志而主动向司法机关，或者向就近的有关机关、单位及有关人员投案，并自愿置于有关机关或个人的控制之下，等候交代犯罪事实的行为。

2）如实供述自己的罪行。如实供述自己的罪行是指犯罪分子自动投案以后，彻底交代自己的全部罪行，至少如实交代自己的主要犯罪事实。

（3）特别自首的成立条件。《刑法》第六十七条第二款明确规定："被采取强制措施的犯罪嫌疑人、被告人和正在服刑的罪犯，如实供述司法机关还未掌握的本人其他罪行的，以自首论。"根据这一规定，特别自首的成立条件有：①成立特别自首的主体是已被采取强制措施的犯罪嫌疑人、被告人和正在服刑的罪犯；②必须如实供述了自己的其他罪行。其他罪行是指已判决的或者已指控的或者已掌握的犯罪事实以外的犯罪情况，供述已被指控的罪行的遗漏情节，不属于"其他罪行"的范围，属于补充交代，而不属于自首。

（4）自首的处罚原则。根据《刑法》第六十七条第一款的规定，对于自首的犯罪分子，可以从轻或者减轻处罚。其中，犯罪较轻的，可以免除处罚。

3. 立功。

（1）立功的概念。根据《刑法》第六十八条的规定，所谓立功，是指犯罪分子有揭发他人犯罪行为，查证属实的，或者提供重要线索，从而得以侦破其他案件等情形。因此，《刑法》规定立功的情形有两种：①揭发他人犯罪行为且查证属实；②提供重要线索，使司法机关得以侦破其他案件。

（2）立功的处罚原则。根据《刑法》第六十八条的规定，对于立功的犯罪分子应分别依照以下不同情况予以从宽处罚：①犯罪分子有一般立功表现的，可以从轻或者减轻处罚；②犯罪分子有重大立功表现的，可以减轻或者免除处罚；③犯罪分子犯罪后自首又有重大立功表现的，应当减轻或者免除处罚。

4. 数罪并罚。

（1）数罪并罚的概念。数罪并罚是指对同一个人犯数罪的合并处罚。

（2）数罪并罚的原则。

1）并科原则。这是指将一人所犯数罪分别宣告的各罪刑罚绝对相加、合并执行的合并处罚规则。该原则的实际弊端甚多。

2）吸收原则。根据"重刑吸收轻刑"的原则，在所犯数罪分别宣告的刑罚中，选择其中最重的一种刑罚作为执行的刑罚，其他较轻的刑罚，被最重的刑罚所吸收，不予执行。

3）限制加重原则。对数罪分别判刑后，在其中最重的一个刑罚以上、数罪总和以下，确定应执行的刑罚，并规定刑期最高不得超过一定的限度。

4）综合原则。对犯罪分子所犯数罪，分别定罪判刑，根据刑罚性质，分别采取并科原则、吸收原则和限制加重原则。综合原则因吸取了上述各原则之长，避其所短，因而为目前世界上大多数国家所采用。

（3）适用数罪并罚的几种情况。根据《刑法》第六十九条、第七十条和第七十一条的规定，数罪并罚有三种不同情况。

1）判决宣告以前一人犯数罪的并罚。这是数罪并罚中最常见，也是最基本的形式。这种情形按照相应并罚原则进行合并处罚。

2）判决宣告后发现漏罪的并罚。判决宣告以后，刑罚执行完毕以前，发现被判刑的犯罪分子在判决宣告以前还有其他罪没有判决的，应当对新发现的罪做出判决，把前后两个判决所判处的刑罚，依照《刑法》第六十九条的规定，决定执行的刑罚。已经执行的刑期，应当计算在新判决决定的刑期以内。这就是通常所说的"先并后减"的合并处罚方法。

3）判决宣告后又犯新罪的并罚。判决宣告以后，刑罚执行完毕以前，犯罪分子又犯罪的，应当对新犯的罪做出判决，把前罪没有执行的刑罚和后罪所判处的刑罚，依照《刑法》第六十九条的规定，决定执行的刑罚。这种计算方法叫"先减后并"。

5. 缓刑。

（1）缓刑的概念。缓刑是指对判处一定刑罚的犯罪分子，在具备法定条件下，附条件地不执行原判刑罚的一种制度。《刑法》第七十二条规定的缓刑是指人民法院对于被判处拘役、3年以下有期徒刑的犯罪分子，根据其犯罪情节和悔罪表现，认为暂缓执行原判刑罚确实不致再危害社会的，规定一定的考验期，在考验期内没有犯新罪，且没有违反法律、法规和发现漏罪的，原判刑罚就不再执行的制度。

（2）缓刑的适用。

1）缓刑的适用条件。①犯罪分子被判处拘役或3年以下有期徒刑的刑罚；②根据犯罪分子的犯罪情节和悔罪表现，认为适用缓刑确实不致再危害社会；③犯罪分子不是累犯。另外，危害国家安全犯罪，依《刑法》规定，不能适用缓刑。此外，按照《刑法》第七十二条的规定，"对于被判处拘役、三年以下有期徒刑的犯罪分子，同时符合下列条件的，可以宣告缓刑，对其中不满十八周岁的人、怀孕的妇女和已满七十五周岁的人，应当宣告缓刑：（一）犯罪情节较轻；（二）有悔罪表现；（三）没有再犯罪的危险；（四）宣告缓刑对所居住社区没有重大不良影响"。

2）缓刑的考验期。缓刑的考验期是指对被宣告缓刑的犯罪分子进行考察的一定期限。①缓刑考验期的期限。拘役的缓刑考验期为原判刑期以上1年以下，但是不能少于2个月；有期徒刑的缓刑考验期限为原判刑期限以上5年以下，但是不能少于1年。②缓刑考验期的计算。缓刑考验期限，从判决确定之日起计算。所谓判决确定之日，是指判决发生法律效力之日。

3）对缓刑犯考察的机关。根据《刑法》的规定，被宣告缓刑的犯罪分子，在缓刑考验期限内，由公安机关考察，所在单位或者基层组织予以配合。

4）缓刑的撤销。《刑法》第七十七条规定，在缓刑考验期限内犯新罪或者发现判决宣告以前还有其他罪没有判决的,应当撤销缓刑,对新犯的罪或者新发现的罪做出判决的应当撤销缓刑,对新犯的罪或者新发现的罪做出判决,把前罪和后罪所判处的刑罚,依照相应的并罚原则,决定执行的刑罚。被宣告缓刑的犯罪分子,在缓刑考验期限内,违反法律、行政法规或者国务院有关部门关于缓刑的监督管理规定,或者违反人民法院判决中的禁止令,情节严重的,应当撤销缓刑,执行原判刑罚。

七、刑罚执行制度

(一) 刑罚执行制度的概念和特征

1. 刑罚执行制度的概念。刑罚执行,简称"行刑",是指有关司法机关将人民法院生效的刑事判决所确定的刑罚付诸实施的刑事司法活动。

2. 刑罚执行的特征。

(1) 刑罚执行的主体是有关司法机关。根据我国法律的规定,死刑缓期两年执行、无期徒刑、有期徒刑的执行机关是监狱。管制、拘役和剥夺政治权利由公安机关执行。罚金、没收财产、死刑立即执行由人民法院负责。人民检察院是刑罚执行的监督机关。

(2) 刑罚执行的内容是将刑罚付诸实施。

(3) 刑罚执行必须发生在人民法院判决生效以后。

(二) 减刑

1. 减刑的概念。减刑是指对于被判处管制、拘役、有期徒刑、无期徒刑的犯罪分子,根据其在刑罚执行期间的悔改或立功表现而适当减轻其原判刑罚的制度。减刑包括两方面的含义:一是将较重的刑种减为较轻的刑种,二是将较长的刑期减为较短的刑期。

2. 减刑的适用条件。根据《刑法》第七十八条的规定,对犯罪分子适用减刑,必须符合下列条件。

(1) 对象条件。适用减刑的对象只能是被判处管制、拘役、有期徒刑、无期徒刑的犯罪分子。

(2) 实质条件。可以减刑的实质条件是犯罪分子在刑罚执行期间认真遵守监规,接受教育改造,确有悔改表现,或者有立功表现。应当减刑的实质条件,是犯罪分子在刑罚执行期间有重大立功表现。

(3) 限度条件。减刑的限度是指犯罪分子经过减刑以后,应当实际执行的最低刑期。《刑法》第七十八条规定:"减刑以后实际执行的刑期不能少于下列期限:(一)判处管制、拘役、有期徒刑的,不能少于原判刑期的二分之一;(二)判处无期徒刑的,不能少于十三年;(三)人民法院依照本法第五十条第二款规定限制减刑的死刑缓期执行的犯罪分子,缓期执行期满后依法减为无期徒刑的,不能少于二十五年,缓期执行期满后依法减为二十五年有期徒刑的,不能少于二十年。"所谓实际执行的刑期,是指判决执行后犯罪分子实际服刑的时间。

3. 减刑的程序。根据《刑法》第七十九条的规定,对于犯罪分子的减刑,由执行机关向中级以上人民法院提出减刑建议书。人民法院应当组成合议庭进行审理,对确有悔改或者立功事实的,裁定予以减刑。非经法定程序不得减刑。

（三）假释

1. 假释的概念。《刑法》中的假释是指被判处有期徒刑或无期徒刑的犯罪分子，在执行一定刑期之后，确有悔改表现，不致再危害社会，附条件地将其提前释放的一种刑罚制度。

2. 假释的条件。根据《刑法》第八十一条的规定，对犯罪分子适用假释，必须符合下列条件。

（1）对象条件。假释只能适用于被判处有期徒刑、无期徒刑的犯罪分子。

（2）限制条件。只有执行一定的刑罚，才能判断犯罪分子是否认真遵守监规，接受教育改造，确有悔改表现，不致再危害社会。

根据《刑法》第八十一条的规定："被判处有期徒刑的犯罪分子，执行原判刑期二分之一以上，被判处无期徒刑的犯罪分子，实际执行十三年以上，如果认真遵守监规，接受教育改造，确有悔改表现，没有再犯罪的危险的，可以假释。"

为了使适用假释有必要的灵活性，《刑法》第八十一条规定，如果有特殊情况，经最高人民法院核准，可以不受上述执行刑期的限制。

另外，根据《刑法》第八十一条第二款的规定，对累犯以及因故意杀人、强奸、抢劫、绑架、放火、爆炸、投放危险物质或者有组织的暴力性犯罪被判处 10 年以上有期徒刑、无期徒刑的犯罪分子，不得假释。

（3）实质条件。根据《刑法》第八十一条的规定，只有在符合上述对象条件和限制条件的基础上，犯罪分子认真遵守监规，接受教育改造，确有悔改表现，假释后不致再危害社会的，才可以对其予以假释。这是适用假释的实质条件或者关键性条件。

八、刑罚消灭制度

刑罚消灭制度是指由于一定的法定原因致使国家针对特定犯罪人的刑罚权归于消灭。

刑罚消灭的法定原因主要有：①刑罚执行完毕；②缓刑考验期满；③假释考验期满；④犯罪人死亡；⑤超过时效期限；⑥赦免。

（一）时效

1. 时效的概念。时效制度理论上是指刑事法律规定的关于追诉权和行刑权在一定期间内有效的制度，即法律规定行使行刑权和追诉权的有效期限的制度。

（1）追诉时效。追诉时效是指我国刑法规定的对犯罪分子追究刑事责任的有效期限。超过法定追诉期限，不得再对犯罪人进行追诉，已经追诉的，应当撤销案件，或者不予起诉，或者终止审判。

（2）行刑时效。行刑时效是指对被判处刑罚的犯罪人执行刑罚的有效期限。超过法定行刑期限，刑罚就不得再执行。

我国刑法仅规定了追诉时效，而没有规定行刑时效。

2. 追诉时效期限。追诉时效期限的长短，应当与犯罪的社会危害性程度、刑期的轻重相适应。《刑法》第八十七条规定了四个档次的追诉时效期限。

（1）法定最高刑为不满 5 年有期徒刑的，追诉期限为 5 年。

（2）法定最高刑为5年以上不满10年有期徒刑的，追诉期限为10年。

（3）法定最高刑为10年以上有期徒刑的，追诉期限为15年。

（4）法定最高刑为无期徒刑、死刑的，追诉期限为20年。如果20年以后认为必须追诉的，须报请最高人民检察院核准。

3. 追诉期限的计算。

（1）关于追诉期限的计算，《刑法》第八十九条规定，追诉期限从犯罪之日起计算；犯罪行为有连续或者继续状态的，从犯罪行为终了之日起计算。

（2）犯罪之日应理解为犯罪成立之日。具体而言，对行为犯应从犯罪行为实施之日起计算，对结果犯应从犯罪结果发生之日起计算，对结果加重犯应从严重后果发生之日起计算。对预备犯、未遂犯、中止犯，应分别从犯罪预备、犯罪未遂、犯罪中止成立之日起计算。

（3）犯罪行为有连续或者继续状态的是指连续犯和继续犯，其追诉期限从犯罪行为终了之日起计算。

（4）为了防止犯罪分子利用时效制度逃避法律制裁，我国刑法规定了时效中断和时效延长。《刑法》第八十九条第二款规定："在追诉期限以内又犯罪的，前罪追诉的期限从犯后罪之日起计算。"即只要犯罪分子在追诉期限内又犯罪，不论新罪的性质和刑罚轻重如何，前罪所经过的时效期限均归于无效，前罪的追诉期限从犯新罪之日起重新计算。这在刑法理论上称为"时效中断"。《刑法》第八十八条第一款规定："在人民检察院、公安机关、国家安全机关立案侦查或者在人民法院受理案件以后，逃避侦查或者审判的，不受追诉期限的限制。"《刑法》第八十八条第二款规定："被害人在追诉期限内提出控告，人民法院、人民检察院、公安机关应当立案而不予立案的，不受追诉期限的限制。"这在刑法理论上称为"时效延长"。

（二）赦免

1. 赦免的概念。赦免是指国家对于犯罪分子宣告免予追诉或者免除执行刑罚的全部或者一部分的法律制度。赦免通常由宪法加以规定，赦免的具体时间和对象由国家元首或最高权力机关以命令形式颁布，并由最高法院执行。

2. 赦免的种类。赦免分为大赦和特赦两种。

（1）大赦。大赦是指对于某一时期内犯有一定罪行的不特定的犯罪人免予追诉或者免除其刑罚的执行制度。大赦的适用范围很广泛，赦免的效力及于罪和刑两个方面。对于宣布大赦之人，已受有罪宣告的，宣告归于无效；已受追诉的，追诉归于无效。

（2）特赦。特赦是指对于某一时期内有一定罪行的特定的犯罪人，免除其刑罚的全部或者部分的执行制度。

大赦与特赦的区别：①大赦的对象是不特定的，而特赦的对象则是特定的；②大赦既赦刑又赦罪，而特赦则仅赦刑不赦罪；③大赦后行为人再犯罪没有累犯问题，而特赦后再犯罪则有可能构成累犯；④大赦既可免除刑罚的执行，也可免除刑事追诉，而特赦则仅能免除刑罚的执行。

3. 我国的特赦及其特点。我国没有实行过大赦，我国宪法仅有特赦的规定。因此，我国法律中的赦免实际上仅就特赦而言。

1959—1975 年，我国先后实行过 7 次特赦。2015 年 8 月 29 日，国家主席习近平签署主席特赦令，这是我国时隔 40 年重启特赦。

第四节 《刑法》分则概述

一、《刑法》分则体系

我国《刑法》对犯罪依次规定为十类：危害国家安全罪，危害公共安全罪，破坏社会主义市场经济秩序罪，侵犯公民人身权利、民主权利罪，侵犯财产罪，妨害社会管理秩序罪，危害国防利益罪，贪污贿赂罪，渎职罪，军人违反职责罪。《刑法》分则体系有如下特点。

1. 原则上以同类客体为标准，把犯罪分为若干大类，形成《刑法》分则若干章。
2. 各类犯罪的排列总体上是按照社会危害性质和程度，按由重到轻的顺序排列。
3. 各类犯罪中的各种具体犯罪的排列原则上也依据犯罪的社会危害程度和性质，按由重到轻的顺序排序，同时兼顾犯罪之间的内在联系。

二、《刑法》分则的条文结构

《刑法》分则规范的基本单位是分则条文。分则条文一般由罪状和法定刑两部分组成，而罪状又与罪名密切相关。罪状、罪名和法定刑是《刑法》分则的重要内容。

（一）罪状

1. 罪状的概念。罪状是刑法罪刑式法条对具体犯罪主要特征的描述。它是定罪的法律依据。

2. 罪状的类型。根据描述方式的不同，罪状一般可分为四种。

（1）简单罪状。即在罪刑式法条中只简单描述具体犯罪的基本构成特征。如《刑法》第二百三十二条对"故意杀人"的叙述就属于简单罪状。

（2）叙明罪状。即在罪刑式法条中较为具体地描述具体犯罪的基本构成特征。绝大多数罪刑式法条均采用叙明罪状。

（3）引证罪状。即引用同一法律中的其他条款来说明和确定某一具体犯罪的构成特征。其积极意义在于避免条文的重复，保持刑事立法的简洁。

（4）空白罪状。即在罪刑式法条中指明要参照其他法律、法规中的规定，来确定某一具体犯罪的构成特征。如《刑法》第三百二十二条中"违反国（边）境管理法规"的规定就属于空白罪状。

（二）罪名

1. 罪名的概念。罪名即犯罪的名称，是对某种犯罪本质或主要特征的简明概括。它是犯罪的外在客观标识，反映犯罪的个性特征。罪名一般包括在罪状中。

2. 罪名的功能。罪名一般具有四种功能：即识别功能、概括功能、评价功能和威慑功能。此外，罪名还与刑罚紧密联系，是刑罚的前提和基础。罪名的威慑功能对于发挥刑法的一般预防和特殊预防作用具有积极意义。

3. 罪名的类型。根据不同的标准，罪名可做如下分类。

（1）以罪名所具有的法律地位和效力的不同为标准，可分为立法罪名、司法罪名和学理罪名。立法罪名，又叫"法定罪名"，是刑事立法中同时明确规定的罪名，最具权威性。司法罪名是司法机关在审判实践中根据刑法对某种犯罪所规定的罪状而确定的罪名。由于我国刑法基本上没有采用立法罪名，因此实际上广泛采用的是司法罪名。学理罪名，又叫"理论罪名"，是法学工作者从学术研究上对刑法分则条文进行逻辑推理和理论概括所提出的罪名，只有参考意义，不具法律效力。

（2）以罪名能否分解拆开使用为标准，可分为单一罪名和选择罪名。单一罪名是只反映一种犯罪行为，具备一个犯罪构成，不能分解拆开使用的罪名。刑法中大多数采用单一罪名。选择罪名是指罪名中所包含的具体犯罪的构成内容复杂，反映出多种犯罪行为，既可以概括使用，也可以分解拆开使用的罪名，如拐卖妇女、儿童罪就属于这种情况。

（三）法定刑

1. 法定刑的概念。法定刑是刑法分则罪刑式条文对各种具体犯罪规定的适用刑罚的刑种和刑度，即裁量刑罚的规格和标准。

法定刑、宣告刑和执行刑是三个不同的概念。宣告刑是司法机关对具体犯罪案件中的被告人实际判处的刑罚。执行刑是交付执行的刑罚。

2. 法定刑的形式。根据立法实践和刑法理论，法定刑有三种基本形式。

（1）绝对确定的法定刑。绝对确定的法定刑是指在条文中只规定单一、固定的刑种和刑度。这种形式的法定刑能防止法官裁量刑罚的随意性，但过于机械。

（2）绝对不确定的法定刑。绝对不确定的法定刑是指在条文中不规定刑种和刑度，只笼统规定对某种犯罪应予惩处。其缺陷是没有统一的量刑标准，容易造成执法不统一和不平衡。

（3）相对确定的法定刑。相对确定的法定刑是指在条文中对具体犯罪规定相应的刑种和刑度，并明确规定最高刑和最低刑。这种形式的法定刑既有确定的刑种和刑度，司法上也有具体裁量的余地。

（四）法条竞合

1. 法条竞合的概念。法条竞合，又称"法规竞合"，是指一个犯罪行为因刑事法律对犯罪的规定而同时符合数个具有整体或部分包容关系的刑法分则条文，只能选择适用其中一个法条定罪判刑，排斥其他法条适用的情形。

2. 法条竞合的特征。

（1）行为人实施了。一个犯罪行为。所谓一个犯罪行为，是指行为人在一个罪过支配下，一次实施的符合某种犯罪构成要件的行为。如果实施数个不同的犯罪行为，符合数个不同的犯罪构成，则是实质数罪而非法条竞合。

（2）一个犯罪行为在形式上同时符合数个刑法分则条文所规定的犯罪构成要件，从而触犯数罪名。

（3）一个犯罪行为所符合的数个罪刑法条规定的犯罪构成要件之间，存在着整体或部分包容的逻辑关系。这是法条竞合与想象竞合犯的本质区别。想象竞合犯虽然也是以一个罪过实施一个犯罪行为，触犯数罪名，但规定数罪名的数法条之间不存在上述逻辑上的包容与被包容关系。

（4）一个犯罪行为同时符合数个法条触犯数罪名，只能按特殊的法律适用原则，选择适用其中一个法条定罪判刑，而排斥其他法条适用。

3. 法条竞合的适用原则。当行为人实施某一犯罪行为而同时符合数个具有包容关系的法条时，只能选择适用其中一个法条来定罪判刑。其适用法条的原则主要有两条。

（1）通常情况下，采取特别法优于普通法的原则。当特别刑法与普通刑法发生法条竞合时，应适用特别刑法。否则，制定特别刑法就失去意义了。

（2）特殊情况下，采取重法优于轻法的原则。即按照行为所符合的法条中法定刑最重的法条定罪处刑。所谓特殊情况，是指法律明文规定按处刑较重的条款定罪量刑，或者适用特别法条不能很好地体现罪刑相适应的情况。

第五节 分则各罪

一、危害国家安全罪

（一）危害国家安全罪的概念和基本特征

1. 危害国家安全罪的概念。危害国家安全罪是指故意危害中华人民共和国的国家政权、社会主义制度、国家主权、领土完整、国家统一、国家的安全和利益的行为。

2. 危害国家安全罪的基本特征。

（1）客体是中华人民共和国的国家安全。

（2）客观方面表现为实施了危害中华人民共和国国家安全的行为。

（3）主体由自然人构成。

（4）主观方面是故意。

（二）主要犯罪的认定和处罚

背叛国家罪。

（1）背叛国家罪的概念。背叛国家罪是指勾结外国，危害中华人民共和国的主权、领土完整和安全的行为。

（2）背叛国家罪的基本特征。

1）侵犯的客体是中华人民共和国的主权、领土完整和安全。

2）本罪客观方面表现为勾结外国，危害中华人民共和国的主权、领土完整和安全的行为。勾结外国是本罪成立的前提条件。首先，"勾结外国"主要是指行为人通过各种方式勾结外国的组织、机构、政治集团及其代表人物。其次，必须实施了危害中华人民共和国的主权、领土完整和安全的行为。

3）犯罪主体只能是具有中华人民共和国国籍的中国公民。

4）犯罪的主观方面只能是故意。即通过自己的犯罪行为达到危害国家安全、领土完整和安全的目的。本罪不可能由过失行为构成。

（3）背叛国家罪的处罚。根据《刑法》第一百零二条和第一百一十三条的规定，犯本罪的，处无期徒刑或者10年以上有期徒刑；对国家和人民利益危害特别严重、情节特别恶劣的，可以判处死刑，可以并处没收财产。

二、危害公共安全罪

（一）危害公共安全罪的概念和基本特征

1. 危害公共安全罪的概念。危害公共安全罪是指故意或者过失地实施危害不特定多数人的生命、健康或者重大公私财产安全的行为。危害公共安全罪是普通刑事犯罪中危害性最大的一类犯罪。

2. 危害公共安全罪的基本特征。

（1）本类罪所侵犯的客体是社会的公共安全，即不特定多数人的生命、健康或者重大公私财产的安全。"不特定"是指犯罪行为危及的是不确定的人身和财产，其可能侵害的对象和造成的严重后果范围之大、数量之广是犯罪分子难以预料和控制的，并不意味着行为人在实施本类犯罪时不能以具体的人或物作为犯罪对象。

（2）本类罪的客观方面表现为实施了危害公共安全的犯罪行为。危害公共安全的犯罪行为，可以表现为作为和不作为的方式。从法律对各罪的危害结果的要求上看，有的犯罪是行为犯，即只要行为人实施了法定的危害公共安全的犯罪行为就可以构成犯罪，如非法买卖、运输核材料罪；有的犯罪要求造成了实际的损害结果才能构成，如重大责任事故型的犯罪；有的犯罪则只要求有足以危害不特定多数人的生命、健康或重大公私财产安全的危险性即可构成犯罪，如破坏交通工具罪、破坏交通设施罪。

（3）本类罪的犯罪主体绝大多数只能由自然人构成，少数犯罪可以由单位构成。

（4）本类罪的主观方面有的是故意，有的是过失。

（二）主要犯罪的认定和处罚

1. 放火罪。

（1）放火罪的概念。放火罪是指故意放火焚烧公私财物的危害公共安全的行为。

（2）放火罪的基本特征。

1）客观方面表现为行为人实施了危害公共安全的放火焚烧公私财物的行为。

2）犯罪主体是一般主体。《刑法》规定，年满14周岁以上具有刑事责任能力者就可以成为本罪的主体。

3）主观方面是故意。包括直接故意和间接故意。

4）本罪侵犯的客体是公共安全。

（3）放火罪的处罚。依据《刑法》第一百一十四条和第一百一十五条的规定，犯本罪，尚未造成严重后果的，处3年以上10年以下有期徒刑；致人重伤、死亡或者使公私财产遭受重大损失的，处10年以上有期徒刑、无期徒刑或者死刑。

2. 组织、领导、参加恐怖组织罪。

（1）组织、领导、参加恐怖组织罪的概念。组织、领导、参加恐怖组织罪，是指组织、领导和参加恐怖组织的行为。

（2）组织、领导、参加恐怖组织罪的基本特征。

1）犯罪侵犯的客体是社会的公共安全。恐怖组织是以实施恐怖活动为目的而建立的一种犯罪组织，往往进行放火、爆炸、暗杀、绑架人质，对社会公共安全构成严重威胁，是一种危害性极大的犯罪集团。

2）客观方面表现为实施了组织、领导或参加恐怖活动组织的行为。组织是指行为人发起和组织有实行恐怖活动目的的人，纠集成一个恐怖犯罪活动团体的行为；领导是指在恐怖组织中具有决策、指挥作用的行为；参加是指自愿加入或者被动加入恐怖组织的行为。只要行为人实施了组织、领导、参加行为之一的，即可构成本罪。

3）犯罪主体是一般主体。

4）主观方面是故意，并且具有进行恐怖活动的目的。

（3）组织、领导、参加恐怖组织罪的处罚。依据《刑法》第一百二十条的规定，犯本罪的，对组织、领导恐怖活动组织的，处10年以上有期徒刑或者无期徒刑；积极参加的，处3年以上10年以下有期徒刑；其他参加的，处3年以下有期徒刑、拘役、管制或者剥夺政治权利。犯本罪并实施杀人、爆炸、绑架等犯罪的，依照数罪并罚的规定处罚。

3. 交通肇事罪。

（1）交通肇事罪的概念。交通肇事罪是指违反交通运输管理法规，因而发生重大事故，致人重伤、死亡或者使公私财产遭受重大损失的行为。

（2）交通肇事罪的基本特征。

1）侵犯的客体是交通运输安全。

2）本罪的客观方面表现为行为人违反交通运输管理法规，因而发生重大事故，致人重伤、死亡或者使公私财产遭受重大损失的行为。

3）犯罪主体是一般主体。包括从事交通运输的人员和非交通运输人员。

4）主观方面是过失。即行为人对严重后果的发生必须是过失，但对违反交通运输管理法规的行为可能是故意。

（3）交通肇事罪的处罚。依据《刑法》第一百三十三条的规定，犯本罪的，处3年以下有期徒刑或者拘役；交通肇事后逃逸或者有其他特别恶劣情节的，处3年以上7年以下有期徒刑；因逃逸致人死亡的，处7年以上有期徒刑。

三、破坏社会主义市场经济秩序罪

（一）破坏社会主义市场经济秩序罪的概念和基本特征

1. 破坏社会主义市场经济秩序罪的概念。破坏社会主义市场经济秩序罪是指违反国家经济管理法规，破坏国家经济管理的正常活动和秩序，使国民经济和市场秩序遭受严重损害的行为。

2. 破坏社会主义市场经济秩序罪的基本特征。

（1）侵害的客体是社会主义市场经济秩序。社会主义市场经济秩序是指国家通过法律对由市场进行资源配置的经济运行过程进行调节所形成的正常的、协调和有序的状态。

（2）客观上表现为在经济活动中，违反经济管理法规，破坏国家经济管理的活动和秩序，使国民经济和市场秩序遭受严重损害的行为。

（3）犯罪主体多数为一般主体，只有少数罪要求特殊主体。需要指出的是，本章中大多数犯罪的主体可以由单位构成，有的还只限于单位，例如逃汇罪。

（4）犯罪的主观方面，本类罪绝大多数犯罪由故意构成，有的还明确规定了特定的目的，只有少数犯罪能由过失构成，例如出具证明文件重大失实罪。

（二）主要犯罪的认定和处罚

1. 走私普通货物、物品罪。

（1）走私普通货物、物品罪的概念。走私普通货物、物品罪是指违反海关法规，逃避海关监管，非法运输、携带或邮寄除国家禁止进出口的毒品、武器、弹药、核材料、假币、珍贵动物及其制品、珍稀植物及其制品、淫秽物品以及国家禁止出口的文物、黄金、白银和其他贵重金属以外的货物、物品进出国（边）境，偷逃应缴税额在5万元以上的行为。

（2）走私普通货物、物品罪的基本特征。

1）客观上表现为走私普通货物、物品，偷逃应缴税额5万元以上的行为。走私普通货物、物品的行为，具体包括以下几种行为：①走私普通货物、物品，数额较大的；②未经海关许可并且补缴应缴税额，擅自将批准进口的保税货物和特定减免税进口的货物、物品，在境内销售牟利的；③直接向走私人非法收购国家禁止进口物品的，或者直接向走私人非法收购走私进口的其他货物、物品，数额较大的。在内海、领海运输、收购、贩卖国家禁止进出口物品的，或者运输、收购、贩卖国家限制进出口货物、物品，数额较大，没有合法证明的，也应以本罪论处。上述走私普通货物、物品行为，必须偷逃应缴税款达到5万元以上的，才构成本罪。

2）主体既可以是自然人，也可以是单位。

3）主观方面出于故意，且一般以牟利为目的。

4）本罪侵犯的客体是复杂客体，即国家对普通货物、物品进出口的监督管理制度和关税征管制度。

（3）走私普通货物、物品罪的处罚。《刑法》第一百五十三条规定："走私本法第一百五十一条、第一百五十二条、第三百四十七条规定以外的货物、物品的，根据情节轻重，分别依照下列规定处罚：（一）走私货物、物品偷逃应缴税额较大或者一年内曾因走私被给予二次行政处罚后又走私的，处三年以下有期徒刑或者拘役，并处偷逃应缴税额一倍以上五倍以下罚金；（二）走私货物、物品偷逃应缴税额巨大或者有其他严重情节的，处三年以上十年以下有期徒刑，并处偷逃应缴税额一倍以上五倍以下罚金；（三）走私货物、物品偷逃应缴税额特别巨大或者有其他特别严重情节的，处十年以上有期徒刑或者无期徒刑，并处偷逃应缴税额一倍以上五倍以下罚金或者没收财产。单位犯前款罪的，对单位判处罚金，并对其直接负责的主管人员和其他直接责任人员，处三年以下有期徒刑或者拘役；情节严重的，处三年以上十年以下有期徒刑；情节特别严重的，处十年以上有期徒刑。"

2. 洗钱罪。

（1）洗钱罪的概念。洗钱罪是指个人或单位明知是毒品犯罪、黑社会性质的组织犯罪、恐怖活动犯罪、走私犯罪、贪污贿赂犯罪、破坏金融管理秩序犯罪、金融诈骗犯罪的所得及其产生的收益，为掩饰、隐瞒其来源和性质而实施提供资金账户，协助将财产转换为现金、金融票据、有价证券，通过转账或其他结算方式协助资金转移，协助将资金汇往境外，以其他方法掩饰、隐瞒犯罪所得及其收益的来源和性质的行为。

（2）洗钱罪的基本特征。

1）本罪侵害的客体是国家金融管理秩序和司法机关对社会秩序的正常管理活动。

2）客观上表现为明知是毒品犯罪、黑社会性质的组织犯罪、恐怖活动犯罪、走私犯罪、贪污贿赂犯罪、破坏金融管理秩序犯罪、金融诈骗犯罪的所得及其所产生的收益而实施掩饰、隐瞒其来源和性质的行为。洗钱行为具体表现为下列五种形式：①提供资金账户；②协助将财产转换为现金、金融票据、有价证券；③通过转账或者其他结算方式协助资金转移；④协助将资金汇往境外；⑤以其他方法掩饰、隐瞒犯罪所得及其收益的来源和性质。根据《最高人民法院关于审理洗钱等刑事案件具体应用法律若干问题的解释》的规定，以其他方法掩饰、隐瞒犯罪所得及其收益的来源和性质的行为包括下列七种情形：①通过典当、租赁、买卖、投资等方式，协助转移、转换犯罪所得及其收益的；②通过与商场、饭店、娱乐场所等现金密集型场所的经营收入相混合的方式，协助转移、转换犯罪所得及其收益的；③通过虚构交易、虚设债权债务、虚假担保、虚报收入等方式，协助将犯罪所得及其收益转换为"合法"财物的；④通过买卖彩票、奖券等方式，协助转换犯罪所得及其收益的；⑤通过赌博方式，协助将犯罪所得及其收益转换为赌博收益的；⑥协助将犯罪所得及其收益携带、运输或者邮寄出入境的；⑦通过前述规定以外的方式协助转移、转换犯罪所得及其收益的。

3）主体是一般主体，既可以是自然人，也可以是单位。

4）主观上是故意，并且必须明知是毒品犯罪、黑社会性质的组织犯罪、恐怖活动犯罪、走私犯罪、贪污贿赂犯罪、破坏金融管理秩序犯罪、金融诈骗犯罪的所得及其产生的收益，还掩饰、隐瞒其来源和性质。根据《最高人民法院关于审理洗钱等刑事案件具体应用法律若干问题的解释》的规定，具有下列情形之一的，可以认定被告人明知系犯罪所得及其收益，但有证据证明确实不知道的除外：①知道他人从事犯罪活动，协助转换或者转移财物的；②没有正当理由，通过非法途径协助转换或者转移财物的；③没有正当理由，以明显低于市场的价格收购财物的；④没有正当理由，协助转换或者转移财物，收取明显高于市场的"手续费"的；⑤没有正当理由，协助他人将巨额现金散存于多个银行账户或者在不同银行账户之间频繁划转的；⑥协助近亲属或者其他关系密切的人转换或者转移与其职业或者财产状况明显不符的财物的；⑦其他可以认定行为人明知的情形。

（3）洗钱罪的处罚。根据《刑法》第一百九十一条的规定，犯本罪的处5年以下有期徒刑或者拘役，并处或者单处洗钱数额5%以上20%以下罚金；情节严重的处5年以上10年以下有期徒刑，并处洗钱数额5%以上20%以下罚金。单位犯本罪的，对单位判处罚金，并对其直接负责的主管人员和其他直接责任人员，处5年以下有期徒刑或者拘役；情节严重的，处5年以上10年以下有期徒刑。

3. 集资诈骗罪。

（1）集资诈骗罪的概念。集资诈骗罪是指个人或者单位以非法占有为目的，使用诈骗方法非法集资，数额较大的行为。

（2）集资诈骗罪的基本特征。

1）客观上表现为使用诈骗方法非法集资，数额较大的行为。诈骗方法是指虚构集资用途、伪造集资批文和证件，骗取他人资金的方法。非法集资是指个人或公司、企业等单位未经有权机关批准，违反法律、法规，向社会公众或单位募集资金的行为。

2）主观上是故意，且具有非法占有他人财物的目的。

3）本罪侵犯的客体是复杂客体，既侵犯了公私财产所有权，也侵犯了国家对集资活动的正常管理秩序。

4）本罪的主体是一般主体，包括自然人和单位。

（3）集资诈骗罪的处罚。根据《刑法》第一百九十二条和第二百条的规定，犯本罪的，处5年以下有期徒刑或者拘役，并处2万元以上20万元以下罚金；数额巨大或者有其他严重情节的，处5年以上10年以下有期徒刑，并处5万元以上50万元以下罚金；数额特别巨大或者有其他特别严重情节的，处10年以上有期徒刑或者无期徒刑，并处5万元以上50万元以下罚金或者没收财产。单位犯本罪的，对单位判处罚金，并对其直接负责的主管人员和其他直接责任人员，依照上述对个人犯罪的自由刑的处罚规定处罚。

四、侵犯公民人身权利、民主权利罪

（一）侵犯公民人身权利、民主权利罪的概念和基本特征

1. 侵犯公民人身权利、民主权利罪的概念。侵犯公民人身权利、民主权利罪是指故意或过失地侵犯公民人身及其他与公民人身直接有关的权利的行为，以及侵犯公民民主权利，情节严重的行为。

2. 侵犯公民人身权利、民主权利罪的基本特征。

（1）这类犯罪侵犯的客体是公民的人身权利和民主权利。公民的人身权利，是指法律所规定的与公民的人身不可分离的权利，具体包括生命权、健康权、性的不可侵犯的权利以及人身自由权、人格权等等；公民的民主权利是指法律规定公民享有的参加国家管理、社会政治活动的权利以及其他民主权利。

（2）客观方面表现为非法侵犯公民的人身权利、民主权利的行为。这类犯罪行为的表现形式绝大多数是作为，少数既可表现为作为，也可表现为不作为，但本章中的遗弃罪只能由不作为的方式实施。

（3）这类犯罪的主体大部分为一般主体，小部分为特殊主体。

（4）这类犯罪的主观方面，除过失致人死亡罪、过失致人重伤罪为过失外，其他罪的主观方面均为故意。

（二）主要犯罪的认定和处罚

1. 故意杀人罪。

（1）故意杀人罪的概念。故意杀人罪是指故意非法剥夺他人生命权利的行为。

（2）故意杀人罪的基本特征。

1）侵犯的客体是他人的生命权利。生命权利是人身权利中最重要的一项权利，是其他权利赖以存在的前提和基础，故意杀人罪正是基于对这种特定客体的侵犯而成为侵犯公民人身权利中最严重的犯罪。

2）客观方面表现为非法剥夺他人生命权利的行为。剥夺他人生命的行为包括作为和不作为两种方式。绝大多数杀人行为均以作为的方式实施，如刀砍、枪杀等，少数杀人行为可以以不作为的方式实施，但只有对防止他人死亡结果的发生负有特定义务的人，不履行应当履行的义务时才构成犯罪。

3）主体为一般主体。根据《刑法》的有关规定，已满14周岁不满16周岁的人，犯故意杀人罪的，应当负刑事责任。

4）主观方面是故意，包括直接故意和间接故意。即明知自己的行为会造成他人死亡的结果，并且希望或者放任这种死亡结果发生的心理态度。

（3）故意杀人罪的处罚。根据《刑法》第二百三十二条的规定，犯故意杀人罪的，处死刑、无期徒刑或者10年以上有期徒刑；情节较轻的，处3年以上10年以下有期徒刑。

2. 强奸罪。

（1）强奸罪的概念。强奸罪是指以暴力、胁迫或者其他手段，违背妇女意志，使妇女处于不能抗拒、不敢抗拒或者不知抗拒的状态下，与妇女发生性交的行为。

（2）强奸罪的基本特征。

1）侵犯的客体是妇女性的不可侵犯的权利。这种权利是妇女所特有的一种人身权利。对妇女这一权利的侵犯同时也严重侵犯了妇女的人格尊严。强奸罪的对象只能是妇女，包括成年妇女、少女和幼女。

2）客观方面表现为使用暴力、胁迫或者其他手段，违背妇女意志，使妇女处于不能抗拒、不敢抗拒或者不知抗拒的状态下，与妇女发生性交的行为。强奸行为必须违背妇女意志，这是认定强奸罪的关键所在。违背妇女意志是指在妇女不愿意与男子发生性交的情况下，男子违背妇女意愿强行与之发生性交。行为人所采取的手段，包括三种。①暴力手段。这是指直接对被害妇女的人身进行殴打，使妇女不能反抗。②胁迫手段。这是指对被害妇女实行精神上的强制，使被害妇女忍辱屈从，不敢反抗。③其他手段。这是指使用暴力、胁迫以外的使妇女不知反抗或不能反抗、不敢反抗的手段，如利用醉酒、药物麻醉等手段对妇女进行奸淫。无论采用何种手段，只要是在违背妇女意志的情况下强行实施的性交行为，都可构成强奸罪。

3）强奸罪的主体是年满14周岁的具有刑事责任能力的男子，妇女也可以成为强奸罪的教唆犯或帮助犯。

4）强奸罪的主观方面只能由直接故意构成，且行为人必须具有奸淫的目的，即强行与妇女性交的目的。

（3）强奸罪的处罚。根据《刑法》第二百三十六条的规定，犯强奸罪的，处3年以上10年以下有期徒刑；有下列情节之一的，处10年以上有期徒刑、无期徒刑或者死刑：①强奸妇女、奸淫幼女情节恶劣的；②强奸妇女、奸淫幼女多人的；③在公共场所当众强奸妇女的；④两人以上轮奸的；⑤致使被害人重伤、死亡或者造成其他严重后果的。

3. 非法拘禁罪。

（1）非法拘禁罪的概念。非法拘禁罪是指故意非法剥夺他人人身自由的行为。

（2）非法拘禁罪的基本特征。

1）侵犯的客体是他人的人身自由权利，即公民按照本人意愿自由支配自己身体活动的权利。

2）客观方面表现为实施了以拘禁或其他强制方法，非法剥夺他人人身自由的行为。所谓非法，是指无合法根据、手续而剥夺他人人身自由；所谓强制，是指对他人身体直接实施拘束或利用外界条件间接实施拘束的情况。

3）本罪的主体是一般主体。国家机关工作人员利用职权犯本罪的，从重处罚。

4）主观方面是故意，动机如何不影响本罪的成立。

（3）非法拘禁罪的处罚。根据《刑法》第二百三十八条的规定，犯本罪的，处3年以下有期徒刑、拘役、管制或者剥夺政治权利。具有殴打、侮辱情节的，从重处罚。犯本罪，致人重伤的，处3年以上10年以下有期徒刑；致人死亡的，处10年以上有期徒刑。使用暴力致人伤残、死亡的，应分别依照故意伤害罪、故意杀人罪定罪处罚。

4. 绑架罪。

（1）绑架罪的概念。绑架罪是指以勒索财物为目的，绑架他人、偷盗婴幼儿，或者绑架他人作为人质的行为。

（2）绑架罪的基本特征。

1）侵犯的客体是他人的人身自由权利，即公民按照本人意愿自由支配自己身体活动的权利。

2）客观方面表现为实施了绑架他人、偷盗婴幼儿或者绑架他人作为人质以勒索财物的行为。所谓绑架，是指以暴力、胁迫等手段将他人控制的行为；所谓偷盗婴幼儿，是指秘密盗取不满6周岁儿童的行为。

3）本罪的主体是一般主体。

4）主观方面是直接故意。

（3）绑架罪的处罚。根据《刑法》第二百三十九条的规定，犯本罪的，处10年以上有期徒刑或者无期徒刑，并处罚金或者没收财产；情节较轻的，处5年以上10年以下有期徒刑，并处罚金；杀害被绑架人的，或者故意伤害被绑架人，致人重伤、死亡的，处无期徒刑或者死刑，并处没收财产。

五、侵犯财产罪

（一）侵犯财产罪的概念和基本特征

1. 侵犯财产罪的概念。侵犯财产罪是指以非法占有为目的，故意占有、挪用、毁坏公私财物，构成犯罪的行为。

2. 侵犯财产罪的基本特征。

（1）侵犯的客体是公私财物的所有权，侵犯的对象是公私财物。所谓公私财物，是指公共财产和公民私人所有的财产。根据《刑法》第九十一条的规定，公共财产是指下列财产：国有财产，劳动群众集体所有的财产，用于扶贫和其他公益事业的社会捐助或者专项基金的财产。此外，在国家机关、国有公司、企业、集体企业和人民团体管理、使用或者运输中的私人财产，以公共财产论。根据《刑法》第九十二条的规定，公民私人所有的财产是指下列财产：公民的合法收入、储蓄、房屋和其他生活资料，依法归个人、家庭所有的生产资料，个体户和私营企业的合法财产，依法归个人所有的股份、股票、债券和其他财产。

（2）客观方面表现为行为人实施了非法占有、挪用公私财物或者毁坏公私财物的行为。这类犯罪大致可以分为三类：第一类是以各种公开或秘密手段非法占有公私财物的犯罪，如抢劫、抢夺、盗窃、诈骗等。第二类是挪用资金、财物方面的犯罪，如挪用资金罪、挪用特定款物罪。第三类是破坏公私财产、生产经营方面的犯罪，如故意毁坏财物罪、破坏生产经营罪。这类犯罪多数为一般主体，少数为特殊主体。如职务侵占罪、挪用资金罪的主体只能是公司、企业或者其他单位的工作人员。主观方面必须是故意，过失不能构成本类罪。

（二）主要犯罪的认定和处罚

1. 抢劫罪。

（1）抢劫罪的概念。抢劫罪是指以非法占有为目的，使用暴力、胁迫或者其他方法强行劫取公私财物的行为。

（2）抢劫罪的基本特征。

1）侵犯的客体是复杂客体，不仅侵犯公私财产的所有权，还侵犯被害人的人身权利。

2）客观方面表现为以暴力、胁迫或者其他方法，当场强行劫取公私财物的行为。暴力是指对被害人的身体实行打击或者强制，使被害人处于不能或不敢反抗状态，立即抢走财物或迫使其交出财物；胁迫是指以对被害人立即实施暴力相威胁，实行精神上的恐吓或强制，使被害人恐惧不敢反抗，被迫当场交出财物，或者强行抢走财物；其他方法是指使用除暴力、胁迫以外的足以使被害人处于不知反抗或不能反抗状态的方法。

3）主观方面必须是直接故意，且具有非法占有公私财物的目的。

4）抢劫罪的主体是一般主体。根据《刑法》的有关规定，已满14周岁不满16周岁的人可以成为本罪的主体。

（3）抢劫罪的处罚。根据《刑法》第二百六十三条规定，犯本罪的，处3年以上10年以下有期徒刑，并处罚金。有下列情形之一的，处10年以上有期徒刑、无期徒刑或者死刑，并处罚金或没收财产：①入户抢劫的；②在公共交通工具上抢劫的；③抢劫银行或者其他金融机构的；④多次抢劫或者抢劫数额巨大的；⑤抢劫致人重伤、死亡的；⑥冒充军警人员抢劫的；⑦持枪抢劫的；⑧抢劫军用物资或者抢险、救灾、救济物资的。

2. 盗窃罪。

（1）盗窃罪的概念。盗窃罪是指以非法占有为目的，秘密窃取公私财物数额较大，或者多次秘密窃取公私财物的行为。

（2）盗窃罪的基本特征。

1）客观方面表现为行为人秘密窃取数额较大的公私财物或者多次窃取公私财物的

行为。秘密窃取是指犯罪分子采取自认为不会被财物的所有人、保管人、经手人发觉的方法，将公私财物非法据为己有的行为；数额较大是指盗窃公私财物价值人民币 1000 元至 3000 元以上的；多次盗窃是指行为人盗窃公私财物虽未达到数额较大，但在 2 年内入户盗窃或在公共场所扒窃 3 次以上。此外，《刑法》第二百六十五条还特别提示，以牟利为目的，盗接他人通信线路、复制他人电信码号或者明知是盗接、复制的电信设备、设施而使用的，也构成盗窃罪。

2）主观方面是直接故意，并且具有非法占有公私财物的目的。

3）侵犯的客体是公私财物所有权。

4）主体是一般主体。

（3）盗窃罪的处罚。根据《刑法》第二百六十四条的规定，犯本罪的，处 3 年以下有期徒刑、拘役或者管制，并处或单处罚金；数额巨大或者有其他严重情节的，处 3 年以上 10 年以下有期徒刑，并处罚金；数额特别巨大或者有其他特别严重情节的，处 10 年以上有期徒刑或者无期徒刑，并处罚金或者没收财产。

3. 诈骗罪。

（1）诈骗罪的概念。诈骗罪是指以非法占有为目的，使用虚构事实或者隐瞒事实真相的方法，骗取数额较大的公私财物的行为。

（2）诈骗罪的基本特征。

1）客观方面表现为行为人使用虚构事实或者隐瞒事实真相的方法，骗取数额较大的公私财物的行为。虚构事实是指捏造根本不存在的事实，骗取被害人的信任。隐瞒事实真相是指对被害人掩盖客观存在的某种事实情况。行为人用上述两种欺骗方法，使财物的所有人、保管人产生错觉，信以为真，从而"自愿"地交出财物。数额较大是指个人诈骗公私财物价值人民币 2000 元至 4000 元以上的。

2）侵犯的客体是公私财物所有权。

3）主观方面必须出于直接故意，并且具有非法占有公私财物的目的。

4）本罪主体是一般主体。

（3）诈骗罪的处罚。根据《刑法》第二百六十六条的规定，犯本罪的，处 3 年以下有期徒刑、拘役或者管制，并处或者单处罚金；数额巨大或者有其他严重情节的，处 3 年以上 10 年以下有期徒刑，并处罚金；数额特别巨大或者有其他特别严重情节的，处 10 年以上有期徒刑或者无期徒刑，并处罚金或者没收财产。

六、妨害社会管理秩序罪

（一）妨害社会管理秩序罪的概念和基本特征

1. 妨害社会管理秩序罪的概念。妨害社会管理秩序罪是指妨害国家机关对社会的管理活动，破坏社会秩序，情节严重的行为。

2. 妨害社会管理秩序罪的基本特征。

（1）侵犯的客体是国家机关对社会的管理秩序。国家机关对社会的管理活动，包括一般国家机关的管理活动、司法机关的管理活动和企业事业单位的管理活动，如医药管理、文物管理、国境管理等。

(2) 客观方面表现为妨害国家机关的管理活动，破坏社会管理秩序的行为。社会管理秩序是指国家通过对社会事务的管理而建立起来的，并且以法律手段来维护的社会正常秩序。

(3) 主观方面一般只能由故意构成。有些具体犯罪，法律还规定必须具有某种特定的目的，如赌博罪必须以营利为目的。个别犯罪如医疗事故罪等由于过失构成。

(4) 犯罪主体绝大多数是一般主体，少数是特殊主体，如脱逃罪等。

（二）主要犯罪的认定和处罚

1. 妨害公务罪。

（1）妨害公务罪的概念。妨害公务罪是指以暴力、威胁方法阻碍国家机关工作人员、人大代表、红十字会工作人员依法执行职务或履行职责的行为，或者未使用暴力、威胁方法故意阻碍国家安全机关、公安机关依法执行国家安全工作任务，造成严重后果的行为。

（2）妨害公务罪的基本特征。

1）侵犯的客体是国家机关工作人员和红十字会的公务活动和社会公共秩序。侵犯的对象应当是正在依法执行职务或履行职责的国家机关工作人员、人大代表和红十字会工作人员。

2）客观方面首先表现为以暴力、威胁方法阻碍国家机关工作人员、人大代表和红十字会工作人员依法执行职务或履行职责的行为。暴力一般表现为对上述工作人员殴打、捆绑与拘禁；威胁是指以语言或者书面的方式，对上述工作人员实行精神上的恐吓，从而阻止上述工作人员依法执行职务或履行职责。其次表现为对国家安全机关、公安机关的工作人员在执行国家安全任务时加以阻碍，即使未使用暴力、威胁方法，如果造成了严重后果，也要以妨害公务罪论处。

3）主观方面是故意，即必须是明知是国家机关工作人员、人大代表和红十字会工作人员依法执行公务或履行职责而加以阻碍。

4）犯罪主体为一般主体。

（3）妨害公务罪的处罚。根据《刑法》第二百七十七条的规定，以暴力、威胁方法阻碍国家机关工作人员、人大代表、红十字会工作人员依法执行职务或者履行职责的，处3年以下有期徒刑、拘役、管制或者罚金。暴力袭击正在依法执行职务的人民警察的，从重处罚。

2. 赌博罪。

（1）赌博罪的概念。赌博罪是指以营利为目的，聚众赌博或者以赌博为业的行为。

（2）赌博罪的基本特征。

1）侵犯的客体是社会管理秩序。

2）客观方面表现为聚众赌博或者以赌博为业的行为。聚众赌博是指纠集多人在不固定的场所进行赌博的行为；以赌博为业是指以赌博所得为其生活的主要来源，一贯进行赌博的。只要具备了上述两种行为中的一种，就符合本罪的客观要件。

3）犯罪主体是一般主体。

4）主观方面表现为故意，且必须是以营利为目的。

（3）赌博罪的处罚。根据《刑法》第三百零三条第一款的规定，犯本罪的，处3年以下有期徒刑、拘役或者管制，并处罚金。

3. 伪证罪。

（1）伪证罪的概念。伪证罪是指在刑事诉讼中，证人、鉴定人、记录人、翻译人对与案件有重要关系的情节，故意做虚假证明、鉴定、记录、翻译，意图陷害他人或者隐匿罪证的行为。

（2）伪证罪的基本特征。

1）侵犯的客体是司法机关在刑事诉讼过程中的正常工作活动。

2）客观方面表现为证人、鉴定人、记录人、翻译人对与案件有重要关系的情节，故意做虚假证明、鉴定、记录、翻译的行为。与案件有重要关系的情节是指那些决定着罪与非罪、此罪与彼罪、罪轻与罪重的事实和证据。

3）犯罪主体是特殊主体，只能是刑事诉讼中的证人、鉴定人、记录人、翻译人。

4）主观方面只能是故意，并且具有意图陷害他人或者隐匿罪证的目的，如果行为人由于业务水平不高而发生错误的，不构成犯罪。

（3）伪证罪的处罚。根据《刑法》第三百零五条的规定，犯本罪的，处3年以下有期徒刑或者拘役；情节严重的，处3年以上7年以下有期徒刑。

七、危害国防利益罪

（一）危害国防利益罪的概念和基本特征

1. 危害国防利益罪的概念。危害国防利益罪是指违反国防法律法规，故意或者过失危害国防利益，依照法律应当受刑事处罚的行为。

2. 危害国防利益罪的基本特征。

（1）本类罪侵犯的客体是国防利益。国防利益是指国家为了防备和抵御侵略与颠覆，捍卫国家主权、领土完整和安全而进行的军事及与军事有关的建设和斗争所拥有的特殊利益。

（2）客观方面表现为违反国防法律法规，实施了危害国防利益的行为。危害国防利益的犯罪行为有的只能由作为方式实施，有的只能由不作为方式实施，有的可以是由作为与不作为的方式实施。从发生的时间、场所看，有的只能发生在"战时"或者特定的地点，有的则可以发生在和平时期且不受地点的限制。

（3）犯罪的主体包括自然人主体和单位主体，但主要是自然人主体。在自然人主体中，多数犯罪为一般主体，少数犯罪是特殊主体。

（4）本类罪的主观方面是故意或者过失。除过失提供不合格的武器装备、军事设施罪之外，其他犯罪主观方面都要求是故意。

（二）主要犯罪的认定和处罚

冒充军人招摇撞骗罪。

（1）冒充军人招摇撞骗罪的概念。冒充军人招摇撞骗罪是指为谋取非法利益，冒充军人进行招摇撞骗的行为。

（2）冒充军人招摇撞骗罪的基本特征。

1) 客观方面表现为冒充军人进行招摇撞骗的行为。冒充军人是指冒充现役军职人员或者有军籍的中国人民解放军、中国人民武装警察部队和中国人民解放军预备役部队的文职干部、军事院校的学员等。冒充即以假充真，可以是非军人冒充军人、此种军人冒充彼种军人、士兵冒充军官、低职位军人冒充高职位军人等。招摇撞骗是指假冒军人的身份或职务以骗取各种非法利益。

2) 犯罪的主体是一般主体。

3) 主观方面是故意，并且具有谋取非法利益的目的。

4) 侵犯的客体是军队的良好威信及其正常活动。

(3) 冒充军人招摇撞骗罪的处罚。根据《刑法》第三百七十二条的规定，犯本罪的，处 3 年以下有期徒刑、拘役、管制或者剥夺政治权利；情节严重的，处 3 年以上 10 年以下有期徒刑。

八、贪污贿赂罪

(一) 贪污贿赂罪的概念和基本特征

1. 贪污贿赂罪的概念。贪污贿赂罪是指国家工作人员利用职务上的便利，贪污、挪用、私分公共财物，索取、收受贿赂，或者以国家工作人员、国有单位为对象进行贿赂，收买公务行为，破坏公务活动的廉洁性的一类犯罪的总称。

2. 贪污贿赂罪的基本特征。

(1) 侵犯的客体主要是国家工作人员职务行为的廉洁性，有些犯罪同时侵犯公共财产所有权。职务行为的廉洁性是指国家机关、国有公司、企业、事业单位、人民团体及其工作人员应当依照国家法律、行政法规，正确履行职责，廉洁奉公的制度。

(2) 客观方面表现为以各种手段侵犯国家工作人员公务活动廉洁性的行为。根据行为具体表现形式的不同，可以概括为三类：第一类是利用职务便利侵犯公共财物所有权的行为，这类犯罪包括贪污罪、挪用公款罪、私分国有资产罪、私分罚没财物罪等；第二类是以职务行为为媒介牟取利益而侵害职务行为的廉洁性，这类犯罪包括受贿罪、单位受贿罪、行贿罪、对单位行贿罪、介绍贿赂罪、单位行贿罪等；第三类是与贪污贿赂有关的其他犯罪行为，包括巨额财产来源不明罪和隐瞒境外存款罪。

(3) 犯罪主体多数为特殊主体，即国家工作人员。只有少数犯罪为一般主体，如行贿罪、对单位行贿罪、介绍贿赂罪等。有少数罪名的犯罪主体可以由单位构成。

(4) 主观方面只能是直接故意，而且多具有贪利的目的。

(二) 主要犯罪的认定和处罚

1. 贪污罪。

(1) 贪污罪的概念。贪污罪是指国家工作人员利用职务上的便利，侵吞、窃取、骗取或者以其他手段非法占有公共财物的行为。

(2) 贪污罪的基本特征。

1) 侵犯的客体为复杂客体，既侵犯公共财物的所有权，又侵犯国家的廉政制度。

2) 客观方面表现为利用职务上的便利，侵吞、窃取、骗取或者以其他手段非法占有公共财物的行为。利用职务上的便利是指行为人利用在其职务范围内的权力和地位所形成的有利条件，即利用其所享有的主管、经管和经手公共财物的便利；侵吞是指行为人利用职务上的便利，将自己合法管理的公共财物非法据为己有的行为；盗窃是指行为人利用职务上的便利，采用秘密窃取的方法，将自己合法管理、经手的公共财物非法据为己有的行为；骗取是指行为人利用职务上的便利，使用欺骗的方法，非法占有公共财物的行为；其他手段是指除了侵吞、窃取、骗取之外，利用职务上的便利，采用其他方法非法占有公共财物的行为。构成本罪还需要个人贪污数额在30000元以上，或者虽然不满30000元但情节较重。

3）犯罪主体是特殊主体，即只能是国家工作人员。根据《刑法》第九十三条的规定，国家工作人员是指国家机关中从事公务的人员。国有公司、企业与事业单位、人民团体中从事公务的人员和国家机关、国有公司、企业与事业单位委派到非国有公司、企业与事业单位、社会团体从事公务的人员，以及其他依照法律从事公务的人员，以国家公务人员论。

4）主观方面必须是直接故意，并以非法占有公共财物为目的。

（3）贪污罪的处罚。根据《刑法》第三百八十三条的规定，"对犯贪污罪的，根据情节轻重，分别依照下列规定处罚：（一）贪污数额较大或者有其他较重情节的，处三年以下有期徒刑或者拘役，并处罚金。（二）贪污数额巨大或者有其他严重情节的，处三年以上十年以下有期徒刑，并处罚金或者没收财产。（三）贪污数额特别巨大或者有其他特别严重情节的，处十年以上有期徒刑或者无期徒刑，并处罚金或者没收财产；数额特别巨大，并使国家和人民利益遭受特别重大损失的，处无期徒刑或者死刑，并处没收财产。对多次贪污未经处理的，按照累计贪污数额处罚。犯第一款罪，在提起公诉前如实供述自己罪行、真诚悔罪、积极退赃，避免、减少损害结果的发生，有第一项规定情形的，可以从轻、减轻或者免除处罚；有第二项、第三项规定情形的，可以从轻处罚。犯第一款罪，有第三项规定情形被判处死刑缓期执行的，人民法院根据犯罪情节等情况可以同时决定在其死刑缓期执行二年期满依法减为无期徒刑后，终身监禁，不得减刑、假释"。

2. 受贿罪。

（1）受贿罪的概念。受贿罪是指国家工作人员利用职务上的便利，索取他人财物的，或者非法收受他人财物，为他人谋取利益的行为。

（2）受贿罪的基本特征。

1）侵犯的客体是国家工作人员职务行为的廉洁性。

2）客观方面表现为国家工作人员利用职务上的便利，索取他人财物的，或者非法收受他人财物，为他人谋取利益的行为。具体表现为三点。第一，利用职务上的便利。它包括两方面的含义：一是指直接利用本人现时职务范围内的权力；二是指利用本人职权或者地位形成的便利条件，实际上是间接利用职务之便。第二，索取他人财物，或者非法收受他人财物，为他人谋取利益。索取他人财物是指行为人在从事公务的时候，利用自己的职权或者与职务、地位有关的便利条件，主动向他人公开或暗示索要财物。非法收受他人财物是指行为人在从事公务的时候，利用职务上的便利，接受他人主动送予的财物而为他人谋取利益的行为。第三，收受各种名义的回扣、手续费，归个人所有。

构成本罪,还需要个人受贿数额在30000元以上,或者虽然不满30000元但情节较重。

3) 犯罪的主体是特殊主体,只能是国家工作人员。

4) 主观方面出于直接故意。

(3) 受贿罪的处罚。根据《刑法》第三百八十六条的规定,犯本罪的,依照第三百八十三条规定,分别依照下列规定处罚:①受贿数额较大或者有其他较重情节的,处3年以下有期徒刑或者拘役,并处罚金。②受贿数额巨大或者有其他严重情节的,处3年以上10年以下有期徒刑,并处罚金或者没收财产。③受贿数额特别巨大或者有其他特别严重情节的,处10年以上有期徒刑或者无期徒刑,并处罚金或者没收财产;数额特别巨大,并使国家和人民利益遭受特别重大损失的,处无期徒刑或者死刑,并处没收财产。④对多次受贿未经处理的,按照累计受贿数额处罚。⑤犯受贿罪,在提起公诉前如实供述自己罪行、真诚悔罪、积极退赃,避免、减少损害结果的发生,有第①项规定情形的可以从轻、减轻或者免除处罚,有第②项、第③项规定情形的可以从轻处罚。⑥犯受贿罪,有第③项规定情形被判处死刑缓期执行的,人民法院根据犯罪情节等情况可以同时决定在其死刑缓期执行两年期满依法减为无期徒刑后,终身监禁,不得减刑、假释。⑦索贿的从重处罚。

九、渎职罪

(一) 渎职罪的概念和基本特征

1. 渎职罪的概念。渎职罪是指国家机关工作人员滥用职权、玩忽职守或者徇私舞弊,妨害国家机关的正常管理活动,情节严重的行为。

2. 渎职罪的基本特征。

(1) 侵犯的客体是国家机关的正常管理活动。国家机关的正常管理活动是指国家机关依法执行职务的活动。

(2) 客观方面必须有滥用职权、玩忽职守或者徇私舞弊,妨害国家机关的正常管理活动的行为。滥用职权是指决定事项或者处理事务时,超越职权范围,或者虽未超越职权范围,但却没有依照正当程序行使职权;玩忽职守是指在职责范围内不履行或者不完全履行职责;徇私舞弊是指为了私利而弄虚作假。

(3) 犯罪的主体大多数是特殊主体,而且主要是能够代表国家机关依法执行公务的人员。单位不能成为本类犯罪的主体。

(4) 犯罪的主观方面,大多数犯罪的罪过形式只能是故意,少数犯罪的罪过形式只能是过失。

(二) 主要犯罪的认定和处罚

滥用职权罪。

(1) 滥用职权罪的概念。滥用职权罪是指国家机关工作人员滥用职权,致使公共财产、国家和人民利益遭受重大损失的行为。

(2) 滥用职权罪的基本特征。

1) 侵犯的客体是国家机关的正常管理活动,即国家机关依法执行公务的活动。

2) 客观方面表现为行为人滥用职权,致使公共财产、国家和人民利益遭受重大损失。

3）犯本罪的主体是自然人特殊主体，即国家机关工作人员。

4）犯本罪的主观方面的罪过形式是故意。

(3) 滥用职权罪的处罚。根据《刑法》第三百九十七条的规定，犯本罪的，处3年以下有期徒刑或者拘役；情节特别严重的，处3年以上7年以下有期徒刑。国家机关工作人员徇私舞弊，犯本罪的，处5年以下有期徒刑或者拘役；情节特别严重的，处5年以上10年以下有期徒刑。

十、军人违反职责罪

（一）军人违反职责罪的概念和基本特征

1. 军人违反职责罪的概念。军人违反职责罪是指军人违反职责，危害国家军事利益，依照法律应当受刑事处罚的行为。

2. 军人违反职责罪的基本特征。

（1）侵犯的客体是国家军事利益。国家军事利益是指国家在国防建设、军队建设、作战能力、军事机密、军事科学研究等方面的利益。军事利益是整个国家利益的重要组成部分，是其他国家利益得以存在和发展的前提条件。

（2）客观方面表现为行为人实施违反军人职责，危害国家军事利益的行为。违反职责包括不履行职责、不全部履行职责以及超越自己的职责范围而实施违法行为。危害国家军事利益的犯罪行为在表现形式上既可以表现为作为，也可以表现为不作为。部分军人违反职责罪客观上要求在特定的时间，即"战时"作为构成犯罪的必要要件，有些要求在特定的地点，如"在战场上""在军事行动区"等作为构成犯罪的必要要件，还有些要求特定的危害结果出现作为构成要件。

（3）犯罪的主体是特殊主体，只能是军人。包括现役军人以及执行军事任务的预备役人员和其他人员。

（4）犯罪的主观方面，大多数犯罪由故意构成，小部分犯罪如遗失武器装备罪、撤离、玩忽军事职守罪等由过失构成。

（二）主要犯罪的认定和处罚

战时违抗命令罪。

（1）战时违抗命令罪的概念。战时违抗命令罪是指军职人员在战时对上级的命令、指示故意违抗不执行，对作战造成危害的行为。

（2）战时违抗命令罪的基本特征。

1）侵犯的客体是部队的作战指挥秩序。违抗作战命令，就会严重扰乱作战指挥秩序，从而使战斗乃至战争失利。

2）犯罪的客观方面表现为在战时故意违抗命令，对作战造成危害的行为。战时是指国家宣布进入战争状态、部队受领作战任务或者遭敌突然袭击时，执行戒严任务或者处置突发性暴力事件时；违抗命令包括拒不执行命令、拖延执行命令、故意执行与命令不同的内容等；对作战造成危害主要是指由于违抗作战命令而扰乱了整个作战部署，贻误了战机，影响了作战任务的完成，或者使部队遭受了较大的损失，等等。

3）犯罪的主观方面是故意。

4）犯罪的主体是战时参战、接受作战命令的军职人员。

（3）战时违抗命令罪的处罚。根据《刑法》第四百二十一条的规定，犯本罪的，处 3 年以上 10 年以下有期徒刑；致使战斗、战役遭受重大损失的，处 10 年以上有期徒刑、无期徒刑或者死刑。

第十一章 民事诉讼法

第一节 民事诉讼法概述

一、民事诉讼法的概念

民事诉讼是指人民法院、当事人和其他诉讼参与人,在审理民事案件的过程中,所进行的各种诉讼活动,以及由这些活动所产生的各种诉讼关系的总和。

民事诉讼法是指国家制定的规定人民法院和其他诉讼参与人在审理民事案件中所进行的各种诉讼活动以及由此产生的各种诉讼关系的法律规范的总和。民事诉讼法有狭义与广义之分。狭义的民事诉讼法是指国家颁布的关于民事诉讼的专门性法律。在我国,一是指1982年3月8日颁布实行《中华人民共和国民事诉讼法(试行)》;二是指1991年4月9日颁布实施,2012年8月31日第二次修订的《中华人民共和国民事诉讼法》。

广义的民事诉讼法除了包括民事诉讼法法典外,还包括宪法和其他法律有关民事诉讼的规定,以及最高人民法院发布的指导民事诉讼的规范性文件。例如,2015年2月4日正式实施的《最高人民法院关于适用〈中华人民共和国民事诉讼法〉的解释》。

二、民事诉讼法的属性

1. 基本法。从法律体系中的地位来看,民事诉讼法仅次于宪法,属于基本法。
2. 部门法。民事诉讼法调整的是民事诉讼和民事诉讼关系,这种特定调整对象是与其他法律部门相区别的根本标志。
3. 程序法。根据内容来看,民事诉讼法调整的主要是程序问题,属于程序法。
4. 公法。民事诉讼法规范的是法院和当事人之间的关系,涉及国家审判权的行使,属于公法调整的范围。

三、民事诉讼法的基本任务

(一)保护当事人行使诉讼权利

人民法院审判人员在审判活动中,应当保障当事人的诉讼权利,发挥其主动性,引导和启发当事人实施诉讼行为,并为其提供便利条件,使其确实能够行使其享有的各项诉讼权利,保护自己的合法权益。

(二)保证人民法院正确、及时审理案件

此任务分为两项,其一,保证法院正确、合法、及时地审理案件;其二,保证法院确认民事诉讼权利与义务的关系,制裁民事违法行为,保护当事人合法权益。

（三）教育公民自觉遵守法律

民事诉讼的过程应当是实现正义的过程，人们通过对案件审判的旁听或参与受到法制教育，明了什么行为是合法的，什么行为是违法的，从而使人们自觉地遵守法律法规，防止民事纠纷的发生，从而维护社会秩序与经济秩序。

四、民事诉讼法的效力

民事诉讼法的效力是指民事诉讼法对什么事、对什么人、在什么空间和时间适用和发生作用。

（一）对事的效力

民事诉讼法对事的效力是指人民法院依照民事诉讼法审理民事案件的范围，也就是人民法院主管的范围。

（二）对人的效力

民事诉讼法对人的效力是指民事诉讼法适用于哪些人。凡在中华人民共和国领域内进行民事诉讼，必须适用我国民事诉讼法。

（三）时间效力

民事诉讼法的时间效力是指民事诉讼法在何时发生法律效力。现行的《民事诉讼法》于1991年4月9日起生效。2007年10月28日第十届全国人民代表大会常务委员会第三十次会议通过《关于修改〈中华人民共和国民事诉讼法〉的决定》，对《民事诉讼法》进行第一次修订，自2008年4月1日起施行。

2012年8月31日，第十一届全国人民代表大会常务委员会第二十八次会议表决通过了《关于修改〈中华人民共和国民事诉讼法〉的决定》，对《民事诉讼法》进行第二次修订，自2013年1月1日起施行。《民事诉讼法》有溯及既往的效力。

（四）空间效力

民事诉讼法的空间效力是指民事诉讼法适用的空间范围。《民事诉讼法》生效的空间范围是整个中华人民共和国领域。

五、民事诉讼法律关系

民事诉讼法律关系是受民事诉讼法律、法规调整的人民法院、当事人及其他诉讼参与人之间存在的以诉讼权利和义务为内容的具体社会关系。

民事诉讼法律关系包括主体、内容和客体三个方面的构成要素。

（一）主体

民事诉讼法律关系的主体是指能够在民事诉讼程序中依法享有诉讼权利和承担义务的人。其具体包括：①人民法院；②人民检察院；③当事人；④诉讼代理人；⑤其他诉讼参与人。

（二）内容

民事诉讼法律关系的内容是指民事诉讼法律关系的主体在诉讼法律关系中享有的诉讼权利和应承担的诉讼义务。

(三) 客体

民事诉讼法律关系的客体是指民事诉讼法律关系主体的权利与义务共同指向的对象。

六、民事诉讼法的基本原则

(一) 诉讼当事人平等原则

在民事诉讼中，当事人平等地享有和行使民事诉讼权利，平等地履行其诉讼义务。

平等原则的基本内容包括：①当事人的诉讼权利和义务具有平等性。②法院应当保障当事人平等地行使诉讼权利。③对当事人在适用法律上一律平等。

(二) 辩论原则

在人民法院的主持下，当事人有权进行辩论。

辩论原则的基本内容包括：①辩论权是当事人的一项重要的诉讼权利；②辩论的内容极为广泛，包括实体和程序两大方面内容；③辩论的形式和方式具有多样性；④辩论原则贯串于民事诉讼全过程。

(三) 处分原则

处分原则是指当事人在民事诉讼中有权在法律规定的范围内处分自己的权利。

处分原则的基本内容包括：①享有处分权的主体仅限于当事人；②当事人处分的权力既包括民事权利，也包括民事诉讼权利；③处分原则贯穿于民事诉讼的全过程；④当事人行使处分权不能超出法律规定的范围。

(四) 法院调解原则

法院审理案件应当进行调解，调解不成，应当及时判决。调解原则的基本内容包括：①法院应当根据需要与可能进行调解；②法院的调解活动应当遵循自愿和合法原则；③调解原则贯串于审判程序的各个阶段。

(五) 诚实信用原则

在民事诉讼中，法院当事人以及其他诉讼参与人在审理民事案件和进行民事诉讼中应当公正、诚实和善意。

诚实信用原则的基本内容包括两个方面。①贯串整个民事诉讼的全过程，包括依法行使诉讼权利、履行诉讼义务、遵守诉讼秩序、自觉履行生效文书等。②不仅约束当事人，同时也约束法院和其他诉讼参与人。具体指的是当事人在实施诉讼行为时应当诚实和善意，不得滥用权力；法院在行使民事审判权的过程中应当公正、合理，善意行使自由裁量权，认定事实时不得对当事人提出的证据进行任意取舍等；其他诉讼参与人应当诚实地、善意地实施诉讼行为，如证人应当如实做证，鉴定人应当如实出具鉴定意见，代理人不得滥用或者超越代理权等。

第二节 民事诉讼的基本制度

一、两审终审制

两审终审是指民事案件经过两级人民法院审理即告终结，第二审法院做出的判决是终审判决。最高人民法院对受理的第一审案件和适用特别程序审理的案件实行一审终审。

二、合议制度

（一）合议制度的概念

合议制度是案件审判的组织形式，即由3名以上的审判人员组成合议庭，依照法定程序对案件进行审理。

（二）合议庭

合议庭由3名以上为奇数的审判人员组成。

1. 第一审合议庭由审判员和陪审员共同组成，也可以全部由审判员组成，但不能全部由陪审员组成。
2. 第二审合议庭全部是审判员，陪审员不能作为合议庭成员。
3. 再审合议庭必须另行组成合议庭。

三、回避制度

（一）回避制度的概念

民事诉讼中的回避制度是指在民事诉讼中，审判人员以及其他有关人员如果与案件存在一定利害关系，应退出该案件审理的制度。

（二）回避的主体适用范围

回避的主体适用范围包括：审判人员、书记员、翻译人员、鉴定人和勘验人。

（三）适用回避的法定条件

1. 是本案当事人或者是当事人、诉讼代理人近亲属的。
2. 与本案有利害关系的。
3. 与本案当事人、诉讼代理人有其他关系，可能影响对案件公正审理的。
4. 审判人员接受当事人、诉讼代理人请客送礼，或者违反规定会见当事人、诉讼代理人的。

（四）回避的方式

回避的方式有两种，即自行回避和申请回避。

（五）回避的批准程序

1. 法院院长的回避由审判委员会决定。
2. 审判人员的回避由法院院长决定。
3. 其他人员的回避由审判长决定。

人民法院对当事人提出的回避申请应当在申请提出的3日内，以口头或者书面形式做出决定。申请人对决定不服的，可以在接到决定时申请复议一次。复议期间，被申请回避的人员，不停止参与本案的工作。人民法院对复议申请应当在3日内做出复议决定，并通知复议申请人。

四、公开审判制度

（一）公开审判制度的概念

公开审判制度是指人民法院在审理民事案件时，应当将其审判活动向社会公开，向群众公开，向当事人公开，允许公民旁听，允许新闻记者采访、报道。

（二）公开审判制度的内容

1. 人民法院应当在案件开庭审理前公告当事人的姓名、案由和开庭审理的时间、地点。
2. 在开庭审理期间，除了法律有规定的以外，公民可以旁听案件的审理。
3. 允许新闻记者对案件进行采访、报道。
4. 人民法院对案件的判决应当公开宣告。出现下列特殊情况，民事案件实行不公开审理：①涉及国家秘密的案件；②涉及个人隐私的案件；③离婚案件和涉及商业秘密的案件，当事人申请不公开审理的，可以不公开审理。

第三节　民事诉讼的管辖

一、管辖的概念

民事诉讼的管辖是指各级人民法院和同级人民法院之间，受理第一审民事案件的分工和权限。

二、管辖的种类

根据《民事诉讼法》第二章的规定，人民法院的管辖分为级别管辖、地域管辖、指定管辖和移送管辖。

（一）级别管辖

级别管辖是指按照人民法院组织系统，划分上下级人民法院之间受理第一审民事案件的分工和权限。

1. 基层人民法院管辖的第一审民事案件：除法律规定由中级人民法院、高级人民法院和最高人民法院受理外的第一审民事案件，即大部分第一审民事案件。
2. 中级人民法院管辖的第一审民事案件：①重大涉外案件；②在本辖区有重大影响的案件；③最高人民法院确定由中级人民法院管辖的案件。
3. 高级人民法院管辖在本辖区有重大影响的第一审民事案件。
4. 最高人民法院管辖的第一审民事案件：①在全国有重大影响的案件；②认为应当由本院审理的案件。

（二）地域管辖

地域管辖是指确定同级人民法院在各自的辖区内受理第一审民事案件的分工和权限。

1. 一般地域管辖。
(1) 一般地域管辖是指按照当事人所在地与其所在地法院的隶属关系来确定诉讼管辖。
(2) 其原则是"原告就被告",通常考虑的因素是住所地和经常居住地。两地不一致时,由经常居住地的人民法院管辖。
1) 原则规定:由被告所在地法院管辖,即"原告就被告"。对公民、法人或其他组织提起的民事诉讼,由被告住所地人民法院管辖;被告住所地与经常居住地不一致的,由被告经常居住地人民法院管辖。
2) 例外规定:由原告所在地法院管辖,即"被告就原告"。下列诉讼由原告所在地法院管辖:①对不在我国领域内居住的人提起的有关身份关系的诉讼;②对下落不明或者宣告失踪的人提起的有关身份关系的诉讼;③对正在被采取强制性教育措施的人提起的诉讼;④对正在被监禁的人提起的诉讼。

2. 特殊地域管辖。
(1) 特殊地域管辖是指以诉讼标的所在地或者引起法律关系发生、变更、消灭的法律事实所在地与特定管辖法院的关系为依据确定的管辖。
(2) 管辖规定。
1) 因合同纠纷提起的诉讼,由被告住所地或者合同履行地人民法院管辖。
2) 因保险合同纠纷提起的诉讼,由被告住所地或者保险标的物所在地人民法院管辖。
3) 因票据纠纷提起的诉讼,由票据支付地或者被告住所地人民法院管辖。
4) 因公司设立、确认股东资格、分配利润、解散等纠纷提起的诉讼,由公司住所地人民法院管辖。
5) 因铁路、公路、水上与航空运输和联合运输合同纠纷提起的诉讼,由运输始发地、目的地或者被告住所地人民法院管辖。
6) 因侵权行为提起的诉讼,由侵权行为地或者被告住所地人民法院管辖。
7) 因铁路、公路、水上与航空事故请求损害赔偿提起的诉讼,由事故发生地,或者车辆与船舶到达地、航空器最先降落地,或者被告住所地人民法院管辖。
8) 因船舶碰撞或者其他海事损害事故请求损害赔偿提起的诉讼,由碰撞发生地、碰撞船舶最先到达地、加害船舶被扣留地或者被告住所地人民法院管辖。
9) 因海难救助费用提起的诉讼,由救助地或者被救助船舶最先到达地人民法院管辖。
10) 因共同海损提起的诉讼,由船舶最先到达地、共同海损理算地或者航程终止地的人民法院管辖。

3. 专属管辖。
(1) 专属管辖是指法律规定某些类型的案件专门由特定的人民法院进行的管辖。
(2) 管辖规定。
1) 因不动产纠纷提起的诉讼,由不动产所在地的人民法院管辖。
2) 因港口作业发生的诉讼,由港口所在地的人民法院管辖。

3）因继承遗产纠纷提起的诉讼，由被继承人死亡时住所地或主要遗产所在地的人民法院管辖。

4. 协议管辖。

（1）协议管辖是指双方当事人在纠纷发生前或发生后，以书面的方式约定第一审民事案件的管辖法院。

（2）我国非涉外民事诉讼中的协议管辖须具备以下条件：

1）适用于合同和其他财产权益纠纷的一审案件。

2）必须采用书面形式。

3）所约定的法院须为法定范围内的法院，即须在被告住所地、合同签订地、合同履行地、原告住所地、标的物所在地等与争议有实际联系的地点的法院中选择。

4）不能违背民事诉讼法有关级别管辖和专属管辖的规定。

5. 共同管辖和选择管辖。对于一个案件两个或两个以上法院都有管辖权，对法院而言，称之为"共同管辖"；对当事人而言，可以选择向其中一个法院起诉，称之为"选择管辖"。在共同管辖的情况下，原告可以向其中一个人民法院起诉；原告向两个以上有管辖权的人民法院起诉的，由最先立案的人民法院管辖。

（三）指定管辖与移送管辖

1. 指定管辖。

（1）指定管辖是指在特殊情况下，由上级法院通过裁定的方式指定某一下级法院对某一具体案件行使管辖权。

（2）指定管辖有以下几种情况：①有管辖权的法院不方便行使管辖权；②移送管辖中，受移送法院认为自己没有管辖权，从而报请自己的上级法院指定管辖；③关于管辖权发生争议，协商解决不了的，层报共同的上级法院指定管辖权。

（3）对报请上级人民法院指定管辖的案件，下级人民法院应当中止审理。指定管辖裁定做出前，下级人民法院对案件做出判决、裁定的，上级人民法院应当在裁定指定管辖的同时，一并撤销下级人民法院的判决、裁定。

2. 移送管辖。移送管辖是指人民法院将自己受理的无管辖权的案件移送到对该案有管辖权的人民法院管辖。一是同级人民法院之间的移送，二是上下级人民法院之间的移送。

3. 管辖权转移。管辖权转移是指根据上级法院的决定或同意，将案件管辖权在上下级法院之间进行转移。

（1）从下级法院转移到上级法院。①上级法院认为下级法院管辖的案件应由自己管辖，决定转移；②下级法院认为自己管辖的案件需要上级法院管辖，经上级法院同意后转移。

（2）从上级法院转移到下级法院。上级法院认为确有必要将自己管辖的案件交给下级法院审理的，应当在开庭前报请自己的上级法院批准后，下达裁定，将案件转移给下级法院审理。

三、管辖权异议

（一）概念

管辖权异议是指当事人认为受诉人民法院对该案无管辖权，而向该法院提供的不服该法院管辖的意见或主张。

（二）特征

1. 主体：本案当事人。
2. 时间：提交答辩状期间。
3. 对象：一审民事案件的管辖权，包括对地域管辖提出异议，也包括对级别管辖提出异议。
4. 对异议的处理：①异议成立的，裁定移送给有管辖权的法院；②异议不成立的，裁定驳回。
5. 救济：对管辖权异议裁定不服的，可以上诉。
6. 应诉管辖：当事人未提出管辖权异议且应诉答辩的，视为受诉人民法院有管辖权，但违背级别管辖和专属管辖的除外。
7. 在管辖权异议裁定做出前，原告申请撤回起诉，做出准予撤回起诉裁定的，对管辖权异议不再审查，并在裁定书中一并写明。

第四节　当事人与诉讼代理人

民事诉讼参加人包括诉讼当事人和诉讼代理人。证人、鉴定人、翻译人员与诉讼结果并无利害关系，是诉讼参与人，不是诉讼参加人。

一、当事人

当事人是指以自己的名义要求人民法院保护其民事权利或法律关系的人及其相对方。简单来说，凡是以自己的名义起诉、应诉的人，就是当事人，包括原告、被告及有独立请求权的第三人。

当事人具有以下特征：①以自己的名义进行诉讼；②与案件有利害关系；③受人民法院裁判的约束。

当事人在普通程序和简易程序中，被称为"原告"和"被告"；在第二审程序中，被称为"上诉人"和"被上诉人"；在审判监督程序中，如果适用第一审程序的，被称为"原告"和"被告"，如果适用第二审程序的，被称为"上诉人"和"被上诉人"；在执行程序中，被称为"申请人"和"被申请人"。

（一）原告与被告

1. 原告。原告是指因民事权益发生争议或受到侵害，以自己的名义请求人民法院保护其合法权益而提起诉讼的人。
2. 被告。被告是指被原告诉称侵犯原告民事权益或与原告发生民事争议，依法被人民法院传唤应诉的人。

3. 自然人、法人和其他组织。自然人以自己的名义参加诉讼活动。法人成为诉讼主体，由其法定代表人代表法人参加诉讼。其他组织必须是具有独立民事诉讼主体资格的组织。法人的代表人和其他组织的代表人可以委托代理人参加民事诉讼。

（二）第三人

民事诉讼的第三人是指对原告和被告所争议的诉讼标的认为有独立的请求权，或者虽没有独立的请求权，但案件的处理结果与其有法律上的利害关系，而参加到正在进行的诉讼中去的人。第三人分为有独立请求权的第三人和无独立请求权的第三人。参加诉讼的第三人既可以是自然人，也可以是法人或其他组织。

1. 有独立请求权的第三人。

（1）概念：有独立请求权的第三人是指因对其他当事人起诉的诉讼标的有独立请求权而参加诉讼的人。例如，A诉B确认一辆小汽车的所有权，C闻知后又诉A、B且主张所争执的小汽车的所有权为他所有，C即为有独立请求权的第三人。这里的第三人仅在程序上有独立的请求权，至于他是否在实体上有独立的请求权，须经人民法院审理判决后才能确定。

（2）参诉理由：认为原告、被告的权利主张侵犯了自己的权利，而将原告和被告一并作为被告，提起独立的诉讼请求。

（3）诉讼地位：相当于原告（不能提出管辖权异议）。

（4）参诉方式：提起诉讼（法院不得主动追加）。

（5）参诉时间：案件受理后，辩论终结前。

有独立请求权的第三人在二审中参加诉讼，二审法院可以根据当事人自愿的原则予以调解；调解不成的，发回重审。

2. 无独立请求权的第三人。

（1）概念：无独立请求权的第三人是指对当事人双方的诉讼标的虽然没有独立的请求权，但是案件处理结果与其有法律上的利害关系，可以申请参加诉讼或者由人民法院通知其参加诉讼的人。例如，A商场售卖一台笔记本电脑给B，B使用后发现质量有问题，即起诉到法院要求退货并赔偿损失，而A商场售卖的电脑是C公司的产品，C公司在此案中属于无独立请求权的第三人，A商场胜诉、败诉与C公司有直接的利害关系。无独立请求权的第三人参加诉讼，经本人申请或人民法院依职权通知均可成立。

（2）参诉理由：与案件处理结果有法律上的利害关系。

（3）参诉方式：申请参加或者法院依职权追加。

（4）无独立请求权第三人的诉讼权利。

1）附条件享有的权利有两项。①判决其承担民事责任时有权提起上诉。②调解需要确定其承担义务的，需要经过无独立请求权的第三人同意，调解书应当送达；签收前反悔的，调解书不生效，法院应当及时判决。

2）无权享有的权利：提出管辖权异议，放弃、变更诉讼请求或者撤诉。

3. 第三人撤销之诉。

（1）概念：第三人撤销之诉是指当事人之间生效的裁判、调解书的内容错误，侵害了因不可归责于其本人的事由而未参加诉讼的第三人的民事权益的，利益受侵害的第三人向人民法院提起撤销该生效裁判、调解书的诉讼。

（2）起诉条件。

1）有作为本案无独立请求权的第三人或者有独立请求权的第三人的资格，但因不能归责于其本人的事由而未参加诉讼。

2）有证据证明发生法律效力的判决、裁定、调解书的部分或者全部内容错误，损害其民事权益。

（3）起诉时间：知道或者应当知道其民事权益受损之日起6个月内。

（4）管辖：做出该判决、裁定、调解书的法院。

（5）法院处理。

1）诉讼请求成立的，应当改变或者撤销原判决、裁定、调解书。

2）诉讼请求不成立的，驳回诉讼请求。

二、诉讼代理人

根据法律规定或者当事人的委托，代当事人进行民事诉讼的人，称为"民事诉讼代理人"，简称"诉讼代理人"。

诉讼代理人具有以下特征：①以被代理人的名义进行诉讼活动；②诉讼代理人是有诉讼行为能力的人；③诉讼代理的法律后果由被代理人承担。

（一）法定诉讼代理人

1. 概念：法定诉讼代理人是指按照法律规定代无诉讼行为能力的当事人进行民事诉讼行为的人。

2. 特点：被代理人是无诉讼行为能力人（即无民事行为能力人或者限制民事行为能力人），代理权来源于法律的规定。

3. 代理权限：全权代理。法定诉讼代理人与当事人地位不同，存在区别。

（二）委托诉讼代理人

1. 概念：委托诉讼代理人是指根据当事人、法定代表人、诉讼代表人、法定代理人的委托，代为进行诉讼的人。

2. 特点：委托诉讼代理权的发生是基于当事人、法定代表人、诉讼代表人或法定代理人的委托，委托诉讼代理的权限范围和代理事项由被代理人决定，诉讼代理人必须是具有诉讼行为能力的人。

3. 范围。

（1）可以被委托为诉讼代理人的人：律师、基层法律服务工作者，当事人近亲属或者工作人员，当事人所在社区、单位以及有关社会团体推荐的公民。

（2）不得被委托为诉讼代理人的人：无民事行为能力人、限制民事行为能力人或者可能损害被代理人利益的人以及人民法院认为不宜做诉讼代理人的人；法人或者其他组织成为当事人的，工作人员可以被委托为诉讼代理人。

4. 代理权限。

（1）特别授权：委托诉讼代理人代为承认、放弃、变更诉讼请求，进行和解，提起反诉或者上诉，涉及当事人实体利益的权利，必须有当事人的特别授权。

（2）一般授权：只能行使程序性权利，不得代为承认、放弃、变更诉讼请求，进行和解，提起反诉或者上诉。

5. 法律效果。

（1）在法律规定范围内，委托诉讼代理人的诉讼行为对被代理人发生效力。

（2）一般有了委托诉讼代理人或者法定诉讼代理人后，当事人本人可以不亲自出庭，但离婚案件有诉讼代理人（包括法定诉讼代理人和委托诉讼代理人）的，本人除不能表达意志外，仍应出庭；确因特殊原因无法出庭，必须向法院提交书面意见。

6. 消灭。

（1）诉讼结束。

（2）委托诉讼代理人辞去委托或被代理人解除委托。

（3）委托诉讼代理人死亡或者作为被代理人的法人解散。

（三）指定诉讼代理人

指定诉讼代理人是指人民法院依职权为被代理人指定代为诉讼的人。指定诉讼代理人是在无诉讼行为能力人又没有法定诉讼代理人，或者虽有法定诉讼代理人但不能行使代理权时规定的一种诉讼代理制度。指定诉讼代理人的地位与法定诉讼代理人的地位相似。

第五节　民事诉讼程序

民事诉讼程序可划分为第一审普通程序、第二审程序、简易程序、特别程序、审判监督程序、督促程序、公示催告程序和执行程序。

一、第一审普通程序

第一审普通程序是第一审人民法院审理诉讼案件通常适用的程序。普通程序将民事诉讼其他各程序共同适用的原则、程序制度集中地加以规定。

（一）起诉和受理

1. 起诉。

（1）起诉是指当事人认为自己的合法权益受到侵害或者发生争议，以自己的名义向人民法院提出诉讼请求，要求人民法院予以保护的诉讼行为。民事诉讼实行"不告不理"的原则，但起诉并不必然地引起诉讼程序的开始。

（2）起诉必须符合下列条件：①原告是与本案有直接利害关系的公民、法人和其他组织；②有明确的被告；③有具体的诉讼请求和事实、理由；④属于人民法院受理民事诉讼的范围和受诉人民法院管辖。

（3）原告向人民法院起诉或者被告提出反诉，应当附有符合起诉条件的相应的证据材料。没有证据或者证据不足以证明当事人的事实主张的，由负有举证责任的当事人承担不利后果。

（4）起诉应以书面形式进行为原则，并按被告人数提出起诉状的副本。原告书写起诉状确有困难，允许口头起诉，由人民法院记入笔录，并告知对方当事人。

2. 受理。受理是指人民法院对起诉进行审查，即原告的起诉是否符合四个条件，原告起诉的手续是否完备。经审查，符合起诉条件的，应当在 7 日内立案，并通知当事人；不符合起诉条件的，应当在 7 日内做出裁定书，不予受理；原告对裁定不服的，可以提起上诉。

（二）审理前的准备

审理前的准备是指人民法院受理案件以后，开庭审理之前，为保证庭审工作的顺利进行，而由合议庭进行的一系列诉讼活动。

人民法院应当送达案件受理通知书、应诉通知书、举证通知书。举证通知书应当载明举证责任的分配原则与要求、可以向人民法院申请调查取证的情形、人民法院根据案件情况指定的举证期限以及逾期提供证据的法律后果。

举证期限可以由当事人协商一致，并经人民法院认可。由人民法院指定的，指定的期限不得少于 30 日，自当事人收到案件受理通知书和应诉通知书的次日起计算。

当事人应当在举证期限内向人民法院提交证据材料，不提交的视为放弃举证权利。

（三）举证责任的承担

民事诉讼中的证明责任，又称"举证责任"，包括行为意义上的证明责任和结果意义上的证明责任这两层含义。前者是指对于诉讼中的待证事实，应当由谁提出证据加以证明的责任，又称"形式意义上的证明责任""主观的证明责任""提供证据的责任"；后者是指当待证事实的存在与否最终处于真伪不明状态时，应当由谁承担因此产生的不利法律后果的责任，又称"实质上的举证责任""客观的举证责任"。举证的原则为谁主张，谁举证。

1. 侵权诉讼。

（1）因新产品制造方法发明专利引起的专利侵权诉讼，由制造同样产品的单位或者个人对其产品制造方法不同于专利方法承担举证责任。

（2）高度危险作业致人损害的侵权诉讼，由加害人就受害人故意造成损害的事实承担举证责任。

（3）因环境污染引起的损害赔偿诉讼，由加害人就法律规定的免责事由及其行为与损害结果之间不存在因果关系承担举证责任。

（4）建筑物或者其他设施以及建筑物上的搁置物、悬挂物发生倒塌、脱落、坠落致人损害的侵权诉讼，由所有人或者管理人对其无过错承担举证责任。

（5）饲养动物致人损害的侵权诉讼，由动物饲养人或者管理人就受害人有过错或者第三人有过错承担举证责任。

（6）因缺陷产品致人损害的侵权诉讼，由产品的生产者就法律规定的免责事由承担举证责任。

（7）因共同危险行为致人损害的侵权诉讼，由实施危险行为的人就其行为与损害结果之间不存在因果关系承担举证责任。

（8）因医疗行为引起的侵权诉讼，由医疗机构就医疗行为与损害结果之间不存在因果关系及不存在医疗过错承担举证责任。

有关法律对侵权诉讼的举证责任有特殊规定的，从其规定。

2. 合同纠纷。主张合同关系成立并生效的一方当事人对合同订立和生效的事实承担举证责任，主张合同关系变更、解除、终止、撤销的一方当事人对引起合同关系变动的事实承担举证责任。对合同是否履行发生争议的，由负有履行义务的当事人承担举证责任。对代理权发生争议的，由主张有代理权的一方当事人承担举证责任。

3. 劳动争议纠纷。因用人单位做出开除、除名、辞退、解除劳动合同、减少劳动报酬和计算劳动者工作年限等决定而发生劳动争议的，由用人单位负举证责任。在法律没有具体规定，依证据规定及其他司法解释无法确定举证责任承担时，人民法院可以根据公平原则和诚实信用原则，综合当事人举证能力等因素确定举证责任的承担。诉讼过程中，一方当事人对另一方当事人陈述的案件事实明确表示承认的另一方当事人无须举证，但涉及身份关系的案件除外。

经当事人申请，人民法院可以组织当事人在开庭审理前交换证据。人民法院对于证据较多或者复杂疑难的案件，应当组织当事人在答辩期届满后、开庭审理前交换证据。

（四）开庭审理

1. 开庭审理的概念。开庭审理是指人民法院在当事人和其他诉讼参与人的参加下，依照法定程序和形式，在法庭对民事案件进行实体审理的诉讼活动过程。

2. 开庭审理的程序。

（1）开庭准备。告知当事人和其他诉讼参与人出庭日期；发布开庭审理公告；查明当事人和其他诉讼参与人是否到庭，书记员查点出庭人员，宣布法庭纪律；审判长宣布开庭。

（2）法庭调查。当事人陈述；归纳争议焦点，分配举证责任；告知证人权利和义务，证人做证，宣读未到庭的证人证言；出示书证、物证和视听资料；宣读鉴定结论；宣读勘验笔录。

（3）法庭辩论。双方当事人及其诉讼代理人就有争议的事实和法律问题进行辩驳和论证。形式是言辞辩论。顺序是：原告及诉讼代理人发言→被告及诉讼代理人答辩→第三人及诉讼代理人发言或答辩→互相辩论。

（4）合议庭评议。由审判长主持，实行少数服从多数原则。

（5）宣告判决。分为当庭宣告判决和定期宣告判决。

人民法院适用第一审普通程序审理的案件，应当在立案之日起 6 个月内审结。有特殊情况需要延长的，由本院院长批准，可以延长 6 个月；还需要延长的，报请上级人民法院批准。

（五）判决、裁定和决定

1. 判决。

（1）判决的定义。判决是指人民法院依法对案件进行审理后就案件实体问题所做的具有约束力的结论性判定。

（2）判决的内容。①案由、诉讼请求、争议的事实和理由；②判决认定的事实和理由、适用的法律和理由；③判决结果和诉讼费用的负担；④上诉期间和上诉的法院。

（3）判决的宣告。①离婚诉讼宣告一审判决时，应当告知双方当事人在判决发生法律效力前不得另行结婚。②当庭宣判的，法院应当在 10 日内送达判决书；定期宣判的，宣判后立即发给判决书。

(4) 判决错误的纠正。①笔误（文字错误、计算错误等）用裁定书补正。②一审判决书做出后发现存在错误：当事人上诉，原审法院可以提出原判决有误的意见，报送二审法院，通过二审程序予以纠正；当事人不上诉，待判决生效后按审判监督程序处理。

2. 裁定。

(1) 裁定的定义。裁定是指人民法院在诉讼过程中为处理程序事项和个别的实体事项而做出的具有约束力的结论性判定。

(2) 裁定适用情形：①不予受理、管辖权异议、驳回起诉（这些裁定可以上诉）；②保全与先予执行、准许或者不准许撤诉、中止或者终结诉讼、补正判决书中的笔误、中止或者终结执行、撤销或者不予执行仲裁裁决、不予执行公证机关赋予强制执行力的债权文书、其他需要裁定解决的事项（这些裁定不可以上诉）。

3. 决定。

(1) 决定的定义。决定是指人民法院为解决诉讼过程中发生的影响诉讼正常顺利进行的特殊事项所做出的具有约束力的结论性判定。

(2) 决定的适用情形。①处理有关回避和妨碍诉讼的强制措施（罚款、拘留）：可以复议，其中，驳回回避申请为原级复议，罚款、拘留为上级复议。②处理法院内部工作关系。③指挥诉讼进程：延期审理等。

(六) 诉讼文书公开

公众可以查阅发生法律效力的判决书、裁定书，涉及国家秘密、商业秘密、个人隐私的除外。

二、第二审程序

第二审程序是民事诉讼当事人不服第一审法院的判决、裁定，依法提出上诉，由第二审法院对该案进行审理所适用的程序，又称"上诉审程序"。第二审程序一律采取合议制，当事人提出上诉，且必须符合法律规定的条件。

(一) 上诉的提起条件

1. 主体：本案当事人。

2. 对象：一审判决和三类裁定（不予受理、驳回起诉、管辖权异议）。

3. 上诉期：判决15天，裁定10天；自送达之日起计算。

4. 形式：书面上诉状。

(二) 上诉的处理

1. 第二审人民法院应当对上诉请求的有关事实和适用法律进行审查。第二审人民法院对上诉案件经过审理后，可做出以下处理：

(1) 原判决、裁定认定事实清楚，适用法律正确，用判决、裁定方式驳回上诉，维持原判。

(2) 原判决、裁定认定事实或者适用法律错误，用判决、裁定方式改判、撤销、变更。

（3）原判决认定基本事实不清，可以裁定撤销原判，发回重审，也可以查清事实后依法改判。

（4）原判决严重违反法定程序（遗漏当事人或者违法缺席判决等），撤销原判，发回重审。

2. 二审的调解。可以调解，达成调解协议，应当制作调解书；调解书签收后，原判决视为撤销。

3. 撤回起诉。原审原告申请撤回起诉，经其他当事人同意，且不损害国家利益、社会公共利益、他人合法权益的，人民法院可以准许。准许撤诉的，应当一并裁定撤销一审裁判。原审原告在撤回起诉后重复起诉的，人民法院不予受理。

4. 上诉的撤回。二审判决宣告前，当事人可以申请撤回上诉，是否准许由二审法院裁定，经审查认为一审判决确有错误，或者双方当事人串通损害国家利益、集体利益、社会公共利益及他人合法权益的，不应准许；自二审法院裁定准许撤回上诉之日起，一审判决生效。

上诉案件应当在第二审立案之日起3个月内审结，有特殊情况需要延长的由本院院长批准。对裁定的上诉案件，应当在第二审立案之日起30日内做出终审裁定。

三、简易程序

（一）概念

简易程序是指基层人民法院派出法庭审理简单民事案件所适用的一种简便易行的诉讼程序。中级以上人民法院审理第一审民事案件，不得适用。

适用仅限于事实清楚、权利与义务的关系明确、争议不大的简单民事案件。

不能适用的案件：①起诉时被告下落不明的；②发回重审的；③当事人一方人数众多的；④适用审判监督程序的；⑤涉及国家利益、社会公共利益的；⑥第三人起诉请求改变或者撤销生效判决、裁定、调解书的；⑦其他不宜适用简易程序的。

（二）程序适用

1. 职权适用：基层法院及其派出法庭审理的事实清楚、权利与义务的关系明确、争议不大的简单民事案件。

2. 协议适用：职权适用以外的民事案件，当事人双方可以约定适用简易程序，应当在开庭前提出，而且不得违反关于适用简易程序的禁止性规定。

（三）简易程序中的小额诉讼程序

1. 适用情形。基层法院及其派出法庭审理的事实清楚、权利与义务的关系明确、争议不大的民事案件，标的额为各省、自治区、直辖市上年度就业人员年平均工资30%以下的，实行一审终审。海事法院审理海事、海商案件，符合条件的也可以适用小额诉讼程序。不得适用的纠纷：①人身关系、财产确权纠纷（但身份关系清楚，仅在给付的数额、时间、方式上存在争议的赡养费、抚育费、扶养费纠纷可以适用小额诉讼程序审理）；②涉外民事纠纷；③知识产权纠纷；④需要评估、鉴定或者对诉前评估、鉴定结果有异议的纠纷；⑤其他不宜适用一审终审的纠纷。

2. 举证与答辩。举证期限由人民法院确定，也可以由当事人协商一致并经人民法院准许，但一般不超过7日。被告要求书面答辩的，人民法院可以在征得其同意的基础上合理确定答辩期间，但最长不得超过15日。当事人到庭后表示不需要举证期限和答辩期间的，人民法院可立即开庭审理。

3. 程序的转换。

（1）因当事人申请增加或者变更诉讼请求、提出反诉、追加当事人等，致使案件不符合小额诉讼案件条件的，应当适用简易程序的其他规定审理。案件应当适用普通程序审理的，裁定转为普通程序。

（2）当事人对按照小额诉讼案件审理有异议的，应当在开庭前提出。人民法院经审查，异议成立的，适用简易程序的其他规定审理；不符合小额诉讼程序的可以转化为简易程序，不符合简易程序的可以转化为普通程序。

四、特别程序

特别程序是指人民法院审理某些非民事权益争议案件所适用的特殊审判程序。

（一）选民资格案件

选民资格案件是指公民对选举委员会公布的选民资格名单有不同意见，向选举委员会申诉后，对选举委员会就申诉所做出的决定不服而向人民法院提起诉讼的案件。应在选举日的5日前向选区所在地的基层人民法院起诉，法院依法组成合议庭审理，不能实行独任制和陪审制，而且必须在选举日前审结。审理时，起诉人、选举委员会代表和有关公民必须参加。法院的判决书应当在选举日前送达选举委员会和起诉人，并通知有关公民。

（二）宣告公民失踪、死亡案件

1. 宣告公民失踪案件。宣告公民失踪案件是指公民离开自己的住所下落不明，经过法律规定的期限仍无音信，经利害关系人申请，人民法院宣告该公民为失踪人的案件。宣告公民失踪的案件由下落不明人住所地的基层人民法院管辖。公告寻找失踪人，是必经程序。公告期满，该公民仍下落不明的，人民法院应确认申请该公民失踪的事实存在，做出宣告该公民为失踪人的判决。

2. 宣告公民死亡案件。宣告公民死亡案件是指公民在下落不明满法定期限内，人民法院根据利害关系人的申请，依法宣告该公民死亡的案件。宣告公民死亡案件必须由利害关系人提出书面申请，由下落不明人住所地的基层人民法院管辖。法院必须发出寻找公告，公告期满，失踪人仍然下落不明的，人民法院应依法做出宣告失踪人死亡的判决。公民被宣告死亡和自然死亡的法律后果基本相同。若被宣告死亡的公民重新出现，经本人和利害关系人申请，人民法院应当做出新判决，撤销原判决。

（三）认定公民无民事行为能力、限制民事行为能力案件

认定公民无民事行为能力、限制民事行为能力案件是指人民法院根据利害关系人的申请，对不能正确辨认自己行为或不能完全辨认自己行为的精神病人，按照法定程序，认定并宣告该公民为无民事行为能力人或者限制民事行为能力人的案件。认定公民为无民事行为能力人或限制行为能力人的案件，由该公民住所地基层人民法院管辖，法院应当进行医学鉴定，由该公民的近亲属担任代理人，但申请人除外。法院经过审理，认定

申请有事实根据的应当做出判决加以认定，并为其指定监护人。

（四）认定财产无主案件

认定财产无主案件是指人民法院根据公民、法人或者其他组织的申请，依照法定程序将某项归属不明的财产认定为无主财产，并将它判归国家或集体所有的案件。认定财产无主案件，由公民、法人或其他组织向财产所在地基层人民法院提出申请，法院受理后，应发出财产认领公告，公告期1年。公告期满，无人认领，法院应做出判决，认定该项财产为无主财产。

判决认定财产无主后，原财产所有人或者继承人出现，在诉讼时效期间可以对财产提出请求，审查属实后，应当做出新判决，撤销原判决。

（五）确认调解协议效力案件

确认调解协议效力案件是指双方当事人在有关调解组织的主持下达成调解协议后，向人民法院申请确认该协议有效性的案件。

1. 启动：双方当事人自调解协议生效之日起30日内共同申请。

2. 管辖：调解组织所在地基层法院。两个以上调解组织参与调解的，各调解组织所在地基层人民法院均有管辖权。双方当事人可以共同向其中一个调解组织所在地基层人民法院提出申请；双方当事人共同向两个以上调解组织所在地基层人民法院提出申请的，由最先立案的人民法院管辖。

3. 不予受理：①不属于人民法院受理范围的；②不属于收到申请的人民法院管辖的；③申请确认婚姻关系、亲子关系、收养关系等身份关系无效、有效或者解除的；④涉及适用其他特别程序、公示催告程序、破产程序审理的；⑤调解协议内容涉及物权、知识产权确权的。人民法院受理申请后，发现有上述不予受理情形的，应当裁定驳回当事人的申请。

4. 处理。

（1）经审查，符合规定的裁定调解协议有效，一方不履行，对方当事人可以申请强制执行。

（2）经审查，调解协议有下列情形之一的，人民法院应当裁定驳回申请，当事人可以通过调解方式变更原调解协议或者达成新的调解协议，也可以向法院提起诉讼：①违反法律强制性规定的；②损害国家利益、社会公共利益、他人合法权益的；③违背公序良俗的；④违反自愿原则的；⑤内容不明确的；⑥其他不能进行司法确认的情形。

（六）实现担保物权案件

实现担保物权案件是指担保物权人以及其他有权请求实现担保物权的人依照《物权法》等法律，向担保财产所在地或者担保物权登记地基层人民法院申请实现担保物权的案件。

1. 启动：担保物权人以及其他有权请求实现担保物权的人申请。

2. 管辖：担保财产所在地或担保物权登记地基层人民法院。

3. 审查：可以由审判员一人独任审查。担保财产标的额超过基层人民法院管辖范围的，应当组成合议庭进行审查。

4. 处理。

（1）当事人对实现担保物权无实质性争议且实现担保物权条件成就的，裁定准许拍卖、变卖担保财产。

（2）当事人对实现担保物权有部分实质性争议的，可以就无争议部分裁定准许拍卖、变卖担保财产。

（3）当事人对实现担保物权有实质性争议的，裁定驳回申请，并告知申请人向人民法院提起诉讼。

五、审判监督程序

审判监督程序，即再审程序，是指对已经发生法律效力的判决、裁定、调解书，人民法院认为确有错误，对案件再行审理的程序。

（一）人民法院决定再审的程序

人民法院决定再审的程序是指人民法院发现已经发生法律效力的判决、裁定、调解书确有错误，基于审判监督权，应当决定对案件再行审理。

1. 法院决定再审的条件。

（1）判决、裁定、调解书已经发生法律效力。

（2）已经发生法律效力的判决、裁定、调解书确有错误。

（3）必须是法定的主体提起再审。必须是法定的机关和公职人员，即本级人民法院院长和审判委员会，上级人民法院和最高人民法院。

2. 法院提起再审的程序。

（1）本法院决定再审的，院长对确有错误的已经发生法律效力的判决、裁定、调解书提交审判委员会讨论，审判委员会认为需要再审的，以本院的名义做出书面的裁定书并中止执行原判决、裁定、调解书的内容。

（2）由最高人民法院和上级人民法院决定再审的，采取提审或指令再审的方式。

（二）人民检察院的抗诉和检察建议

检察院发动再审是指人民检察院对人民法院已经发生法律效力的判决、裁定发现有发动再审的法定事由，或者对于发生法律效力的调解书，发现其损害国家利益、社会公共利益的，提请人民法院对案件重新进行审理的诉讼活动。包括两种方式，一是抗诉，二是检察建议。

1. 法定情形。

（1）生效的判决、裁定：①有新的证据，足以推翻原判决、裁定的；②原判决、裁定认定的基本事实缺乏证据证明的；③原判决、裁定认定事实的主要证据是伪造的；④原判决、裁定认定事实的主要证据未经质证的；⑤对审理案件需要的主要证据，当事人因客观原因不能自行收集，书面申请人民法院调查收集，人民法院未调查收集的；⑥原判决、裁定适用法律有错误的；⑦审判组织的组成不合法或者依法应当回避的审判人员没有回避的；⑧无诉讼行为能力人未经法定代理人代为诉讼或者应当参加诉讼的当事人，因不能归责于本人或者其诉讼代理人的事由，未参加诉讼的；⑨违反法律规定，剥夺当事人辩论权利的；⑩未经传票传唤，缺席判决的；⑪原判决、裁定遗漏或者超出诉讼请求的；⑫据以做出原判决、裁定的法律文书被撤销或者变更的；⑬审判人员审理该案件时有贪污受贿、徇私舞弊、枉法裁判行为的。

（2）调解书损害国家利益和社会公共利益的。

2. 启动方式：抗诉和检察建议。

（1）最高人民检察院对各级人民法院、上级检察院对下级人民法院已经发生法律效力的判决、裁定、调解书有法定情形应当向同级人民法院提出抗诉。

（2）地方各级检察院发现同级人民法院已经发生法律效力的判决、裁定，发现《民事诉讼法》第二百条规定情形之一的，或者发现调解书损害国家利益、社会公共利益的，可以向同级人民法院提出检察建议，并报上级人民检察院备案，也可以提请上级人民检察院向同级人民法院提起抗诉。

3. 检察院抗诉的效果。接受抗诉的法院应当在收到抗诉书之日起30日内做出再审的裁定。

4. 关于当事人申请检察院提出抗诉或检察建议的处理。

（1）法定情形：①法院驳回当事人再审申请的；②法院逾期未对再审申请做出裁定的；③再审判决、裁定有明显错误的。

（2）审查与处理：①检察院对该申请应当在3个月内进行审查，做出提出或者不予提出检察建议或者抗诉的决定；②当事人不得再次向人民检察院申请检察建议或者抗诉。

（三）当事人申请再审的程序

当事人申请再审是指当事人对已经发生法律效力的判决、裁定和调解书，认为有错误，向法院提出变更或者撤销原判决、裁定的请求，并提请法院对案件进行重新审理的诉讼行为。申请再审，当事人应当向人民法院的告诉申诉审判庭提交申请书和生效的法律文书及副本。法院在审查期间不停止原判决、裁定、调解协议的执行，立案之后，裁定中止执行，但追索赡养费、扶养费、抚育费、抚恤金、医疗费用、劳动报酬等案件，可以不中止执行。

1. 法定情形。

（1）判决、裁定与检察院抗诉的法定情形相同。

（2）调解书违背自愿或合法原则。

2. 管辖。

（1）原则：当事人申请再审，应当向上一级法院申请。

（2）例外：当事人一方人数众多或者双方当事人都是公民的案件，可以向原审法院申请再审。当事人分别向原审人民法院和上一级人民法院申请再审的，由原审人民法院受理。

3. 申请期限。当事人申请再审，应当在判决、裁定发生法律效力后6个月内提出。有以下四种情形的，自知道或者应当知道之日起6个月内提出：①有新的证据，足以推翻原判决、裁定的；②原判决、裁定认定事实的主要证据是伪造的；③据以做出原判决、裁定的法律文书被撤销或者变更的；④审判人员审理该案件时有贪污受贿、徇私舞弊、枉法裁判行为的。

4. 当事人申请再审，有下列情形之一的，人民法院不予受理：①再审申请被驳回后再次提出申请的；②对再审判决、裁定提出申请的；③在人民检察院对当事人的申请做出不予提出再审检察建议或者抗诉决定后又提出申请的。

5. 申请再审的效果。

（1）当事人申请再审，不停止原判决、裁定、调解书的执行。

（2）人民法院应当自收到再审申请书之日起3个月内审查，有特殊情况需要延长的由本院院长批准：①符合法定情形的，裁定再审；②不符合法定情形的，裁定驳回申请。

六、督促程序和公示催告程序

（一）督促程序

督促程序是指人民法院根据债权人提出的给付金钱或有价证券的申请，向债务人发出附条件的支付令，如果债务人在法定期间内不提出异议又不履行支付令，支付令即发生强制执行效力的程序，又称"支付令程序"。申请支付令的程序：债权人应向有管辖权的基层人民法院提出申请；人民法院接到债权人的申请后，应进行审查，符合条件的，应当在5日内立案并及时通知债权人。

（二）公示催告程序

公示催告程序是指人民法院根据申请人的申请，以公示的方式，催告利害关系人在法定期间内申报权利，如逾期无人申报权利，根据申请人的申请，依法做出除权判决的程序。法院对当事人的申请经审查认为符合条件的，应当立即受理，并通知当事人；否则，应在7日内驳回申请。

七、执行程序

（一）概念

1. 执行。执行，也叫"民事执行"或者"强制执行"，是指人民法院的执行组织依照法律规定的程序，运用国家的强制力量，在负有义务的一方当事人拒不履行义务时，强制其履行义务，实现生效法律文书内容的一种诉讼活动。

2. 执行程序。执行程序是指人民法院在申请执行人、被执行人和协助执行人的参加下，进行执行活动，实现权利人权利的法定程序。执行程序是保证具有执行力的法律文书得以实施的程序，是审判程序完成后的一个独立的程序，与审判程序有密切联系，但在性质、任务和作用、程序内容上又有区别。

3. 执行机构。各基层人民法院、中级人民法院为做好执行工作，在内部设立了执行机构（执行局）。

4. 执行对象。执行对象，也叫"执行标的"，是民事执行工作所指向的客体。限于两类：一是财物，二是行为。

5. 执行异议。执行异议是指在执行过程中，没有参加执行程序的案外人对执行对象提出了不同意见，并主张全部或部分的权利。

（二）执行根据

执行根据是指人民法院执行机构进行执行工作所依据的各类法律文书。它是民事执行开始的凭据。执行必须要以生效的法律文书为根据，以下法律文书可以成为执行的根据：

1. 人民法院制作的具有执行内容的生效法律文书，包括民事判决、裁定、调解书与支付令，刑事裁判中的财产部分。

2. 其他机关制作的由法院执行的法律文书，包括公证机关依法赋予强制执行效力的债权文书，仲裁机构制作的依法由法院强制执行的仲裁裁决书。

3. 人民法院制作的承认并执行外国法院判决、裁定或者外国仲裁机构裁决的裁定书。

（三）执行管辖

1. 法院裁判的执行管辖：生效的民事判决、裁定以及刑事判决、裁定的财产部分由第一审法院或者与第一审法院同级的被执行财产所在地法院执行。

2. 非讼程序文书的执行管辖：发生法律效力的确认调解协议效力、实现担保物权的裁定，支付令由做出该裁定的法院或者与之同级的被执行人的财产所在地的法院执行；认定财产无主的判决，由做出该判决的法院将无主财产收归国家或者集体所有。

3. 其他文书的执行管辖：法律规定的由法院执行的其他法律文书，由被执行人住所地或者被执行人的财产所在地的法院执行。

4. 共同管辖：两个以上法院都有管辖权的，当事人可以向其中一个法院申请执行，当事人向两个以上法院申请执行的，由最先立案的法院管辖，法院在立案前发现其他有管辖权的人民法院已经立案的，不得重复立案；立案后发现其他有管辖权的法院已经立案的，应当撤销案件，已经采取执行措施的，应当将控制的财产移交先立案的法院处理。

（四）执行程序的启动

1. 移送执行：生效的法律文书执行一般应由当事人依法提出申请，但是下列文书可以直接由审判庭移送执行机构执行：①生效的具有给付赡养费、扶养费、抚育费内容的法律文书；②民事制裁决定书；③刑事附带民事判决、裁定、调解书。

2. 申请执行：生效法律文书上所确定的权利人根据生效法律文书，在对方不履行义务的情况下，向有管辖权的法院申请执行。申请执行应当满足下列条件：①法律文书已经生效；②申请人是生效法律文书确定的权利人或其继承人、权利承受人；③当事人在法定期限内提出申请，《民事诉讼法》第二百三十九条规定申请执行的期间为 2 年。

（五）执行措施

执行措施主要有：查询、冻结、划拨被执行人的存款，扣留、提取被执行人的收入，查封、扣押被执行人的财产，拍卖、变卖被执行人的财产，搜查被执行人的财产，强制被执行人交付法律文书指定的财物或票证，强制被执行人迁出房屋或者退出土地，强制被执行人履行法律文书指定的行为，强制被执行人办理财产证照转移手续，限制被执行人出境，征信系统记录被执行人不履行义务的信息，媒体公布被执行人不履行义务的信息。

第十二章 刑事诉讼法

第一节 总 论

一、刑事诉讼法的概念与渊源

（一）刑事诉讼法的概念

在我国，刑事诉讼是指公安机关、人民检察院、人民法院在当事人及其他诉讼参与人的参加下，依照法定程序，查证、核实被告人是否实施了犯罪，是否应当受到刑罚的处罚以及应当受到何种刑事处罚的活动。

刑事诉讼法是指国家制定或认可的调整公安机关、人民检察院、人民法院在当事人和其他诉讼参与人的参加下解决被追诉人刑事责任问题的活动的法律规范。

（二）刑事诉讼法的渊源

刑事诉讼法的渊源，又称"刑事诉讼法的表现形式"，是指刑事诉讼法的存在形式或载体。关于刑事诉讼法的渊源，可以从广义和狭义两个方面来理解：

狭义的刑事诉讼法仅指国家最高权力机关制定的一部比较系统、全面的成文刑事诉讼法典。例如，《中华人民共和国刑事诉讼法》1979年7月1日第五届全国人民代表大会第二次会议通过，1996年3月17日第八届全国人民代表大会第四次会议进行第一次修正，2012年3月14日第十一届全国人民代表大会第五次会议进行第二次修正。

广义的刑事诉讼法是指一切与刑事诉讼程序有关的法律规范。除了刑事诉讼法典外，还包括宪法、人民法院组织法、人民检察院组织法、刑法、监狱法、律师法以及其他法律、法规中有关刑事诉讼的法律规范，全国人民代表大会常务委员会就有关刑事诉讼程序问题所做的决定或补充规定，最高人民法院、最高人民检察院就具体应用刑事诉讼法所做的司法解释，等等。

二、刑事诉讼中的专门机关与诉讼参与人

（一）刑事诉讼专门机关

刑事诉讼专门机关是指专门承担刑事诉讼职能的国家机关，具体包括公安机关、国家安全机关、人民法院、人民检察院等。

公安机关是国家行政机关（各级人民政府）的组成部分，是武装性质的国家治安行政力量和刑事司法力量，是重要的刑事诉讼法律关系的主体。其在刑事诉讼中主要行使侦查权、拘留权、执行逮捕权、预审权等职权。

国家安全机关是国家安全工作的主管机关，也是各级人民政府的组成部分和职能部

门。其在危害国家安全的刑事案件中行使与公安机关相同的职权。

人民检察院是国家的法律监督机关,是代表国家行使检察权和法律监督职能的司法机关。其在刑事诉讼中主要承担部分刑事案件的侦查、批准或决定逮捕、提起公诉等控诉职能和法律监督职能。

人民法院是国家的审判机关,代表国家依法独立行使审判权,其刑事审判组织有独任庭、合议庭、审判委员会三种。人民法院在刑事诉讼中执行审判职能,即通过法庭的审理活动确定被告人是否实施了被指控的行为,应否处以刑罚以及处以何种刑罚的诉讼职能。

(二) 刑事诉讼参与人

刑事诉讼参与人是指除国家司法人员工作以外,在刑事诉讼中享有一定诉讼权利,承担一定诉讼义务,依照法律规定和刑事诉讼的需要而参加诉讼活动的人。

刑事诉讼参与人一般可分为两大类:一是当事人,二是其他诉讼参与人。当事人是指与案件事实和诉讼结果有切身利害关系,在诉讼中处于控告或者被控告的地位并享有较大诉讼权利的诉讼参与人,当事人包括被害人、自诉人、犯罪嫌疑人、被告人、附带民事诉讼原告人和被告人;其他诉讼参与人是指当事人以外的诉讼参与人,其他诉讼参与人包括法定代理人、诉讼代理人、证人、鉴定人、翻译人员和辩护人。

三、刑事诉讼基本原则

1. 侦查权、检察权、审判权由专门机关依法行使原则,又称"职权原则",是指追究犯罪、惩罚犯罪的权力由国家专门机关专属行使的原则。这项原则包含三方面的内容:①只有公安机关、检察机关和人民法院才有权行使侦查权、检察权和审判权,其他机关、团体和个人都无权行使这些权力;②公安机关、人民检察院和人民法院依照法律行使职权,必须遵守法定的程序;③公安机关、人民检察院、人民法院只能分别行使各自的职权,不能混淆或相互取代。

2. 人民法院、人民检察院依法独立行使职权原则,又称"司法独立原则",是指人民法院、人民检察院依法独立行使审判权、检察权,不受其他行政机关、社会团体和个人的干涉。这一原则的基本内容是指在法律规定的范围内,人民法院行使审判权、人民检察院行使检察权,只根据法律的规定,由自己的独立意志决定行为的程序和方式,并独立地做出结论,不受行政机关、社会团体和个人的干涉。但同时人民法院、人民检察院必须接受党的领导,必须接受国家权力机关的监督,必须接受人民群众的监督。

3. 分工负责、互相配合、互相制约原则。这一原则是刑事诉讼各机关处理相互关系的一项基本准则。分工负责是指在刑事诉讼中,公安机关、人民检察院、人民法院分别按照规定行使职权,各尽其职、各负其责。互相配合是指在刑事诉讼中,公安机关、人民检察院、人民法院应当通力合作、协调一致,共同完成刑事诉讼任务。互相制约是指在刑事诉讼中,公安机关、人民检察院、人民法院在分工负责、互相配合的基础上,不仅应认真履行自己的职责,而且对其他机关发生的错误和偏差应予以纠正,以达到相互牵制、相互约束之目的,防止权力的滥用导致的司法腐败。

4. 犯罪嫌疑人、被告人有权获得辩护原则。辩护是指犯罪嫌疑人、被告人及其辩护人针对控诉一方的指控而进行的论证犯罪嫌疑人、被告人无罪、罪轻、减轻或者免除罪责的反驳和辩解，是保护其合法权益的诉讼行为。辩护权是犯罪嫌疑人、被告人最基本的诉讼权利。我国《宪法》第一百二十五条规定："被告人有权获得辩护。"《刑事诉讼法》第十一条规定："被告人有权获得辩护，人民法院有义务保证被告人获得辩护。"法律赋予犯罪嫌疑人、被告人辩护权，并给予制度和程序上的充分保障，这既是诉讼民主的体现，也是诉讼公正的必然要求。

5. 未经人民法院依法判决，不得确定有罪原则，又称"法院统一定罪原则"，是指未经人民法院依法判决，对任何人都不得确定有罪。其具体内容是：①只有人民法院才有定罪权，其他任何机关、团体和个人都无定罪权；②未经人民法院依法判决有罪，且在判决发生法律效力之前，对任何人都不得作为罪犯对待；③人民法院确定任何人有罪，必须按照法定的程序确定。确立未经人民法院依法判决，不得确定有罪原则，有利于维护公民的合法权益，防止审判权的滥用。

四、管 辖

刑事诉讼中的管辖就是公安机关、人民检察院、人民法院之间在立案上的权限划分以及法院系统内部在受理刑事案件方面的权限划分。根据《刑事诉讼法》的规定，我国刑事诉讼中的管辖分为立案管辖和审判管辖。

（一）立案管辖

立案管辖，又称"职能管辖或部门管辖"，是指公安机关、人民检察院、人民法院在受理刑事案件的立案权限上的划分。立案管辖所要解决的是刑事案件发生后，应当由公安机关、人民检察院、人民法院三机关中的哪一个机关立案受理的问题。

1. 公安机关立案管辖的刑事案件。根据《刑事诉讼法》第十八条第一款、第四条、第二百九十条的规定，除了人民法院、人民检察院、国家安全机关、军队保卫部门、监狱机关直接受理、自行侦查的刑事案件外，其他需要侦查的刑事案件都由公安机关立案管辖。

2. 人民检察院立案侦查的刑事案件。根据《刑事诉讼法》第十八条第二款的规定，人民检察院直接自行立案侦查的刑事案件有：贪污贿赂犯罪案件、国家工作人员的渎职犯罪案件、国家机关工作人员利用职权实施的非法拘禁、刑讯逼供、报复陷害、非法搜查的侵犯公民人身权利的犯罪案件以及侵犯民主权利的犯罪案件，还有国家机关工作人员利用职权实施的其他重大的犯罪案件，需要由人民检察院直接受理的时候，经省级以上人民检察院决定，可以由人民检察院立案侦查。

3. 人民法院直接受理的刑事案件。根据《刑事诉讼法》第二百零四条的规定，人民法院直接受理的刑事案件包括：①告诉才处理的案件；②被害人有证据证明的轻微刑事案件；③被害人有证据证明对被告人侵犯自己人身、财产权利的行为应当依法追究刑事责任，而公安机关或者人民检察院不予追究被告人刑事责任的案件。

（二）审判管辖

审判管辖是指人民法院系统在审判第一审刑事案件的具体权限分工。审判管辖包括：级别管辖、地区管辖、专门管辖和指定管辖。

1. 级别管辖是指各级人民法院在审判第一审刑事案件权限上的分工。根据《刑事诉讼法》第十九条、第二十条、第二十一条、第二十二条的规定,基层人民法院管辖第一审普通刑事案件,但是依照法律由上级人民法院管辖的除外;中级人民法院管辖的第一审刑事案件是:危害国家安全、恐怖活动案件,可能判处无期徒刑、死刑的普通刑事案件;高级人民法院管辖的第一审刑事案件是全省(自治区、直辖市)性的重大刑事案件;最高人民法院管辖的第一审刑事案件是全国性的重大刑事案件。

2. 地区管辖是指同级人民法院之间在审理第一审刑事案件权限上的分工。根据《刑事诉讼法》第二十四条、第二十五条的规定,刑事案件以犯罪地人民法院管辖为基本原则,以被告人居住地人民法院管辖为辅助性原则。如果几个同级人民法院对同一刑事案件都有管辖权,则由最初受理案件的人民法院审判,必要时,可以移送主要犯罪地人民法院审判。

3. 专门管辖是指专门人民法院之间以及专门人民法院与普通人民法院之间对第一审刑事案件在受理权限上的分工。目前我国已经建立的具有刑事管辖权的专门人民法院主要是军事法院和铁路运输法院。军事法院管辖的刑事案件主要是现役军人和军内在编人员违反军人职责罪的案件,铁路运输法院管辖的刑事案件主要是铁路运输系统公安机关负责侦破的案件。

4. 指定管辖是指上级人民法院依照法律规定,指定其辖区内的下级人民法院对某一案件行使管辖权。根据《刑事诉讼法》第二十六条的规定,指定管辖一般适用于两类刑事案件:一类为地区管辖不明的刑事案件;另一类为由于各种原因,原来有管辖权的人民法院不适宜或者不能审判的刑事案件。

五、回避

刑事诉讼中的回避是指侦查人员、检察人员、审判人员等因与案件或案件的当事人具有某种利害关系或其他特殊关系,可能影响刑事案件的公正处理而不得参与办理该案的一种诉讼制度。回避制度的设立主要是为了保证客观、公正地处理案件,防止先入为主或者徇私舞弊现象的发生。

(一)回避的种类

根据我国《刑事诉讼法》和有关司法解释,回避的种类包括:①自行回避是指审判、检察、侦查等人员发现自己有法定回避的情形,主动提出不参加该诉讼活动的行为;②申请回避是指当事人及其法定代理人认为办理本案的审判、检察、侦查等人员具有法定回避的情形而向有关机关提出申请,要求他们不参加本案诉讼活动的行为;③指令回避是指审判、检察、侦查等人员具有法定应当回避的情形却没有自行回避,当事人及其法定代理人也没有提出申请要求他们回避,而由有决定权的办案机关负责人或组织做出决定,指令有关人员回避的行为。

(二)回避的理由与对象

根据《刑事诉讼法》第二十八条、第二十九条的规定,应当回避的理由有:①是本案的当事人或者是当事人的近亲属的;②本人或者他的近亲属和本案有利害关系的;③担任过本案的证人、鉴定人、辩护人、诉讼代理人的;④与本案当事人有其他关系,可能影响公正处理案件的;⑤审判人员、检察人员、侦查人员违反规定会见当事人及其委托的人的,或者接受当事人及其委托的人的请客送礼的。

根据《刑事诉讼法》第二十八条、第三十一条的规定,适用回避的人员有:审判人员、检察人员、侦查人员、书记员、翻译人员、鉴定人。

六、刑事辩护与代理

(一) 刑事辩护的概念及种类

1. 刑事辩护概念。刑事辩护是指犯罪嫌疑人、被告人及其辩护人针对控诉一方的指控进行论证,证明被告人无罪、罪轻或者免除其刑事责任的一种诉讼行为。

2. 刑事辩护的种类。根据《刑事诉讼法》第三十二条、第三十四条的规定,我国刑事诉讼中的辩护可分为三种:自行辩护、委托辩护、法律援助辩护。自行辩护是指犯罪嫌疑人、被告人自己为自己辩护。委托辩护是指犯罪嫌疑人、被告人依法委托律师或者其他公民担任辩护人,为其进行辩护。法律援助辩护是指犯罪嫌疑人、被告人在没有委托辩护人的情况下,存在法定的情形而由法律援助机构指派律师为其提供辩护。

(二) 辩护人的范围

辩护人是指受犯罪嫌疑人、被告人的委托或者法律援助机构的指派,帮助犯罪嫌疑人、被告人行使辩护权,以维护其合法权益的人。

根据《刑事诉讼法》第三十二条的规定,下列人员可以被委托为辩护人:①律师;②人民团体或者犯罪嫌疑人、被告人所在单位推荐的人;③犯罪嫌疑人、被告人的监护人、亲友。但是,下列人员不能被委托为辩护人:①正在被执行刑罚的人;②依法被剥夺、限制人身自由的人。

(三) 刑事代理的概念及种类

1. 刑事代理的概念。刑事诉讼中的代理是指代理人接受被代理人的委托,或者代理人基于与被代理人之间存在的法律规定的特定关系,以被代理人的名义参加诉讼活动,由被代理人承担法律后果的一项法律制度。

2. 刑事代理的种类。刑事代理从代理关系的产生上看,可以分为委托代理和法定代理两种。委托代理是基于被代理人对代理人的委托授权行为而产生的代理。法定代理则是基于被代理人与代理人之间业已存在的法律规定的某种特定关系而产生的代理。

七、证 据

刑事诉讼中的证据是指在刑事诉讼中,以法定形式表现出来的,能够对案件事实起到证明作用的一切事实。刑事证据具有客观性、关联性、合法性三个基本特征。

(一) 证据的种类

证据的种类是指表现证据事实内容的各种外部形式。根据《刑事诉讼法》第四十八条第二款的规定,刑事证据有八种。

1. 物证。物证是指以其外部特征、存在场所和物质属性证明案件事实的实物和痕迹。如作案工具、赃款、赃物、脚印、指纹等。

2. 书证。书证是指以文字、符号、图画等记载的内容和表达的思想来证明案件事实的书面文件。如信件、图片、传单、证件、机密文件等。

3. 证人证言。证人证言是指了解案情的人，就自己知道的情况向公安司法机关所做的陈述。根据《刑事诉讼法》第六十条的规定，凡是知道案件情况的人，都有做证的义务。生理上、精神上有缺陷或者年幼，不能辨别是非、不能正确表达的人，不能做证人。证人证言必须经过质证、核实以后，才能作为定案的根据。

4. 被害人陈述。被害人陈述，是指受犯罪行为直接侵害的人，就其了解的案件情况，向公安司法机关所做的陈述。被害人的陈述对于揭露犯罪、查获犯罪人、认定案情有重要作用。同时，由于各种原因，被害人的陈述可能失实。因此，作为定案根据的被害人陈述，必须经质证、核实后，才可采用。

5. 犯罪嫌疑人、被告人的供述和辩解。犯罪嫌疑人、被告人的供述和辩解是指犯罪嫌疑人、被告人就其被指控的犯罪事实以及其他案件事实向公安司法机关所做的陈述，通常称为"口供"。我国刑事诉讼坚持重证据、重调查研究、不轻信口供原则。仅有被告人供述，没有其他证据的，不能对被告人定罪量刑；没有被告人供述，但证据确实充分的，也可认定被告人的罪刑。

6. 鉴定意见。鉴定意见是指公安司法机关为了解决案件中某些专门性问题，指派或聘请具有专门知识和技能的人，进行鉴定后所做的书面意见。常见的有法医鉴定、司法精神病鉴定、痕迹鉴定等。

7. 勘验、检查、辨认、侦查实验等笔录。勘验笔录，是指办案人员对与犯罪有关的场所、物品、尸体等进行勘查、检验后所做的笔录。检查笔录，是指办案人员对活人的身体进行检验和观察后所做的客观记载。辨认笔录，是指在侦查人员主持下，由证人、被害人或犯罪嫌疑人对与案件有关的人身、物品、尸体或场所进行识别认定的活动所做的书面记载。侦查实验笔录，是指在侦查人员主持下，为确定某一事实或现象是否存在，或者在某种条件下能否发生或怎样发生，而参照案件原有条件将该事实或现象加以重新演示的活动所做的书面记载。

8. 视听资料、电子数据。视听资料，是指能够证明案件真实情况的录音和录像信息材料，如录音带、录像带。电子数据是指以数字的形式保存于计算机存储器或外部存储介质中、能够证明案件真实情况的数据或信息材料。后者包括电子邮件、电子数据交换、网上聊天记录、网络博客内容、手机短信、电子签名、域名等电子信息。

（二）证据的分类

刑事证据的分类是指从理论研究上将刑事证据按照不同的标准，划分为不同的类别。在我国，通常将刑事证据做如下分类。

1. 根据证据的不同证明作用，可将证据分为有罪证据与无罪证据。凡是能够证明犯罪嫌疑人或被告人有罪的证据，即为有罪证据；凡是能够否定犯罪事实，或者证明犯罪嫌疑人、被告人没有实施犯罪行为的证据，即为无罪证据。

2. 按照证据的不同来源，可将证据分为原始证据与传来证据。凡是直接来源于案件事实的证据，即为原始证据，如目击者的证人证言、书证的原本等；凡不是直接来源于案件事实的证据，而是从间接的非第一来源获得的证据，即为传来证据，如书证的复印件、物证的复制品等。

3. 根据证据与案件主要事实的证明关系的不同，可将证据分为直接证据与间接证据。凡不需要和其他证据相结合，就能单独直接证明主要犯罪事实的证据，即为直接证据，如目击者的证人证言，犯罪嫌疑人、被告人的供述与辩解等；凡需要借助其他证据，并同其他证据发生联系才能证明主要犯罪事实的证据，即为间接证据，如现场的脚印、指纹等。

4. 根据证据的表现形式的不同，可将证据分为言词证据与实物证据。言词证据是指以人的陈述为存在和表现形式的证据，如被害人陈述、证人证言等；实物证据是指以实物形态为存在和表现形式的证据，如物证、书证等。

八、强制措施

刑事诉讼中的强制措施是指公安机关、人民检察院、人民法院为了保证刑事诉讼的顺利进行，依法对犯罪嫌疑人、被告人采取的限制或者剥夺人身自由的措施。

我国刑事诉讼中的强制措施有五种。

1. 拘传。拘传是指公安机关、人民检察院、人民法院对于未被羁押的犯罪嫌疑人、被告人，依法强制其到案接受讯问的一种强制措施。它是我国强制措施体系中最轻的一种。一次拘传的时间不得超过 12 小时，案情特别重大、复杂，需要采取拘留、逮捕措施的，拘传持续的时间不得超过 24 小时。不得以连续拘传的形式变相拘禁犯罪嫌疑人。拘传犯罪嫌疑人，应当保证犯罪嫌疑人的饮食和必要的休息时间。

2. 取保候审。取保候审是指公安机关、人民检察院、人民法院责令犯罪嫌疑人、被告人提出保证人或者交纳保证金，保证犯罪嫌疑人、被告人不逃避或妨碍诉讼活动，并随传随到的一种强制措施。取保候审的期限最长不得超过 12 个月。

3. 监视居住。监视居住是指公安机关、人民检察院、人民法院对未被逮捕的犯罪嫌疑人、被告人，责令其不得离开指定的区域，依法对人身自由加以限制并对其实行监管的一种强制措施。监视居住的期限最长不得超过 6 个月。

4. 拘留。拘留是指公安机关、人民检察院在侦查过程中，遇到法定的紧急情形，对现行犯或重大嫌疑人所采取的临时剥夺其人身自由的强制措施。对于现行犯或者重大嫌疑人，如果有下列情形之一的，可以先行拘留：①正在预备犯罪、实行犯罪或者在犯罪后即时被发觉的；②被害人或者在场亲眼看见的人指认他犯罪的；③在身边或者住处发现有犯罪证据的；④犯罪后企图自杀、逃跑或者在逃的；⑤有毁灭、伪造证据或者串供可能的；⑥不讲真实姓名、住址，身份不明的；⑦有流窜作案、多次作案、结伙作案重大嫌疑的。拘留的期限一般不超过 10 日，案件重大、复杂的不超过 14 日，对流窜作案、多次作案、结伙作案的重大嫌疑人的拘留期限不超过 37 日。

5. 逮捕。逮捕是指经人民检察院批准或决定，或者经人民法院决定，由公安机关执行的一种较长时间内依法剥夺犯罪嫌疑人、被告人人身自由的强制措施。逮捕是一种最为严厉的强制措施。逮捕适用须同时具备三个条件：①有证据证明有犯罪事实；②可能判处徒刑以上刑罚；③采取取保候审、监视居住等方法尚不足以防止发生社会危险性，而有逮捕必要。另外，还有两类特殊情况适用独立的逮捕条件。

九、附带民事诉讼

（一）附带民事诉讼的概念与性质

1. 附带民事诉讼是指在刑事诉讼过程中，司法机关在解决被告人刑事责任的同时，附带解决由被告人的犯罪行为对被害人或国家、集体造成物质损失的赔偿问题而进行的诉讼活动。

2. 附带民事诉讼是一种特殊的民事诉讼。说其是一种民事诉讼，是因为它要解决的问题是民事赔偿问题，赔偿的确定适用民事实体法的规定；说其特殊，因为这种赔偿是刑事被告人的犯罪行为引起的，源于同一违法行为的法律责任，并在刑事诉讼过程中一并予以解决。

（二）附带民事诉讼的审理

我国《刑事诉讼法》第一百零二条规定："附带民事诉讼应当同刑事案件一并审判，只有为了防止刑事案件审判的过分迟延，才可以在刑事案件审判后，由同一审判组织继续审理附带民事诉讼。"根据这一规定，附带民事诉讼案件的审理通常应与刑事诉讼一同审理，只有出现特殊情况，影响刑事诉讼的进程，才可以在刑事案件审判后，由同一审判组织继续审理附带民事诉讼案件。

第二节　立案、侦查和提起公诉

一、立案

在我国，刑事诉讼中的立案是指公安机关、人民检察院、人民法院对于报案、控告、举报、自首以及自诉人自诉等材料，按照各自的管辖范围进行审查后，认为有犯罪事实发生并需要追究刑事责任，决定将其作为刑事案件进行侦查或审理的一种诉讼活动。

1. 立案的条件。根据《刑事诉讼法》第一百一十条的规定，刑事案件的立案条件有两个：①事实条件，须有犯罪事实的存在；②法律条件，需要追究刑事责任，即根据刑事法律规定，对实施犯罪的行为人有追究刑事责任的必要。

2. 立案材料的来源与接受。作为立案的材料，主要源于以下几个方面：①单位或个人的报案或者举报；②被害人的报案或者控告；③犯罪嫌疑人的自首；④公安机关、人民检察院自行主动获取的材料；⑤其他部门的移送。公安机关、人民检察院、人民法院对于报案、控告、举报、自首都应当立即接受，不得以任何借口推诿。对不属于自己管辖的案件应当先接受，后移送主管机关处理，情况紧急而必须采取紧急措施的，应当先采取紧急措施，然后移送主管机关。

3. 立案材料的审查与处理。立案材料的审查是指案件接受机关对报案、控告、举报、自首的材料进行审核查实的活动。其审查内容通常包括：案件是否属于自己管辖，是否符合立案条件，是否已被人民法院作为自诉案件立案受理。审查后，认为确有犯罪事实，需要追究行为人的刑事责任的，做出立案决定；认为没有犯罪事实，或者犯罪事实显著轻微，不需要追究刑事责任的，做出不立案决定。

二、侦查

侦查是指公安机关、人民检察院在办理案件过程中，依照法律进行的专门调查工作和有关的强制性措施。侦查是我国刑事诉讼程序中的一个独立阶段，在刑事诉讼中具有重要的地位。

（一）侦查行为

1. 讯问犯罪嫌疑人。讯问犯罪嫌疑人是指侦查人员依照法定程序，以言词方式向犯罪嫌疑人查问案件事实和其他与案件有关的情况的一种侦查行为。讯问犯罪嫌疑人必须由人民检察院或者公安机关的侦查人员负责进行。讯问的时候，侦查人员不得少于两人。犯罪嫌疑人被送交看守所羁押以后，侦查人员对其进行讯问，应当在看守所内进行。侦查人员在讯问犯罪嫌疑人的时候，应当首先讯问犯罪嫌疑人是否有犯罪行为，让他陈述有罪的情节或者无罪的辩解，然后向他提出问题。犯罪嫌疑人对侦查人员的提问，应当如实回答。但是对与本案无关的问题，有拒绝回答的权利。侦查人员在讯问犯罪嫌疑人的时候，应当告知犯罪嫌疑人如实供述自己罪行可以从宽处理的法律规定。侦查人员在讯问犯罪嫌疑人的时候，可以对讯问过程进行录音或者录像；对于可能判处无期徒刑、死刑的案件或者其他重大犯罪案件，应当对讯问过程进行录音或者录像。录音或者录像应当全程进行，保持完整性。

2. 询问证人、被害人。询问证人、被害人是指侦查人员依照法定程序以言词方式向证人、被害人调查了解案件情况的一种侦查行为。侦查人员询问证人、被害人，可以在现场进行，也可以到证人、被害人所在单位、住处或者证人、被害人提出的地点进行。在现场询问证人、被害人，应当出示工作证件，到证人、被害人所在单位、住处或者证人、被害人提出的地点询问证人、被害人，应当出示检察院或者公安机关的证明文件。在必要的时候，可以通知证人到检察院或者公安机关提供证言。询问证人、被害人应当个别进行，应当告知他要如实地提供证言和有意做伪证或者隐匿罪证要负的法律责任。询问不满18周岁的证人、被害人，可以通知其法定代理人到场。

3. 勘验、检查。勘验、检查是指侦查人员对与犯罪有关的场所、物品、尸体或者人身进行勘察、检验或检查，以发现、收集、固定犯罪活动所遗留的各种痕迹和物品的一种侦查活动。勘验、检查的性质虽然相同，但适用的对象有所区别：勘验的对象是现场、物品和尸体；而检查的对象则是活人的身体，检查妇女的身体，应当由女侦查人员或医师进行。

4. 搜查。搜查是指侦查人员对犯罪嫌疑人以及可能隐藏罪犯或者犯罪证据的人的身体、物品、住处和其他有关的地方进行搜索检查的一种侦查活动。搜查时，搜查人员不得少于两人，且必须出示搜查证。执行逮捕、拘留时，遇有紧急情况，不另用搜查证也可以进行搜查，但搜查结束后应当及时向侦查机关负责人报告，并补办有关手续。搜查妇女的身体，应当由女工作人员进行。

5. 查封、扣押。查封、扣押是指侦查机关依法强行封存、扣留与案件有关的物品、文件等证据的一种侦查行为。在侦查活动中发现的可用以证明犯罪嫌疑人有罪或者无罪的各种财物、文件,应当查封、扣押。对查封、扣押的财物、文件,要妥善保管或者封存,不得使用、调换或者损毁。对查封、扣押的财物、文件,应当会同在场见证人和被查封、扣押财物、文件持有人查点清楚,当场开列清单一式二份,由侦查人员、见证人和持有人签名或者盖章,一份交给持有人,另一份附卷备查。

6. 鉴定。鉴定是指侦查机关指派或者聘请具有专门知识的人,就案件中某些专门性问题进行鉴别判断并做出结论的一种侦查活动。为了查明案情,需要解决案件中某些专门性问题的时候,应当指派、聘请有专门知识的人进行鉴定。鉴定人进行鉴定后,应当写出鉴定意见,并且签名。鉴定人故意做虚假鉴定的,应当承担法律责任。侦查机关应当将用作证据的鉴定意见告知犯罪嫌疑人、被害人。如果犯罪嫌疑人、被害人提出申请,可以补充鉴定或者重新鉴定。

7. 技术侦查措施。技术侦查措施是指为了查明案情,侦查机关运用科技手段秘密调查、取证的一种侦查行为。它包括监听(包括电话和谈话)、秘密录像、卧底、设置圈套、电子信息监控等。公安机关在立案后,对于危害国家安全犯罪、恐怖活动犯罪、黑社会性质的组织犯罪、重大毒品犯罪或者其他严重危害社会的犯罪案件,根据侦查犯罪的需要,经过严格的批准手续,可以采取技术侦查措施。人民检察院在立案后,对于重大的贪污、贿赂犯罪案件以及利用职权实施的严重侵犯公民人身权利的重大犯罪案件,根据侦查犯罪的需要,经过严格的批准手续,可以采取技术侦查措施,按照规定交有关机关执行。追捕被通缉或者批准、决定逮捕的在逃的犯罪嫌疑人、被告人,经过批准,可以采取追捕所必需的技术侦查措施。批准决定应当根据侦查犯罪的需要,确定采取技术侦查措施的种类和适用对象。批准决定自签发之日起3个月以内有效。对于不需要继续采取技术侦查措施的,应当及时解除;对于复杂、疑难案件,期限届满仍有必要继续采取技术侦查措施的,经过批准,有效期可以延长,每次不得超过3个月。采取技术侦查措施,必须严格按照批准的措施种类、适用对象和期限执行。侦查人员对采取技术侦查措施过程中知悉的国家秘密、商业秘密和个人隐私,应当保密;对采取技术侦查措施获取的与案件无关的材料,必须及时销毁。

8. 通缉。通缉是指公安机关以发布通缉令的方式通报捉拿应当逮捕而在逃的犯罪嫌疑人的一种侦查行为。应当逮捕的犯罪嫌疑人如果在逃,公安机关可以发布通缉令,采取有效措施,追捕归案。各级公安机关在自己管辖的地区以内,可以直接发布通缉令;超出自己管辖的地区,应当报请有权决定的上级机关发布。

(二)侦查终结

侦查终结是指侦查机关通过一系列的侦查活动,认为案件事实已经查清,证据确实、充分,足以认定犯罪嫌疑人是否犯罪和应否对其追究刑事责任而决定结束侦查,依法对案件做出处理或提出处理意见的一项诉讼活动。

根据《刑事诉讼法》第一百六十条、第一百六十一条、第一百六十六条的规定,公安机关侦查终结的案件符合起诉条件的,应当写出起诉意见书,连同案卷材料、证据一并移送同级人民检察院审查决定。发现不应对犯罪嫌疑人追究刑事责任的,应当做出撤销案件的决定;人民检察院侦查终结的案件,应当做出提起公诉、不起诉或者撤销案件的决定。

（三）补充侦查

补充侦查是指公安机关或者人民检察院依照法定程序，在原有侦查工作的基础上，就案件的部分事实、情节继续进行侦查的诉讼活动。补充侦查并非每个刑事案件都必须经过的诉讼程序，它只适用于事实不清、证据不足或者尚有遗漏罪行、遗漏同案犯罪嫌疑人的案件。

根据《刑事诉讼法》第一百七十一条、第一百九十八条、第一百九十九条的规定，补充侦查有两种情况，即审查起诉阶段的补充侦查和法庭审理阶段的补充侦查。对于补充侦查的案件，应当在1个月以内补充侦查完毕。补充侦查以2次为限。

三、提起公诉

提起公诉是指人民检察院代表国家向人民法院提出追究被告人刑事责任的诉讼活动。提起公诉是人民检察院重要的专有职能。

（一）审查起诉

审查起诉是指人民检察院对公安机关侦查终结移送起诉的案件和自行侦查终结的案件进行审查，依法决定是否对犯罪嫌疑人提起公诉的诉讼活动。人民检察院审查案件的时候，必须查明以下内容：①犯罪事实、情节是否清楚，证据是否确实、充分，犯罪性质和罪名的认定是否正确；②有无遗漏罪行和其他应当追究刑事责任的人；③是否属于不应追究刑事责任的；④有无附带民事诉讼；⑤侦查活动是否违法。

（二）提起公诉

提起公诉是指人民检察院代表国家，对公安机关侦查终结移送起诉的案件以及自行侦查终结的案件，经过全面审查，认为犯罪嫌疑人的犯罪事实已经查清，证据确实、充分，依法应当追究刑事责任时，向人民法院提起诉讼，要求给被告人以刑事处罚的活动。人民检察院提起公诉，应当按照审判管辖的规定，向同级人民法院提出，不允许越级起诉。

（三）不起诉

不起诉是指人民检察院对公安机关侦查终结移送起诉的案件和自行侦查终结的案件进行审查后，依法做出不将案件交付人民法院审判的一种处理决定。根据《刑事诉讼法》第一百七十一条、第一百七十三条的规定，不起诉分为三种。

1. 法定不起诉。犯罪嫌疑人有《刑事诉讼法》第十五条规定情形之一的，人民检察院应当做出不起诉决定。

2. 酌定不起诉。酌定不起诉，又称"相对不起诉"，是指人民检察院对于犯罪嫌疑人的犯罪情节轻微，依照《刑法》规定不需要判处刑罚或者免除刑罚的案件，可以做出不起诉决定。

3. 存疑不起诉。存疑不起诉，又称"证据不足不起诉"，是指检察机关对于经过补充侦查的案件，仍然认为证据不足，不符合起诉条件的，可以做出不起诉决定。

第三节 审判程序

一、第一审程序

第一审程序是指人民法院对人民检察院提起公诉、自诉人提起自诉的案件,依法进行第一次审判时应当遵循的步骤和方式、方法。第一审程序除公诉案件、自诉案件适用的普通程序外,还包括基层人民法院对法律特别规定的公诉案件、自诉案件适用的简易程序。

(一)公诉案件第一审普通程序

公诉案件第一审普通程序是指人民法院对公诉案件进行初次审判所应遵循的程序。其程序内容包括庭前审查、庭前准备工作、法庭审判等。

1. 庭前审查。庭前审查是指人民法院对人民检察院提起公诉的案件进行审查,依法决定是否将刑事被告人交付审判的诉讼活动。庭前审查是人民法院审判刑事案件的法定必经程序,其内容主要是围绕是否具备证据目录、证人名单等开庭条件而进行的形式要件上的审查。因此,这种审查属于程序性审查。

2. 庭前准备工作。对于已经决定开庭审判的案件,人民法院应当做好开庭前的准备工作。具体包括:①法院决定开庭审判后,应当确定合议庭的组成人员;②将检察院的起诉书副本至迟在开庭10日以前送达被告人及其辩护人;③在开庭以前,审判人员可以召集公诉人、当事人和辩护人、诉讼代理人,对回避、出庭证人名单,非法证据排除等与审判相关的问题,了解情况,听取意见;④法院确定开庭日期后,应当将开庭的时间、地点通知检察院,传唤当事人,通知辩护人、诉讼代理人、证人、鉴定人和翻译人员,传票和通知书至迟在开庭3日以前送达;⑤公开审判的案件,应当在开庭3日以前先期公布案由、被告人姓名、开庭时间和地点。

3. 法庭审判。法庭审判是指人民法院组织法庭依法对刑事案件进行审理和判决。法庭审判程序基本上可分为五个阶段。

(1)开庭。开庭时,由审判长宣布开庭并传唤当事人到庭,公布案件的来源、是否公开审理,宣布合议庭组成人员、书记员、公诉人及其他诉讼参与人的名单,告知当事人、法定代理人的诉讼权利。

(2)法庭调查。法庭调查是在审判人员的主持下,在控辩双方和其他诉讼参与人的参加下,当庭对案件事实和证据进行审查、核实的诉讼活动。法庭调查是法庭审判的中心环节,其焦点集中在对涉案事实和证据的审查核实。

(3)法庭辩论。法庭辩论是指在法庭调查结束后,在审判长的主持下,控诉与辩护双方围绕指控的犯罪事实、罪名、罪责大小,各自向法庭陈述意见、理由,反驳对方提出的事实、意见和理由的活动。

(4)被告人最后陈述。审判长在宣布法庭辩论终结后,被告人享有发表与案件有关的见解的权利。被告人最后陈述是法律赋予被告人的一项重要诉讼权利,合议庭应当切实保障被告人充分行使最后陈述的权利。

（5）评议和宣判。评议是合议庭全体成员共同对案件事实的认定和法律的适用进行全面的讨论、评判并做出处理决定的诉讼活动。评议由审判长主持，秘密进行，合议庭成员享有平等的权利；宣判是将判决的内容向当事人和公众宣告。宣判有当庭宣判和定期宣判两种方式。无论是当庭宣判，还是定期宣判，宣告判决一律公开进行。

（二）自诉案件第一审普通程序

自诉案件第一审普通程序是指人民法院审理自诉案件所适用的程序。法院审理自诉案件应当参照公诉案件的审判程序进行。根据《刑事诉讼法》第二百零五条、第二百零六条、第二百零七条规定，自诉案件审判程序有一些特点，这表现在庭审前和庭审中两个环节。

1. 庭审前。法院对于自诉案件进行审查后，按照下列情形分别处理：①犯罪事实清楚，有足够证据的案件，应当开庭审判；②缺乏罪证的自诉案件，如果自诉人提不出补充证据，应当说服自诉人撤回自诉，或者裁定驳回；③自诉人经两次依法传唤，无正当理由拒不到庭的，或者未经法庭许可中途退庭的，按撤诉处理。

2. 庭审中。法院对自诉案件，可以进行调解；自诉人在宣告判决前，可以同被告人自行和解或者撤回自诉。但公诉转变为自诉的案件不适用调解。法院审理自诉案件的期限，被告人被羁押的，适用公诉案件关于审理期限的规定；未被羁押的，应当在受理后6个月以内宣判。自诉案件的被告人在诉讼过程中可以对自诉人提起反诉。反诉适用自诉的规定。

（三）简易程序

简易程序是指基层人民法院对某些简单轻微的刑事案件依法适用较普通审判程序简化的一种刑事审判程序。

1. 简易程序的适用条件。根据《刑事诉讼法》第二百零八条规定，"基层人民法院管辖的案件，符合下列条件的，可以适用简易程序审判：（一）案件事实清楚、证据充分的；（二）被告人承认自己所犯罪行，对指控的犯罪事实没有异议的；（三）被告人对适用简易程序没有异议的"。根据《刑事诉讼法》第二百零九条规定，"有下列情形之一的，不适用简易程序：（一）被告人是盲、聋、哑人，或者是尚未完全丧失辨认或者控制自己行为能力的精神病人的；（二）有重大社会影响的；（三）共同犯罪案件中部分被告人不认罪或者对适用简易程序有异议的；（四）其他不宜适用简易程序审理的"。

2. 简易程序审理的特点。依据《刑事诉讼法》第二百一十条、第二百一十一条、第二百一十二条、第二百一十三条、第二百一十四条、第二百一十五条的规定，简易程序的审理具有以下特点：①适用简易程序审理案件，对可能判处3年有期徒刑以下刑罚的，可以组成合议庭进行审判，也可以由审判员一人独任审判；对可能判处的有期徒刑超过3年的，应当组成合议庭进行审判。适用简易程序审理公诉案件，人民检察院应当派员出席法庭。②适用简易程序审理案件，审判人员应当询问被告人对指控的犯罪事实的意见，告知被告人适用简易程序审理的法律规定，确认被告人是否同意适用简易程序审理。③适用简易程序审理案件，经审判人员许可，被告人及其辩护人可以同公诉人、自诉人及其诉讼代理人互相辩论。④适用简易程序审理案件，不受普通程序关于送达期限、讯问被告人、询问证人、鉴定人、出示证据、法庭辩论程序规定的限制。但在判决宣告前应当听取被告人的最后陈述意见。⑤适用简易程序审理案件，人民法院应当在受理后 20 日以内审结；对可能判处的有期徒刑超过 3 年的，可以延长至一个半月。⑥人民法院在审理过程中，发现不宜适用简易程序的，应当按照普通程序的规定重新审理。

二、第二审程序

第二审程序是指上一级法院根据依法提出的上诉或者抗诉，对下级法院所做的第一审未生效判决、裁定进行审判的诉讼程序。

（一）第二审程序的提起

1. 上诉、抗诉的提起主体。根据《刑事诉讼法》第二百一十六条、第二百一十七条的规定，享有上诉权的主体有：①被告人；②自诉人；③被告人、自诉人的法定代理人；④经被告人同意的辩护人、近亲属；⑤附带民事诉讼的当事人和他们的法定代理人，对于地方各级人民法院第一审判决、裁定中的附带民事诉讼部分，有权提出上诉。抗诉权的主体为原审人民法院的同级人民检察院。

2. 上诉、抗诉的提起理由。对于上诉的提起理由，《刑事诉讼法》没有任何关于理由的要求，只要有上诉权的人不服第一审的判决、裁定，就可以提出上诉；而对于抗诉的提起理由，则要求以人民检察院认为一审判决、裁定"确有错误"为理由。

3. 提起上诉、抗诉的方式与期限。上诉方式可以是书面方式，也可以是口头方式，上诉可以向原审法院提起，也可以向上级法院提起；而刑事抗诉只能是书面方式，并且只能通过原审法院向上一级法院提出。不服一审法院判决的上诉、抗诉期限为 10 日，不服一审法院裁定的上诉、抗诉期限为 5 日，从接到判决书、裁定书的第二日起算。

（二）第二审案件的审判

1. 第二审案件的审查原则。根据《刑事诉讼法》第二百二十二条的规定，对二审案件的审查实行全面审查原则，即第二审法院应当就第一审判决认定的事实和适用的法律进行全面审查，不受上诉或者抗诉范围的限制。共同犯罪的案件只有部分被告人上诉的，应当对全案进行审查，一并处理。

2. 第二审案件的审判方式。根据《刑事诉讼法》第二百二十三条的规定，第二审人民法院的审判方式可以分为开庭审理和不开庭审理两种。适用开庭审理的案件包括：被告人、自诉人及其法定代理人对第一审认定的事实、证据提出异议，可能影响定罪量刑的上诉案件；被告人被判处死刑的上诉案件；人民检察院抗诉的案件；其他应当开庭审理的案件。

3. 对第二审案件的处理。第二审人民法院对上诉、抗诉案件审理后，应当区分情况做出如下处理：①原判决认定事实和适用法律正确、量刑适当的，裁定驳回上诉或者抗诉，维持原判。②原判决认定事实没有错误，但适用法律有错误，或者量刑不当的，应当改判。③原判决事实不清或者证据不足的，可以在查清事实后改判；也可以裁定撤销原判，发回原审人民法院重新审判。

4. 上诉不加刑原则。根据《刑事诉讼法》第二百二十六条的规定："第二审人民法院审理被告人或者他的法定代理人、辩护人、近亲属上诉的案件，不得加重被告人的刑罚。第二审人民法院发回原审人民法院重新审判的案件，除有新的犯罪事实，人民检察院补充起诉的以外，原审人民法院也不得加重被告人的刑罚。人民检察院提出抗诉或者自诉人提出上诉的，不受前款规定的限制。"

三、死刑复核程序

死刑复核程序是指对法院判处死刑的案件进行审查核准的一种特殊程序，既包括对判处死刑立即执行案件的复核程序，也包括对判处死刑缓刑两年执行案件的复核程序。

（一）判处死刑立即执行案件的复核程序

根据《刑事诉讼法》第二百三十五条的规定："死刑由最高人民法院核准。"

中级人民法院判处死刑立即执行的案件，法定期间内被告人未上诉或者人民检察院未抗诉的，报请高级人民法院复核；高级人民法院同意的，报送最高人民法院核准。高级人民法院不同意的，应当提审或者裁定撤销原判，发回中级人民法院重新审判；法定期间内被告人上诉或者人民检察院抗诉的，高级人民法院启动死刑二审程序。高级人民法院对受理的所有死刑二审案件都实行开庭审理。高级人民法院二审裁定维持死刑立即执行判决的，报请最高人民法院核准。

高级人民法院判处死刑的第一审案件，被告人上诉或者人民检察院抗诉的，在上诉、抗诉期满后3日内报请最高人民法院核准。最高人民法院复核死刑案件，应当由审判员3人组成合议庭进行。最高人民法院复核死刑案件，应当讯问被告人，辩护律师提出要求的，应当听取辩护律师的意见。在复核死刑案件过程中，最高人民检察院可以向最高人民法院提出意见。最高人民法院应当将死刑复核结果通报最高人民检察院。最高人民法院复核死刑案件，应当做出裁定核准或裁定不核准的处理结果。

（二）判处死刑缓期两年执行案件的复核程序

根据《刑事诉讼法》第二百三十七条的规定："中级人民法院判处死刑缓期二年执行的案件，由高级人民法院核准。"

中级人民法院判处死刑缓期两年执行的第一审案件，被告人不上诉、人民检察院不抗诉的，上诉、抗诉期满后报请高级人民法院核准；被告人上诉、人民检察院抗诉的，高级人民法院应当按照第二审程序审理；之后，由高级人民法院适用死刑复核程序。

高级法院复核死刑缓期执行的案件，应当由审判员3人组成合议庭进行。高级人民法院复核死刑缓期执行案件，应当做出裁定核准或裁定不核准的处理结果。

四、审判监督程序

审判监督程序，又称"再审程序"，是指人民法院、人民检察院对已经发生法律效力的判决和裁定，发现在认定事实或者适用法律上确有错误，依法提起并由人民法院对案件重新审判的一种特别审判程序。

（一）审判监督程序的提起

1. 材料来源。根据《刑事诉讼法》的规定及司法实践，提起审判监督程序的材料来源有：当事人及其法定代理人、近亲属的申诉，各级人大代表提出的议案，人民群众的来信来访，新闻媒体的报道和批评，政府机关、社会团体、企事业单位的反映和意见，等等。其中，当事人及其法定代理人、近亲属的申诉是人民法院、人民检察院提起审判监督程序最主要的材料来源。

2. 提起主体。根据《刑事诉讼法》第二百四十三条的规定，提起审判监督程序的主体有三类。①各级人民法院院长。各级人民法院院长对本院已经发生法律效力的判决和裁定，如果发现在认定事实上或者在适用法律上确有错误，必须提交审判委员会处理。②最高人民法院和上级人民法院。最高人民法院对各级人民法院已经发生法律效力的判决和裁定，上级人民法院对下级人民法院已经发生法律效力的判决和裁定，如果发现确有错误，有权提审或者指令下级人民法院再审。③最高人民检察院和上级人民检察院。最高人民检察院对各级人民法院已经发生法律效力的判决和裁定，上级人民检察院对下级人民法院已经发生法律效力的判决和裁定，如果发现确有错误，有权按照审判监督程序向同级人民法院提出抗诉。

（二）对案件的重新审判

根据《刑事诉讼法》第二百四十四条、第二百四十五条、第二百四十六条、第二百四十七条的规定，审判程序应当遵守以下规则。

1. 审判的人民法院。重新审判的人民法院通常是原审人民法院，它包括第一审人民法院和第二审人民法院。如果是上级人民法院指令下级人民法院再审的，应当指令原审人民法院以外的下级人民法院审理；由原审人民法院审理更为适宜的，也可以指令原审人民法院审理。

2. 合议庭的组成。人民法院按照审判监督程序重新审判的案件，由原审人民法院审理的，应当另行组成合议庭进行。

3. 裁判结果的效力。如果原来是第一审案件，应当依照第一审程序进行审判，所做的判决、裁定，可以上诉、抗诉；如果原来是第二审案件，或者是上级人民法院提审的案件，应当依照第二审程序进行审判，所做的判决、裁定，是终审的判决、裁定。

4. 人民检察院派员出庭。人民法院开庭审理的再审案件，同级人民检察院应当派员出席法庭。

5. 强制措施及原判处理。法院决定再审的案件，需要对被告人采取强制措施的，由人民法院依法决定；人民检察院提出抗诉的再审案件，需要对被告人采取强制措施的，由人民检察院依法决定。人民法院按照审判监督程序审判的案件，可以决定中止原判决、裁定的执行。

6. 审判期限。人民法院按照审判监督程序重新审判的案件，应当在做出提审、再审决定之日起3个月以内审结，需要延长期限的不得超过6个月。

接受抗诉的人民法院按照审判监督程序审判抗诉的案件，审理期限适用前述规定；对需要指令下级人民法院再审的，应当自接受抗诉之日起1个月以内做出决定，下级人民法院审理案件的期限适用前述规定。

第四节 执行程序

执行是指人民法院、公安机关及刑罚执行机关等将已经发生法律效力的判决、裁定所确定的内容依法付诸实施以及处理实施中出现的变更执行等问题而进行的诉讼活动。执行主体是人民法院、公安机关和监狱等，执行的法律依据是发生法律效力的判决和裁定。

一、无罪和免除刑罚判决的执行

无罪和免除刑罚的判决在发生法律效力后由人民法院立即执行。如果对被告人已采取强制措施的，应当解除强制措施；如果被告人在押的，应立即释放被告人，并发给释放证明。

二、死刑立即执行判决的执行

死刑立即执行判决的执行由最高人民法院院长签发执行死刑命令，原审人民法院接到执行死刑命令后，应当在7日内交付执行。人民检察院收到同级人民法院执行死刑临场监督通知后，应当做好临场监督工作。执行死刑前，罪犯提出会见其近亲属或者其近亲属提出会见罪犯申请的，人民法院可以准许。死刑采用枪决或者注射等方法执行。死刑可以在刑场或者在指定的羁押场所内执行。执行死刑应当公布，不应示众。

三、死刑缓期两年执行、徒刑及拘役的执行

对于被判处死刑缓期两年执行、无期徒刑、有期徒刑的罪犯，由公安机关依法将罪犯交付监狱执行。对于被判处有期徒刑的罪犯，交付执行前，余刑在3个月以下的，由看守所代为执行；对于被判处拘役的罪犯，由公安机关执行；对未成年犯，应当在未成年犯管教所执行刑罚。

四、管制、剥夺政治权利的执行

管制是对轻微犯罪分子不予关押，在社区矫正机构的管束和监督下进行改造的一种刑罚。对被判处管制的罪犯依法实行社区矫正，由社区矫正机构负责执行。剥夺政治权利是剥夺犯罪分子参加国家管理和政治活动权利的一种刑罚。剥夺政治权利的判决由公安机关执行。执行期满，应当由执行机关书面通知本人及其所在单位、居住地基层组织。

五、缓刑的执行

缓刑是有条件地暂缓执行刑罚，在一定期限内予以考验的特殊的执行方式。根据刑法、刑事诉讼法以及司法解释的相关规定，对被宣告缓刑的罪犯，依法实行社区矫正，由社区矫正机构负责执行。缓刑考察期满，如没有再犯新罪，原判刑罚就不再执行；如再犯新罪，撤销原判，把前罪和后罪所判处的刑罚按数罪并罚原则决定执行。

六、罚金、没收财产刑的执行

被判处罚金的罪犯，期满不缴纳的，法院应当强制缴纳；如果由于遭遇不能抗拒的灾祸缴纳确实有困难的，可以裁定减少或者免除。

没收财产的判决无论附加适用或者独立适用，都由法院执行；在必要的时候，可以会同公安机关执行。

七、执行的变更

（一）死刑缓期两年执行的变更

被判处死缓的罪犯，在死缓执行期间没有故意犯罪，2年缓刑考验期满后，应当依法予以减刑。如果故意犯罪，查证属实，应当执行死刑的，由高级人民法院报请最高人民法院核准。

（二）暂予监外执行

暂予监外执行是指对判处有期徒刑、拘役的罪犯因出现某种法定特殊情形不宜在监内执行时，暂时将其放在监外交由公安机关执行的一种变通方法。它不仅变更了执行场所，而且变更了执行方式。

对被判处有期徒刑或者拘役的罪犯，有下列情形之一的，可以暂予监外执行：①有严重疾病需要保外就医的；②怀孕或者正在哺乳自己婴儿的妇女；③生活不能自理，适用暂予监外执行不致危害社会的。对被判处无期徒刑的罪犯，有前款第二项规定情形的，可以暂予监外执行。对适用保外就医可能有社会危险性的罪犯，或者自伤自残的罪犯，不得保外就医。对罪犯确有严重疾病，必须保外就医的，由省级人民政府指定的医院诊断并开具证明文件。

在交付执行前，暂予监外执行由交付执行的法院决定；在交付执行后，暂予监外执行由监狱或者看守所提出书面意见，报省级以上监狱管理机关或者设区的市一级以上公安机关批准。对被判处暂予监外执行的罪犯依法实行社区矫正，由社区矫正机构负责执行。

监外执行仍是对原判刑罚的执行。因此，监外执行的时间应计入刑期。在监外执行的情形消失后，罪犯刑期未满的，应当及时收监。如果刑期已满，应当发给刑满释放证明，不再收监。

（三）新罪与漏罪

新罪是指罪犯在服刑期间又犯新罪。漏罪是指发现了罪犯判决时所没有发现的罪行。罪犯在服刑期间又犯罪的，或者发现了判决的时候所没有发现的罪行，由执行机关移送人民检察院处理。对罪犯在监狱内犯罪的案件，由监狱进行侦查。

（四）减刑与假释

被判处管制、拘役、有期徒刑或者无期徒刑的罪犯，在执行期间确有悔改或者立功表现，应当依法予以减刑、假释的时候，由执行机关提出建议书，报请法院审核裁定，并将建议书副本抄送人民检察院。人民检察院可以向法院提出书面意见。

检察院认为法院减刑、假释的裁定不当，应当在收到裁定书副本后20日以内，向法院提出书面纠正意见。法院应当在收到纠正意见后 1 个月以内重新组成合议庭进行审理，做出最终裁定。

对被判处假释的罪犯依法实行社区矫正，由社区矫正机构负责执行。

(五) 原判有错误

监狱和其他执行机关在刑罚执行中，如果认为判决有错误或者罪犯提出申诉，应当转请人民检察院或者原判人民法院处理。

第十三章 行政救济法

第一节 行政救济概述

一、行政救济概念

行政救济是指公民、法人或者其他组织认为行政主体及其工作人员行使职权的行为侵犯了其合法权益,依法请求有权的国家机关予以保护的途径。

二、行政救济的法律特征

1. 行政救济途径具有可选择性。我国现行法律制度提供了两种行政救济途径,即行政复议与行政诉讼。一般情况下,救济申请人既可以选择行政复议通过行政主体的内部处理来完成对合法权益的保护,也可以选择行政诉讼请求司法机关进行司法审查。

2. 行政救济以存在行政争议为前提。行政救济并非行政相对人的必然选择,只有行政相对人与行政主体之间存有行政争议时,才会产生行政救济程序的运用。

3. 行政救济的启动以行政相对人的主动申请为前提。如果行政相对人没有主动申请,国家相关机关不得主动启动行政救济程序。

三、行政救济的意义

行政救济在现代社会具有重要意义。一方面,行政救济是行政相对人合法权益的重要保障制度。无救济,无权利。缺乏了救济制度,行政相对人的权益将会受到行政主体的肆意侵犯。另一方面,行政救济能够有效地纠正行政主体的违法或不当行政行为,在一定程度上保证行政权力的正确行使。通过行政复议,能够在一定程度上实现上级行政机关对其所管辖的行政机关或法律、法规授权的组织的内部监督;通过行政诉讼,能够较好地发挥司法权力对行政权力的制约。

第二节 行政复议法

一、行政复议的概念及特征

(一) 行政复议的概念

行政复议是指公民、法人或者其他组织认为行政主体的具体行政行为侵犯了其合法权益,依法向特定行政机关提出申请,由受理该申请的行政机关对原具体行政行为依法进行审查并做出行政复议决定的活动。

（二）行政复议的特征

1. 行政复议的目的是纠正行政主体做出的违法或不当行政行为。行政复议与行政诉讼共同构成了行政法上的救济途径，是依法保护行政相对人合法权益、规范行政主体依法行政的重要保障。

2. 行政复议所要解决的问题是行政主体所做出的具体行政行为是否合法或适当。

3. 行政复议具有准司法性质。行政复议同诉讼具有一定的相似性，当公民、法人或者其他组织认为行政主体的具体行政行为侵犯了其合法权益时，以该行政主体为被申请人，向特定的行政复议机关提出申请，请求复议机关对原具体行政行为再次审查并做出决定。

4. 行政复议本质上属于行政主体的具体行政行为。这是因为进行行政复议机关或者是做出原具体行政行为的行政主体，或者是该行政主体的所属人民政府或上一级行政主管部门。这些机关所做出的行为实质上还是具体行政行为。

二、行政复议的范围

《行政复议法》对公民、法人或其他组织可以申请行政复议的情形，以及不能申请行政复议的情形分别做出了具体的规定。公民、法人或者其他组织对行政主体做出的行政处罚、行政强制措施、行政许可、行政确权、行政救济等具体行政行为不服的，依法可以申请行政复议。公民、法人或者其他组织认为行政机关的具体行政行为所依据的某些规定不合法，在对具体行政行为申请行政复议时，可以一并向行政复议机关提出对该规定的审查申请。这些规定包括：①国务院部门的规定（不含国务院部、委员会规章和地方人民政府规章）；②县级以上地方各级人民政府及其工作部门的规定；③乡、镇人民政府的规定。

不服行政机关做出的行政处分或者其他人事处理决定的，依照有关法律、行政法规的规定提出申诉。不服行政机关对民事纠纷做出的调解或者其他处理的，依法申请仲裁或者向人民法院提起诉讼。

三、行政复议申请人、被申请人和复议机关

（一）行政复议申请人

行政复议申请人是指认为自己的合法权益受到具体行政行为的侵害，依法以自己的名义提出复议申请的主体，包括合法权益受到具体行政行为侵害的公民、法人或者其他组织。

（二）行政复议的被申请人

行政复议的被申请人是指做出具体行政行为并被申请人认为侵犯了其合法权益的行政主体，包括国家行政机关及法律、法规授权的组织。

（三）复议机关

复议机关是指受理申请人申请，依法对原具体行政行为进行重新审查并做出复议决定的国家行政机关。一般情况下，以被申请人所属人民政府或上一级主管机关为复议机

关。如果被申请人是人民政府的工作部门，可以选择向所属人民政府或上一级主管部门提出行政复议，但以海关、金融、国税等实行垂直管理的行政主体为被申请人的，应当向上一级主管部门提出行政复议；如果被申请人是除省级人民政府以外的地方各级人民政府，以被申请人的上一级人民政府为复议机关；如果被申请人是法律、法规授权的组织，则以直接管理该组织的上一级机关为复议机关。

四、行政复议程序

（一）复议申请

公民、法人或者其他组织认为具体行政行为侵犯其合法权益的，可以自知道该具体行政行为之日起60日内提出行政复议申请，法律规定的申请期限超过60日的除外。因不可抗力或者其他正当理由耽误法定申请期限的，申请期限自障碍消除之日起继续计算。

（二）复议受理

行政复议机关收到行政复议申请后，应当在5日内进行审查，并决定是否受理。对不符合本法规定的行政复议申请，决定不予受理，并书面告知申请人；对符合本法规定，但是不属于本机关受理的行政复议申请，应当告知申请人向有关行政复议机关提出。

（三）复议决定

行政复议机关应当自受理申请之日起60日内做出行政复议决定；但是，法律规定的行政复议期限少于60日的除外。情况复杂，不能在规定期限内做出行政复议决定的，经行政复议机关的负责人批准，可以适当延长，并告知申请人和被申请人；但是，延长期限最多不超过30日。行政复议决定书一经送达即发生法律效力。被申请人应当履行行政复议决定，不履行或无正当理由拖延履行的，行政复议机关或有关上级行政机关应当责令其限期履行。

第三节　行政诉讼法

一、行政诉讼法概述

（一）行政诉讼的概念及特征

1. 行政诉讼的概念。行政诉讼是指公民、法人或者其他组织认为行政机关的具体行政行为侵犯其合法权益，依法向人民法院提起诉讼，由人民法院进行审理并做出裁决的诉讼制度。

2. 行政诉讼的特征。

（1）行政诉讼所要解决的是行政争议案件。

（2）行政诉讼中的原告、被告具有稳定性，即原告是不服具体行政行为的相对人，而被告是做出具体行政行为的行政主体。

（3）行政诉讼的客体是行政主体做出的具体行政行为。

(4) 行政诉讼的起因是作为行政相对人的公民、法人或者其他组织对行政机关的具体行政行为不服，认为侵犯了其合法权益。

(5) 行政诉讼是在人民法院主持下适用行政诉讼程序而进行的。

（二）行政诉讼法

行政诉讼法是指有关调整人民法院和诉讼参加人以及其他诉讼参与人在审理行政案件中所进行的各种诉讼活动，以及所形成的各种诉讼关系的法律规范的总称。

二、行政诉讼的受案范围

行政诉讼的受案范围是指法律所规定的人民法院受理行政案件的范围。根据《行政诉讼法》及相关司法解释的规定，可以提起行政诉讼的案件归纳起来大体上有如下几类：①对行政拘留、暂扣或者吊销许可证和执照、责令停产停业、没收违法所得、没收非法财物、罚款、警告等行政处罚不服的；②对限制人身自由或者对财产的查封、扣押、冻结等行政强制措施和行政强制执行不服的；③申请行政许可，行政机关拒绝或者在法定期限内不予答复，或者对行政机关做出的有关行政许可的其他决定不服的；④对行政机关做出的关于确认土地、矿藏、水流、森林、山岭、草原、荒地、滩涂、海域等自然资源的所有权或者使用权的决定不服的；⑤对征收、征用决定及其补偿决定不服的；⑥申请行政机关履行保护人身权、财产权等合法权益的法定职责，行政机关拒绝履行或者不予答复的；⑦认为行政机关侵犯其经营自主权或者农村土地承包经营权、农村土地经营权的；⑧认为行政机关滥用行政权力排除或者限制竞争的；⑨认为行政机关违法集资、摊派费用或者违法要求履行其他义务的；⑩认为行政机关没有依法支付抚恤金、最低生活保障待遇或者社会保险待遇的；⑪认为行政机关不依法履行、未按照约定履行或者违法变更、解除政府特许经营协议、土地房屋征收补偿协议等协议的；⑫认为行政机关侵犯其他人身权、财产权等合法权益的；⑬法律、法规规定可以提起诉讼的其他行政案件。

同时，以下案件不属于行政诉讼受案范围：①国防、外交等国家行为；②行政法规、规章或者行政机关制定、发布的具有普遍约束力的决定、命令；③行政机关对行政机关工作人员的奖惩、任免等决定；④法律规定由行政机关最终裁决的行政行为。

三、行政诉讼的管辖

行政诉讼的管辖是关于人民法院之间受理第一审行政案件的权限分工。

根据不同的标准，对行政诉讼的管辖可以做不同的分类。以管辖是否由法律直接规定为标准，行政诉讼的管辖可以分为法定管辖和裁定管辖。

（一）法定管辖

法定管辖是法律明确规定行政案件由哪一个法院行使管辖权。在法定管辖中，依据法院对行政案件的纵横管辖关系的不同，又可以分为级别管辖和地域管辖。

1. 级别管辖。级别管辖是指各级人民法院在审理一审行政案件时的分工和权限。最高人民法院管辖全国范围内重大、复杂的第一审行政案件。高级人民法院管辖本辖区内重大、复杂的第一审行政案件。中级人民法院管辖下列第一审行政案件：①对国务院部门或者县级以上地方人民政府所做的行政行为提起诉讼的案件；②海关处理的案件；③本辖区内重大、复杂的案件；④其他法律规定由中级人民法院管辖的案件。

2. 地域管辖。地域管辖是指同级人民法院在各自辖区内审理第一审行政案件时的分工和权限。行政案件由最初做出具体行政行为的行政机关所在地人民法院管辖。经复议的案件也可以由复议机关所在地人民法院管辖。对限制人身自由的行政强制措施不服提起的诉讼由被告所在地或者原告所在地人民法院管辖。因不动产提起的行政诉讼由不动产所在地人民法院管辖。

两个以上人民法院都有管辖权的案件，原告可以选择其中一个人民法院提起诉讼。原告向两个以上有管辖权的人民法院提起诉讼的，由最先立案的人民法院管辖。

（二）裁定管辖

裁定管辖是由法院做出裁定或决定，以确定具体案件的管辖权。依据管辖的决定方式的不同，裁定管辖又可以分为移送管辖、指定管辖和管辖权转移。

1. 移送管辖。移送管辖是指法院受理后发现自己没有管辖权，依法裁定将案件移送有管辖权的法院审理。移送只能一次，如果受移送的法院发现本院无管辖权，不得再移送，而是报请自己的上级法院指定管辖。

2. 指定管辖。指定管辖是指上级法院以裁定方式指定其下级法院对某一案件进行管辖。适用于三种情形：受移送法院认为自己无管辖权；有管辖权的法院由于特殊原因不能行使管辖权，包括法院全体法官均须回避，或法院所在地发生了严重的自然灾害；管辖权争议时，协商不成的，逐级报至其共同上级人民法院指定管辖。

3. 管辖权转移。管辖权转移是指经上级人民法院决定或同意，将某个案件的管辖权由上级法院转交给下级法院，或由下级人民法院转交给上级法院。管辖权转移发生在上下级之间，上级法院有权审理下级法院管辖的一审民事案件，但不可将上级法院管辖的一审民事案件交给下级法院审理；下级法院认为需要由上级法院审理或者指定管辖的其管辖的一审民事案件的，可以报请上级法院决定。

四、行政诉讼参与人

行政诉讼参与人指参与行政诉讼，依法享有行政诉讼权利，承担行政诉讼义务的人。行政诉讼参与人有广义与狭义之分。广义的行政诉讼参与人既包括诉讼参加人，也包括参与诉讼的证人、鉴定人和翻译人员；狭义的诉讼参与人仅指参与诉讼的证人、鉴定人和翻译人员。

行政诉讼参加人包括当事人与诉讼代理人。行政诉讼的当事人主要指原告、被告和第三人。其中，原告与被告是行政诉讼中最基本的当事人。

行政诉讼的原告是指认为行政主体及其工作人员的具体行政行为侵犯其合法权益而向人民法院提起诉讼的个人或组织，也就是行政法律关系中的行政相对人。行政诉讼的被告必然是行政主体，包括国家行政机关与法律、法规授权行使国家职权的其他组织。

同提起诉讼的具体行政行为有利害关系的其他公民、法人或者其他组织可以作为第三人申请参加诉讼，或者由人民法院通知参加诉讼。

五、行政诉讼中的证据规则

（一）证据的概念与特征

1. 行政诉讼中证据的概念。证据是用以证明案件情况的事实。
2. 行政诉讼中证据的特征。作为行政诉讼的证据必须具备三个特征。

（1）客观性。指证据事实必须是伴随着案件发生、发展的过程而遗留下来，不以人们的主观意志为转移而存在的事实。客观性是证据最基本的因素和特征。

（2）关联性。指证据必须同案件事实存在某种联系，并因此对证明案件具有实际意义。证据与案件事实之间的关联性必须是客观存在的，这种联系不以人们的主观意志为转移，不能主观臆造，不能牵强附会，更不能强加。

（3）合法性。指作为定案的证据必须是法律所容许的，即证据的形式必须是法定的，其取得证据的手段与方式必须合法。

（二）行政诉讼证据的种类

根据《行政诉讼法》的规定，证据有以下几种：①书证；②物证；③视听资料；④电子数据；⑤证人证言；⑥当事人的陈述；⑦鉴定意见；⑧勘验笔录、现场笔录。

证据经法庭审查属实，才能作为认定案件事实的根据。

（三）行政诉讼的举证责任

举证责任指当事人在诉讼中对自己提出的主张，有提供证据证明其真实、合法的责任，否则将承担败诉的后果。在民事诉讼中，举证责任的分配一般遵循"谁主张、谁举证"的原则，例外情况下实行举证责任倒置；而在行政诉讼中，实行举证责任倒置原则，即行政诉讼中的被告承担主要的举证责任。

1. 被告的举证责任。被告对做出的具体行政行为负有举证责任，应当在收到起诉状副本之日起15日内，提供做出被诉具体行政行为的全部证据和所依据的规范性文件。被告不提供或者无正当理由逾期提供证据的，视为被诉具体行政行为没有相应的证据。

2. 原告的举证责任。行政诉讼的原告并非不承担任何举证责任。依据《行政诉讼法》的规定，原告必须对下列事项承担举证责任：①原告必须证明起诉符合法定条件，提供其符合起诉条件的相应的证据材料；如果被告认为原告起诉超过法定期限的，由被告承担举证责任。②在起诉被告不作为的案件中，原告应当提供其在行政程序中曾经提出申请的证据材料。但以下两种情况除外：被告应当依职权主动履行法定职责的，原告因被告受理申请的登记制度不完备等正当事由不能提供相关证据材料并能够做出合理说明的。③在行政赔偿诉讼中，原告应当对被诉具体行政行为造成损害的事实提供证据。④其他依法应当由原告承担举证责任的事项。

六、行政诉讼的程序

（一）起诉与受理

起诉是指公民、法人或其他组织认为行政主体的具体行政行为侵犯其合法权益，依法请求人民法院行使审判权，保护其合法权益的诉讼行为。提起诉讼应当符合下列条件：①原告是行政行为的相对人以及其他与行政行为有利害关系的公民、法人或者其他组织或者其他合格公民、法人或者其他组织；②有明确的被告；③有具体的诉讼请求和事实根据；④属于人民法院受案范围和受诉人民法院管辖。

人民法院接到起诉状，经审查，应当在 7 日内立案或者做出裁定不予受理。原告对裁定不服的，可以提起上诉。诉讼期间，不停止具体行政行为的执行。

必须注意提起行政诉讼的时间。依照《行政诉讼法》的规定，公民、法人或者其他组织未经行政复议直接向人民法院提起诉讼的，应当在知道做出具体行政行为之日起 6 个月内提出；原告申请了行政复议的，如不服复议决定而提起行政诉讼，可以在收到复议决定书之日起 15 日内向人民法院提起诉讼。复议机关逾期不做出决定的，申请人可以在复议期满之日起 15 日内向人民法院提起诉讼。对于上述时间，法律另有规定的除外。

（二）第一审程序

第一审程序是指人民法院受理某一行政案件后至做出第一审判决的诉讼程序。它包括开庭前的准备、法庭调查、法庭辩论、合议庭评议和宣告判决等步骤。与民事诉讼、刑事诉讼程序不同的是，行政诉讼中的第一审程序只有普通程序，没有简易程序和特别程序。

对于适用普通程序的案件，人民法院应当在立案之日起 6 个月内做出第一审判决。有特殊情况需要延长的，由高级人民法院批准；高级人民法院审理第一审案件需要延长的，由最高人民法院批准。

使用简易程序的一审行政案件，应当是人民法院认为事实清楚、权利与义务的关系明确、争议不大的案件。具体包括四类：①被诉行政行为是依法当场做出的。②案件涉及款额在 2000 元以下的。③属于政府信息公开案件的。④除前款规定以外的第一审行政案件，当事人各方同意适用简易程序的，可以适用简易程序；但是，发回重审、按照审判监督程序再审的案件不适用简易程序。

（三）第二审程序

第二审程序是指行政诉讼当事人不服地方各级人民法院就第一审行政案件所做的判决或裁定，依法向上一级人民法院提起上诉，上级人民法院依法对案件进行再次审理的程序，可称为"上诉审程序"和"终审程序"。

我国实行两审终审制。当事人不服人民法院第一审判决的，有权在判决书送达之日起 15 日内向上一级人民法院提起上诉；当事人不服人民法院第一审裁定的，有权在裁定书送达之日起 10 日内向上一级人民法院提起上诉。逾期不提起上诉的，人民法院的第一审判决或者裁定发生法律效力。

人民法院审理上诉案件，应当在收到上诉状之日起 3 个月内做出终审判决。有特殊情况需要延长的，由高级人民法院批准；高级人民法院审理上诉案件需要延长的，由最高人民法院批准。

（四）审判监督程序

审判监督程序，又称"再审程序"，是指审判监督机关发现已经发生法律效力的判决或者裁定在认定事实上或者适用法律上确有错误的，依法进行重新审判的程序。按照审判监督程序重新审理的案件，如果原来是第一审的案件，应当按照第一审程序进行审判;如果原来是第二审的案件,或者是上级人民法院提审的案件,应当按照第二审程序进行审判。

人民法院院长发现本院已经发生法律效力的判决、裁定具有《行政诉讼法》第九十一条的情形之一的,或者发现调解违反自愿原则或调解书内容违法,认为需要再审的,应当提交审判委员会决定是否再审。上级人民法院发现下级人民法院已经发生法律效力的判决、裁定具有《行政诉讼法》第九十一条的情形之一的,或者调解违反自愿原则或调解书内容违法,有权提审或者指令下级人民法院再审。人民检察院发现人民法院已经发生法律效力的判决、裁定具有《行政诉讼法》第九十一条的情形之一的,或者发现调解损害国家利益、社会公共利益,有权按照审判监督程序提出抗诉。

(五)执行

执行是指享有执行权的组织对已经生效的诉讼文书,在义务人拒不履行义务时依法采取强制措施强制其履行义务,以保证生效法律文书的内容得以实现的活动。行政诉讼中的执行组织是指人民法院,其所涉及的当事人包括申请人和被申请人。申请人可能是行政相对人,也可能是行政主体。

当事人必须履行人民法院发生法律效力的判决、裁定。公民、法人或者其他组织拒绝履行判决、裁定的,行政机关可以向第一审人民法院申请强制执行,或者依法强制执行。行政机关拒绝履行判决、裁定的,第一审人民法院可以采取以下措施:①对应当归还的罚款或者应当给付的赔偿金,通知银行从该行政机关的账户内划拨。②在规定期限内不履行的,从期满之日起,对该行政机关按日处50元至100元的罚款。③将行政机关拒绝履行的情况予以公告。④向该行政机关的上一级行政机关或者监察、人事机关提出司法建议。接受司法建议的机关根据有关规定进行处理,并将处理情况告知人民法院。⑤拒不履行判决、裁定,社会影响恶劣的,可以对该行政机关直接负责的主管人员和其他直接责任人员予以拘留;情节严重、构成犯罪的,依法追究主管人员和直接责任人员的刑事责任。

第四节 行政赔偿

一、行政赔偿的概念及特征

1. 行政赔偿的概念。行政赔偿是指行政主体及其工作人员违法行使职权侵犯公民、法人及其他组织合法权益造成损害时由国家承担赔偿责任的一种法律制度。

2. 行政赔偿的特征。

(1)行政赔偿的起因是行政侵权损害行为。行政侵权损害行为是行政主体做出的行政行为侵犯并损害了公民、法人或者其他组织的合法权益的行为。

(2)行政赔偿的义务主体是侵权行政主体。具体实施侵权行政行为的主体可能是行政主体的工作人员,但由于工作人员的行为属于职务行为,且承担责任的能力有限,因此行政赔偿义务主体应当由所属的行政主体承担。

(3)行政赔偿的赔偿范围有限。根据《国家赔偿法》的规定,行政赔偿的赔偿范围只限于侵犯公民人身权的行为以及侵犯公民、法人或者其他组织的财产权的行为。致人精神损害的，应当在侵权行为影响的范围内，为受害人消除影响，恢复名誉，赔礼道歉；造成严重后果的，应当支付相应的精神损害抚慰金。

（4）行政赔偿本质上是一种国家赔偿。赔偿所需的各项费用列入各级财政预算，最终由国家承担。

二、行政赔偿的构成要件和归责原则

（一）行政赔偿的构成要件

行政赔偿请求人的赔偿请求得到满足，必须满足三个构成要件。

1. 存在行政侵权行为。该行政侵权行为必须是由行政主体或所委托的组织做出；该行政侵权行为是一种行使行政职权的行为；该行政侵权行为具有违法性，即违反了相关法律的规定。

2. 申请人的合法权益受到了损害。申请人的合法权益受到损害的事实必须是确定的，其表现形式可以是物质损害、人身损害以及精神损害。

3. 申请人受到的损害与行政侵权行为之间存在着因果关系。即申请人受到的损害必须是行政侵权行为所引起的。

（二）行政赔偿的归责原则

1. 过错归责原则。通常是指行政主体对其侵权行政行为造成的损害，只有在主观上存在过错时才承担赔偿责任，无过错无责任。

2. 无过错责任原则（危险责任原则）。通常是指行政主体对其侵权行政行为造成的损害，无论其主观上是否存在故意或行为是否违法，均须承担赔偿责任。

3. 违法责任原则。通常指行政主体对其侵权行政行为造成的损害，只当其行为违法时才承担赔偿责任，而主观方面是否有过错不予考虑。

过错责任原则不利于对申请人合法权益的保护，因为在很多情况下行政主体的行为没有过错或很难证明有过错；无过错责任原则不以行政主体有过错为前提，操作简单方便，更有利于保护行政相对人的合法权益。但如果采用这种归责标准，则国家承担的赔偿任务将扩大，且容易与国家补偿混淆起来。无过错责任原则只有在某些特定情况下作为过错责任原则的一种补充手段。我国国家赔偿制度采用了违法责任原则，即不考虑行政主体的主观方面，只判断行政主体的行为是否具有违法性。

三、行政赔偿的范围

根据《国家赔偿法》第三条、第四条的规定，行政赔偿分为侵犯人身权的行政赔偿和侵犯财产权的行政赔偿两类。因此，行政赔偿的范围也只限于侵犯公民人身权和财产权的违法行使职权行为所引起的损害，对于侵犯法人或其他组织的人身权所引起的损失目前不予赔偿。

（一）侵犯人身权的违法行政行为

《国家赔偿法》所规定的应当给予赔偿的侵犯人身权的行为有五种：①违法拘留或者采取限制公民人身自由的行政强制措施的；②非法拘禁或者以其他方法非法剥夺公民

人身自由的;③以殴打、虐待等行为或者唆使、放纵他人以殴打、虐待等行为造成公民身体伤害或者死亡的;④违法使用武器、警械造成公民身体伤害或者死亡的;⑤造成公民身体伤害或者死亡的其他违法行为。

(二) 侵犯财产权的违法行政行为

《国家赔偿法》所规定的应当给予赔偿、侵犯财产权的行为有四种:①违法实施罚款、吊销许可证和执照、责令停产停业、没收财物等行政处罚的;②违法对财产采取查封、扣押、冻结等行政强制措施的;③违法征收、征用财产的;④造成财产损害的其他违法行为。

(三) 国家不予赔偿的情形

从理论上来讲,凡是由国家侵权行为所引起的损失均应当由国家给予赔偿,但在某些特殊情形下,国家不予赔偿,如损害行为是由受害人自己故意的行为造成的。《国家赔偿法》一方面列举了国家应当给予赔偿的情形,同时也规定属于下列情形之一的,国家不承担赔偿责任:①行政机关工作人员与行使职权无关的个人行为;②因公民、法人和其他组织自己的行为致使损害发生的;③法律规定的其他情形。

四、行政赔偿的请求人与赔偿义务机关

(一) 行政赔偿的请求主体

根据《国家赔偿法》的规定,凡是因国家机关和国家机关工作人员违法行使职权而致使合法权益受到损害的公民、法人和其他组织均有权请求提出国家赔偿。受害的公民死亡,其继承人和其他有扶养关系的亲属有权要求赔偿。受害的法人或者其他组织终止,承受其权利的法人或者其他组织有权要求赔偿。

(二) 行政赔偿的赔偿义务机关

赔偿义务机关的确定必须区分五种情形。①一般情况下是行使职权的行政主体或法律、法规授权的组织。②如果该行为是由两个或两个以上行政主体或法律、法规授权的组织共同做出的,则均为共同赔偿义务机关。③法律、法规授权的组织在行使授予的行政权力时侵犯公民、法人和其他组织的合法权益造成损害的,被授权的组织为赔偿义务机关。受行政机关委托的组织或者个人在行使受委托的行政权力时侵犯公民、法人和其他组织的合法权益,造成损害的,委托的行政机关为赔偿义务机关。④赔偿义务机关被撤销的,继续行使其职权的行政机关为赔偿义务机关;没有继续行使其职权的行政机关的,撤销该赔偿义务机关的行政机关为赔偿义务机关。⑤经复议机关复议的,最初造成侵权行为的行政机关为赔偿义务机关,但复议机关的复议决定加重损害的,复议机关对加重的部分履行赔偿义务。

五、行政赔偿的程序

行政赔偿程序是指行政赔偿请求人向国家行政赔偿义务机关请求行政赔偿,行政赔偿义务机关处理行政赔偿申请以及通过人民法院解决行政赔偿纠纷的方式、方法、步骤和时限。行政赔偿程序是确保行政赔偿申请人行使赔偿权利、行政赔偿义务机关履行赔偿义务的重要程序规范。《国家赔偿法》为行政赔偿规定了两种方式,即单独方式和合

并方式。

（一）单独方式

单独方式是指受害人单独提出行政赔偿请求时所应遵循的程序。公民、法人或者其他组织单独就损害赔偿提出请求，应当先由行政机关解决。这里包含两层含义。①单独提出赔偿请求，首先要对行政主体及其工作人员行使职权行为进行违法确认。如果赔偿义务机关行为的违法性得不到确认，赔偿问题无从谈起。②单独提出赔偿请求，首先应当向赔偿义务机关提出，而不能未经赔偿义务机关处理就直接提起行政诉讼。

所谓违法确认，是指在行政赔偿请求人向行政赔偿义务机关请求赔偿前，应当对行政主体及其工作人员行使职权行为的违法性进行确认。一般情况下，行政主体应主动做出违法确认。行政赔偿请求人也可以请求行政主体做出违法确认。如果赔偿义务机关不予确认或做出不违法的确认和请求人不服的，只能通过合并方式提出赔偿请求。

在赔偿义务机关行为的违法性得到确认后，赔偿请求人根据受到的不同损害，可以同时向赔偿义务机关提出数项赔偿要求。赔偿义务机关应当自收到申请之日起2个月内依照《国家赔偿法》第四章的规定给予赔偿；赔偿义务机关决定赔偿的，应当制作赔偿决定书，并自做出决定之日起10日内送达赔偿请求人。赔偿义务机关决定不予赔偿的，应当自做出决定之日起10日内书面通知赔偿请求人，并说明不予赔偿的理由。逾期不予赔偿或者赔偿请求人对赔偿数额有异议的，赔偿请求人可以自期间届满之日起3个月内向人民法院提起诉讼。

（二）合并方式

合并方式是指行政赔偿请求人将行政赔偿义务机关及其工作人员行为的违法性问题，以及赔偿问题一并解决时所应遵循的程序。当行政赔偿请求人向行政主体提出违法确认请求后，行政主体不予确认或确认不违法，行政赔偿请求人不服的，可通过行政复议或行政诉讼方式加以解决。行政赔偿请求人也可以不经违法确认直接提起行政复议或行政诉讼，同时解决违法性问题与赔偿问题。

如果行政赔偿请求人提起行政复议确认违法性而没有提出赔偿请求时，根据《国家赔偿法》的规定应当给予赔偿的，行政复议机关在决定撤销、变更具体行政行为或者确认具体行政行为违法时，应当同时决定依法对申请人给予赔偿或返还财产。如果行政赔偿请求人单独提起行政诉讼确认赔偿义务机关行为的违法性而没有提出行政赔偿请求时，也可以就赔偿问题另行起诉。当然，根据诉讼经济原则，如果行政赔偿请求人通过行政复议方式或行政诉讼方式来确认违法性，当事人应当同时就其损失提出赔偿要求。

六、行政赔偿的时效

根据《国家赔偿法》的规定，赔偿请求人请求国家赔偿的时效为2年，自其知道或者应当知道国家机关及其工作人员行使职权时的行为侵犯其人身权、财产权之日起计算，但被羁押等限制人身自由期间不计算在内。赔偿请求人在赔偿请求时效的最后6个月内，因不可抗力或者其他障碍不能行使请求权的，时效中止。从中止时效的原因消除之日起，赔偿请求时效期间继续计算。

需要注意的是，如果通过行政复议或行政诉讼方式来确认行政行为的违法性，必须符合《行政复议法》和《行政诉讼法》关于提起行政复议和行政诉讼的时效的规定。

七、行政赔偿的方式

根据《国家赔偿法》的规定，国家赔偿以支付金钱为主要方式，能返还财产或者恢复原状的，予以返还财产或者恢复原状。即我国采取以支付赔偿金为主，恢复原状、返还财产为辅的赔偿方式。同时，赔偿义务机关存在《国家赔偿法》第三条和第十七条规定的行为并造成受害人名誉权、荣誉权损害的，应当在侵权行为影响的范围内，为受害人消除影响，恢复名誉，赔礼道歉。

八、行政赔偿的计算标准

行政赔偿的标准是指行政赔偿义务机关向赔偿申请人支付赔偿金的计算标准。行政赔偿标准的高低直接决定了受害人获得救济的程度以及行政赔偿制度所带来的社会效益的大小。《国家赔偿法》根据违法行政行为所侵犯的标的不同，确立了不同的计算标准。

（一）侵犯人身权的计算标准

根据《国家赔偿法》的规定，侵犯公民人身自由权、生命权和健康权的，给予金钱赔偿；侵害名誉权、荣誉权的，不给予金钱赔偿，只予以消除影响，恢复名誉，赔礼道歉。具体计算标准如下。

1. 侵犯公民人身自由的，每日的赔偿金按照国家上年度职工日平均工资计算。

2. 造成身体伤害的，应当支付医疗费，以及赔偿因误工减少的收入。减少的收入每日的赔偿金按照国家上年度职工日平均工资计算，最高额为国家上年度职工年平均工资的5倍。

3. 造成部分或者全部丧失劳动能力的，应当支付医疗费、护理费、残疾辅助器具费、康复费等因残疾而增加的必要支出和继续治疗所必需的费用，以及残疾赔偿金。残疾赔偿金根据丧失劳动能力的程度确定，最高额为国家上年度职工年平均工资的20倍。造成全部丧失劳动能力的，对其扶养的无劳动能力的人，还应当支付生活费①。

4. 造成死亡的，应当支付死亡赔偿金、丧葬费，总额为国家上年度职工年平均工资的20倍。对死者生前扶养的无劳动能力的人，还应当支付生活费。

（二）侵犯公民、法人和其他组织的财产权造成损害的处理

1. 处罚款或罚金、追缴或者没收财产，违法征收、征用财产的，返还财产。

2. 查封、扣押、冻结财产的，解除对财产的查封、扣押、冻结，造成财产损坏或者灭失的，依照《国家赔偿法》第三十六条第三项、第四项的规定赔偿。

3. 应当返还的财产损坏的，能够恢复原状的恢复原状，不能恢复原状的，按照损害程度给付相应的赔偿金。

---

① 生活费的发放标准参照当地民政部门有关生活救济的规定办理。被扶养的人是未成年人的，生活费给付至18周岁止；其他无劳动能力的人，生活费给付至死亡时止。

4. 应当返还的财产灭失的,给付相应的赔偿金。

5. 财产已经拍卖或者变卖的,给付拍卖或者变卖所得的价款;变卖的价款明显低于财产价值的,应当支付相应的赔偿金。

6. 吊销许可证和执照、责令停产停业的,赔偿停产停业期间必要的经常性费用开支。

7. 返还执行的罚款或者罚金、追缴或者没收的金钱,解除冻结的存款或者汇款的,应当支付银行同期存款利息。

8. 对财产权造成其他损害的,按照直接损失给予赔偿。

第十四章 国际法与国际私法

第一节 国 际 法

一、国际法概述

(一) 国际法的概念和渊源

1. 国际法的概念。国际法，也称"国际公法"，是指在国际交往中形成的、用以调整国际关系、具有法律约束力的各种原则、规则和制度的总称。国际法主要是国际社会各成员国在国际交往中通过协议和习惯形成的，其调整的对象主要是国家之间的权利与义务的关系，其实施主要依靠国家的自身行动。

2. 国际法的渊源。国际法的渊源是指国际法规范形成的方式和表现的形式。国际条约和国际习惯是国际法的主要表现形式。国际条约是国际法主体之间缔结的受国际法支配的一种书面的国际协议。条约构成现代国际法的首要渊源，不论双边、多边或一般性条约，对缔约国都具有法律拘束力。国际习惯是在长期实践中形成的不成文的国际法规范。国际习惯是最古老的国际法渊源，它与国际条约关系密切，具有相互补充、渗透和转化的关系。一般法律原则、司法判例和国际法学说等是国际法次要的补充渊源。

(二) 国际法的基本原则

1. 国际法基本原则的概念。国际法的基本原则是指在国际法体系内被各国公认的、具有普遍约束力的、适用于国际法各个领域、构成国际法基础的法律原则。国际法的基本原则主要包括：①国家主权平等原则；②禁止以武力相威胁或使用武力原则；③和平解决国际争端原则；④不干涉内政原则；⑤善意履行国际义务原则；⑥国际合作原则。

2. 和平共处五项原则。和平共处五项原则是 1954 年中国与印度、缅甸共同倡导的，成为中国处理与周边国家之间关系的基本原则。20 世纪 60 年代，该原则得到亚洲国家的认可。20 世纪 70 年代后，除一大批发展中国家承认外，一些发达国家也予以承认，在联合国成员国中得到普遍的确认。和平共处五项原则的基本含义包括：①互相尊重主权和领土完整原则。它包括了两个方面密切相连的内容，即互相尊重主权和互相尊重领土完整。②互不侵犯原则。这是从互相尊重主权和领土完整原则中引申出来的，是指各国在相互关系中不得以任何借口使用武力或以武力相威胁。③不干涉内政原则。任何国家或国家集团无权以任何理由直接或间接地以武力、经济、外交或其他方式干涉其他国家的内政外交，强迫他国接受其意志和社会政治制度。④平等互利原则。平等就是国家不分大小强弱，在国际法上以平等的身份享受国际权利，承担国际义务和责任；互利是指各国在相互关系上不能谋求单方面的利益，在国际关系中不谋求特权。⑤和平共处原则。和平共处是指各国应友好相处，以和平方法解决彼此的争端。

二、国际法的主体

（一）国际法的主体

国际法的主体是指具有直接享受国际法上的权利和承担国际法上的义务的能力的国际法律关系的参加者。国家是国际法的基本主体，而国际组织和争取独立的民族在一定的条件和范围内是国际法的主体。一般来说，个人不是国际法的主体。

（二）国家的构成要素和基本权利与义务

1. 国家的构成要素。从国际法的角度分析，构成国家的要素包括四个方面：有定居的人口，有确定的领土，有政权组织，享有主权。按照国家的结构形式，可以将国家分为单一国和复合国。单一国是指由若干地方行政区域组成的拥有统一主权的国家。单一国只有一个最高中央权力机关，该机关作为政府在国内外代表国家与其他国际法主体进行国际交往，世界上多数国家的结构形式是单一形式，中国是单一国。复合国是由两个或两个以上州、邦和加盟共和国等成员单位组成的联合国家或国家联合体。复合国主要是指联邦国家。从国家结构上看，复合国和组成复合国的成员单位各自拥有彼此独立的最高立法、司法和行政机关，分别在各自管辖的范围内行使各自的职权。但在对外关系上，一般由联邦统一对外，联邦是国际法主体，成员国不是国际法主体。美国、加拿大、印度、德国等为联邦制国家。邦联是由两个或两个以上国家通过条约而建立的联合体，邦联在条约规定的范围内与其他国家交往，但邦联不是国家，各成员国保持国家的独立地位。

2. 国家的基本权利与义务。国家作为国际法基本主体，既享有权利，也承担义务。

（1）国家的基本权利。国家的基本权利是指国家固有的，由国家主权引申出来的根本性权利。国家的基本权利一般包括：①独立权。独立权是指国家根据自己的意志处理本国对内和对外事务，不受任何外来控制和干涉的权利。②平等权。平等权是指国家具有平等的法律地位，以平等的身份和资格进行国际交往并享有和承担国际权利与义务的权利。③自卫权。自卫权是指国家保卫自身生存和独立的权利，包括进行国防建设以防备可能来自外国的侵略，以及在遇到外国的侵略时，单独或集体行使自卫。④管辖权。管辖权是指国家通过立法、司法和行政等手段对特定的人、物、事进行管理和处置的权力，包括属地管辖权、属人管辖权、保护性管辖权和普遍管辖权。根据"平等者之间无管辖权"的国际法规则，国家享有管辖豁免权，即国家主权行为和国家财产，除经该国同意，不得在外国被诉，财产也不得被扣押或强制执行。

（2）国家的义务。国家的基本义务主要包括：不得非法使用武力或以武力相威胁；不得干涉他国内政；应以和平的方式解决争端；履行国际法上所负担的义务；彼此合作，维护国际和平与安全，促进人权及世界经济与社会的发展；等等。

（三）国际法上的承认

国际法上的承认是指现有国家以一定的方式对新国家或新政府的存在予以确认，表示愿意与之交往，并接受由此产生后果的行为。国际法上的承认包括国家承认和政府承认。引起新国家产生的原因是领土的变更，如独立、合并、分离和解体等。对新国家承认的条件是：新国家必须具备国家的四个要素，新国家必须符合公认的国际法原则。引起政府承认的原因是政府非正常更迭，根据国际法实践，一国承认新政府，是以新政府在本国建立"有效统治"为原则的。承认表明双方可以建交，但承认不等于建交。

（四）国际法上的继承

国际法上的继承是指国际法上的权利与义务由一个承受者转移给另一个承受者所发生的法律关系，包括国家继承和政府继承。国家继承是指由于领土变更的事实而引起一国的权利和义务转移给另一国的法律关系；政府继承是指某一政府代表国家的资格被新政府取代的事实，以及由此引起的有关国际权利与义务的转移。继承的对象主要有条约、国家财产、国家债务和国家档案等。

（五）国际法上的国家责任

国际法上的国家责任是指国家对其国际不法行为所承担的国际责任。一国做了违背国际义务的行为，就必须为其行为承担国际责任。国际不法行为可以分为一般的国际不法行为和国际罪行。国家责任形式主要有继续履约和停止不法行为、保证不重犯、恢复原状、赔偿和道歉等。如果一国的行为排除了违法性，就不构成国际不法行为。这种行为主要包括同意、对抗措施与自卫行为、不可抗力和偶然事故、危难与紧急状态等。

三、国际法上的领土、海洋与空间法律制度

（一）领土法

1. 国家领土和领土主权。

（1）国家领土。领土是指国家主权管辖下的地球的特定部分。领土是国家构成的要素之一，是国家行使主权的主要范围和空间。

（2）领土主权。领土主权是指国家对其领土行使的最高和排他的权力。包括对本国领土的所有权、使用权和处置权以及对本国领土范围内的人、物、事所享有的排他的管辖权。领土主权是国家生存、独立和发展的基础，也是国家主权的核心要素。

2. 领土的构成和边界。

（1）领土的构成。领土由领陆、领水、领空以及领陆和领水的底土所构成。领陆是指一国疆界以内的陆地，包括岛屿；领水是指位于领陆内的水域，包括内水和领海；领空是指一国领陆和领水以上一定高度的空气空间。国家基于某种原因而取得或丧失部分领土而引起领土变化的情况被称为"领土的变更"，按照传统国际法，领土变更的方式有先占、添附、时效、割让和征服，现代国际法领土变更方式是全民投票和恢复领土主权，但现代领土变更必须符合国家主权原则和民族自决原则。

（2）领土的边界。边界，也称"国界"，是确定国家领土范围的界线，也是划分一国领土和公海或专属经济区以及领空和外层空间的界线。边界不同于边境，边境是指国家边界线两侧的一定区域。

（二）海洋法

1982年通过、1994年生效的《联合国海洋法公约》是一部全面系统的国际海洋法典，它规定了海洋各个区域的法律地位和制度，本书重点介绍领海、毗连区、专属经济区、大陆架、公海和国际海底区域的法律制度。

1. 领海。领海是沿着国家的海岸和内水受国家主权支配和管辖下的一定宽度的海水带。依《联合国海洋法公约》规定，各国有权确定其领海的宽度，直至从领海基线量起不得超过 12 海里的界线为止。领海及其上空、海床和底土均受国家主权支配。但是，外国的非军用船舶可以在不损害沿海国和平、良好秩序和安全的原则下享有"无害通过权"。

2. 毗连区。毗连区是指毗连领海并在领海之外，由沿海国在海关、财政、移民或卫生等特定事项行使管辖权的一带海域。其宽度从领海基线量起不得超过 24 海里。沿海国在毗连区内可行使下列必要的管制：防止在其领土或领海内违反其海关、财政、移民或卫生的法律和规章，惩治在其领土或领海内违反上述法律和规章的行为。1992 年 2 月 25 日，我国全国人民代表大会常务委员会公布并施行《中华人民共和国领海和毗连区法》，规定了我国的领海和毗连区制度。

3. 专属经济区。专属经济区是领海以外邻接领海的一个区域，它从领海基线算起不超过 200 海里。在该区域内，沿海国对该区域的海床和底土及其上覆水域的自然资源有勘探和开发、养护和管理等主权，并且对该区域的人工岛屿、海洋科学研究和海洋环境保护有专属的管辖权。而外国在该区域内享有航行、飞越、铺设海底电缆和管道的自由。

4. 大陆架。依《联合国海洋法公约》规定，沿海国的大陆架包括其领海以外依其陆地领土的全部自然延伸，扩展到大陆边缘海底区域的海床和底土，如果从测算领海基线量起到大陆边的外缘距离不到 200 海里的，则扩展到 200 海里，但不得超过 350 海里或不得超过联结 2500 米深度各点等深线的 100 海里。沿海国对勘探大陆架和开发其自然资源享有主权权利，沿海国对大陆架的权利不取决于有效的占领、象征性的占领或明文公告。沿海国对大陆架的权利不影响上覆水域或水域上空的法律地位。

5. 公海。公海是指不包括在国家的专属经济区、领海、内水或群岛水域的全部海域。公海属于不受任何国家权力支配和管辖的国际海域。任何国家不得对公海的任何部分主张权利或行使主权权利。公海向所有国家开放。任何国家在公海享有航行自由、飞越自由、铺设海底电缆和管道自由、建造人工岛屿和设施的自由、捕鱼自由、科学研究自由。

6. 国际海底区域。国际海底区域是指国家管辖范围以外的海床和海底及其底土。该区域及其资源是人类的共同继承财产。区域内的一切权利属于全人类，由国际海底管理局代表全人类行使。区域资源的开发制度采取"平行开发制"。

（三）空间法

空间法是调整国家之间因利用空气空间和外层空间而产生的各种关系的原则、规则和制度的总体。领土上的空气空间是国家领土的一部分，受国家主权的管辖和支配。外层空间提供给各国自由探索和利用，各国不得以任何方式把外层空间据为己有，也不得将外层空间作为军事纷争的场所。

四、国际法上的居民

（一）国籍概述

国籍是指一个人属于某一国家的国民或公民的资格，表明一个人与某一特定国家固定的法律关系。国籍是国家行使领域管辖、国籍管辖、保护性管辖的重要前提。根据国家主权原则,国籍的取得和丧失主要由国内法规定,国际法只是承认某人具有国籍的事实并确定其法律地位。

国籍的取得方式主要有两种:第一,因出生而取得国籍。按照各国国籍法的规定不同,采取血统主义、出生地主义和混合主义原则。第二,因归化而取得国籍。包括自愿申请入籍、由于婚姻而入籍、由于收养而入籍和由于交换领土而入籍。

国籍的丧失是指一个人由于某种原因丧失他所具有的某一国家的国籍。包括自愿丧失国籍和非自愿丧失国籍。

由于各国国籍法关于国籍的取得和丧失的不同规定,产生了双重国籍和无国籍现象,此为国籍抵触。国籍抵触是不正常法律状态,各国主要通过国内立法、国际条约来解决国籍抵触问题。

(二)《中华人民共和国国籍法》的内容

我国现行的国籍法是1980年颁布的《中华人民共和国国籍法》,其基本内容包括三个方面。

1. 在出生国籍上采取血统主义和出生地主义相结合的原则:即某人父母双方或一方为中国公民,本人出生在中国,该人即具有中国国籍。本人出生在外国,原则上也具有中国国籍,但如父母双方或一方定居在外国且本人出生时即具有外国国籍的,该人则不具有中国国籍;如父母无国籍或国籍不明并定居在中国,且本人出生在中国,该人即具有中国国籍。

2. 不承认中国公民具有双重国籍,自愿加入外国国籍或自愿加入中国国籍的人自动丧失原中国国籍或外国国籍。

3. 国籍的加入、退出和恢复采取自愿申请和审批相结合的原则。国家工作人员和现役军人不得退出中国国籍。

(三)外国人的概念、待遇、出入境和居留以及引渡和庇护

1. 外国人的概念。外国人是指在一国境内不具有该国国籍的人(包括自然人和法人)。无国籍人通常也归入外国人范畴。外国人既受所在国的属地管辖,又受国籍国的属人管辖。

2. 外国人的待遇。根据国家主权,一国在不违反国际法的原则下,有权决定给予外国人何种待遇。外国人的待遇一般有四种。

(1)国民待遇。国民待遇是指一国在一定事项上给予外国人与本国国民同等的待遇。一般限于民事权利和诉讼权利方面。国民待遇以互惠为原则,体现了国家之间的平等关系。

(2)最惠国待遇。最惠国待遇是指一国给予另一国国民的待遇,不低于现在或将来给予任何第三国国民在该国享受的待遇。通常适用在经济和贸易等方面。

(3)互惠待遇。互惠待遇是指国家之间根据平等互惠的原则,互相给予对方国家国民同等的待遇。

(4)差别待遇。差别待遇是指一国给予外国人不同于本国公民的待遇,或对不同国籍的外国人给予不同的待遇,实行差别待遇,不得违反国际法原则,特别是不得基于

种族、民族、国籍和宗教信仰等原因。

3. 外国人出入境和居留。一国根据主权原则，有权规定准许或拒绝外国人入境的条件。各国一般对持有护照和经过签证的为合法目的而入境的外国人在接受安全、卫生、海关等方面检查后准予其入境。外国人可根据居留国的法律和有关国际条约或协定的规定，在该国做短期、长期或永久居留。外国人入境后受居留国法律管辖，其权利与义务由居留国法律规定。外国人一般在居留国不享受政治权利，也不负担兵役义务。外国人只要符合所在国有关出境的规定并在办理出境手续后可自由出境，并带走其合法财产。只有在特定情况下，才可以将外国人驱逐出境。

4. 引渡和庇护。

（1）引渡。引渡是指一国把在本国境内而被他国指控为犯罪或判刑的外国人移交给请求国审理或处罚的国际司法协助行为。国家没有引渡的义务，除非该国签订了引渡条约而负有条约义务。政治犯不引渡原则是指国家对因政治原因而受外国追诉的外国人不予引渡。有权要求引渡的国家包括罪犯所属国、犯罪行为发生地国与受害国。引渡的对象原则上限于外国人。可引渡的犯罪必须是请求国和被请求国双方法律都认为是犯罪的行为，请求国只能就其请求引渡时所指定的罪名进行审判和处罚。

（2）庇护。庇护是指一国对于因政治原因而受追诉或迫害的外国人准其入境和居留，给予保护并拒绝将其引渡给另一国。根据有关国际公约和国际习惯，战争罪、破坏和平罪、危害人类罪、反人道罪、灭绝种族罪、种族隔离罪和海盗罪、恐怖主义罪、贩卖人口罪以及贩毒罪等罪行不得被视为政治罪。

五、外交和领事关系法

（一）外交关系法

外交关系是指国家为实现其对外政策，由外交机关通过访问、谈判、缔结条约和设立常驻代表机构，以及参加国际会议和国际组织等方式，在国际交往中形成的关系。一国与他国或其他国际法主体保持和发展外交关系的机关，是外交机关，包括国家元首、政府、外交部门和使馆等。

1. 使馆的设立。使馆是一国派遣到另一国的驻外外交机关。分为大使馆、公使馆和代办处三级。现代国际使馆中一般都设大使馆级的馆长，很少派设公使馆级馆长，派设代办处级馆长通常发生在两国关系不正常的特殊情况下。

2. 使馆人员。使馆人员包括使馆馆长和使馆职员。使馆职员包括外交职员、行政及技术职员和事务职员。

（1）外交职员包括参赞（包括文化参赞、政务参赞、商务参赞等）、武官（包括陆、海、空军武官）、秘书（包括一等秘书、二等秘书、三等秘书）、随员。

（2）行政及技术职员包括办公室人员、财会人员、打字员等。

（3）事务职员包括司机、传达人员、维修工、清洁工等。

3. 使馆的职务。①在接受国中代表派遣国；②在接受国保护派遣国及其国民的利益；③与接受国政府办理交涉；④以一切合法手段调查接受国的状况和发展情形，向派遣国政府报告；⑤促进派遣国与接受国间的友好关系，发展两国间的经济、文化和科学关系。

4. 使馆的特权和豁免。①使馆馆舍不可侵犯；②使馆档案及文件不可侵犯；③行动和旅行自由；④通信自由；⑤免纳捐税、关税；⑥使用国旗和国徽。

5. 使馆馆长和其他外交人员享有的特权和豁免。①人身不受侵犯；②寓所、财产、文书和信件不受侵犯；③管辖豁免；④免纳捐税、关税和行李免受查验；⑤免除适用接受国施行的社会保险办法，免除一切个人劳务和各种公共服务及征用等义务。此外，外交人员的家属也享有各项外交特权和豁免。当然，享有外交特权和豁免的人员也应承担一定的义务。

（二）领事关系法

领事关系是指一国根据与他国达成的协议，相互在对方一定地区设立领事馆和执行领事职务所形成的国家间的关系。一国根据协议派遣到他国一定地区以执行护侨、通商、航务等领事职务的机构，是领事机关，包括使馆内的领事部和专设的领事馆两类。

1. 领馆的级别。领馆分为总领事馆、领事馆、副领事馆和领事代办处四级。

2. 领馆的职务。①在接受国内保护派遣国及其国民的利益；②办理护照和签证以及公证和行政事务；③给予具有派遣国国籍的船舶、航空器及其人员所需要的帮助；④促进两国国家间的友好关系，发展两国间的经济贸易和科学文化关系；⑤以合法手段调查接受国的经济文化和科学发展状况，向派遣国政府报告。另外，领事执行职务以其辖区为限，交涉的对象是辖区的地方当局。

3. 领馆的特权和豁免。①领馆馆舍在一定限度内不可侵犯；②领馆档案及文件不可侵犯；③通信自由；④与派遣国通信及联络；⑤行动自由和旅行自由；⑥免纳捐税、关税；⑦使用国旗和国徽。

4. 领事官员及其他人员的特权与豁免。①人身自由受一定的保护；②一定限度的管辖豁免；③一定限度的做证义务的免除；④免纳捐税、关税和行李免受查验；⑤其他特权与豁免。

六、国际组织法

国际组织是指若干国家或其政府通过签署国际协议而设立的各种常设机构。第二次世界大战后，国际组织得到迅猛发展，首先是几乎包括了世界上所有国家的一般性国际组织——联合国诞生，随后，一批专门性国际组织相继建立，并与联合国订立协定，成为联合国的专门机构；此外，还涌现了一些区域性的国际组织。国际组织的大量出现促进了各国的合作与发展。

（一）联合国

1945年10月24日，《联合国宪章》生效，联合国正式成立，总部设在美国纽约。《联合国宪章》由序文和19章组成，共119条，是联合国组织的根本法。《联合国宪章》对联合国的宗旨和原则、联合国的会员、联合国主要机关的组成、职权范围、活动程序和主要工作、联合国组织的地位、宪章的修正等做出了规定。

1. 联合国的宗旨和原则。《联合国宪章》第一条规定了联合国的宗旨：维护国际和平与安全，发展各国间以人民的平等权利及自决原则为基础的友好关系，促进国际有关经济、社会和文化方面的合作，构成协调各国行动的中心。《联合国宪章》第二条规定了联合国及其会员国应遵循的原则：会员国主权平等，善意履行《联合国宪章》的义务，和平解决国际争端，禁止以武力相威胁或使用武力，会员国对联合国采取的行动给予协助，确保非会员国遵守上述原则，不干涉别国内政。

2. 联合国的主要机构。联合国为实现其宗旨和履行其职责，设有大会、安全理事会（简称"安理会"）、经济及社会理事会、托管理事会、国际法院和秘书处6个主要机构。

（1）大会。大会由联合国全体成员国组成，是联合国的主要审议机关，拥有广泛的职权，可以讨论《联合国宪章》范围内以及联合国其他任何机关的职权问题或事项。大会的表决实行一国一票制，对于重要问题由会员国以2/3的多数决定，其他问题以简单多数来决定。大会的决议，除关于联合国内部管理问题的决议外，对会员国无法律拘束力。

（2）安全理事会。安理会是维持国际和平与安全的主要机关，是唯一有权根据《联合国宪章》采取执行行动的机关，其有关决议对会员国具有约束力。在和平解决争端方面，它可以促请各争端当事国用和平方式解决争端，调查任何争端或情势并建议适当的调整方法。在维持和平与制止侵略方面，有权断定是否存在任何对和平的威胁、破坏或侵略行为，并可促请当事国遵行安理会认为必要或适当的临时措施，并有权决定采取非武力的或武力的措施实施其决议。安理会由中、法、俄、英、美5个常任理事国和10个非常任理事国组成。在安理会的表决程序中，常任理事国拥有1票否决权。

（3）经济及社会理事会。该理事会是联合国大会权力下负责协调联合国与联合国各专门机构及其他国际组织间关系的机关。

（4）托管理事会。该理事会是联合国负责监督托管领土行政管理的机关。

（5）国际法院。国际法院是联合国的主要司法机关。

（6）秘书处。联合国秘书处由秘书长1人、副秘书长与助理秘书长若干人以及联合国组织所需要的其他行政人员组成，为联合国其他机关服务并执行这些机关制定的计划和政策。秘书长和秘书处的职员只对联合国负责，以国际官员的地位为联合国整体执行任务。联合国秘书长由大会根据安理会的推荐来委派，秘书长任期5年。

（二）**专门性国际组织**

专门性国际组织是在经济、社会、文化、科学、教育、卫生及其他专门领域负有国际责任的政府间国际组织。联合国专门机构是指根据特别协定而与联合国建立关系的或根据联合国决定而创设的对某一特定业务领域负有国际责任的政府间专门性国际组织。它们与联合国保持密切的工作联系，但它们本身并不是联合国的机关或附属机构，而是独立的国际组织。

（三）**区域性国际组织**

区域性国际组织是指一个区域内若干国家或其政府、人民和民间团体基于特定目的，通过一定协议而建立的各种常设机构。区域性组织不构成联合国的组成部分，具有独立的法律地位。

七、国际条约

（一）国际条约的概念

国际条约是国际法主体之间以国际法为准则所缔结的明确其相互权利与义务的关系的书面协议。国际条约的主要名称有七种。①条约。一般指用于比较重大的政治、经济、法律等问题的国际协议。②公约。它是指在国际组织主持下或在国际会议上谈判缔结的专门规定重要事项的多边条约。③协定。它是用来解决某一具体问题的国际协议。④议定书。一般为条约的附件或附约。⑤宪章、盟约和规约。它是指有关重要国际组织的协议。⑥换文。它是指两国间通过外交照会的交换就某一问题达成的协议。⑦宣言和声明。它是指两个或两个以上国家或政府就会谈的问题或国际会议就讨论的问题发表的声明。此外，在实践中还有联合公报、联合声明、最后决议书、附加条款和临时协定等。

（二）条约的缔结

1. 缔约能力。缔约能力是指以自己的名义缔结条约、独立享受条约权利、承担条约义务的能力，只有国际法主体才具有缔约能力，国家享有完整的缔约能力，国际组织和争取独立的民族的缔约能力受到一定的限制。缔约权是指具有缔约能力的国际法主体的内部机关拥有代表该主体缔结条约的权力。缔约权由各国国内法规定。我国《宪法》规定："全国人民代表大会常务委员会决定同外国缔结条约和重要协定的批准及废除；中华人民共和国主席代表中华人民共和国批准和废除同外国缔结的条约和重要协定；中华人民共和国国务院管理对外事务，同外国缔结条约和协定。"可见，中国的缔约权由国务院行使，但其缔约权受一定限制，其签订的条约和重要协定要经全国人民代表大会常务委员会和国家主席批准。

2. 缔约程序。

（1）谈判。谈判是缔约各方为了达成一致的协议而进行交涉的行为。谈判的主要任务之一是拟订条约的约文。

（2）签署。签署是表示缔约国同意接受条约拘束的方式。并非所有签署都具有同意承受条约拘束的效果，有时签署仅表示对约文的认证，不具有法律效力。

（3）批准。批准是缔约国的权力机关对其全权代表所签署的条约的认可，表示同意接受条约约束的行为。一国对已签署的条约可以批准，也可以不批准。

（4）交换批准书。交换批准书是指缔约双方互相交换各自国家权力机关批准条约的证明文件，交换批准书后条约生效。

（5）条约的登记与公布。根据《联合国宪章》第一百零二条规定，联合国任何会员国所缔结的条约和国际协定应在联合国秘书处登记，并由秘书处公布，未经登记，不得向联合国任何机关援引之。

另外，国家还可以通过加入的方式接受条约的约束。条约的加入是指在开放性的多边条约签署之后，未在条约上签署的国家表示同意受条约约束的一种法律行为。

3. 条约保留。条约保留是指一国在签署、批准、接受、赞同或加入条约时所做出的片面声明，不论措辞或名称如何，其目的在于摒弃或更改条约中若干规定对该国适用时的法律效果。条约保留发生于多边条约。

（三）条约效力

条约必须遵守是一项古老的法律原则，条约只对缔约国有效，条约要对第三国发生效力，就必须征得第三国同意。条约在违反国际法规定的条约成立的实质性要件时将导致无效的法律后果。条约无效的理由包括三个方面：①违反国内法关于缔约权的规定而签订的条约；②条约是在欺诈、贿赂、错误或强迫的情况下签订的；③条约的内容违反国际法强行规定。

条约无效分为绝对无效和相对无效，因错误、欺诈、贿赂等原因而导致的无效条约属于相对无效的条约，对相对无效的条约，可以通过受害国事后的同意而得到补救，成为有效条约。条约的无效应当是自始无效，而不是从援引和确定无效之日起无效。

八、国际争端法

国际争端是指国际法主体之间，主要是国家之间由于在法律上和事实上认识不同或因政治利益发生冲突而产生的争执。和平解决国际争端是现代国际法的一项基本原则，也是联合国宪章的宗旨和原则。一切国家均应以和平的方法解决它们之间的争端，废弃战争作为解决争端的方法，禁止使用武力或以武力相威胁。

（一）和平解决国际争端的外交方法

1. 谈判和协商。这是指两个或两个以上的国际法主体为彼此间的争端获得解决而进行国际交涉的一种方式。

2. 斡旋与调停。斡旋是指第三方以各种有助于促成当事国进行直接谈判的行为，斡旋者不直接参加谈判，但可以为各方提出建议或转达当事国相互间的建议；调停即居中调解，是指第三国为了和平解决争端而直接参与当事国之间的谈判，提出参考性的条件和解决方案，促使各方让步，达成和解。

3. 调查与和解。调查主要适用于基本事实不清的争端；和解是将争端提交给一个委员会，由该委员会查明事实，提出报告和建议，促使当事国达成协议，解决争端。

（二）和平解决国际争端的法律方法

1. 仲裁。仲裁，也称"公断"，是指在取得争端当事国同意的基础上，由当事国选任的仲裁员按照当事国协议的程序和规则，对具有法律性质的争端做出具有拘束力的裁决。仲裁必须基于自愿，即当事国必须订立仲裁协议，仲裁机构才能仲裁。常设仲裁法院于1900年在荷兰海牙正式宣告成立。

2. 国际法院的裁判。联合国国际法院成立于1946年，是联合国的主要司法机关。国际法院由15名法官组成。法官任期9年，每3年改选1/3，可连选连任。法官不得担任任何政治或行政职务。国际法院设在荷兰海牙。

3. 国际法院的职权。国际法院的职权包括诉讼管辖权和咨询管辖权。

（1）诉讼管辖权。诉讼管辖权包括两个方面。

1）诉讼当事者。当事者只能是国家，诉讼当事者包括三类国家：①联合国会员国；②非联合国会员国而为国际法院规约当事国；③非联合国会员国又非国际法院规约的当事国但发表声明自愿接受国际法院管辖的当事国。

2）诉讼管辖范围。诉讼管辖范围分三类：①自愿管辖，双方当事国自愿提交的一切案件；②协定管辖，当事国在条约和协定中约定交由国际法院管辖的案件；③任意强制管辖，当事国发表声明自愿接受国际法院管辖。

国际法院按照国际法审理各争端国一致同意提交的案件，并有权做出具有拘束力的判决。国际法院的判决是终局性的，不得上诉。判决仅对当事国及本案具有拘束力。

（2）咨询管辖权。咨询管辖是指国际法院应联合国大会或安理会的请求，或经联合国大会授权的联合国其他机关和专门机构的请求，就其提出的法律问题发表咨询意见，咨询意见一般没有法律拘束力。

第二节　国际私法

国际私法是法律体系中一个独立的部门，它是解决存在着法律冲突的涉外民事关系的法律适用问题的法律规范的总称。国际私法的调整对象是具有涉外因素的民事法律关系。

一、国际私法概述

任何一个法律部门都调整着一定的社会关系，国际私法调整的社会关系是存在着法律冲突的涉外民事关系。也就是说，国际私法的调整对象是涉外民事关系。

（一）涉外民事关系的概念及特征

1. 涉外民事关系的概念。涉外民事关系，简言之，是指具有涉外因素的民事关系，其产生必须具备一定的经济条件和法律条件。

2. 涉外民事关系的特征。

（1）具有涉外因素（或称"外国成分"），即涉外性。包括民事关系的主体涉外、客体涉外和内容涉外。涉外性将它与国内民事法律关系区别开来。

（2）民事性质属广义的涉外民事关系，即具有广义的私法性，不仅包括物权关系、债权关系、继承关系等一般意义上的涉外民事关系，而且包括公司法关系、票据法关系、海商法关系、保险法关系等涉外商事关系。私法性将它与其他具有涉外因素的法律关系区别开来，如国际法调整的国际关系。

（3）国际性。国际性是指涉外民事关系是在国际交往中产生的。在形式上，涉外民事关系往往表现为不同国家自然人和法人之间的关系，但实质上，涉外民事关系体现着国家之间的关系。涉外民事关系受国家对外政策的调整，受国家与国家之间关系的制约。

（二）涉外民事关系法律冲突及解决方法

1. 涉外民事关系法律冲突。涉外民事关系法律冲突是指对同一涉外民事关系，因与该涉外民事关系有关的国家的法律对该民事关系规定的不同，两个或两个以上国家的法律都要求适用或都可以适用于该民事关系而造成的法律冲突现象。涉外民事关系法律冲突产生的原因主要有三点。

（1）各国民事法律制度规定不同。

（2）各国之间存在着大量的民事交往，而各国法律一般承认外国人在内国的法律地位。

（3）国家法律的域内效力与域外效力的冲突。

2. 解决法律冲突的方法。

（1）间接调整（冲突法调整）。在国内立法或国际条约中制定法律适用规则，规定在什么情况下适用内国法，然后再按照冲突规范指定的那个国家的实体法具体确定当事人的权利和义务。这是国际私法调整涉外民事关系法律冲突最主要的方法。

（2）直接调整（实体法调整）。制定统一实体规范以规定当事人的权利与义务。统一实体规范是指在国际条约或国际惯例中直接规定当事人的权利与义务的规范。如《联合国国际货物销售合同公约》和《保护工业产权巴黎公约》等。

（三）国际私法的渊源

国际私法的渊源就是指国际私法的存在或表现形式。国际私法的渊源有国内渊源和国际渊源两个方面。

1. 国内渊源。国际私法的国内渊源主要是国内立法和国内判例。

（1）国内立法。国内立法是国际私法渊源的最早表现形式，迄今为止仍是国际私法最主要的渊源。主要表现为：①有些国家制定了专门的国际私法法规，如《波兰国际私法》（1966）、《匈牙利国际私法》（1979）等；②在民法典中设专门条款规定国际私法问题，如《法国民法典》（1804）、《意大利民法典》（1978）等；③民法典中设专章或专篇规定国际私法问题，如《秘鲁民法典》第十篇。我国于20世纪80年代开始在《民法通则》中设第八章，规范涉外民事关系适用问题，但仅有九条规定，规范得十分简单；相关法律也做了一些规范，但比较分散。2010年10月28日第十一届全国人民代表大会常务委员会第十七次会议通过、2011年4月1日开始施行的《中华人民共和国涉外民事关系法律适用法》（简称《涉外民事关系法律适用法》）对我国国际私法问题进行了专门性规范。

（2）国内判例。国内判例是一国法院审理某一案件做出的判决及该判决确定的法律原则对以后的司法审判具有拘束力。在英美法系国家，国际私法规则原来散见于法院判例中，经学者或学术机构加以归纳整理，使之系统化。在英国，学者戴西于1896年编辑出版了《法律冲突论》。在美国，比尔于1943年出版了《第一次冲突法重述》，里斯于1971年出版了《第二次冲突法重述》。[①]

2. 国际渊源。国际私法的国际渊源主要是国际条约和国际惯例。

（1）国际条约。国际条约包括双边国际条约和多边国际条约。双边国际条约主要是各国之间签订的领事条约、通商航海条约、贸易关系协定、司法协助协定等。这些条约中一般都有关于国际私法方面的条款。多边国际条约包括世界性的多边国际条约和地区性的多边国际条约。世界性的多边条约包括海牙国际私法会议通过的条约、联合国有关机构起草的关于国际私法的条约等。地区性的国际条约主要是美洲国家组织、国际统一私法协会以及欧洲联盟国家间签订的国际私法方面的条约。根据我国现行法律，国际

---

① 参见赵相林《国际私法》，中央广播电视大学出版社2002年版，第14页。

条约在我国民事法律体系中有高于我国国内法的地位。

（2）国际惯例。国际惯例是在国际交往中经过反复实践逐步形成的具有确定的内容，为世人所共知的行为准则。作为国际私法渊源的国际惯例，主要表现为国际贸易中的实体法规则，如《2000年国际贸易术语解释通则》。冲突法方面的国际惯例数量较少，而且多为国内立法和国际条约所吸收。我国承认国际惯例具有法律效力，但对国际惯例的适用规定了限制性条件。

二、冲突规范及其相关制度

自相关学说创立以来，国际私法经过600多年的发展，冲突规范始终是调整涉外民事关系最主要和最常用的规则，是国际私法的核心部分，与之相关的制度也是解决国际法律冲突的主要途径。

（一）冲突规范的概述

1. 冲突规范的概念。冲突规范，又称"法律适用规范"，是指涉外民事关系应适用哪一国法律来调整的规范。例如，西班牙公民A，22岁，在出游法国巴黎时，与法国古董商B签订了一份买卖古董的合同，该合同有无法律效力，就要看当事人有无订约能力，实际上就是要看当事人有无完全的民事行为能力。按照当时的法国法律规定，21岁为成年，该西班牙人已具有订约能力，所订合同有效。而按西班牙当时的法律规定，23岁为成年，则该西班牙人尚未成年，并不具有订约能力，所订合同无效。这就发生了法国法与西班牙法之间的法律冲突。那么，应该适用哪一国法律来调整该合同关系呢？这就是冲突规范应解决的问题。

2. 冲突规范的特征。许多国家国际私法中都规定了"物权依物之所在地法""侵权行为依侵权行为地法"和"婚姻适用婚姻缔结地法"等，这些都是冲突规范。我国《涉外民事关系法律适用法》第三十一条规定："法定继承，适用被继承人死亡时经常居所地法律，但不动产法定继承适用不动产所在地法律。"这也是冲突规范。由此可见，冲突规范具有以下法律特征：①冲突规范不直接规定当事人之间的权利与义务，只能指出该民事关系应适用何国法；②冲突规范只有与准据法相结合，才能最终确定当事人的具体权利和义务。

3. 冲突规范的结构。冲突规范是由"范围"和"系属"两部分组成。"范围"即冲突规范所要调整的涉外民事关系，"系属"即对该涉外民事关系所适用的法律。例如，我国《涉外民事关系法律适用法》第四十四条的"侵权责任，适用侵权行为地法律"冲突规范中，"侵权责任"是"范围"，"侵权行为地法律"是"系属"。在"系属"中还包括"联结点"（或称"联结因素"），它把特定的民事关系和某个国家的法律联结起来，例如上例中的"侵权行为地"即为联结点，它把侵权行为的损害赔偿这种民事关系同某一国的法律联结起来。

4. 冲突规范的类型。按照冲突规范的系属不同，可以把冲突规范分为四种。

（1）单边冲突规范。单边冲突规范是指冲突规范的系属直接指明涉外民事关系只适用内国法，或者只适用某一特定的外国法。例如，我国《合同法》第一百二十六条第二款规定："在中华人民共和国境内履行的中外合资经营企业合同、中外合作经营企业合同、中外合作勘探自然资源合同,适用中华人民共和国法律。"这就是说,关于上述这三类合同,明确规定只能适用内国法。

（2）双边冲突规范。双边冲突规范是指这种冲突规范没有具体规定适用内国法还是适用外国法,而是规定一个标志（或原则）,按此标志确定应适用何国法。例如,我国《涉外民事关系法律适用法》第三十六条规定:"不动产物权,适用不动产所在地法律。"这就是说,对涉外不动产物权关系,看不动产在哪国,就适用哪国法。如果不动产在中国,就适用中国法,这对中国来说,就是适用内国法；如果不动产在日本,就适用日本法,这对中国来说,就是适用外国法。

（3）重叠性冲突规范。重叠性冲突规范是指涉外民事关系必须同时适用或符合两个或两个以上国家的法律。例如,我国《涉外民事关系法律适用法》第二十八条规定:"收养的条件和手续,适用收养人和被收养人经常居所地法。"这就是说,中国法律要求涉外收养的条件和手续必须同时符合收养人和被收养人经常居所地的法律。

（4）选择性冲突规范。选择性冲突规范是指冲突规范的系属规定了两个或两个以上的联结点,指出涉外民事关系可以适用两个或两个以上国家的法律。适用何国法律作为准据法,由法院或当事人从规定的法律中进行选择。这又可分为无条件选择与有条件选择两种情况。无条件选择性冲突规范是指冲突规范系属所规定的若干个法律具有同等地位,无先后之分、主次之别,可以任意选择。如我国《涉外民事关系法律适用法》第二十二条规定:"结婚手续,符合婚姻缔结地法律、一方当事人经常居所地法律或者国籍国法律的,均为有效。"有条件选择性冲突规范是指冲突规范系属所规定的若干个法律处于不同地位,有先后之分、主次之别,在适用法律时,依序进行,有前一顺序的法律就不能选择后一顺序的法律。如我国《涉外民事关系法律适用法》第二十四条规定:"夫妻财产关系,当事人可以协议选择适用一方当事人经常居所地法律、国籍国法律或者主要财产所在地法律。当事人没有选择的,适用共同经常居所地法律；没有共同经常居所地的,适用共同国籍国法律。"

（二）冲突规范的相关制度

与冲突规范相关的制度包括反致制度、公共秩序保留、法律规避、外国法的查明。

1. 反致制度。反致是指对某一涉外民事案件,受理案件国家的法院根据本国的冲突规范应该适用外国法,而根据该外国的冲突规范,该案应该适用受理案件国家的法律,如果受理案件国家的法院适用了本国的实体法,则构成反致。反致制度产生于法国最高法院于1878年审理的福尔果继承案。[①] 转致是指对某一涉外民事关系,甲国法院根据本国的冲突规范,该案应适用乙国的法律,根据乙国的冲突规范,该案应适用丙国的法律,如果甲国法院根据乙国冲突规范的指定,使该案适用了丙国的实体法而审理案件,则构成转致。间接反致是指对某一涉外民事案件,甲国法院根据本国冲突规范的指引,该案应该适用乙国法律,而乙国的冲突规范规定该案应该适用丙国法律,丙国的冲突规范规定该案应该适用甲国法律,甲国法院根据丙国冲突规范的规定,使该案适用甲国的实体法,这构成间接反致。英国采用的反致则是一种独特的反致制度,有别于其他

---

① 参见赵相林《国际私法》,中央广播电视大学出版社2002年版,第81~82页。

国家采用的反致，称之为"双重反致"。目前，各国学术界和立法、司法实践中对反致有两种不同的态度，即有的赞成，有的反对；有些国家采用，有些国家不采用。

2. 公共秩序保留。公共秩序保留是指当一国法院处理案件时，根据该国冲突规范的规定，该案应当适用外国法，但法院认为适用该外国法将与自己国家或社会的重大利益或道德及法律的基本原则相抵触，因而排除该外国法的适用。对于公共秩序保留，我国历来持肯定的态度。我国《涉外民事关系法律适用法》第五条规定："外国法律的适用将损害中华人民共和国社会公共利益的，适用中华人民共和国法律。"我国《民事诉讼法》第二百七十六条规定："根据中华人民共和国缔结或者参加的国际条约，或者按照互惠原则，人民法院和外国法院可以相互请求，代为送达文书、调查取证以及进行其他诉讼行为。外国法院请求协助的事项有损于中华人民共和国的主权、安全或者社会公共利益的，人民法院不予执行。"这里所说的"社会公共利益""国家的主权、安全"实际上就是"公共秩序"。公共秩序保留制度的作用在于限制和排除外国法的适用。

3. 法律规避。法律规避是指当事人为了逃避原来应该适用的某一国法律，故意制造一些条件以利用冲突规范，使对其有利的另一国法律得以适用。法律规避问题在国际私法学界引起了广泛关注和深入研究，1878年法国最高法院对"鲍富莱蒙离婚案"的判决现已成为研究法律规避问题的经典判例。①当然，构成法律规避必须具备以下条件：①当事人的行为以规避法律为目的；②当事人实施了规避法律的行为；③当事人所规避的法律是强制性法律而非任意性法律；④当事人故意改变或制造与联结点有关的具体事实以达到法律规避的目的；⑤当事人与冲突规范所属国家或地区存在某种联系。

法律规避的范围既包括规避内国法，也包括规避外国法。对于法律规避的效力，各国在立法、实践中有不同做法：①规避内国法与规避外国法一律无效；②规避内国法无效，而规避外国法则有效；③规避内国法无效，规避外国法不确定。

4. 外国法的查明。外国法的查明，也称"外国法内容的确定"，意思是指法院在审理涉外民事案件时，根据冲突规范应该适用外国法，则须证实该外国法的存在并确定其具体内容。查明外国法的方法有四种。

（1）把外国法看作事实，由当事人负责查明并向法院举证。这是英美法系国家的一般做法。

（2）把外国法看作法律，由法官负责查明。这是大陆法系国家的一般做法。

（3）原则上把外国法视为法律，由法官查明，必要时可要求当事人等协助。

（4）原则上把外国法视为事实，由当事人负责查明，必要时由法官采取措施。

外国法内容不能确定时，各国大致采取五种解决办法。

（1）以法院地法取代应适用的外国法。

（2）类推适用内国法。

（3）驳回当事人的诉讼请求或抗辩。

（4）适用一般法理。

（5）适用与外国法相近似的法律。

---

① 参见赵相林《国际私法》，中央广播电视大学出版社2002年版，第90页。

当外国法错误适用后，各国有不同的司法救济：适用内国冲突规范不当导致的外国法错误适用，允许当事人上诉；适用外国法本身所发生的错误，法国、德国、瑞士、比利时、荷兰等国家不允许当事人上诉，而意大利、奥地利、英国、美国等国家允许当事人上诉。

三、国际私法的主体

国际私法的主体即涉外民事关系的主体，是所有涉外民事交往和经济活动的必备因素，如果没有了主体，一切权利、义务和责任便无从谈起。国际私法的主体主要是自然人和法人，国家在特殊情况下参与涉外民事活动，这时就成为国际私法的主体。

（一）外国人民事法律地位

外国人民事法律地位是指一个国家给予其境内的外国人（包括自然人和法人）以何种民事权利，要求他们承担何种民事义务，也就是说，一个国家给予其境内的外国人以何种民事待遇。无论是国内立法，还是国际条约或国际惯例，对外国人民事法律地位的规定基本上可以概括为四种为国际社会广为采纳的制度。①国民待遇制度。②最惠国待遇制度。③优惠待遇制度。④不歧视待遇制度。

（二）自然人的国籍和住所冲突的解决

1. 自然人的国籍。自然人的国籍是指一个人属于某一国家的国民或公民的法律资格。自然人的国籍冲突分为国籍的积极冲突和国籍的消极冲突两种。

（1）自然人国籍积极冲突的解决。①当事人的多个国籍中，其中一个是内国国籍的，内国国籍优先。②当事人具有的多个国籍均为外国国籍时，有三种解决办法：首先，最后取得的国籍优先；其次，当事人住所或惯常居所地国籍优先；最后，以与当事人有密切联系国家的国籍优先。

（2）自然人国籍消极冲突的解决。①以当事人住所地国籍为准，如无住所或住所不能确定则取居所地国籍；②以最密切联系原则确定；③由法院确定。

2. 住所冲突。所谓住所，是指一人以久居的意思而居住的某一处所。住所冲突分为积极冲突和消极冲突两种。

（1）自然人住所积极冲突的解决。①如果多个住所中有一个为内国住所的，内国住所优先；②如果多个住所都在国外，一般以先或以后取得的住所为准或依最密切联系原则来确定。

（2）自然人住所消极冲突的解决。无住所时，以居住地为住所地。我国规定：①以户籍所在地的居住地为住所，经常居住地与住所不一致的，以经常居住地为住所；②住所不明或不能确定的，以经常居住地为住所；③有几个住所的，以与产生纠纷的民事关系有最密切联系的住所为住所。

（三）法人的国籍和住所冲突的解决

1. 与自然人相比，法人的国籍问题比较复杂。对于如何确定法人的国籍，无论在理论上还是在实践中，国际上并无统一标准。各国根据不同的情况，提出了不同的学说，采取了不同的标准，概括起来有以下几种：①法人成立地说，或称"登记地说""设立地说"；②法人住所地说；③法人设立人国籍说，或称"资本控制说"；④准据法说；⑤复合标准说。

2. 同自然人一样，法人也有其住所，许多国家以法人的住所地法为法人的属人法。因此，法人住所的确定在国际私法上也是十分重要的，只是对于何处为法人的住所，又有不同的主张：①主事务所所在地说，或称"管理中心所在地说"；②主要营业所所在地说；③法人住所依章程之规定说。

目前，我国对于外国法人国籍的确定，采取注册登记主义。我国《涉外民事关系法律适用法》第十四条规定："法人及其分支机构的民事权利能力、民事行为能力、组织机构、股东权利义务等事项，适用登记地法律。法人的主营业地与登记地不一致的，可以适用主营业地法律。法人的经常居所地，为其主营业地。"对于已经取得国籍的法人，我国一般都承认其已取得的国籍，而不问该外国适用何种确定法人国籍的标准。我国立法规定是比较切合实际的。

（四）国家在国际民事活动中的地位

国家参加国际民事活动的法律地位表现在两个方面：一是在涉外民事关系中的地位，二是在涉外民事诉讼关系中的地位。

1. 国家在涉外民事关系中的地位。国家参与涉外民事关系是指国家作为一方当事人，与他国的法人、自然人之间进行商业交易或其他经济活动和民事交往，在这种关系中，国家作为涉外民事关系主体，与他国法人、自然人具有平等的地位，既享有民事权利，又承担民事义务，与其他的民事主体没有区别。

2. 国家在涉外民事诉讼关系中的地位。尽管在涉外民事关系中，国家与他国的法人、自然人处于平等的地位，不因其同时是主权者而有所例外，但在涉外民事诉讼关系中，却因国家同时是国际法主体而有所特殊，主要的表现就是国家及其财产享有司法豁免权。所谓国家及其财产司法豁免权，是指未经一国同意，他国法院不得受理对另一国的起诉，也不得对该另一国的财产行使管辖权，包括司法管辖豁免、诉讼程序豁免和强制执行豁免。

四、国际民事诉讼程序及商事仲裁

涉外民事关系的主体在进行具体的民事活动过程中，一旦发生争议，可通过国际民事诉讼程序或国际商事仲裁加以解决。

（一）国际民事诉讼程序

国际民事诉讼程序是法院审理涉外民事案件专用的程序，它的作用在于调整法院、当事人和其他诉讼参与人在诉讼中的关系。

1. 涉外民事案件的管辖权。涉外民事案件的管辖权是指一国法院受理涉外民事案件的权限范围及法律依据，它要解决按照哪些标准或原则来确定某国法院是否有权受理某一涉外民事案件的问题。涉外民事案件的管辖权根据不同标准，可分为四类。

（1）属地管辖。属地管辖，也称"地域管辖"，是指一国法院根据涉外民事关系的要素（主体、客体和内容），与某一国家存在着实际联系行使管辖权。主要包括：①以被告住所地为标准确定管辖权；②以诉讼标的物所在地为标准行使管辖权；③以法律事实发生地为标准行使管辖权；④以被告财产所在地为标准行使管辖权。

(2) 属人管辖。属人管辖是指一国法院依据当事人是否具有本国国籍作为是否行使管辖权的标准。

(3) 专属管辖。专属管辖是指一国法律规定对某些涉外民事案件有独占的或排他的管辖权。

(4) 协议管辖。协议管辖是指法律允许双方当事人达成协议，将他们之间已经发生或将来可能发生的争议交付某一法院审理，该法院根据这一协议而取得管辖权。

2. 外国人和外国国家的诉讼地位。外国人和外国国家的诉讼地位是指外国的自然人、法人和外国国家在民事诉讼中享有的待遇。外国人和外国国家在民事诉讼中的地位是不同的。对于外国自然人和法人的民事诉讼地位，多数国家规定和内国人具有同等的地位，即享有国民待遇。但也有国家规定，如果是外国人作为原告的，应交纳诉讼费用的担保，这是对外国人诉讼权利的一定限制。外国国家作为主权者，根据国际法的"平等者之间无管辖权"的原则，国家在民事诉讼中享有司法豁免权，其内容包括：①司法管辖豁免，即未征得外国国家的同意，不得把外国国家作为被告或以其财产为标的的提起诉讼；②诉讼程序豁免，即在未征得外国国家同意之前，不得强令其履行诉讼上的行为，如强制出庭、提供证据、对之采取强制措施等；③强制执行豁免，在外国国家放弃前两项豁免权并且败诉的情况下，在未取得该国同意之前，也不得将法院的判决对它强制执行。

3. 司法协助。司法协助是指根据国际条约或互惠原则，一国法院接受另一国法院的请求，代为履行某些诉讼行为的制度，包括送达诉讼文书、传唤证人、收集证据、承认和执行外国法院的判决和仲裁机构的裁决等。两国之间进行司法协助是以条约和互惠为依据的。除了国际条约外，许多国家通过签订司法协助协定方式进行司法协助。司法协助的机关包括中央机关和主管机关。中央机关是指一国为司法协助目的指定或建立的负责统一对外联系并传递有关司法文书或司法外文书的机关。实践中，各国指定的中央机关不尽相同，大致有司法部、最高法院或外交部。主管机关是指一国有权向外国提出司法协助请求并有权执行外国司法协助请求的机关。主管机关是司法协助的具体执行机关。通常认为，司法协助是一种司法行为。因此，其主管机关主要是法院。

4. 外国法院判决的承认与执行。一国法院对涉外民事案件的判决有时要到外国去执行。但根据国家主权原则，一国法院的判决仅在其境内有效。对涉外民事案件的判决，只有得到别国的承认，才能在该国执行。所谓外国法院判决的承认，是指法院承认外国法院的判决在本国具有法律效力，并允许本国境内的当事人自动履行外国法院的判决；所谓外国法院判决的执行，是指在承认外国法院判决在本国境内具有法律效力的前提下强制执行。承认外国法院的判决，是执行外国法院判决的前提条件，而执行外国法院判决，是承认外国法院判决的必然结果。有些案件，如确认之诉，对外国法院的判决，只要承认即可，无须执行；而给付之诉，承认外国法院判决之后还须执行。承认和执行外国法院的判决，往往涉及本国公民、法人乃至国家的利益，因此各国法律对此都有严格规定。

（二）国际商事仲裁

国际商事仲裁是指在国际商事活动中，当事人依据争议发生前或发生后双方达成的仲裁协议，自愿将他们之间的争议交由常设仲裁机构或临时仲裁庭进行审理和裁决的一种争议解决方式。

1. 仲裁协议。仲裁协议是指双方当事人同意把他们之间将来可能发生或已经发生的争议交付仲裁的书面协议。主要包括：①合同中的仲裁条款；②仲裁协议书；③能证明有提交仲裁表示的相关文件。

2. 仲裁程序。仲裁程序是指从一方当事人提请仲裁到仲裁裁决做出的整个过程中，有关仲裁机构、仲裁员、申请人、被申请人和其他关系人（如证人、代理人和鉴定人等）参与仲裁活动所必须遵守的程序和规则。仲裁程序一般由双方当事人选择的仲裁规则加以规定，主要包括申请的提出和受理、仲裁员的选定、仲裁庭的组成、案件的审理、仲裁中的调解、仲裁裁决的做出、仲裁费用的分担和给付等内容。

3. 外国商事仲裁裁决的承认和执行。承认外国仲裁裁决和执行外国仲裁裁决是既有联系又有区别的两个问题。承认外国仲裁裁决是指法院依法确认外国仲裁裁决在内国具有法律效力；执行外国仲裁裁决是指法院在承认外国仲裁裁决的基础上，依照本国法律规定的执行程序予以强制执行。承认外国仲裁裁决和执行外国仲裁裁决的关系是：承认裁决是执行裁决的前提条件，内国法院只有依法确认外国仲裁裁决在其境内具有法律效力，才能采取强制执行措施予以执行；执行外国仲裁裁决是承认外国仲裁裁决的必然结果。在多数情况下，当事人要求法院承认仲裁裁决的目的在于保证对其有利的裁决能够顺利执行，以实现自己的权利。

参 考 文 献

[1] 李步云. 法理学 [M]. 北京:经济科学出版社,2000.
[2] 陈光中. 法学概论 [M]. 北京:中国政法大学出版社,2002.
[3] 张文显. 法理学 [M]. 北京:法律出版社,1997.
[4] 卓泽渊. 法理学 [M]. 北京:法律出版社,2003.
[5] 孟德斯鸠. 论法的精神:上册 [M]. 孙立坚,等译. 西安:陕西人民出版社,2001.
[6] 焦洪昌. 宪法学 [M]. 北京:中央广播电视大学出版社,2004.
[7] 魏定仁,甘超英,付思明. 宪法学 [M]. 北京:北京大学出版社,2001.
[8] 朱富惠. 宪法学 [M]. 北京:中信出版社,2005.
[9] 彭万林. 民法学 [M]. 北京:中国政法大学出版社,2002.
[10] 王利明. 民法学 [M]. 北京:中央广播电视大学出版社,2006.
[11] 孙鹏. 物权公示论:以物权变动为中心 [M]. 北京:法律出版社,2004.
[12] 梁慧星,陈华彬. 物权法 [M]. 北京:法律出版社,2005.
[13] 王利明,崔建远. 合同法新论 [M]. 北京:中国政法大学出版社,1996.
[14] 黄勤南. 知识产权法 [M]. 北京:中央广播电视大学出版社,2003.
[15] 郑成思. 知识产权法 [M]. 北京:法律出版社,2004.
[16] 张耕. 知识产权民事诉讼研究 [M]. 北京:法律出版社,2004.
[17] 杨大文. 新婚姻法释义 [M]. 北京:中国人民大学出版社,2001.
[18] 巫昌祯. 婚姻与继承法学 [M]. 北京:中国政法大学出版社,2007.
[19] 潘静成. 经济法学 [M]. 北京:中央广播电视大学出版社,2004.
[20] 邱平荣. 经济法 [M]. 合肥:安徽大学出版社,2001.
[21] 郭锋,王坚. 公司法修改纵横谈 [M]. 北京:法律出版社,2000.
[22] 孙彬,王燕军. 公司法 [M]. 北京:中国检察出版社,2006.
[23] 孔祥俊. 反垄断法原理 [M]. 北京:中国法制出版社,2001.
[24] 李昌麒. 经济法 [M]. 北京:清华大学出版社,2008.
[25] 赵威. 经济法 [M]. 北京:中国人民大学出版社,2009.
[26] 黄超平. 税法 [M]. 北京:中国物资出版社,2003.
[27] 赵旭东. 新公司法条文释义 [M]. 北京:人民法院出版社,2005.
[28] 王全兴. 劳动法学 [M]. 北京:高等教育出版社,2004.
[29] 郑尚元. 劳动法学 [M]. 北京:中国政法大学出版社,2004.
[30] 贾俊玲. 劳动法学 [M]. 北京:中央广播电视大学出版社,2003.

[31] 皮纯协. 行政法与行政诉讼法教程［M］. 北京：中央广播电视大学出版社，2005.
[32] 姜明安. 行政法与行政诉讼法［M］. 北京：北京大学出版社，1999.
[33] 李希昆. 行政法与行政诉讼法学［M］. 重庆：重庆大学出版社，2003.
[34] 赵秉志. 刑法学［M］. 北京：中央广播电视大学出版社，2003.
[35] 李福芹，邓定远. 刑法学［M］. 广州：华南理工大学出版社，2006.
[36] 刘剑文. 财政税收法［M］. 北京：法律出版社，2004.
[37] 张卫平. 民事诉讼法教程［M］. 北京：法律出版社，1998.
[38] 杨荣新. 民事诉讼法学［M］. 北京：中央广播电视大学出版社，1995.
[39] 刘永桂. 刑事诉讼法教程［M］. 北京：中共中央党校出版社，2000.
[40] 陈光中. 刑事诉讼法教程［M］. 北京：中国城市出版社，2001.
[41] 樊崇义. 刑事诉讼法学［M］. 北京：中央广播电视大学出版社，2005.
[42] 皮纯协. 国家赔偿法释义［M］. 北京：中国法制出版社，1996.
[43] 张云秀. 法学概论［M］. 北京：北京大学出版社，2000.
[44] 赵相林. 国际私法［M］. 北京：中央广播电视大学出版社，2002.
[45] 王军. 国际私法案例教程［M］. 北京：中国政法大学出版社，1999.
[46] 梁淑英. 国际法［M］. 北京：中央广播电视大学出版社，2002.
[47] 梁西. 国际法［M］. 武汉：武汉大学出版社，2000.
[48] 王铁崖. 国际法［M］. 北京：法律出版社，1995.
[49] 邵津. 国际法［M］. 5版. 北京：北京大学出版社，2014.
[50] 韩德培. 国际私法［M］. 3版. 北京：北京大学出版社，2014.
[51] 叶必丰. 论行政行为的公定力［J］. 法学研究，1997（5）.

后 记

《法学概论》这部教材是在广东广播电视大学资源建设领导小组和教材处的推动下,在中山大学出版社的大力支持下出版的。近年来,我国许多法律进行了修改,原有的法学概论教材无法满足教学实践的需要,在广东广播电视大学各级领导的支持下,法律教研室组织了本教材的编写。本教材编写原则是:第一,注重体系的完整性,教材全面系统地论述了法学基本原理和基本知识,以便学生全面掌握法学基本理论;第二,为了满足学生自主学习的需要,教材写作力求通俗易懂;第三,密切注意立法动态,教材各章节所涉及内容必须反映最新立法及司法解释内容。

全书编写程序如下:首先,由主编拟订编写大纲,选定撰稿人,并向广东广播电视大学资源建设领导小组申请立项,经过校内外专家评审,校资源建设领导小组批准了该项目立项;其次,各撰稿人依据编写大纲分别撰写初稿,并由卢修敏副教授和王家田副教授统稿、定稿;最后,由校资源建设领导小组组织专家对书稿进行评审,评审通过后,交付出版。

本书由卢修敏老师担任主编,各章撰写分工如下:

邹双卫　第一章、第七章(第七节)、第九章、第十三章;

康佑发　第二章、第三章、第五章、第七章(第四节);

王家田　第四章;

卢修敏　第六章、第七章(第一、二、三、五、六节)、第八章、第十四章(第一节);

吴金锁　第十章;

刘杏梅　第十一章、第十四章(第二节);

谢高仕　第十二章。

由于作者水平有限,本书缺点和错误在所难免,敬请读者和同行批评指正。

主编
2009 年 12 月